LE SOUFFLE DES MOTS

ALAIN DUCHESNE / THIERRY LEGUAY

la Nuance

DICTIONNAIRE
DES SUBTILITÉS
DU FRANÇAIS

LAROUSSE

17, RUE DU MONTPARNASSE. 75298 PARIS CEDEX 06

Collection dirigée par Claude Kannas
assistée de Janine Faure

Secrétariat d'édition : Christophe Andreau

Mise en page : Jean-Pierre Fressinet

Fabrication : Martine Toudert

Gravures de Gustave Doré pour les *Fables* de la Fontaine

Distributeur exclusif au Canada : les Éditions Françaises Inc.

ISBN 2-03-330033-1

Chacun a ses faiblesses. Littré en avait pour sa bonne. Un jour qu'il la lutinait, Mme Littré poussa la porte et s'écria : « Ah, monsieur, je suis surprise ! » Et le regretté Littré, se rajustant, lui répondit : « Non, madame, vous êtes étonnée. C'est nous qui sommes surpris. »

Philippe MEYER, *Heureux Habitants...*

AVEC LITTRÉ

PRÉAMBULE

N*ever complain, never explain* : ne jamais se plaindre, ne jamais s'expliquer. Ce dicton britannique exprime une prudence nécessaire, une sagesse économe : on ne gagne rien à vouloir se justifier ; on y perd même son temps : les « vues », malgré l'expression et l'image d'une dialectique heureuse, ne se « partagent » pas, chacun restant campé dans son désir, accroché à son humeur et à ses opinions. Au mieux réussit-on à convaincre, mais sans persuader.

Proposer un avertissement (bien vilain mot !) à l'orée d'un livre représente un geste facile et un signe de fragilité : la tentation de vouloir s'expliquer oscille sans cesse entre le risque d'être vulgaire et celui d'être incompris (aussi nombreux soient-ils, les mots ne suppléent guère au défaut d'image).

Pourtant, le réel est bien là : il existe alentour une *politique de la langue* et une économie — conflictuelles —, auxquelles on ne souhaite pas forcément se soustraire avec morgue ou indifférence. Sans aller jusqu'à dire, comme Basile le Grand (dans son *Traité du Saint-Esprit*) : *La lourdeur de nos ennemis ne nous permet aucun repos* (le conflit n'est pas toujours la guerre), il convient, entre le bavardage et le silence, d'affirmer sa présence discrète par une pratique attentionnée du langage et un point de vue attentif à son endroit.

La langue française (comme les autres) est traitée diversement par ses sujets : désintérêt, négligence, crispation, maniaquerie, passion. L'habiter vraiment incline à prendre position — donc à se justifier et à rechercher l'assentiment, voire la complicité.

Voici brièvement la petite histoire de ce livre : comment Littré nous a accompagnés et, en retour, comment nous nous sommes faits les compagnons de son propre cheminement. C'est pourquoi, au terme d'*avertissement,* nous préférons celui de *préambule*. La préface heureuse serait plus proche du prélude que du plaidoyer (ou du prospectus).

Comme dans une exposition l'on cherche à mettre en valeur des toiles insignes — mais délaissées — d'un peintre, nous avons souhaité exhiber quelques aspects *précieux,* subtils et nécessaires d'une langue à demi passée lors de voyages à travers les vieux dictionnaires ; une aventure commencée avec *l'Obsolète* (pour les mots perdus) et continuée avec *la Surprise* (pour les sens cachés).

Ce troisième volume prend son départ dans le plaisir souvent étonné que nous avons pris à lire les nombreuses distinctions proposées par Littré tout au long de ses 10 000 pages. Fréquemment, en effet, il ne se contente pas de présenter les sens d'un mot en les illustrant abondamment d'exemples — mais il ajoute, juste avant l'étymologie et les remarques historiques, une notice où il s'ingénie à situer le mot par rapport à des cousins aux significations proches. Ainsi, le mot *bluette* s'accompagne du distinguo suivant : *La bluette est moins brillante que l'étincelle ; elle fait moins d'éclat ; elle s'éparpille moins.* Ou encore, le mot *hâbleur* de celui-ci : *Hâbleur, qui ne dit rien sans exagérer, qui se plaît à débiter des mensonges. Fanfaron, qui se vante, exagère tout ce qui est dans les intérêts de son amour-propre et surtout de sa bravoure vraie ou fausse.*

Au fil de notre lecture est née l'envie de considérer ces notules pour elles-mêmes et d'en détacher quelques-unes, les plus savoureuses à nos yeux : celles qui provoquaient en nous le plus de *résonances.*

Aucune perspective ici de rentabilité — ce volume n'est pas un *condensé* (l'anthologie ne remplace pas le texte originel et intégral) —, mais un souci de *cadrage* créatif : la lecture aimante revient toujours, finalement, à choisir des morceaux — au prix de découpages qui produisent un visage différent de l'œuvre (« ni tout à fait la même, ni tout à fait une autre »).

Le geste consiste avant tout à modifier les *proportions :* question essentielle en art et, au-delà, dans tout acte de création (en architecture comme en cuisine). Si la taille d'un tableau fait partie de sa nature même, on sait comment la mise en valeur d'un fragment engendre quasiment une image nouvelle : certains fragments des *Nymphéas* de Monet — traits herbeux rapidement jetés sur la toile — rejoignent la calligraphie orientale.

La partie enfouie — minuscule et presque oubliée dans la forêt touffue des colonnes du dictionnaire — se retrouve exposée au-devant de la scène. L'opération vaut aussi comme un *agrandissement.* Attitude élémentaire, mais essentielle : on isole, on découpe, on agrandit (et, pour filer la métaphore photographique, on *développe*) : pour mieux voir, et voir autre chose peut-être ; on examine alors à loisir, en méditant, et l'on fait des découvertes — tel le photographe joué par David Hemming, dans *Blow-up* (le film d'Antonioni réalisé à partir d'une nouvelle de Julio Cortazar).

Bien sûr, Littré ne vient pas seul ; la langue française, sa maîtresse, a connu de nombreux amants ! Dans le domaine de la synonymie, il prolonge les recherches de divers auteurs, qu'il reprend souvent ou cite sans guillemets (l'abbé Girard : *Justesse de la langue française,* en 1718 ; Guizot : *Nouveau Dictionnaire des synonymes,* 1809 ; Lafaye : *Synonymes français,* 1841).

Alors, quelle est exactement l'originalité de son apport ? Pour le simple lecteur, la part personnelle de sa contribution se mesure difficilement. Il est vrai que les travaux de cette nature obligent davantage, traditionnellement, à la reprise qu'à l'invention.

Au reste, il ne nous importe guère, n'étant pas lexicographes, de mettre Littré en perspective avec ses prédécesseurs ou ses épigones ni d'évaluer la pertinence scientifique de son travail. Son dictionnaire est le seul ouvrage de cette sorte encore *lu* hors d'un cercle de spécialistes. Le plus ancien, et le plus désirable.

En outre, ses investigations couvrent une longue période de l'usage de notre langue et marquent un moment précis dans l'histoire de sa réflexion. Littré récolte et thésaurise tout ce qui s'est écrit jusqu'à lui en français (dans la littérature en particulier) et met fin à une manière de faire des dictionnaires : après lui, les entreprises monumentales ne seront plus l'œuvre quasiment d'un seul homme — un peu comme Proust, si l'on veut, vient clore la littérature romanesque classique.

Sans doute Littré a-t-il vu le jour un peu trop tôt ! De son énorme moisson est absente une grande part du XIXᵉ siècle : Hugo, Baudelaire, Michelet, Nerval, Balzac (quand il cite ce nom, il s'agit de Guez et non d'Honoré)... Bref, ses contemporains. Il est vrai qu'on apprécie mal ses proches ; mais, après tout, la distance légère, un peu d'inactuel favorisent la lucidité...

Il reste que les multiples citations offertes à notre gourmandise permettent de faire scintiller des bonheurs d'expression (ô Bossuet ! ô Rousseau !). Aussi bien avons-nous voulu satisfaire à cet usage plaisant et même le renforcer : la langue ne séduit vraiment que mise en œuvre dans le discours. Rien d'étonnant, dans ces conditions, à ce que bien des livres attirent d'emblée pour les citations qu'ils contiennent ; Cioran : *Dans un ouvrage de psychiatrie, ne me retiennent que les propos des malades ; dans un livre de critique, que les citations.* Sur ce point, Littré fait montre de goûts particuliers : puritain, il écarte bien sûr les libertins (à commencer par le sulfureux Sade) ; positiviste, il apprécie néanmoins les auteurs religieux (Massillon, Bourdaloue)...

Cela dit, avant même que de choisir les citations, il nous importait de *réserver* (mettre provisoirement de côté, en termes de cuisine) quelques-unes des distinctions proposées par notre auteur. Son dictionnaire en contient plus de mille. Nous n'en avons retenu qu'une deux-centaine.

Sans doute parce que nous tenions à écrire un livre qui ne soit pas trop long. La taille d'un volume, son nombre de signes puis sa typographie induisent des comportements de lecture précis. Un ouvrage compact, serré, imprimé dans un caractère au corps très petit décourage une approche détendue, continue et romanesque. Il appelle la consultation brève, ponctuelle, parcellaire. Or nous avions en vue autre chose, une attitude plus proche de la méditation que de l'utilisation.

De nombreuses notices ont été écartées du fait même de leur contenu. Les unes parce qu'elles ne présentent qu'un intérêt circonstanciel : plutôt maigres, banales, évidentes, elles ne prêtent guère à la rêverie, à la digression. Par ailleurs, rien ne les distingue vraiment de celles qu'on trouve dans nos actuels dictionnaires de synonymes.

D'autres, au contraire, donnent dans l'alambiqué : tout particulièrement les séries de quatre mots et plus ; par exemple *gourmand, goinfre, goulu, glouton,* ou encore *détruire, démolir, abattre, ruiner, renverser.* Le pointillisme des nuances exprimées est tel qu'on perd le fil. La capilotade (la chair éparpillée) fait s'évanouir le sens.

Il en est encore qui seraient amusantes, bien qu'appartenant plutôt au « magasin des antiquités » : *Sonner, c'est mouvoir la cloche en sorte que le battant frappe des deux côtés ; bourdonner, c'est mouvoir seulement le battant pour frapper des deux côtés ; tinter, c'est mouvoir la cloche en sorte que le battant ne frappe que d'un côté ; copter, c'est faire aller le battant d'un côté seulement.*

D'autres enfin, disons-le simplement, ne nous disaient guère. Belles parfois, mais non captivantes. Toutes les jolies femmes ne sont pas des égéries.

Finalement, nous n'aurons retenu que celles avec lesquelles nous voulions cheminer.

Pour autant, tout n'est pas idyllique dans ce paysage. Car Littré est *assertif.* Par nature, il est vrai, la langue invite à poser les choses et à les ordonner. Les interrogations ne sont souvent que de fausses questions, et l'hésitation dans le langage apparaît comme une marque de courage ou une coquetterie.

Ainsi l'usage oublie-t-il aisément la modalisation, tous ces adoucissants à propos desquels Diderot écrivait (dans ses *Pensées philosophiques,* en 1746) : *J'aime ces mots qui amollissent et modèrent la témérité de nos propositions :* à l'aventure, aucunement, quelquefois, on dit, je pense, *et autres semblables ; et si j'eusse à dresser des enfants, je leur eusse tant mis en la bouche cette façon de répondre enquêtante et non résolutive,* qu'est-ce à dire, je ne l'entends pas, il pourrait être, est-il vrai, *qu'ils eussent plutôt gardé la forme d'apprentis à soixante ans que de représenter des docteurs à l'âge de quinze ans.*

Rien de tel avec les dictionnaires habituels : pas de précautions dubitatives. Le geste est généralement sûr, décidé, tranchant — comme si la distinction faisait office de règle. Citons le maître : *On ne dira pas :* « mon carrosse est à la porte ; je vous prendrai dans mon carrosse » ; *il faut dire :* « ma voiture est à la porte ; je vous prendrai dans ma voiture ». Ou encore : *La subtilité de l'esprit est la finesse poussée à l'excès et devenue un défaut.* Le proverbe, ou l'aphorisme, ne sont pas loin.

En fait, Littré n'a de cesse de nous présenter *sa* langue française : sa véritable amante. À l'évidence, il l'invente en permanence — comme on redécouvre et recrée chaque jour l'être aimé.

Qu'importe au fond puisqu'il nous donne à voir un corps désirable. Pareillement, il nous indiffère de savoir quelle était la beauté réelle de « Renée », photographiée par Jacques-Henri Lartigue, dès l'instant où tel cliché (« Renée à Ciboure », en 1930) nous la montre éternellement belle — pour autant, bien sûr, que durera le support matériel de la photographie.

Quand Littré se sent perdu, affolé par les charmes et les appas, il se replie sur l'*étymologie :* grégarité apaisante, cercle familial rassurant, face aux dérives possibles : *Le berger, étymologiquement, est le gardeur de brebis, pâtre et pasteur, étymologiquement, désignent celui qui fait paître, celui qui garde toute espèce de bêtes.* Toutefois, l'étymologie et l'histoire de la langue ne forment pas la part la plus intéressante de son ouvrage. Les travaux anciens de Bloch et Wartburg et ceux, plus récents, d'Alain Rey sont plus justes et plus précis. Ce qui n'autorise pas à évacuer des nouvelles éditions toutes les étymologies fantaisistes ou dépassées. Les seules rééditions souhaitables (comme l'a soutenu Jacques Cellard) ne sauraient être qu'intégrales : à chacun de faire son propre chemin dans ce continent.

À nos yeux, le recours à l'étymologie fonctionne comme une source possible d'*inspiration,* non comme une justification. Elle ne suffit pas à donner fondement à l'explication d'un mot ; elle n'exprime pas sa vérité (son « étymon »), son âme cachée — comme l'origine (familiale) d'un individu n'explique ni ne justifie tous ses actes... Bien différemment, elle constitue une *réserve* de sens, qui permet de *réarmer* le langage pour ouvrir les mots sur d'autres souffles et de nouveaux éclats.

Souvent péremptoires, et fondées sur des considérations discutables, les distinctions de Littré seraient en fait irrecevables. Elles sont bien des fois *improuvables* (la langue n'a pas de fond) et même *improbables :* aussi labiles, en bien des cas, que nos humeurs et nos sentiments. D'ailleurs, les exemples littéraires convoqués pour illustrer les sens des mots les infirment souvent.

Si l'enjeu de la langue est la *finesse* (plaçons-nous cette fois-ci sous la protection de Guillaume, linguiste marginal), toutes ces précisions sont les bienvenues. Pourtant, la déception affleure vite, laissant la place à l'impression désagréable de voir la langue forcée, corsetée. Définir, séparer, distinguer constituent aussi des gestes arrogants, des signes de pouvoir.

Le désappointement ne diminue en rien lorsqu'on s'aperçoit à quel point ces distinctions s'avèrent *inutilisables.* L'ordinaire des échanges ne s'en accommode pas ni n'en requiert le besoin. La vie de chaque jour oblige au contraire à transmettre à grands traits (grossièrement), au risque d'être incompris : idéologie de la sacro-sainte *communication,* dont l'idéal serait en fait le règne d'un langage mercantile. La nuance n'est guère de mise dans un monde gouverné par la rentabilité.

Tout (même les conversations de comptoir...) montre que les individus aiment à disputer du sens des mots. Mais combien témoignent qu'ils ne sauraient confondre *blâmer* et *réprimander ?* qu'ils n'identifient pas le *contentement* et la *satisfaction ?* que l'*orgueil* est tout autre que la *vanité ?*

Bien des nuances sont difficilement employables, également, parce qu'elles mettent en jeu des termes désuets *(insapide, clystère, phébus, discord)* ou des sens oubliés (*fortuné :* favorisé par le sort ; *débile :* faible ; *abstrait :* absorbé dans ses pensées ; etc.).

Ultime réserve : en fin de compte, les dictionnaires ne seraient guère utiles. Qui s'en sert d'ailleurs vraiment pour écrire ? Proust n'en avait pas chez lui. Sans quoi il n'aurait pas écrit *cattleya* avec un seul *t,* direz-vous ? Sans doute. Les dictionnaires aident plus à vérifier l'orthographe qu'à favoriser la navigation des phrases. Ils sont prétexte aussi au vagabondage, aux découvertes inattendues.

Alors, comment expliquer notre attirance embarrassée (mixte contradictoire d'ennui et d'intérêt) pour ces petites rédactions de Littré ?

Pour cela, il convient de déplacer la lorgnette et de faire de ces notules non des prescriptions mais des *imaginations.* Ces dispositions, ces arrangements de plaisirs, rappellent les combinaisons sadiennes. Littré se comporte comme un ordonnateur et, même, un véritable *entremetteur ;* il apparie, organise des mariages, des rencontres, ouvrant la langue sur la musique des sens : douceurs des duos, vivacité des trios, complexité des quatuors, transparence du *phrasé.* Alors, tout s'allège et tout s'éclaire...

Nous entrons en littérature : au-delà du sérieux de l'érudition (considérable ici) et de l'idéologie grave (un positivisme suranné), c'est un homme qui nous parle, avec toutes ses humeurs. Sans ambiguïté, Michel Butor déclare : *Les dictionnaires sont des œuvres littéraires à part entière. Certains sont des chefs-d'œuvre de la littérature française. Ainsi le* Littré *est aussi important que* la Recherche du temps perdu *ou les livres de Montaigne.* Littré, nom prédestiné pour un homme de *lettres...*

Au fait, pourquoi notre auteur s'attache-t-il avec tant d'attention à séparer *nubile* et *mariable, puberté* et *nubilité ?* Les mauvaises langues diront que les relations avec sa femme ne furent pas des plus simples et qu'il ne dédaignait point de pratiquer les amours ancillaires... Et comment interpréter le sort privilégié qu'il réserve à ces distinctions qu'il répète quasiment mot pour mot (*sobre* et *frugal* par exemple), sinon du fait qu'elles le touchent particulièrement ?

Il est difficile de ne pas voir bien des remarques se superposer exactement à sa propre existence. Ainsi, quand il distingue les individus *réglés, rangés* et *réguliers,* il nous renvoie malgré lui à la description qu'il fait de sa vie dans sa conférence intitulée *Comment j'ai fait mon dictionnaire* (judicieusement republiée par Jacques Drillon en 1992) ; il évoque, dans les lignes qui suivent, son emploi du temps à la campagne (car, précise-t-il plus loin, *à la ville, le temps était moins réglé*) : *Je me levais à huit heures du matin ; c'est bien tard, dira-t-on, pour un homme si pressé. Attendez. Pendant qu'on faisait ma chambre à coucher, qui était en même temps mon cabinet de travail, je descendais au rez-de-chaussée, emportant quelque travail ; c'est ainsi que, entre autres, je fis la préface de mon dictionnaire. À neuf heures, je remontais et corrigeais les épreuves venues dans l'intervalle jusqu'au déjeuner. À une heure je reprenais place à mon bureau, et là, jusqu'à trois heures de l'après-midi, je me mettais en règle avec le* Journal des savants, *qui m'avait élu en 1855, et à qui j'avais cœur d'apporter régulièrement ma contribution. De trois heures à six heures je prenais le dictionnaire. À six heures je descendais pour le dîner. Remonté vers sept heures du soir, je reprenais le dictionnaire et ne le lâchais plus. Un premier relais me conduisait à minuit, où l'on me quittait. Le second me conduisait à trois heures du matin. D'ordinaire ma tâche quotidienne était finie. Si elle ne l'était pas, je prolongeais la veille, et plus d'une fois, durant les longs jours, j'ai éteint ma lampe et continué à la lueur de l'aube qui se levait.*

Autrement dit, l'existence privée (et même intime) transparaît au travers d'un discours apparemment objectif. Et nous oublions vite le ton souvent impérieux de l'auteur pour ne retenir que la saveur d'une parole singulière. De la même façon, la luxuriance de *la Comédie humaine* — radiographie radicale des relations ambiguës que tissent le désir, l'argent et l'ambition — déborde largement les déclarations de l'écrivain sur le règne « du Trône et de l'Autel » et nous apprend bien des choses sur l'être profond de Balzac.

Au total, que reste-t-il de ces mélodies, harmonies et dissonances ?

Tout d'abord, le plaisir de les écouter et de les poursuivre : les reprendre en les modifiant pour composer avec elles des *variations.*

Faire naître un texte d'une phrase étrangère (surtout quand il s'agit d'un commentaire à partir d'une pensée) est un exercice rébarbatif et vain, dont on a fait pourtant une institution : la *dissertation.* Non qu'il soit sans intérêt d'analyser une réflexion, de faire valoir un point de vue, de construire une argumentation. Mais pas de cette manière : car la phrase inductrice, souvent elliptique et prestigieuse (signée par un grand nom), déclenche presque irrésistiblement la paraphrase.

Une pratique plus séduisante et instructive consiste à écrire à partir d'*un mot :* on l'ausculte, le déplie, l'étoile pour le faire vivre dans des discours variés mettant en scène des *sujets* différents (dans tous les sens de ce mot). Cette forme existe dans des lieux très divers et depuis fort longtemps : interviews dans les magazines (la personne sollicitée réagit à des mots comme *célébrité, amour, argent...*) et dictionnaires, littéraires ou philosophiques : Voltaire, Flaubert, Grenier, Hardellet, Perros, Matzneff...

Un avatar de cette activité fait l'objet de ce livre : confectionner des textes à partir non d'un seul mot, mais de deux ou trois : les mises en scène de Littré — comme autant de petites historiettes — formaient le meilleur prétexte à nous promener *plus loin, ailleurs* et *autrement.*

Plus loin, parce que l'auteur d'un dictionnaire gigantesque travaille obligatoirement dans l'urgence surmenée : plongé dans une tâche énorme, il ne saurait musarder. Rappelons que Littré commence la rédaction de son dictionnaire en 1845 et qu'il précise dans la conférence précédemment citée : *En 1865 je pus inscrire sur un dernier feuillet : « Aujourd'hui j'ai fini mon dictionnaire. »* Mais le travail n'était pas pour autant terminé, puisque s'y ajoutait bien sûr l'énorme ouvrage de correction d'épreuves et d'impression — comme il l'explique dans une « Note supplémentaire » à cette conférence : *Le commencement de la copie fut remis à l'imprimerie le 27 septembre 1859 ; la fin, le 4 juillet 1872. La copie (sans le* Supplément*) comptait 415 636 feuillets. Il y a eu 2 242 placards de composition. Les additions faites sur les placards ont produit 292 pages à trois colonnes. La composition a commencé régulièrement en septembre 1859 ; le bon à clicher du dernier placard a été donné le 14 novembre 1872 ; ce qui fait une durée de treize ans et deux mois environ.* Aucun doute, toujours la place manquera — et le temps ; un dictionnaire, aussi volumineux soit-il, n'autorise guère les digressions.

Souci également d'aller *ailleurs,* car les temps ont changé. L'intervalle qui nous sépare de Littré (un peu plus d'un siècle) est suffisant pour susciter des vérifications ou des ajustements. De façon non négligeable, les remarques de Littré donnent à réfléchir, à penser la langue et son au-delà. Remettre à l'honneur certaines nuances, au regard de notre réel, n'est pas sans importance.

Cheminer *autrement.* Car notre envie n'était pas de cautionner les observations de Littré, ni de les infirmer. Pas davantage de les commenter d'un point de vue technique rigoureux (voire rigoriste). Aucune tentation en nous de corriger ou de réformer son propos. Nous avons plutôt aimé pratiquer le *supplément* (plus que le complément), pour faire ainsi écho à sa propre démarche : *Le titre de* Supplément *que je donne à mon travail indique suffisamment quel a été mon objet en le composant. Ce ne sont pas des corrections, ce sont des additions.* Dérives, excursions, digressions : nous avons délibérément fui la logique du métalangage, de la glose, de l'explication. Il n'était pas question d'avoir le dernier mot...

Au XVIIe siècle, une dispute véhémente anima la théologie au sujet de la prière : est-elle une *contemplation,* située hors du langage ? ou une *méditation,* passant nécessairement par le défilé des mots, comme le soutenait Bossuet contre les quiétistes (soutenus par Fénelon) ?

Appliquée au terrain de la lecture, l'opposition n'est pas sans vertus : il y a des lectures contemplatives, quand les mots s'évaporent au profit de ce qu'ils désignent. Divertissement mille fois pratiqué et reconnu : la consommation des récits permet l'évasion et favorise (comme la télévision) l'oubli du présent.

À l'opposé, des lecteurs s'avancent dans les livres à pas mesurés, parfois même un crayon à la main. Les mots, pensent-ils, ne méritent pas d'être effleurés aussi vite, car ils sont tout à la fois gages de plaisir et objets de réflexion.

Dans notre cas, le dictionnaire n'a pas constitué (comme la célèbre *Imitation de Jésus-Christ*) un modèle à reproduire. Souvent complice, parfois distant, il a, tel un ami, accompagné notre vie. Pendant deux ans, les *phrases* de Littré ont rencontré nos pensées, nos émotions, nos joies comme nos peines. Elles nous posaient de vraies questions sans apporter de réponses à des interrogations préalables.

Amusons-nous à rapprocher ce parcours — toutes proportions gardées ! — des *exercices spirituels* de Loyola, puisqu'il importe que chacun trouve des occasions de penser sa langue, et du même coup de se méditer soi-même.

Démarche subjective (mais l'affirmation de la subjectivité n'implique pas de dire des faussetés), qui laisse imaginer un nouveau genre, la *rêverie linguistique* (bien différente des délires langagiers du cher Jean-Pierre Brisset), issue du droit de tout sujet à penser sa langue : en simple citoyen, et non en spécialiste « autorisé ». Chacun doit avoir des occasions de prêter attention aux « mots de la tribu » — dès l'instant, surtout, où la parole donne un *sens* particulier à l'action.

Notre parcours scolaire — de la maternelle à l'université — devrait réserver des moments pour cela : soupeser les mots, les apprécier, en évaluer l'impact (le sens importe d'abord pour les *effets* qu'il produit). Alors, « Que choisir », organisme soucieux de défendre les consommateurs, s'occuperait ainsi de la qualité des mots qui circulent dans l'univers de la marchandise...

Rêvons encore un instant d'un nouveau club : celui des *logophiles* (en délaissant le désuet *philologue,* qui renvoie plutôt à l'érudition, utile mais austère). Dilettantes convaincus et véritables *amateurs,* ils s'attacheraient à affiner leur savoir dans la réjouissance. Pour aimer, il n'est pas nécessaire de très bien connaître ; l'étrangeté au contraire, la distance et les ombres légères exaltent la séduction : « J'aime ma langue parce que je ne la connais *pas toute,* et que chaque découverte me comble de joie. »

Le goûteur de langue ne peut se passer des mots. De même que le *libertin* diffère du simple débauché par le fait qu'il tire l'essentiel de sa joie à raconter ses plaisirs, l'amateur de langage aime à s'attarder sur les délices, parfois modestes, de sa langue. Comme le dégustateur de vins sait apprécier les grands crus sans pour autant négliger les appellations plus discrètes. L'un comme l'autre affectionnent le caractère, la tenue et la variété.

Pour susciter semblable passion, il faut s'employer à vouloir une matière riche, vaste et contradictoire ; notre langue doit pouvoir abriter des sujets (et des goûts) absolument divers. Les viticulteurs les plus estimables occupent tous leurs soins à élever un vin.

Contre la cohorte de ceux qui voudraient l'abaisser, notre langue aussi mérite d'être *élevée,* et *distinguée.*

TABLE DES ARTICLES

diététique hygiène
différence diversité disparité variété
différend démêlé
diffus prolixe
discord désaccord discorde
discréditer décréditer
dispute de mots discussion de mots
disputer discuter débattre dispute débat
don présent cadeau

E

éclairé clairvoyant instruit
écrivain auteur
éducation instruction enseigner instruire
effacer rayer raturer biffer
églogue idylle
élite fleur
émotionner émouvoir
emporté violent emportement violence
s'enquérir s'informer
envie jalousie
épître lettre
érudit savant docte
esquisse ébauche
étendue espace
étonnement surprise
étroit strict
exécrable abominable détestable

F

fâcherie humeur
fadaise fadeur
faible débile facile faible
faim appétit
fallacieux trompeur
fausseté mensonge erreur
feinte mensonge
fermeté constance
flageller fustiger
fortuné heureux
fragile faible
franchise sincérité
frivole futile

G

gai enjoué joyeux
galimatias phébus
gascon normand
gérer régir
gloire honneur
gracieux agréable
grave sérieux
grêle fluet

H

hallucination illusion
hardiesse témérité
hargneux querelleur
hérétique hétérodoxe schismatique
homme de sens homme de bon sens
honte pudeur
humeur caprice

I

idéal chimère utopie
illustre renommé célèbre
imiter copier
importun fâcheux
impudent éhonté
incertitude irrésolution
inefficace ineffectif
infatuer entêter
insidieux captieux
insipide insapide
intrigue cabale brigue
irrésolu indécis
ivre soûl

J - L

jaboter jaser caqueter
juste équitable
laconique concis
lamentable déplorable
lamentation plainte
larmes pleurs
las fatigué
lasciveté lubricité luxure impudicité

M

maintien contenance
mansuétude douceur
manufacture fabrique
mariable nubile puberté nubilité
massacre tuerie carnage boucherie
matinal matineux
mécréant infidèle
médical médicinal
médicament remède
méditatif contemplatif
se **méfier** se défier méfiance défiance
mélancolique atrabilaire
mélanger mêler
méthode procédé exercice mode
méthode système

N - O

nabot ragot
naïf naturel naïveté ingénuité
naturalisation acclimatation
nègre noir
neuf nouveau
nuer nuancer
objet sujet
obligeant serviable
obliger contraindre forcer
obstiné opiniâtre
occasion occurrence
odieux haïssable
œuvre ouvrage
offusquer obscurcir
oisif oiseux
opter choisir
ordinaire commun
orgie bacchanale
orgueil vanité

P

panégyrique éloge
papelard patelin patelineur
parasite écornifleur
paresse fainéantise paresseux fainéant
parfait fini
penchant inclination
persister persévérer
plausible spécieux
posture attitude
prédiction prophétie
prééminence supériorité
se **priver** s'abstenir
probité intégrité
promptitude diligence
pucelage virginité

Q - R

questionner interroger
quitter abandonner renoncer
récréation divertissement
réglé régulier rangé
réminiscence ressouvenir
renommée réputation
respect vénération révérence
richesse opulence

S

sauvage barbare
science art
scrupuleux consciencieux
sévérité rigueur austérité

silencieux taciturne
simuler feindre dissimuler
sinueux tortueux
situation assiette position
sobre frugal
songe rêve
soumettre subjuguer
soupçon suspicion
stoïcien stoïque
suffisant présomptueux vain
suggestion instigation
système (esprit de) esprit systématique

T

taverne cabaret
têtu entêté
toucher tact attouchement
travestissement déguisement
troc échange
tromper décevoir
troupe bande

U - V

usage coutume
vaillance valeur
valétudinaire maladif
variation changement mutation
vénal mercenaire
vice défaut

A
a

TRICIS ET AMARANTE

abandon • abandonnement

L'idée commune est qu'on laisse une personne ou une chose, qu'une personne ou une chose demeure laissée. Abandon est plus souvent passif et exprime l'état d'une chose ou d'une personne délaissée ; abandonnement est plus souvent actif et exprime qu'on délaisse une personne ou une chose. Mais, dans le fait, ces deux mots se prennent souvent l'un pour l'autre, et tous deux ont le sens passif ou le sens actif. Cela est laissé à l'écrivain ; pourtant on remarque que abandon, ne provenant pas d'un verbe, indique quelque chose d'absolu et de vague, et abandonnement, provenant d'un verbe, quelque chose de relatif et de plus déterminé. Au fond la nuance est que abandonnement a de soi l'idée d'un fait, d'un acte, et que abandon ne l'a pas ; les deux mots peuvent, il est vrai, s'employer l'un pour l'autre, l'usage le permet. Mais la pensée quand elle sera précise, et le langage quand il sera délicat, tâcheront de tenir compte de la nuance.

Abandonnement est un joli mot, hélas disparu. Cet effacement n'a rien d'étonnant, puisque le mot appartenait surtout au domaine religieux, pour stigmatiser un dérèglement excessif dans la conduite, dans les mœurs : *Ce degré d'abandonnement qui fait les âmes égarées et criminelles* (Massillon).

Voilà qui témoigne aussi de l'affaissement progressif dans la langue de la distinction entre l'action même et son résultat. Le cas le plus manifeste est la série des mots en *-ion*. *Représentation,* désormais, se rapporte à l'action de représenter ou au produit de cet acte. Si bien qu'on ne sait pas toujours, en lisant, le sens précis auquel pense l'auteur.

Ce n'est pourtant pas un cas isolé. Ainsi le couple un peu désuet *charme, enchantement,* tel que le décrit Littré : *Le charme* (carmen) *est une formule en vers ou en prose mesurée à laquelle on attribue la vertu de troubler l'ordre de la nature. L'enchantement est l'action de prononcer cette formule. Comme à tout moment, dans le discours, on prend la cause pour l'effet ou l'antécédent pour le conséquent, la différence des deux mots disparaît, et ils sont la plupart du temps synonymes.*

Au-delà, le vertige (la confusion) affecte le tourniquet ambigu de l'actif et du passif (on *abandonne* et l'on *s'abandonne*), le passif étant, à l'aune de nos valeurs communes, dévalorisé : quand une femme *s'abandonne,* cela ne signifie pas qu'elle reste passive ; il s'agit parfois d'une véritable action, d'une attitude délibérée. Certains perdront sans doute leurs dernières illusions...

« Il y aurait un lâche abandon de moi-même à souffrir qu'on me déshonore. » VOLTAIRE

« Ainsi, au prix de l'abandon de sa partie matérielle, le sage atteint son but unique, qui est de jouir en paix de l'idéal. » RENAN

« Vous devriez vous attendre, de la part du ciel, à un funeste abandonnement. » BOURDALOUE

« La reine l'avait aimé avec une tendresse qui allait jusqu'à la soumission et à l'abandonnement de toute volonté. » VOLTAIRE

abhorrer • détester • haïr

Les deux premiers mots marquent également des sentiments d'aversion, dont l'un est l'effet du goût naturel ou du penchant du cœur, et l'autre, l'effet de la raison et du jugement. Ou pour mieux dire, suivant l'étymologie, on abhorre tout ce pour quoi on a une horreur, une répulsion ; on déteste tout ce que l'on veut écarter, tenir loin de soi. Dans abhorrer et détester, le sentiment que l'on ressent n'est pas le même : avec le premier on frissonne, avec le second on repousse. C'est pour cela que les auteurs de synonymes ont dit que détester s'applique à ce qu'on ne peut estimer, à ce que l'on condamne, à ce que l'on juge mauvais ; et que abhorrer s'applique à ce qui excite antipathie, répugnance. Cela exposé, on voit quelle nuance sépare ces deux verbes, et comment ils peuvent être pris l'un pour l'autre. Haïr est le terme général, par conséquent il exprime une nuance moins forte. On hait tout ce qu'on déteste et ce qu'on abhorre ; mais dans haïr ne sont pas marquées les distinctions qu'impliquent détester et abhorrer.

Aucun doute, **abhorrer** a disparu (le mot « signe » la tragédie classique ; ainsi le vers presque caricatural de Voltaire : *Je hais le monde entier, je m'abhorre moi-même*) ; et en outre **détester** s'applique à tout, comme contraire d'*adorer* ; l'on adore ou l'on déteste : les caramels, le tango, la campagne, le surréalisme, les nœuds papillons, etc. Un usage galvaudé, en somme, où le dégoût comme l'attirance ne sont parfois que l'effet de modes passagères, en tout cas d'affects labiles.

Distinguer aussi nettement **abhorrer** et **détester** trahit un système de représentations dans lequel le corps et l'esprit sont tout à fait séparés. Pourtant, quand on rejette une idée ou un principe, n'est-ce pas aussi le corps qui affirme ses préférences ? *Il ressort donc de tout cela que, quand nous nous efforçons à une chose, quand nous la voulons, ou aspirons à elle, ou la désirons, ce n'est jamais parce que nous jugeons qu'elle est bonne ; mais au contraire, si nous jugeons qu'une chose est bonne, c'est précisément parce que nous nous y efforçons, nous la voulons, ou nous aspirons à elle, ou la désirons* (Spinoza).

Haïr, par ailleurs, très expressif par les hiatus qui accompagnent ses emplois (« nous haïssons » : ou-a-i...), mais difficile à employer en raison de certaines homophonies (« tu hais, tu es »), possède maintenant un sens beaucoup plus fort que **détester** : il marque une condamnation sans appel de l'individu visé, qui incarne alors la figure du Mal absolu.

On se souviendra aussi d'usages plus ironiques du mot confirmant cette hiérarchie. Tel cet ancien sketch de Jean Yanne : *J'aime pas les routes départementales ! Je déteste les routes départementales ! Je hais les routes départementales !*

« J'abhorre les faux dieux. — Et moi je les déteste. » CORNEILLE

« Napoléon, dont j'admire le génie et dont j'abhorre le despotisme. » CHATEAUBRIAND

« Je m'abhorre encore plus que tu me détestes. » RACINE

« Elle se console d'avoir oublié ses cigarettes, détestant de fumer dans le noir. » MAURIAC

« Je déteste le faux en tout comme un ennemi du bonheur. » STENDHAL

« Regretter ce qu'on aime est un bien, en comparaison de vivre avec ce qu'on hait. » LA BRUYÈRE

« Ces dames étaient toutes si laides, qu'il faut être un saint pour ne pas haïr la vertu. » MONTESQUIEU

« "Qu'ils me haïssent, pourvu qu'ils me craignent !" est bien un mot d'ambitieux. » ALAIN

absolu • impérieux

Un homme impérieux commande avec empire ; un homme absolu veut être obéi avec exactitude. L'un peut n'exiger que de la déférence ; l'autre veut de la soumission. On est impérieux par le ton, par le langage ; on peut être absolu en conservant de la douceur dans les formes. Un monarque impérieux est celui qui commande avec hauteur à ceux qui l'entourent ; un monarque absolu est celui qui règne en maître sur ses sujets. On peut être impérieux et faible ; sans fermeté on n'est pas absolu. On n'est impérieux que par moments ; un caractère absolu se fait sentir sans interruption. (GUIZOT)

Absolu et **impérieux** (absents de notre usage quotidien) compléteraient utilement le seul terme communément répandu, *autoritaire,* qui mêle en fait deux sens différents : le prestige et le pouvoir (que l'on retrouve dans le couple *autorité, autoritarisme*).

Impérieux permet de caractériser un profil psychologique : celui de l'individu qui tient un *rôle.* Aussi bien prête-t-il facilement à sourire, comme ces généraux d'opérette dans les albums d'Hergé ou ces « tigres de papier » (expression par laquelle les communistes chinois dénonçaient « l'impérialisme » occidental) incarnés naguère par Louis de Funès, dans les rôles de P.-D.G. aussi irascibles qu'inoffensifs...

L'être **absolu** ne se contente pas des *signes :* il ne s'intéresse qu'au résultat. Il transigera donc sur les formes si les circonstances l'y obligent. À n'en pas douter, il est plus dangereux. Si **absolu** s'emploie peu aujourd'hui dans ce sens, sa valeur reste bien présente dans *absolutisme,* qu'utilisent les analystes du pouvoir.

Et, comme le pouvoir est partout, chacun pourra s'employer à repérer des êtres **absolus** ou **impérieux** dans son entourage...

« Mais songez que les rois veulent être absolus. » CORNEILLE

« Gens humbles, souples jusqu'à la bassesse devant les puissances qui sont sur leurs têtes ; mais absolus et fiers jusqu'à l'insolence envers ceux qu'ils ont sous leur domination. » BOURDALOUE

« Qu'y a-t-il donc de plus choquant, de plus contraire à l'ordre, que de voir un enfant impérieux et mutin commander à tout ce qui l'entoure et prendre impunément le ton de maître avec ceux qui n'ont qu'à l'abandonner pour le faire périr ? » ROUSSEAU

« Elle était impérieuse envers les enfants, mais complaisante à son mari. » PERROT

« Son caractère est impérieux ; elle n'aime véritablement que ceux qu'elle gouverne. » Mme DE GENLIS

abstrait • distrait

Signification commune, défaut d'attention, avec cette différence que ce sont nos propres idées, nos méditations intérieures qui nous rendent abstraits, tandis que nous sommes distraits par les objets extérieurs, qui nous attirent et nous détournent. (GUIZOT)

La disparition pure et simple aujourd'hui d'**abstrait** dans ce sens fait que **distrait** occupe toute la place, alors que ces mots se rapportent à des comportements bien différents.

La distinction, chère au débat théologique du XVIIe siècle, entre la méditation et la contemplation nous aidera à préciser la nuance. Le distrait est avant tout un contemplatif : la curiosité incessante qu'il porte aux petites choses du monde extérieur l'entraîne à commettre mille maladresses. On se rappelle le film humoristique intitulé *le Distrait* (joué par Pierre Richard). Notons toutefois qu'avant ce film il y avait eu, portant le même nom, une pièce de Regnard, au XVIIe siècle (mise plus tard en musique par Haydn : on en retrouve un aperçu dans sa Symphonie n° 60). Le personnage fait par exemple un nœud à son mouchoir pour se rappeler la date de son mariage. Mais bien sûr il ne saura plus, quelque temps après, pourquoi il a fait ce nœud...

Différemment, l'**abstrait** est un méditatif : *Théocrine est abstrait, dédaigneux, et il semble toujours rire en lui-même de ceux qu'il croit ne le valoir pas* (La Bruyère). En suivant les caprices de son monde intérieur, il fait précisément abstraction des choses et des gens qui l'entourent, et commet de ce fait, lui aussi, diverses bourdes.

Le **distrait** se sent absorbé par l'extérieur comme par un buvard. L'**abstrait**, quant à lui, est retiré dans *son particulier.* Mais, contrairement à l'image produite par la phrase de La Bruyère (s'écarter ne veut pas forcément dire mépriser), nous trouvons ces deux types de personnages plutôt sympathiques, car ils ont toutes les chances — n'étant pas trop accrochés aux autres — de n'être ni fâcheux ni agressifs.

« Théocrine est abstrait, dédaigneux, et il semble toujours rire en lui-même de ceux qu'il croit ne le valoir pas. » LA BRUYÈRE

« Quand il marche dans la rue, il est constamment préoccupé et abstrait. » ROLLAND

« Il vous dit non pour oui, oui pour non ; il appelle
Une femme monsieur et moi mademoiselle ;
Prend souvent l'un pour l'autre et va sans savoir où ;
On dit qu'il est distrait ; moi je le prends pour fou. » REGNARD

« La dialectique religieuse m'occupait déjà tout entier. Le flot d'abstractions qui me montait à la tête m'étourdissait et me rendait, pour tout le reste, absent et distrait. » RENAN

« Combien d'hommes profondément distraits pénètrent dans des trompe-l'œil et ne sont pas revenus. » COCTEAU

adoucir • mitiger • modérer • tempérer

Tous ces verbes sont opposés au trop et en expriment le retranchement. On adoucit par quelque chose de doux ; on mitige par quelque chose de débonnaire ; on modère par quelque chose qui apporte de la mesure ; on tempère par quelque chose qui apporte du mélange. De là vient ce qu'il y a de commun dans ces quatre verbes. On adoucit l'amertume de la douleur ; on mitige une pénalité sévère ; on modère la passion ; on tempère la crainte avec l'espérance.

Il est heureux de trouver dans notre langue — où sont présents tant de mots pour désigner les diverses modalités du conflit — une série concernant les attitudes à la fois actives et douces, éloignées de la lutte comme de la fadeur (qui correspondrait, pour ce dernier terme, aux verbes *affadir, lénifier, édulcorer...*).

Ces verbes permettraient d'esquisser une typologie des conduites de modération : tout ce qui apporte du tempérament (au sens ancien et musical du mot).

On voit bien à quoi ces gestes s'opposent : à l'excès, à la démesure, à la violence. Ce que disent bien des expressions comme « en venir aux extrémités » ou « être à la dernière extrémité ». L'extrémité, c'est à l'évidence la fin de tout, le terme du voyage, la mort. (Étrange : « Eau extrême » est aujourd'hui le nom d'une eau de toilette, c'est-à-dire un parfum dilué...)

Tout autour de nous existe dans les images une exacerbation de la violence, qui (l'a-t-on assez observé ?) a partie liée au multiple, à la vitesse, à la brièveté. N'importe quel film américain de violence confirme cela : abondance des plans, rapidité, surexcitation, cris. Le strict négatif d'un film d'Ozu !

Autre lieu commun nihiliste : la force du sentiment ne saurait exister que dans l'outrance (dans la passion).

Contre ce climat — qui n'est au fond que la translation d'une recherche éperdue de productivité (augmentation des cadences, morcellement du travail et du temps) — il est loisible de trouver çà et là (dans les cultures précapitalistes ou dans celles du tiers-monde) des vestiges d'un art de vivre faisant appel majoritairement à des attitudes *moyennes.* La modération n'y est plus simplement l'expression d'une sagesse timide ou d'une peur de vivre (« À utiliser avec modération » et « Abus dangereux » se retrouvent désormais à tout instant sur des produits de consommation courante), mais une façon de ne pas gaspiller sottement des forces — l'idée que se placer au mitan des choses constitue la meilleure façon d'être en harmonie avec l'univers, de comprendre ce qui se passe autour de soi, de participer à la circulation des flux, à la propagation de la vie.

Sans cette position médiane, on ne saurait intercéder, faire médiation, avoir l'intelligence des relations.

« Je ne vois point de plus grand secret dans le langage que de trouver des manières pour adoucir les choses fâcheuses. » Chevalier DE MÉRÉ

« Il ne faut quelquefois qu'une jolie maison dont on a hérité, qu'un beau cheval ou un joli chien dont on se trouve le maître, pour adoucir une grande douleur. » LA BRUYÈRE

« M. et Mme de Grignan ont ici une petite fille qui, sans avoir la beauté de sa mère, a si bien radouci et mitigé l'air des Grignan, qu'elle est en vérité fort jolie. » Mme DE SÉVIGNÉ

« Les Anglais, dans qui la nature a mis l'esprit d'indépendance, adoptèrent les réformes de Luther, les mitigèrent, et en composèrent une religion pour eux seuls. » VOLTAIRE

« Modérez des bontés dont l'excès m'embarrasse. » RACINE

« J'ai quatre-vingts ans passés ; vous n'en avez que vingt-cinq ; je vous tempérerai, et vous m'échaufferez. » RETZ

« Les douceurs de l'amitié tempérèrent les emportements de l'amour. » ROUSSEAU

adulation • flatterie

Adulation diffère de flatterie parce que le premier appartient au langage relevé, et que le second est de l'usage commun ; puis parce que adulation emporte une idée de servilité et de fausseté qui n'est pas dans flatterie. Boileau disant que lui, le satirique, a parlé de Louis XIV comme l'histoire, c'est une flatterie, mais ce n'est pas une adulation.

aduler • flatter

Une différence de aduler avec flatter, c'est que aduler est du langage relevé et n'a d'emploi que là, tandis que flatter a un emploi général. Une autre, c'est que aduler implique une servilité et une fausseté qui ne sont pas nécessairement dans flatter.

adulateur • flatteur

On a essayé de trouver une différence, en disant que l'adulateur flatte plus que le flatteur. Là n'est pas la différence. D'abord il y a la distinction qui résulte de leur usage : flatteur est du langage ordinaire, adulateur appartient au langage relevé ; puis le flatteur peut être vrai ; l'adulateur ne l'est pas.

Précieuse distinction ! **Flatter** un individu revient à conforter son narcissisme : *L'amour-propre est le plus grand des flatteurs* (La Rochefoucauld). Geste de générosité – l'amour ne saurait se passer de compliments – et instrument de manœuvre, la **flatterie** remplit de douceurs les oreilles des autres, les rend dociles, ou du moins bien disposés. *Est-il vrai qu'on puisse enchaîner les jeunes filles avec des mots ?* (Kafka).

L'**adulation** va au-delà. Non pas qu'il existe une rupture franche entre **flatter** et **aduler**. Simplement, le sujet qui s'y livre est cette fois-ci complètement intéressé et dépourvu de la tendresse qui accompagne parfois la **flatterie.** *La grandeur, je le sais, ne manque guère d'adulateurs, mais les grands manquent souvent d'amis* (Massillon). Investissement rentable, l'**adulation** rejoint la *flagornerie :* lorsque l'éloge n'a d'autre raison d'être que la demande servile d'un service. Rappelons certaines dédicaces dithyrambiques adressées par certains écrivains classiques à leurs puissants protecteurs. Corneille était un spécialiste de ces textes intéressés. Mais citons ici Gabriel Peignot : *On connaît un grand nombre de dédicaces qui renferment des louanges hyperboliques ; mais il en est peu qui puissent rivaliser avec le passage suivant de celle qu'un auteur adressait au cardinal de Richelieu : Monsieur, qui jamais a pu contempler la figure de votre éminence sans être saisi de ces douces terreurs qui faisaient frissonner les Prophètes quand Dieu leur montrait les rayons de sa gloire ? Mais de même que celui qu'ils n'osaient approcher dans le buisson ardent et au milieu des éclats de son tonnerre leur paraissait quelquefois entouré de la fraîcheur des zéphyrs, de même l'aménité de votre auguste visage dissipe et change en rosée les légères vapeurs qui couvrent la majesté de votre front.* (*Amusements philologiques,* 1842.)

L'**adulation** suppose une hiérarchie, une relation de pouvoir qui conduit à **flatter** ses supérieurs : *Les adulateurs sont les flatteurs des grands*

(Lafaye). Nous avons pris l'habitude, avec la télévision, de ces mornes réunions littéraires durant lesquelles chaque invité tresse sans conviction des couronnes à ses voisins. Triste spectacle, où chacun tente d'attirer sur lui le moins de critiques possible (il faut vendre !). Quel auteur suicidaire oserait dénigrer le énième roman de son voisin, journaliste haut placé dans le landernau littéraire ?

« Il n'estime la voix de l'adulation
Qu'en ce qu'elle a d'utile à son ambition. » LEMERCIER

« Quoi ! vous adulez bassement le souverain pendant sa vie, et vous l'insultez cruellement après sa mort ! » DIDEROT

« Ne soyez à la cour, si vous voulez y plaire,
Ni fade adulateur, ni parleur trop sincère. » LA FONTAINE

« La flatterie est une fausse monnaie, qui n'a cours que par notre vanité. » LA ROCHEFOUCAULD

« Les hommes sont si sensibles à la flatterie que, lors même qu'ils pensent que c'est flatterie, ils ne laissent pas d'en être dupes. » VAUVENARGUES

« Outrager est d'un fou, flatter est d'un esclave. » Cardinal DE BERNIS

« Ève a péché, pourquoi ? Parce qu'on la flatta ;
Exemple que depuis mainte femme imita. » COLLIN D'HARLEVILLE

« C'est un vice de la démagogie, et c'est un vice propre de Jaurès que de flatter ses ennemis parce qu'on les redoute, et de négliger ses véritables amis, parce qu'on ne les redoute pas. » PÉGUY

« Les princes deviennent si délicats que tout ce qui n'est point flatteur les blesse et les irrite. » FÉNELON

« Le flatteur du peuple, en quoi, je vous prie, diffère-t-il du flatteur du roi ? Est-il plus noble, plus indépendant, plus désintéressé, et, à le bien voir, moins misérable ? » SAINTE-BEUVE

agité • ému • troublé

L'émotion est la mise en mouvement (de e *et* movere, *« mouvoir hors »), le commencement de l'action. L'agitation est plus que l'émotion, c'est le mouvement qui, commencé, se continue. Le trouble est la confusion que cause l'agitation. M. Guizot a très bien expliqué cela : « Être ému, c'est éprouver un mouvement ; être agité, c'est éprouver une succession rapide de mouvements produits en différents sens et réagissant les uns sur les autres. Être troublé, c'est être mis en désordre par un mouvement quelconque. » Émotion, agitation et trouble, bien qu'exprimant d'ordinaire un état pénible de l'âme, ne l'impliquent pas nécessairement. On est quelquefois ému délicieusement ; l'espérance du bonheur peut nous agiter et un trouble charmant s'emparer de l'âme.*

Selon Guizot, **ému** marquerait un état affectif simple : nous sommes le siège d'un sentiment, agréable ou non. **Agité** suppose un être humain contradictoire, divisé, devenu le théâtre d'affections diverses, voire antagonistes. Rien n'oblige cependant à voir dans ce tohu-bohu un signe de pathologie mentale, comme le laisse entendre le mot aujourd'hui (« un agité du bocal » !) : *Ces pensées le torturaient, par cette fin d'après-midi obscure de février où, fiévreux, agité, il attendait Maud chez lui* (abbé Prévost). Enfin, **troublé** — dont le sens est moins fort désormais — indique un désordre qui laisse interdit : on ne sait plus où on en est.

Au même titre que les sensations, les affects constituent un territoire difficile à nommer. Peu se sont essayés, à la manière de Spinoza dans son *Éthique,* à en proposer une sorte de formalisation quasi mathématique. D'où les divers détours — par métaphore ou par extension (du concret à l'abstrait) — que nous propose la langue. La dénomination d'états psychiques provient ainsi, pour une grande part, de vocables désignant des phénomènes naturels.

D'un côté, on présente les sentiments sous l'apparence de déplacements mécaniques. Selon l'image chère à Pascal et à Descartes jusqu'aux matérialistes les plus radicaux du XVIIIe siècle (La Mettrie), l'homme est une machine en mouvement (ce qui répond au sens originel d'*émouvoir :* mettre en mouvement). Aussi bien Descartes, dans son traité *les Passions de l'âme,* posait-il son travail comme celui d'un « physicien » et non d'un philosophe (même si, en finale, une morale se dégage de son ouvrage : la nécessité de soumettre les mouvements du corps à ceux de l'âme).

D'un autre côté, ces épithètes s'utilisent sans peine pour qualifier les éléments d'un paysage ; par exemple l'eau : *La rivière devint tout à coup agitée* (La Fontaine) ; *J'ai plongé dans leurs eaux troublées, m'éloignant à regret du vieux rivage où je suis né, nageant avec espérance vers une rive inconnue* (Chateaubriand). L'eau sera même **émue** : *Nos mers sont tout émues ; il n'y a que votre Méditerranée qui soit tranquille* (Mme de Sévigné).

Voyons là, dans cet anthropomorphisme simplet, la tentation de prendre la nature pour un miroir complaisant. Mais rien n'oblige à faire de cette dernière (à la manière des romantiques) la source de nos émotions et sentiments. Un réseau subtil de correspondances existe assurément entre les hommes et le décor qui les entoure. La morosité nous gagne vite quand le ciel est sombre... Pourtant, un ciel uni — disons californien — n'est pas bon pour tous, si l'on en croit Romain Rolland : *Sous un ciel non troublé, une âme anémique périt de mélancolie...*

« Mon cœur était sans cesse agité de désirs nouveaux, de crainte et d'espérance... » FÉNELON

« Quand on a le cœur encore agité par les restes d'une passion, on est plus près d'en prendre une nouvelle que quand on est entièrement guéri. » LA ROCHEFOUCAULD

« Si mon sang allumé me demande des femmes, mon cœur ému me demande encore plus de l'amour. » ROUSSEAU

« Un homme énergique n'a jamais peur en face du danger pressant. Il est ému, agité, anxieux ; mais la peur, c'est autre chose. » MAUPASSANT

« Le comte Muffat se sentait plus troublé encore, séduit par la perversion des poudres et des fards, pris du désir déréglé de cette jeunesse peinte, la bouche trop rouge dans la face trop blanche, les yeux agrandis, cerclés de noir, brûlants, et comme meurtris d'amour. » ZOLA

aigre • acide • acerbe

Au propre, ces trois mots désignent une impression particulière de goût. Ils se distinguent nettement ; et, comme dit M. Lafaye, ce qui est aigre n'est plus doux, ce qui est acide n'est pas doux, ce qui est acerbe n'est pas encore doux. Aigre indique une saveur qui provient de quelque altération : du lait aigre, du vin aigre ; aussi est-elle toujours désagréable. Acide indique une saveur franche, spontanée : la groseille est un fruit acide. Acerbe indique la saveur qui appartient aux fruits non mûrs : la nèfle sur laquelle la gelée n'a pas passé est acerbe. Au moral acide n'est pas employé ; il ne reste que aigre et acerbe. La distinction qui existait au physique continue : des paroles aigres sont dictées par le ressentiment, la mauvaise humeur ; des paroles acerbes le sont par l'âpreté naturelle de la personne qui parle. Des paroles aigres sont plus piquantes ; des paroles acerbes sont plus âpres et plus dures.

D'une manière générale, le registre des sensations paraît difficile à décrire directement. Seraient-elles plus rebelles encore au crible du langage que les sentiments ?

Savons-nous distinguer nettement les impressions qui se rapportent à ces mots, **aigre, acide, acerbe,** auxquels il serait loisible d'ajouter *sur, piquant, acescent, acidulé ?*

Relevons que leur emploi se montre paradoxalement plus clair au figuré : un personnage **acerbe** a l'esprit mordant, une femme **aigre,** un tempérament maussade.

Avec ces épithètes nous côtoyons un domaine où les nuances se manifestent à travers le langage de la manière la plus subtile possible : celui de la gastronomie, ou mieux encore de l'*œnologie* (pour plus de précisions, on se reportera au livre d'Émile Peynaud, *le Goût du vin*).

Face aux sensations multiples et variées — notamment quand il s'agit d'odeurs —, le langage prête sa richesse, au besoin de façon métaphorique. Plus de deux cents mots servent ainsi à décrire les nuances olfactives recelées dans le vin.

En comparaison, le vocabulaire des *sentiments* s'avère sinistrement réduit : quelques dizaines de termes tout au plus... C'est mauvais signe ! Cela prouve, en tout cas, que l'être humain est affectivement un primitif : sa vraie subtilité, il ne la trouve pas au fond de lui-même, mais quand son corps éveillé se prête superficiellement au contact de l'autre.

« Il n'y a guère de gens plus aigres que ceux qui sont doux par intérêt. »
VAUVENARGUES

« Sa petite voix aigre devient sifflante. » MAUPASSANT

« Le fruit encore vert, la vigne encore acide
Tentent de ton palais l'inquiétude avide. » A. CHÉNIER

« Vous excellez à distiller à la fois le suc et l'acide, à lécher et à mordre en même temps, comme les fauves. »
MONTHERLANT

« Il m'écrivit sur un ton très acerbe. » LITTRÉ

aisément • à l'aise

L'emploi en est bien distinct. Aisément répond à facilement, et à l'aise à commodément. Où l'on marche aisément, on marche sans difficulté ; où l'on marche à l'aise, on marche sans embarras ni gêne.

Gauchissons le propos, qui manque de clarté. **Aisément** possède un sens subjectif : on s'intéresse surtout à la personne concernée par l'action ; tandis qu'**à l'aise** renvoie à l'aspect matériel des opérations : la facilité provient de la conformation favorable de l'environnement et non d'une disposition intérieure à l'individu. (Observons incidemment qu'**à l'aise** se trouve aujourd'hui dévalué par son appartenance au registre « familier ».)

Ainsi, on écrit **aisément** lorsqu'il n'existe pas de difficultés intellectuelles majeures (ni l'inspiration, ni les mots ne manquent). Écrire **à l'aise** signifie différemment que l'on n'est pas gêné, dans sa tâche, par divers obstacles extérieurs (le bruit, le manque d'espace ou de lumière, etc.).

En fait, devant la page, l'idéal est de voir le travail se faire en même temps **à l'aise** et **aisément**...

« Et chacun croit fort aisément
Ce qu'il craint et ce qu'il désire. »
LA FONTAINE

« Mais qu'aisément l'amour croit tout ce qu'il souhaite ! » RACINE

« Nous oublions aisément nos fautes lorsqu'elles ne sont sues que de nous. » LA ROCHEFOUCAULD

« Nous pourrons rire à l'aise et prendre du bon temps. » BOILEAU

« Comme les êtres les plus droits peuvent vivre à l'aise dans le mensonge ! » MARTIN DU GARD

« Croyez-vous donc qu'on soit à l'aise dans cette armoire ? » HUGO

aises • commodités

Les aises disent quelque chose de voluptueux et qui tient de la mollesse. Les commodités expriment quelque chose qui facilite les opérations ou la satisfaction des besoins, et qui tient de l'opulence. Les gens délicats et valétudinaires aiment leurs aises. Les personnes de goût, et qui s'occupent, recherchent leurs commodités.

Le mot **aise** nous quitte peu à peu, ne se trouvant plus de manière figée que dans des expressions (« à l'aise », « être à son aise »). Pourtant, il exprimait précieusement une joie légère du corps, comme lorsqu'on s'étire : liberté des gestes, plaisir de la mobilité (à l'origine, **aise** signifie « espace vide au côté de quelqu'un »). Et il désigne ensuite un sentiment de bien-être et de contentement : *Aime maintenant l'aise de nos yeux* (Malherbe) ; *Que vous me comblez d'aise !* (Molière).

En revanche, **commodité** renvoie surtout à l'aspect pratique des choses : *Quelques auteurs traitent la morale comme on traite la nouvelle architecture, où l'on cherche avant tout la commodité* (Vauvenargues). Le mot exhale un parfum technique, désignant l'ajustement exact entre un objet et son usage (on se rappelle les « commodités de la conversation » des Précieuses, pour parler des fauteuils).

En outre, la **commodité** se rapporte à un confort qui est d'abord l'apanage des riches, « l'opulence » évoquée par Littré, que confirme cette phrase de La Bruyère : *Il fait le plan des bâtiments, exagère la commodité des appartements, ainsi que la richesse et la propreté des meubles.* Mais, par un curieux chassé-croisé, c'est l'**aise** qui renvoie aujourd'hui, indirectement, à cette acception (quand on parle d'une personne « aisée », ou qui vit « dans l'aisance »).

Notons aussi que la **commodité** relève de l'idéologie du « fonctionnel » : le « pratique », valeur suprême du mode de vie petit-bourgeois, se trouve illustré en permanence dans l'habitat et la vie ménagère (le plain-pied, le Robot-Marie, la cuisine intégrée, etc.).

Ces deux mots se rejoignent encore dans un sens particulier, quand les **commodités** désignent les « lieux d'aisance » : *Je veux aller aux commodités satisfaire mes petits besoins !* (Courteline). La langue nous ramènerait ici à la fameuse équation établie par Freud entre l'argent et l'excrément. D'aucuns hausseront les épaules. Observons cependant à quel point, dans les maisons, l'aspect des « lieux » témoigne bien de la recherche d'**aise** ou de simple **commodité** de leurs propriétaires...

« Les petites règles qu'il s'est faites et qui tendent toutes aux aises de sa personne. » LA BRUYÈRE

« Les aises de la vie, quoique absolument permises, ne laissent pas de fomenter la rébellion de la chair. » BOURDALOUE

« L'argent est bon, mais l'aise meilleure. Et l'aise en voyage, c'est tout. » FLAUBERT

« On veut bien prêcher la pauvreté de Jésus-Christ, mais on veut vivre dans les commodités et l'abondance. » FLÉCHIER

« Vite, voiturez-nous ici les commodités de la conversation. » MOLIÈRE

« La princesse d'Harcourt ne se faisait faute de ses commodités au sortir de table, qu'assez souvent elle n'avait pas le loisir de gagner, et salissait le chemin. » SAINT-SIMON

« À la manière dont M. Dastier m'avait parlé de la Corse, je n'y devais trouver, des plus simples commodités de la vie, que celles que j'y porterais : linge, habits, vaisselle, batterie de cuisine, papier, livres, il fallait tout porter avec soi. » ROUSSEAU

allé (être) • avoir été

Ces deux expressions font entendre un transport local ; mais la seconde le double. Qui est allé a quitté un lieu pour se rendre dans un autre ; qui a été, a de plus quitté cet autre lieu où il s'était rendu. Tous ceux qui sont allés à la guerre n'en reviendront pas. Tous ceux qui ont été à Rome n'en sont pas meilleurs.
Être se dit pour aller, quand on est allé dans un lieu et qu'on en est revenu ; ce qui fait voir qu'en ce sens être *a d'abord gardé sa signification naturelle ; il est allé à Rome exprime simplement qu'il a fait le voyage de Rome, sans dire s'il est de retour ; il a été à Rome exprime qu'il est revenu ;* être *pour* aller *ne s'emploie qu'aux temps passés : je fus, j'ai été, j'aurai été, j'aurais été, je fusse, ayant été.*

Cette opposition rappelle à chacun bien des souvenirs scolaires... Cela dit, aujourd'hui encore, bien des professeurs font la chasse au verbe *être* utilisé pour signifier un déplacement, et réputent incorrecte la phrase suivante : « Hier, j'ai été à Paris pour m'acheter quelques livres. » C'est pourtant là faire fi d'un usage des plus classiques : *J'ai été à Rueil voir un malade* (Molière) ; *Mais bientôt je laissai là la bonne compagnie et je fus me promener seul dans la foire* (J.-J. Rousseau) ; *On avait été chercher un pâtissier à Yvetot* (Flaubert). Ou encore, chez de Gaulle : *Nous laissâmes Giraud dans sa villa et nous en fûmes dans la nôtre.*

La nuance n'est pourtant pas indifférente, puisque **avoir été** signifie qu'on est revenu du lieu où l'on s'était rendu. La langue anglaise se montre sur ce point plus précise en offrant plusieurs façons de dire « Il est allé à Londres » : « He went to London », « He has been to London », « He has been going to London », etc.

La crainte de mal dire est dangereuse, surtout lorsqu'elle est infondée. Les écrivains n'ont cesse de le rappeler : *Ne craignons jamais de nous permettre les turlupinades qui viennent au bout de nos plumes* (Mme de Sévigné). Un professeur ne doit pas tant éradiquer les mauvaises expressions du langage de ses élèves que de mettre à leur disposition des manières de dire qu'ils ne possèdent pas encore. L'attention à la nuance conduit non pas à un appauvrissement (fondé sur des normes souvent discutables) mais à rechercher un enrichissement. Donner plutôt que corriger.

« À peine ai-je été les voir trois ou quatre fois, depuis que nous sommes à Paris. » MOLIÈRE

« Je fus retrouver mon janséniste. » PASCAL

« Elle fut au-devant d'elle les bras ouverts. » Mme DE SÉVIGNÉ

« Il prit deux perdrix et fut chez sa maîtresse. » HAMILTON

« Dans l'usage vulgaire, on se sert souvent de *je fus* et *j'ai été* au sens d'aller avec un infinitif suivant ; et on en trouve des exemples dans d'excellents auteurs et dans de très anciens textes. » LITTRÉ

amant • amoureux

M. Guizot a très bien indiqué la différence. « Il suffit d'aimer pour être amoureux. Il faut témoigner qu'on aime pour être amant. On est souvent très amoureux sans oser paraître amant. Quelquefois on se déclare amant sans être amoureux. »
Dans le langage ordinaire, la distinction entre amant et amoureux est inverse de celle que ces deux mots présentent dans le style élevé. On peut dire qu'une jeune fille a un amoureux, sans rien préjuger de défavorable ; on ne peut pas dire qu'elle a un amant. Une femme peut avoir plusieurs amoureux sans inconvénient pour sa réputation, mais non plusieurs amants.

Comme d'autres mots du même registre, **amant** est inemployable maintenant dans le sens où l'utilise la Célimène de Molière : *Des amants que je fais me rendez-vous coupable ? / Puis-je empêcher les gens de me trouver aimable ?,* puisque ici les **amants** ne sont que de simples prétendants.

Glissement sémantique brutal : à l'époque de Littré (celle des lorettes, grisettes et autres « Nana »), l'**amant** est l'homme qui paie pour obtenir les faveurs d'une femme. Même impossibilité avec le mot *maîtresse,* qui signifie chez Molière la femme demandée en mariage. Et plus encore avec le verbe *baiser* (embrasser), tel que l'employait Mme de Sévigné : *Vous avez donc baisé toute la Provence ?* Autres temps, autres mœurs, autres utilisations des mots.

Reprenons tout cela. L'**amoureux**, en somme, vit un petit délire, enfermé qu'il est dans ses rêveries et ses désirs silencieux de déclaration, jusqu'à faire de l'être aimé une pure image. Jeux de miroirs du langage, ainsi que l'observait La Rochefoucauld : *Il y a des gens qui n'auraient jamais été amoureux, s'ils n'avaient jamais entendu parler d'amour.* En revanche l'**amant**, nous dit-on, « a témoigné » (il s'est déclaré) : il est donc dans le symbolique, le lien social tissé par le langage.

Pour notre compte, nous avons perdu la nuance qui, dans l'ancienne langue (chez les dramaturges du XVIIe siècle en particulier), faisait de l'**amoureux** celui qui aime sans être aimé. Quel mot permet de dire cela aujourd'hui ?

Par ailleurs, **amant** n'a plus le sens péjoratif du XIXe siècle, que nous avons signalé ; sinon, le livre de Marguerite Duras qui porte ce titre n'aurait pas connu un tel succès ! Face au mot **amant, amoureux** fait aujourd'hui un peu mièvre. Seul l'**amant** paraît dégourdi... Car on n'est **amant** désormais que lorsqu'on a « couché ». À preuve cette remarque de Madonna et de Kim Bassinger (rapportée par *France-Dimanche,* en juillet 1992) à propos du chanteur Prince : *C'est un amant explosif !*

Faut-il y voir une dégradation morale ? En fait, le changement est moins important qu'il n'y paraît, la relation sexuelle étant douée — dans nos sociétés — d'une énorme valeur symbolique (signature contractuelle, marque identificatoire, voire une sorte de badge ou de diplôme) qui laisse souvent loin derrière le plaisir qu'on y prend — tout relatif comme chacun sait. D'ailleurs, dans l'article de *France-Dimanche,* on ne nous dit pas en quoi Prince est « explosif » ! Seule importe sa réputation.

Finalement nous préférons le sens ancien d'**amant**. L'**amant**, comme l'*amateur,* est simplement celui qui *aime,* avec tout le trouble délicieux que recèle ce verbe dans notre langue.

« Tant qu'ils ne sont qu'amants, nous sommes souveraines,
Et jusqu'à la conquête ils nous traitent de reine. » CORNEILLE

« J'aime assez mon amant pour renoncer à lui. » RACINE

« Il est plus facile d'être amant que mari. » BALZAC

« Son amant emmène un jour O se promener dans un quartier où ils ne vont jamais. » RÉAGE

« À force de parler d'amour, l'on devient amoureux. » PASCAL

« C'est une grande difformité dans la nature qu'un vieillard amoureux. » LA BRUYÈRE

« Un amoureux est un homme qui veut être plus aimable qu'il ne peut ; et voilà pourquoi tous les amoureux sont ridicules. » CHAMFORT

« Il n'est ni mon amant, ni mon flirt, ni mon *patito.* C'est mon amoureux. » COLETTE

amant • galant

Un homme se fait amant d'une personne qui lui plaît. Il devient le galant de celle à qui il plaît. (GUIZOT)

Un homme galant *est tout autre chose qu'*un galant homme : *celui-ci tient plus de l'honnête homme, celui-là se rapproche plus du petit-maître, de l'homme à bonnes fortunes* (Voltaire).

Regrettons l'affaissement et l'affadissement du mot **galant** : pour l'essentiel il ne renvoie plus qu'aux manières polies pratiquées avec les dames.

L'**amant** est l'homme qui choisit ; le **galant** celui qui est choisi par la femme. Lisons dans ces figures inversées la trace d'une vieille et insistante question : dans l'amour, qui mène la danse ? Les hommes ou les femmes ?

Comme toujours la littérature et le cinéma apportent sur le sujet (depuis l'Antiquité jusqu'à Marivaux ou Éric Rohmer) des témoignages aigus. Dans l'amour courtois, par exemple, l'homme apparaît plutôt en situation de **galant** : en fait, l'objet plus ou moins passif du désir et du choix. Position inhabituelle mais subtile : la passivité (feinte ?) permet de ne pas s'illusionner ; et puis on n'obtient pas forcément grand-chose de plus en croyant être le maître des opérations... Mais la femme qui revendique trop ouvertement ses choix est, péjorativement, une *galante* (valeur dépréciative que ne possède pas le masculin).

Tout cela signifierait-il, en finale, qu'il n'y aurait jamais d'adéquation possible dans le désir ?

« Dans les premières passions les femmes aiment l'amant, dans les autres elles aiment l'amour. »
LA ROCHEFOUCAULD

« Une des occupations de ces dames, c'est de se procurer des amants. Elles possèdent je ne sais combien de petites finesses pour attirer celui qu'elles ont en vue et cent tracasseries en réserve pour se débarrasser de celui qu'elles ont. »
DIDEROT

« Qu'est-ce qu'un amant ? C'est un instrument auquel on se frotte pour avoir du plaisir. » STENDHAL

« Je vous ai promis pour galant à deux belles dames de mes amis. »
VOITURE

« Ces jeux encore innocents viennent d'un fonds qui ne l'est pas : les filles n'apprennent que trop tôt qu'il faut avoir des galants, les garçons ne sont que trop prêts à en faire le personnage. » BOSSUET

« Elle courait le guilledou, l'Angélique. Son galant, ça devait être un pas-grand-chose, qui ne travaillait pas, parce qu'elle filait comme ça à n'importe quelle heure. » ARAGON

amasser • entasser • accumuler • amonceler

Amasser, c'est réunir ensemble des choses de même nature : un amas de blé, de foin. Entasser, c'est faire un amas de forme déterminée : un tas de blé, de foin. Accumuler, c'est joindre amas sur amas : on accumule des richesses, des héritages. Amonceler, c'est faire une accumulation, en désordre, de choses mêlées : amonceler des ruines, des cadavres.

Telle variété de mots pour désigner les regroupements d'objets que réalisent les hommes montre bien à quel point ce geste importe pour toute anthropologie. Cette série, pourtant, ne dit quasi rien sur la configuration formelle du rassemblement – excepté l'idée qu'il se fait en hauteur, avec **entasser** (le « tas ») et **amonceler** (le « monceau »).

S'affirme d'abord ici l'image d'un désordre plaisant de choses plus ou moins banales : des herbes coupées dans un jardin, des papiers à moitié jaunis, de vieux chiffons...

L'*amas* est souvent un geste de précaution : on rassemble des matériaux parce qu'on entreprend, que l'on a des projets ou qu'on cherche à se rassurer.

Au-delà, la *collection* fascine car elle impose un ordre, une structure (donc un sens) à la quantité : la collection apparaît toujours organisée, complétable (la « série complète » mettrait fin au désir) et dotée d'une valeur marchande.

Notons que ces mots sont irrésistiblement attirés par un objet particulier : l'argent. La richesse, au moins dans le fantasme, est accumulation. Images connues : de la cigale de La Fontaine à la célèbre notion marxiste d'« accumulation du capital », en passant par le spectacle de l'Oncle Picsou installé sur ses tas de pièces dans son parodique Fort Knox...

Est-on concurremment cigale et fourmi ? Peu probable, malgré les petites révolutions psychiques dont nous avise régulièrement la presse, toujours avide de mythologies : José Arthur revend sa bibliothèque, le richissime Elton John se sépare de toutes ses collections, etc. Il faudrait aller y voir de plus près. Nouveau cycle : on vend pour acheter de nouveau...

En vérité le geste de la cigale a partie liée avec une forme de sagesse. Car il est sans doute souhaitable de se désencombrer régulièrement des objets qui accompagnent notre vie. L'homme libre se déplace sans bagages.

« L'intérêt est le plus grand monarque de la terre. Cette ardeur pour le travail, cette passion de s'enrichir, passe de condition en condition, depuis les artisans jusques aux grands. Personne n'aime à être plus pauvre que celui qu'il vient de voir immédiatement au-dessous de lui. Vous voyez à Paris un homme qui a de quoi vivre jusqu'au jour du juge-

ment, qui travaille sans cesse et court risque d'accourcir ses jours, pour amasser, dit-il, de quoi vivre. »
MONTESQUIEU ▒

« N'as-tu pas honte de faire une honteuse dissipation du bien que tes parents ont amassé avec tant de sueurs ? » MOLIÈRE ▒

« Les richesses ne sont belles à amasser que pour les dépenser facilement ensuite. » GIDE ▒

« Je demande à ces gens de qui la passion
Est d'entasser toujours, de mettre somme sur somme,
Quels avantages ils ont que n'ait pas un autre homme. » LA FONTAINE ▒

« Entasser des économies pour des héritiers qu'on ne verra jamais, quoi de plus insensé ? » RENAN ▒

« Les puissants du moment accumulent les richesses avec le sentiment de travailler pour l'éternité. »
DUHAMEL ▒

amendement • correction • réforme

La correction ôte une faute, un défaut, un vice. L'amendement rend meilleur. La réforme modifie tout à fait le sujet. On se corrige d'un défaut ; on s'amende, en gagnant des qualités ; on se réforme, en substituant à un genre de vie déréglé un genre de vie tout contraire.

La distinction s'adresse d'abord à l'être humain, tout appliqué qu'il est à vouloir se changer et surtout à changer les autres. Pour le plus grand bien de tous, évidemment ! Pointe ici un goût manifeste pour l'ordre, la loi ; au sens ancien du mot, le *correcteur* est celui qui réforme en punissant.

Plaisons-nous cependant à déplacer cette partition pour imaginer des applications heureuses dans le champ de l'écriture. Qu'est-ce que *corriger* un texte ? C'est en ôter le négatif, les erreurs (et pas seulement les désigner, comme on le fait habituellement à l'école). L'*amender* consiste à l'améliorer en y ajoutant des éléments positifs. Le *réformer,* enfin, revient à le reprendre complètement pour le faire renaître différemment. Un exemple éloquent de réforme : Balzac aimait bien peu *Volupté,* le roman de Sainte-Beuve. Il se décida à le réécrire ; cela donna *le Lys dans la vallée !*

« L'amendement que les années apportent à ma pauvre cervelle. »
Mme DE SÉVIGNÉ ▒

« Il y a certains mauvais sujets que rien n'amende. » GIDE ▒

« Le théâtre a une grande vertu pour la correction. » MOLIÈRE ▒

« Dieu l'avait élevé comme un signal à tous ceux qui aiment la correction des mœurs. » FLÉCHIER ▒

« S'il y a quelque réforme à tenter dans les mœurs publiques, c'est par les mœurs domestiques qu'elle doit commencer. » ROUSSEAU

« J'ai renoncé aux vanités du monde, et je me suis jeté dans la réforme. » REGNARD

ampoulé • emphatique • boursouflé

Trois qualités défectueuses d'un style qui dépasse la mesure. Emphatique marque l'exagération, et indique que l'on fait paraître ou briller les choses plus qu'il ne faut. D'après Marmontel, on appelle un style, un vers, un discours ampoulé, celui où l'on emploie de grands mots à exprimer de petites choses. Boursouflé exprime une redondance de grands mots vides de sens et d'idées. On remarque que, seul de ces trois mots, emphatique n'a pas toujours une signification défavorable ; par exemple, dans cette phrase de Bossuet : « En marquant ce passage décisif, on aurait fait entendre d'abord que le terme être appelé, *loin d'être diminutif, était emphatique et confirmatif. »*

L'*emphase* marque plus une attitude qu'un défaut à proprement parler : raidissement, dramatisation sans distance, théâtralisation excessive... Elle tiendrait au moins autant au drapé des gestes qu'au discours lui-même, à ce que la rhétorique nommait l'*actio*. D'où son caractère souvent plus risible que blâmable, parfois même émouvant, car elle signale la crainte que l'on a de ne pouvoir se faire entendre.

Assez différemment, **ampoulé** et **boursouflé** relèvent du vaste domaine des affections du langage, comme le laissent entendre directement les mots « ampoule » et « boursouflure ».

Un discours est **ampoulé** lorsqu'il se trouve disproportionné à son propos (usage des « grands mots »), **boursouflé** quand le langage subit une enflure généralisée. Le tissu du discours subit une sorte de dégénérescence par prolifération (tel un cancer) : il fait des « cloques » (!) et produit paradoxalement un vide envahissant. Cette situation est gravissime lorsque c'est tout le discours social qui se trouve atteint (à l'image du discours médiatique dominant), et que ces maux ne sont même plus strictement repérables (comme le faisait la rhétorique autrefois).

« Mon esprit n'admet point un pompeux barbarisme,
Ni d'un vers ampoulé l'orgueilleux solécisme. » BOILEAU

« On sait que Linné appelle cacao *cacao theobroma* (boisson des dieux). On a cherché une cause à cette qualification emphatique : les uns l'attribuent à ce que ce savant aimait passionnément le chocolat. » BRILLAT-SAVARIN

« N'est-ce pas, madame, que voici un madrigal vraiment méritoire, aussi emphatique que vous-même ? En vérité, j'ai eu tant de plaisir à broder cette prétentieuse galanterie, que je ne vous demanderai rien en échange. » BAUDELAIRE ▒

« Quiconque veut se résoudre à lire ces lettres doit s'armer de patience sur les fautes de langue, sur le style emphatique et plat, sur les pensées communes rendues en termes ampoulés. » ROUSSEAU ▒

« Je ne peux plus souffrir le boursouflé et une grandeur hors de nature. » VOLTAIRE ▒

« La forme est détestable ! C'est boursouflé, pâteux, chargé de bavardages ! » MARTIN DU GARD ▒

amuser • divertir

Amuser, c'est faire passer le temps avec agrément, s'il s'agit de quelque chose qui plaît. Mais cela aussi explique pourquoi amuser a, en outre, le sens d'abuser, de repaître de vaines espérances. Divertir, c'est, étymologiquement, détourner l'esprit, et, au sens que ce verbe a pris, tourner l'esprit vers des choses agréables. Aussi divertir est-il plus expressif qu'amuser, et les divertissements sont plus vifs que les amusements. L'usage de la conversation tend beaucoup à délaisser le verbe divertir, et par conséquent à donner à amuser tout le terrain que perd celui-là.

distraire • divertir

De ces deux mots, l'un signifie, étymologiquement, tirer de côté et d'autre, l'autre tourner de côté et d'autre. Mais de là ils ont pris respectivement une signification qui les différencie : le divertissement est beaucoup plus que la distraction ; on se divertit quand on se livre à divers amusements, tels que spectacles, bals, fêtes, repas ; pour se distraire, il n'est pas besoin de tout cela ; il suffit de quelques plaisirs même solitaires, de quelques simples satisfactions.

Amuser a-t-il aujourd'hui un sens à la fois plus faible et plus large que divertir ?

L'amusement renvoie aussi bien à la distraction enfantine qu'au passe-temps léger, ainsi qu'au dérivatif trompeur — quand amuser revient à produire un leurre lénifiant : *Le monde est vieux, dit-on, je le crois : cependant / Il le faut amuser encore comme un enfant* (La Fontaine). En ce sens, la télévision « amuse » : on regarde distraitement, le nez en l'air, on oublie tout, on s'endort...

Divertir, nous dit-on, conviendrait à des formes de délassement plus nobles, plus vives. À la légèreté de l'amusement répondrait le sérieux du divertissement. Suivons Littré, mais pour le contredire. Le divertissement n'est pas seulement un agréable passe-temps, mais littéralement une *dis-traction* (ce qui nous éloigne de nous-même), un détournement (les détournements d'avions ne constituant peut-être qu'une manière — médiatique — de nous divertir !). Le divertissement est « dur » — comme on parle d'une drogue dure : on ne s'en détache que difficilement. Hégémonie des loisirs dont Pascal et Montaigne furent, avant l'heure, les plus fins analystes. *Peu de chose nous divertit et détourne, car peu de chose nous tient* (Montaigne). Le diagnostic est sans appel : le divertissement non seulement écarte des choses et nous éloigne de la pensée (thème pascalien), mais il constitue l'envers d'une vie finalement sans désir — où tout se vaudrait.

« Tout ce qui n'est pas Dieu peut amuser l'âme ; mais Dieu seul est capable de la remplir. » FLÉCHIER

« Il faut travailler, sinon par goût, au moins par désespoir, puisque, tout bien vérifié, travailler est moins ennuyeux que s'amuser. » BAUDELAIRE

« Le théâtre amuse l'esprit, il ne doit pas le préoccuper. » RENARD

« Un charlatan du Pont-Neuf disait à son singe en commençant ses jeux : "Allons, mon cher Bertrand, il n'est pas question ici de s'amuser : il nous faut divertir l'honorable compagnie." » CHAMFORT

« C'est rendre un homme heureux de le divertir de la vue de ses misères domestiques. » PASCAL

« Quant à la vie de Paris, je ne me faisais point d'illusions, et ne la considérais nullement comme un secours. J'y comptais un peu pour me distraire, mais pas du tout pour m'étourdir, et encore moins pour me consoler. » FROMENTIN

« Tout ce qui est étranger au travail en distrait. » FLAUBERT

âne • ignorant

On est âne par disposition d'esprit, et ignorant par défaut d'instruction. L'ignorant n'a pas appris ; l'âne ne peut pas apprendre.

À qui était destiné le *bonnet d'âne,* accessoire terrible de l'école d'autrefois ? Aux enfants dépourvus d'aptitudes ? ou à ceux que le savoir laissait indifférents ?

Dans la perspective ancienne, le sujet rétif était aussitôt déclaré *paresseux,* et la paresse, on le sait, n'avait pas bonne presse. Replaçons tout cela dans un XIXe siècle où l'on croyait aux vertus du progrès et de l'éducation populaire. Hugo, Littré, le positivisme, la magie des connaissances transmises par « les hussards noirs de la République » : « Ouvrir une école, c'est fermer une prison »...

Aujourd'hui, l'ignorance demeure une faute impardonnable, alors que la nature de l'information n'est plus la même : surabondance, transmission rapide, supports différents, nouvelles techniques. Nul n'est censé *ignorer* la loi. Mais quelle loi ? Celle en fait qui prescrit à chacun d'être en prise (« branché »).

Le refus de savoir (« Il ne veut rien savoir ») trahit la mauvaise tête. Attitude peu recommandable. Imaginons cela : un homme qui n'aurait pas de poste de télévision, écouterait à doses infimes et distraitement les informations radiophoniques, ne s'intéresserait qu'aux nouvelles pas fraîches, et, au-delà, serait indifférent (non hostile) aux modes, s'attacherait à des auteurs, peintres ou musiciens inactuels, etc. Comportement paradoxal, certes, mauvais pour le commerce, déplorable pour toute relance de la consommation !

Il est étonnant, alors que nos sociétés ont retrouvé le goût des scolaires distributions de prix (Oscars, Césars, etc.), qu'on n'ait pas encore inventé le *bonnet d'âne de l'économie* pour tout individu qui ne consommerait pas (ou n'épargnerait pas), quand il faut et comme il faut...

« Il profane
Notre auguste nom, traitant d'âne
Quiconque est ignorant, d'esprit lourd, idiot. » LA FONTAINE

« Je commençais à passer pour un vaurien, un révolté, un paresseux, un âne enfin. » CHATEAUBRIAND

« Un âne à deux pieds peut devenir général et rester âne. » Comtesse DE SÉGUR

« Un homme d'esprit et de bon sens disait un jour d'un grave docteur : Il faut que cet homme-là soit un grand ignorant, car il répond à tout ce qu'on lui demande. » VOLTAIRE

« C'était, nous l'avons dit, un ignorant ; mais ce n'était pas un imbécile. » HUGO

« Bien qu'elle fût ignorante comme une carpe, elle s'amusait à opposer la culture française à la culture allemande. » ROLLAND

antiphrase • contrevérité

Contrevérité est plus général et se dit de toute espèce de contrevérité, renfermée soit dans un seul mot, dans une dénomination, soit dans une proposition, dans un discours. Antiphrase se dit d'une contrevérité réduite à un seul mot, à une seule dénomination. Ainsi contrevérité peut se dire en place d'antiphrase ; mais antiphrase ne peut pas se dire dans tous les cas pour contrevérité.

Nous sommes tentés, au vrai, de gauchir cette distinction, en rapprochant les deux termes pour mieux les opposer.

L'**antiphrase**, comme manière de dire les choses, utilise les mots au rebours de leur signification habituelle. Sans qu'il y ait pour autant volonté de tromper l'autre, qui comprend parfaitement, au ton employé, de quoi il retourne. Ainsi une mère, en voyant son jeune fils rentrer crotté après un match de football avec ses copains, s'écriera : « Eh bien, tu es propre ! », et le garçon ne prendra pas ça pour un compliment. Figure tout à fait codifiée par la rhétorique, l'**antiphrase** a pour sens de marquer une intention ironique. On lit par exemple chez le linguiste Bally : *Le langage expressif rend souvent une idée par son contraire : c'est l'*ironie *ou l'*antiphrase *: « Fiez-vous aux femmes ! » prononcé avec une intention appropriée est une invitation à la défiance.*

Contrevérité s'emploie fréquemment aujourd'hui dans le débat politique ou la polémique télévisée. L'expression s'avère d'ailleurs doublement efficace : elle constitue un substitut adroit à *mensonge* (qui serait une attaque caractérisée) et remplace avantageusement des mots aux allures moins techniques comme *erreur* ou *inexactitude.* Ainsi permet-elle d'accuser l'interlocuteur sans pour autant le mettre véritablement en cause (comme sujet d'énonciation). Force diabolique de ces vocables technocratiques, semblables aux tristement fameuses bombes à neutrons qui détruisent sans pour autant faire disparaître.

« Le nom de bœuf que le roitelet porte dans plusieurs provinces, lui est donné par antiphrase à cause de son extrême petitesse. » BUFFON

« Ou vous êtes au point où je désire, ou vous vous jouez de moi. Est-ce vérité ? est-ce contrevérité ? suis-je à vos yeux intéressante ou ridicule ? » Mme DU DEFFAND

apparent • vraisemblable • probable • plausible

Ce qui est apparent a une certaine apparence en sa faveur. Ce qui est vraisemblable est conforme au train ordinaire des choses ; il n'y a ni contradiction, ni impossibilité. Ce qui est probable a en sa faveur un commencement de preuve positive. On voit que ces trois expressions désignent trois degrés croissants de crédibilité. Plausible signifie digne d'être applaudi, digne d'assentiment. Une opinion plausible, une excuse plausible, c'est une opinion, une excuse à laquelle nous devons ou pouvons acquiescer ; on voit que dans plausible on considère moins l'apparence, la vraisemblance ou la probabilité que l'effet que la chose plausible produit sur nous.

À l'évidence, **plausible** a totalement perdu sa référence aux applaudissements. On ne saurait plus y voir qu'une sorte de doublet de **probable. Plausible** qualifie ce qu'on s'apprête à croire : le *crédible.*

Cette suite montre bien à quel point la vérité se fait incertaine : nous avons besoin de mots variés pour indiquer la relation mal assurée que nous entretenons avec le réel, à tout ce qui nous arrive, par le sens ou par les faits.

Situation d'autant plus aggravée que la réalité a désormais, de manière massive, l'image insignifiante qu'en produit la télévision. Nous sommes sans cesse enclins à tenir pour effectif ce qui n'est qu'apparent, vrai ce qui n'est que vraisemblable, certain ce qui n'est que probable — et inversement à fabuler sur l'indubitable, à faire une chimère de la réalité...

Notons que la langue offre bien d'autres moyens d'exprimer cela. En particulier avec *sans doute,* locution dont le sens flotte curieusement au gré des emplois. « *Sans doute,* on trouvera que... » exprime une assurance polie ou rhétorique ; mais dans « C'est *sans doute* Marie qui viendra travailler ce soir », l'expression ne signifie que *probablement,* c'est-à-dire à peine plus que *peut-être.*

Tout ajout, en fait, diminue ici la force de l'assertion. Comme dans le langage de l'amour, où le fameux « Je t'aime un peu, beaucoup, passionnément, à la folie » dira toujours moins qu'un simple « Je t'aime ».

« Combien de vertus apparentes cachent souvent des vices réels ! Le sage est sobre par tempérance, le fourbe l'est par fausseté. » ROUSSEAU

« Les lois humaines sont fondées sur l'utilité, et ce n'est peut-être qu'une utilité apparente et illusoire, car on ne sait pas naturellement ce qui est utile aux hommes, ni ce qui leur convient en réalité. » FRANCE

« Le vrai peut quelquefois n'être pas vraisemblable. » BOILEAU

« Considérant combien il peut y avoir de diverses opinions touchant une même matière, qui soient soutenues par des gens doctes, sans qu'il y en puisse avoir jamais plus d'une seule qui soit vraie, je réputais presque pour faux tout ce qui n'était que vraisemblable. » DESCARTES

« Je ne sais quoi de si brusque, de si inconstant se fait remarquer dans le caractère français, qu'un changement est toujours probable. » CHATEAUBRIAND

« Il en coûte aux faibles esprits d'abandonner leurs préventions, lors même qu'elles ne sont pas soutenues par des apparences plausibles. » SENANCOUR

apprêté • composé • affecté

Épithètes qui désignent une certaine recherche dans les manières. Apprêté et affecté impliquent toujours une idée de blâme, laquelle n'est pas inhérente à composé. Un maintien composé est un maintien qu'on se fait, à la vérité, et qui n'est pas celui qu'on a d'habitude, mais qui peut être bienvenu pour la circonstance. Dans le vice de la recherche, apprêté signale particulièrement la roideur, et affecté la mignardise. M. Guizot a dit : « On est principalement apprêté dans le discours, composé dans l'air et la contenance, affecté dans le langage et les manières. La précieuse est apprêtée ; la prude, composée ; la minaudière, affectée. Le pédantisme est apprêté ; l'hypocrisie est composée ; la coquetterie est affectée. »

Étudié, feint, hypocrite, contourné, maniéré, compassé... Les mots sont nombreux pour dire les poses et les rôles adoptés en société. Une fois de plus la vie nous conduit au théâtre.

Cependant la distinction de Guizot oblige à quelques précisions. **Composé** — qui s'éloigne de l'usage et mériterait d'être réactivé — l'indique bien : à chaque instant nous sommes tenus d'emprunter des attitudes, de nous fabriquer des masques. Ne parle-t-on pas d'ailleurs, à propos des acteurs, de « rôles de composition » ?

Apprêté (sans doute à cause d'un sens du mot **apprêt**) signale essentiellement une idée de raideur dans les gestes et le discours. Manières empesées, amidonnées, si l'on veut, peu éloignées d'une attitude *gourmée.*

Affecté exprime une exagération des manières, comme si le sujet ajoutait de nombreux guillemets et fioritures à son comportement.

Toutes ces qualifications sont dépréciatives, illustrant le ridicule ou l'hypocrisie. D'où la fascination qu'exercent, a contrario, le *naturel* et le *spontané,* valeurs bien suspectes, pourtant. L'*ingénue* ne joue-t-elle pas aussi un rôle ? Et les enfants (ou les vieillards) ne passent-ils pas aussi beaucoup de temps à faire les enfants ? Tout cela repose et protège.

Oscar Wilde a fait à ce sujet des remarques essentielles, notamment quant aux relations de la nature et de l'art : *Le naturel aussi est une pose* (dans *le Portrait de Dorian Gray*). Le naturel n'est le plus souvent qu'un artifice particulier. Son attrait procède de ce qu'il ne laisse aucune place à l'*élaboration,* c'est-à-dire au *travail,* au *calcul,* à la *préméditation.* L'innocuité du naturel tiendrait à ce qu'il serait dépourvu d'intentions à notre égard. Illusion évidemment !

Dans l'ordre des comportements humains, le *naturel* va très bien avec la *sémillance.* Du coup, les femmes les plus « naturelles » sont parfois les plus dangereuses... En tout cas, le naturel séduit car il ne porte aucune marque de ses origines. Tel est le naturel du style de Stendhal ou d'un haïku de Bashō : l'impression d'aisance qu'ils donnent évapore tout le labeur qui les a fait naître, laissant au lecteur un sentiment de légère ivresse.

« La langue de Marivaux est souvent trop apprêtée. » LAROUSSE

« Arriva un valet de chambre du premier président aussi composé que son maître. » SAINT-SIMON

« La simplicité affectée est une imposture délicate. » LA ROCHEFOUCAULD

« L'ignorance vaut mieux qu'un savoir affecté. » BOILEAU

artisan • ouvrier

L'étymologie est au fond de la distinction qui existe entre ces deux mots. L'ouvrier, de opera, *œuvre, fait un ouvrage ; artisan, de* ars, *exerce un art mécanique. L'artisan est un ouvrier ; mais l'ouvrier n'est pas un artisan. On dit les ouvriers d'une fabrique, et non les artisans. On dit encore les ouvriers de la campagne pour désigner ceux qui labourent, moissonnent, fauchent, etc., mais on ne dit pas les artisans de la campagne, ou ce serait un autre sens. Bref, artisan, retenant toujours son étymologie, indique l'homme exerçant un métier considéré comme art mécanique.*

On comprend vite le chemin parcouru par ces deux mots. **Artisan** renvoie maintenant aux petits métiers : boucher, serrurier, cordonnier, tandis qu'**ouvrier** participe encore à l'imaginaire de la modernité industrielle.

Images d'Épinal ? L'**ouvrier,** urbain, travaille dans une usine, alors que l'**artisan** est installé dans un *atelier* (terme positif : en plus des ateliers de peintres ou de sculpteurs, nous trouvons partout aujourd'hui des « ateliers de réflexion », « d'écriture », etc.). De plus le mot **artisan** évoque favorablement un travail indépendant (autonome et libre), alors qu'**ouvrier** renvoie à l'idée d'un travail aliéné (répétitif et contraint).

Jusqu'au XVIIIe siècle, *artiste* et **artisan** avaient le même sens. Mais dès le XVIe siècle, les arts dits « mécaniques » (produisant des objets utiles) se distinguèrent des beaux-arts (dont la fin était la beauté) : *L'ouvrier des arts mécaniques conserva le vieux nom français d'*artisan, *le travailleur des beaux-arts prit le nom italien d'*artiste (Seignobos). L'Académie officialise la distinction en 1762 : *Artiste, celui qui travaille dans un art où le génie et la main doivent concourir ; artisan, ouvrier dans un art mécanique, homme de métier.*

Sans acception de valeur, on pourrait fonder la distinction suivante : l'**artisan** et le technicien emploient leur intelligence à utiliser le mieux possible des techniques apprises (des savoir-faire). L'**artiste** et l'intellectuel, quant à eux, emploient leurs talents respectifs à critiquer les usages dominants et à en inventer d'autres. Tout métier comporte l'un ou l'autre de ces aspects dans des proportions diverses. Ainsi un médecin se comporte plus, dans le quotidien, comme un technicien que comme un intellectuel ; et un professeur ne devient un intellectuel que lorsque — en proposant des voies inédites — il amende et déplace les pratiques enseignantes. À l'inverse, bien de ceux que l'on répute des artistes ne sont, en réalité, que d'honnêtes **artisans.**

« Les matières premières qu'on travaille dans les manufactures passent par bien des artisans et par bien des marchands avant d'arriver aux consommateurs. » CONDILLAC

« À l'œuvre on connaît l'artisan. »
LA FONTAINE

« J'ai vu en mon temps cent artisans, cent laboureurs plus sages et

plus heureux que des recteurs de l'Université. »
MONTAIGNE

« Je suis obligé de passer ma journée avec des ouvriers qui sont aussi trompeurs que des courtisans. »
VOLTAIRE

« Il y a plus d'outils que d'ouvriers, et de ces derniers plus de mauvais que d'excellents ; que pensez-vous de celui qui veut scier avec son rabot, et qui prend sa scie pour raboter ? »
LA BRUYÈRE

« Je continue mon œuvre lente comme le bon ouvrier qui, les bras retroussés et les cheveux en sueur, tape sur son enclume sans s'inquiéter s'il pleut ou s'il vente, s'il grêle ou s'il tonne. »
FLAUBERT

attache • attachement

Sans parler de ce que attache s'emploie au propre, et que attachement ne s'emploie qu'au figuré, on voit que l'usage a introduit cette différence que attache exprime toute espèce de lien qui astreint, toute espèce d'intérêt qui captive ; tandis que attachement exprime un goût, une affection. On a de l'attache au jeu, et non de l'attachement. Et quand Racine dit que Joad et Josabeth ont de l'attache pour l'enfant qui est dans le temple, il veut dire non précisément qu'ils l'aiment, mais qu'ils tiennent à lui par un motif quelconque.

Trouvons précisément attachant ce mot d'**attache**, expressif dans sa brutalité, sans orientation sentimentale (affective).

Au fait, est-il bon de se trouver *à l'attache ?* d'un dieu ou d'une maîtresse (avec le sens fort aussi que ce dernier mot possède dans les relations sadomasochistes : celui du *lien*) ? C'est selon. La *laisse* est plus ou moins lâche : tant qu'on n'est pas allé jusqu'au bout, on a l'impression qu'elle est d'une longueur infinie ou qu'elle n'existe pas...

Toujours est-il que le mot induit une relation de *dépendance :* nous sommes dans l'aire du besoin, de la passion, de l'intoxication (la drogue fournit une image exacte de ce qu'est l'**attache**).

L'**attachement** introduirait une aise plus grande, inscrite par une liberté : un choix donnant sur une sorte de gratuité. L'**attachement** est pacifié, heureux, généreux, ce qu'illustre justement cette remarque de Rousseau : *C'est une bonne et honnête fille, qui me sert depuis vingt ans avec l'attachement d'une fille à son père plutôt que d'un domestique à son maître.*

« Philis tient mon cœur à l'attache. »
MOLIÈRE

« Homme fort ami de la joie,
Sans nulle attache, et sans souci. »
LA FONTAINE

« Vous aimez cette maîtresse avec attache. »
BOSSUET

« Je n'ai d'attache sur la terre qu'à la seule Église catholique, apostolique et romaine. »
PASCAL

« Nos pertes ne deviennent si douloureuses que par les attachements outrés qui nous liaient aux objets perdus. » MASSILLON

« Tout attachement est un signe d'insuffisance : si chacun de nous n'avait nul besoin des autres, il ne songerait guère à s'unir à eux. »
ROUSSEAU

« Ce profond attachement que nous avons à nous-mêmes. »
BOSSUET

« L'attachement à des lieux, à des arbres, à des murs, peut prendre chez quelques-uns, surtout dans la prime jeunesse, une extrême puissance. »
LOTI

attaché • intéressé • avare

L'avare est celui pour qui accumuler est une passion, sans aucun désir d'employer à des jouissances les richesses amassées. L'intéressé cherche son intérêt, gagne autant qu'il peut dans les affaires qu'il fait, et donne du sien le moins qu'il peut. L'intéressé, qui n'est point nécessairement avare, diffère en cela de l'attaché qui accumule, qui fuit la dépense et fait des épargnes, mais n'a pas, comme l'avare, l'argent pour n'en rien faire.

avare • avaricieux

L'avare est celui qui est en proie à l'avarice, et dont toute la conduite est dirigée par cette passion. L'avaricieux est celui qui commet actuellement des actes d'avarice. Celui qui manque à donner dans l'occasion, ou qui donne trop peu, s'attire le nom d'avaricieux.

Avarice est en fait un mot assez complexe. Dans la langue classique, il possédait le sens négatif très fort de cupidité allant jusqu'à la rapacité. Mais il exprimait aussi des nuances favorables : l'**avare** est économe ; il ne dissipe pas inutilement ses biens. Saint-Simon décrit Vauban comme *le plus avare ménager de la vie des hommes*. De même, quand on parle aujourd'hui d'un « homme avare de son temps », on ne condamne pas un travers ; on dit simplement un souci de ne pas gaspiller le présent (puisque le temps, contrairement à l'argent, n'est pas accumulable). Pour tout le monde les jours durent vingt-quatre heures. Alors la richesse ne peut consister de ce côté qu'à augmenter le temps libre — ce qui n'est pas trop la disposition des gens « avares de leur temps », ces *agités infatigables* (selon le mot de Kierkegaard), toujours affairés et peu aptes, en général, à jouir gratuitement du moment qui passe...

L'Avare, de Molière, a sans doute fait le succès du mot, mais en rendant plus ambigu le caractère présenté dans cette pièce. Cet homme en effet thésaurise mais ne consomme pas. Faut-il voir là, dans ce mariage blanc, une étrange passion froide, sans objet réel ou qui ferait disparaître, par excès, l'objet de son attachement (l'argent ne devenant plus qu'une abstraction) ? Il semble bien, plutôt — Harpagon ayant tout de l'amoureux –, que sa passion, à l'opposé de celle du « flambeur », consiste à différer à l'infini la jouissance. Je jouis, en somme, de la possibilité rassurante de pouvoir jouir (puisque j'ai l'argent pour le faire) : sentiment de sécurité qui affriole tous les vieillards et les petits épargnants !

L'**avare** de la littérature est plutôt une épure qu'une caricature... La réalité, elle, nous offre des profils moins attirants. Ainsi l'**attaché,** mot qui ne s'emploie plus dans ce sens, mais qui en dit long sur nos relations avec l'argent. Obsolète également, **avaricieux**, qui signale explicitement le sordide et la mesquinerie. Le terme est d'ailleurs excellent, puisque le signifiant inclut déjà sa définition : *avaricieux, avare vicieux !*

« Mme de Coislin, avare de même que beaucoup de gens d'esprit, entassait son argent dans ses armoires. Elle vivait toute rongée d'une vermine d'écus qui s'attachait à sa peau : ses gens la soulageaient. » CHATEAUBRIAND

« Le père Grandet qu'a si bien décrit Balzac n'est pas proprement un avare, c'est un homme qui n'est à l'aise que dans la nécessité. »
CLAUDEL

« Si l'on m'assure qu'un homme est avare, j'aurai peine à croire qu'il produise quelque chose de grand. Ce vice rapetisse l'esprit et rétrécit le cœur. Les malheurs publics ne sont rien pour l'avare. Quelquefois il s'en réjouit. Il est dur. Comment s'élèvera-t-il à quelque chose de sublime ? Il est sans cesse comblé sur un coffre-fort. Il ignore la vitesse du temps et la brièveté de la vie. » DIDEROT

« Je deviens la plus intéressée créature du monde, et je ne songe plus qu'à augmenter mon bien. »
Mme DE MAINTENON

« Personne ne vous laissera dire que le docteur Knock est intéressé. C'est lui qui a créé les consultations gratuites, que nous n'avions jamais connues ici. » ROMAINS

« Un avaricieux qui aime devient libéral. » PASCAL

« Avaricieux pour lui-même, encore plus modeste dans ses habits que son père, Louis XI trouvait quatre cent mille écus pour acheter une province. » BAINVILLE

attraits • charmes • appas

Ces trois mots expriment les beautés qui dans une femme saisissent les yeux et les captivent. Les attraits, c'est ce qui attire ; les appas, c'est ce qui amorce ; les charmes, c'est ce qui exerce une sorte d'enchantement. Dans la Toison d'or *de Corneille, III, 4, Hypsipyle dit à Médée : « Je n'ai que des attraits, et vous avez des charmes », ce vers, justement blâmé par Voltaire à cause du jeu de mots, montre pourtant que charmes est plus fort que attraits.*

On est très porté à confondre absolument charmes et appas. Mais, à une époque où l'on était plus près du sens primitif des mots, Malherbe n'a pas hésité à mettre : ses appas et ses charmes. En effet, appas se dit des beautés qui attirent ; et charmes, de celles qui agissent par une vertu occulte, magique.

Appas est obsolète, **attraits** possède un sens plutôt affadi, et **charmes** n'interdit pas le mépris.

Pourtant ces mots ne sont pas superflus pour tenter de caractériser les objets divers du *désir* — mot usé à force de servir, et qui nous fait perdre de vue (ou confondre) les modalités bien différentes qui s'attachent à notre attirance pour le « beau sexe »...

Les **attraits** se rapportent à tous les agréments visibles d'une femme, aux traits de sa beauté apparente : ses yeux, le teint de sa peau, etc. Les **charmes**, eux, concernent l'allure générale du corps et captivent. Enfin, les **appas** visent les zones plus immédiatement érotiques, les miracles de la chair...

Lafaye sur ce point se montre très précis : *À proprement parler, les appas promettent du plaisir ; ils excitent le goût et l'envie de posséder l'objet afin d'en jouir. C'est un terme érotique et un peu libre, qui est relatif à la beauté matérielle des formes. Les mots d'*attraits *et de* charmes *n'ont pas ce caractère de sensualité.*

Aucun doute, les **appas** sont bien des *appâts.* L'homophonie — qui s'est d'ailleurs accompagnée naguère d'une homographie — ne permet pas l'équivoque : il s'agit de faire venir le mâle et de le capturer. La *prise,* nettement préméditée (calculée), s'adjoint souvent des accessoires utiles. Regardez par exemple les instructives publicités pour la lingerie féminine. Affiche murale (en grand format) d'Aubade : de jolies fesses, parées d'un string — et le slogan suivant : *Leçon n° 2 : le prendre par les sentiments.* Tout commentaire est inutile...

Rêvons plutôt à un prochain magazine pour « femmes nouvelles » appelé *la Chasseuse française* (pour succéder au poussiéreux *Chasseur français*) ! Nombreuses y seraient les rubriques consacrées à la stratégie et à l'*attirail* (les petits *dessous* de la guérilla souriante du désir) : car toutes ces légères pièces de dentelle auxquelles les hommes attachent tant d'importance (et les femmes si peu, finalement) font partie sans aucun doute du matériel nécessaire à « la pêche au gros »...

« N'est-il pas vrai que naguère, entre nous,
À mes attraits chacun rendait hommage ? » LA FONTAINE

« Il lui restait ce qui ne périt point avec les attraits, un esprit très agréable. » ROUSSEAU

« Ces charmes attirants, ces doux je ne sais quoi. » CORNEILLE

« Heureusement que toutes les espèces de grâces sont passagères ; ainsi le beau sexe se console de la perte de ses charmes, par l'espérance de voir bientôt flétrir ceux qui font le plus de bruit. » Cardinal DE BERNIS

« Dieu se plut à pétrir d'incarnat et d'albâtre
Les charmes arrondis du sein de Pompadour. » VOLTAIRE

« Les charmes d'une maîtresse même absente assiègent vos yeux, sa voix assiège vos oreilles. Tout sert d'aliment à l'amour pour l'étendre et l'accroître. » HELVÉTIUS

« Des charmes apparents on est souvent la dupe,
Et rien n'est si trompeur qu'animal porte-jupe. » REGNARD

« Et déjà leurs appas ont un charme si fort. » MALHERBE

« Cette ardeur que j'ai pour ses appas,
Bérénice en mon sein l'a jadis allumée. » RACINE

« C'était, ma foi, un beau brin de fille : elle avait cinq pieds et quelques pouces, et une vraie moisson d'appas. » MUSSET

B
b

LE VIEILLARD ET

LES TROIS JEUNES HOMMES

badaud • benêt • nigaud • niais

L'étymologie, du moins pour les trois premiers, montre les nuances. Le badaud est celui qui baye aux corneilles, qui s'arrête à toute chose, comme s'il n'avait jamais rien vu ; le niais, comme le jeune oiseau qui sort pour la première fois de son nid, est sans expérience, et, en quoi que ce soit, il ne sait comment s'y prendre ; le benêt est une créature bénite, simple, et qui fait ou croit tout ce qu'on veut. Le nigaud est celui qui s'attrape à toute chose, et qu'aussi par toute chose on attrape.

Le prestige de la connaissance — si grand ! — invite à diviser les êtres en deux catégories : les nantis du savoir (maîtres ou sages) d'un côté, et les élèves ou ignorants de l'autre. La gnose suppose ce départ : un savoir réservé aux initiés et transmis parcimonieusement. Au fond, le rôle du sage revient à convaincre son public de son accès à des lumières qu'il n'a pas. Le désir n'est pas loin, qui s'arrime toujours à une perspective de privilège. La publicité actuelle l'a bien vu, en promettant sans cesse des privilèges de pacotille : « Achetez une carte American Express », « Devenez membre du Savour-Club », etc.

Dès lors, les mots ne manquent pas pour désigner les ignorants : *bleu, bizuth,* en argot ; *jocrisse, colas, béjaune,* dans l'ancienne langue ; sans oublier les *sots, dadais, andouilles, cornichons,* et autres *godiches.*

Remarquons toutefois que ces mots, moins injurieux qu'*imbécile, stupide* ou *idiot,* ne font pas de l'autre un irrécupérable. Le *bizuth* n'a que le démérite d'être nouveau. Initié, il rejoindra peut-être les meilleurs.

Le **niais** a la candeur de l'oiseau qui n'a pas encore « quitté son nid » (sens exact de *béjaune,* issu de « bec jaune »). Il est naïf, tout comme le **nigaud,** à qui l'on peut aisément en faire accroire. L'étymologie du mot est amusante ; il vient en effet de Nicodème, un pharisien qui posa au Christ des questions ingénues. Plus curieusement, le **benêt** (ou *benoît :* à l'origine celui qui est béni) se montre du coup indulgent et bon. Par retournement ironique, il devient le simplet (une sorte d'« imbécile heureux »)... La Bible est encore là, avec sa fameuse parole : *Heureux les simples d'esprit...*

Enfin **badaud,** à l'évidence, a largement perdu son sens dépréciatif ; il ne fait plus que « bayer » et regarder bouche bée tout ce qui l'entoure, semblable en cela au *curieux,* toujours disposé à s'étonner et tirer de grandes joies de petits riens... Attitude humble, à l'opposé du dandysme fatigué exprimé par Mallarmé *(La chair est triste, hélas, et j'ai lu tous les livres).*

La **badauderie,** certes vulgaire (qui n'y succombe pas ?), révèle pourtant du plaisir ; elle mérite de ce fait l'indulgence. *Badaud, insatiable et curieux de tout, assoiffé de musique, de théâtre, de lectures, je voulais tout voir, tout entrendre...* (G. Lecomte).

« Les rossignols sont curieux et même badauds. » BUFFON

« Paris commence au badaud et finit au gamin. » HUGO

« Son grand benêt d'amant ne l'aime guère. » Mme DE SÉVIGNÉ

« Le bailli pressait le mariage de son grand benêt de fils avec la belle Saint-Yves. » VOLTAIRE

« Il faut que j'avoue que je suis un grand nigaud ; je mets tout mon plaisir à être triste. » STENDHAL

« J'ai lu, j'ai écrit, j'ai rêvé, j'ai nigaudé en famille, c'est un plaisir que j'ai trouvé fort doux. » DIDEROT

« Les frères ou pour le moins cousins germains de sot sont niais, fat, badaud, nigaud, badin... » LACURNE

« La femme de Montchevreuil était une grande créature maigre, jaune, qui riait niais. » SAINT-SIMON

« Mieux vaut un adversaire intelligent qu'un ami niais. » GIDE

badin • enjoué • folâtre

Badin, quand on laisse de côté le sens ancien, qui le rapproche de badaud, signifie celui qui, se plaisant aux choses légères, y met ou de l'esprit ou de la grâce. L'enjoué met de la gaieté aux choses qu'il dit. Le folâtre se livre à de petites folies qui ont leur charme, si la circonstance s'y prête, mais qui dépassent et le badinage et l'enjouement.

Ces mots renvoient à un mode de vie caduc – une existence (aristocratique) toute consacrée au bon usage des plaisirs (*Saint-Évremond ou le Bon Usage des plaisirs* est d'ailleurs le titre d'un excellent livre de Claude Taittinger, lequel nous présente le destin singulier de cet écrivain oublié). Pensons également, en peinture, aux tableaux de Fragonard, Boucher ou Watteau.

Aujourd'hui, les riches s'emploient à produire une autre image d'eux-mêmes. Être fortuné ne consiste plus à se livrer à l'amusement, aux rires et aux petits riens frivoles. Le riche, désormais, se veut sérieux, important, occupé – en un mot : *affairé.* Quelle drôle d'idée ! Travaillerait-on désormais au paradis ?

Par ailleurs tous ces mots ne sont pas seulement des adjectifs mais aussi des noms, renvoyant à des types : le **Badin**, l'**Enjoué**, le **Folâtre...** Représentation classique (le monde est un théâtre), où l'humanité se disperse en *caractères.* On pensera bien sûr à La Bruyère, mais aussi à Regnard, auteur injustement négligé de pièces comme *la Coquette, le Joueur* ou *le Distrait* (pour laquelle Haydn composa une musique de scène, à la cour des Esterházy, en 1697), ainsi qu'à des musiciens : Jean-Philippe

Rameau *(l'Indiscrète, l'Agaçante, la Timide),* François Couperin *(la Prude, la Douce et Piquante),* ou Denis Gaultier *(la Belle homicide, la Coquette virtuose, la Caressante)*...

Bien que désuets, tous ces caractères revivent sous nos yeux, d'une autre manière bien sûr, avec la *caractérologie,* soucieuse de définir de grands types psychologiques : le « sanguin », le « colérique », l'« apathique », voire, plus indirectement, dans l'*astrologie,* dont on sait la vogue actuelle.

Comme quoi, face à une réalité complexe — et souvent incompréhensible —, l'esprit a besoin d'images stables, aussi fallacieuses soient-elles.

« Riez, Zélie, soyez badine et folâtre à votre ordinaire. »
La Bruyère

« Badin, folâtre, inépuisable, séduisant dans la conversation, souriant toujours et ne riant jamais, il disait du ton le plus élégant les choses les plus grossières, et les faisait passer. »
J.-J. Rousseau

« Son esprit enjoué ne s'ébranle de rien. »
Corneille

« C'est un caractère enjoué, qui me paraît plein de bonne humeur, de philosophie, et au-dessus de certains préjugés ; comme un homme qui se moquerait enfin des choses humaines, après y avoir longtemps réfléchi. »
Fromentin

« Je suis vieux, aveugle et sourd, et ces petits agréments ne rendent pas un homme excessivement folâtre. »
Voltaire

balbutier • bégayer • bredouiller

Ce sont trois vices de prononciation. Le balbutiement est un parler mal articulé soit à cause de l'âge (enfance ou vieillesse), soit à cause d'une émotion. Le bégayement est une maladie convulsive des organes vocaux, qui consiste en un empêchement de prononcer certaines syllabes et une répétition saccadée de certaines autres. Le bredouillement consiste à rouler les paroles les unes sur les autres et à les confondre.

Exclure s'accompagne souvent de considérations langagières. Ainsi les Grecs considéraient-ils comme étrangers (« barbares ») ceux qui parlaient « mal », c'est-à-dire différemment d'eux. Dans notre série, **bredouiller** est proche de cela, puisqu'il viendrait de *breder,* « parler comme un Breton »...

Au vrai, ces trois verbes constituent des sortes de lieux communs, quand il s'agit de décrire les anomalies de production orale du langage : le jeune enfant, le vieillard, le bègue ou le fou sont en dehors de la maîtrise adulte (la façon dite correcte de s'exprimer)...

Le bébé **balbutie**, le bègue **bégaye**... Ce sont là des attitudes précisément définies. Mais le *bredouilleur* se révèle plus atypique. Voyons-le comme une sorte d'inadapté de la communication sociale ordinaire. On imagine sans peine combien de professions lui sont refusées aujourd'hui ! Par timidité, ou sensibilité extrême, il perd pied dans la parole, et s'embarrasse dans les phrases qu'il dit, comme un jeune chat s'embrouille avec une pelote de laine... C'est bien sûr un personnage éminemment aimable — comme l'étaient, dans leurs embrouillaminis phrastiques, Patrick Modiano ou Françoise Sagan à leurs débuts télévisés.

Mais la télévision — adepte de la *récupération* et du *recyclage* (un vocabulaire que l'on utilise aussi pour parler du traitement des déchets) — sait bien retourner les défauts à son avantage. Dès lors, le **bredouillement** devient une simple figure, une case parmi d'autres de la grille rhétorique de l'*elocutio* (les façons de s'exprimer) ; autrement dit un autre visage de la norme : c'est *aussi* parce qu'il **bredouille** que l'on invite dorénavant Patrick Modiano à la télévision...

« Quand la mémoire vacille, la langue balbutie. » ROUSSEAU

« Cette voix que je cherchais et qui balbutiait sur mes lèvres d'enfant, c'était la poésie. » LAMARTINE

« Marat, Desmoulins, qui bégayaient ou grasseyaient, ne faisaient guère qu'écrire, parlaient rarement. » MICHELET

« Voilà mes faibles pensées ; je ne fais que bégayer ; mais qu'importe ? Je veux bien paraître parler mal à propos par un excès de zèle. » FÉNELON

« Mme de La Baroir bredouille d'une apoplexie ; elle fait pitié. » Mme DE SÉVIGNÉ

« C'était un gros vieux homme ardent, essoufflé, qui rougeoyait comme une forge, qui bredouillait, sifflait et postillonnait en parlant. » DIDEROT

barbarie • cruauté • férocité

La locution bêtes féroces indique une des principales nuances entre ces trois mots. En effet, la férocité ajoute à l'idée de cruauté, celle de quelque chose de sauvage ; et l'on ne pourrait se servir que de férocité dans une phrase comme celle-ci : la férocité qui faisait contempler aux Romains les combats des gladiateurs. La barbarie tient à l'état des mœurs et implique la grossièreté et l'ignorance qui rendent les esprits sourds et immiséricordieux. Cruauté ne renferme aucune de ces idées accessoires.

Dans les années 1960, on s'en souvient peut-être, une revue au sommaire de laquelle on retrouvait les noms d'Edgar Morin, Castoriadis, Lyotard, s'intitulait *Socialisme ou Barbarie.* Étrange alternative ! Aujourd'hui le terme de *socialisme* caractérise aussi bien des démocraties libérales que les pires dictatures...

Faut-il voir dans la série proposée ici un étagement, une gradation ?

Barbarie et **cruauté** laissent imaginer un retour à la nature, représentée alors comme sauvage, méchante et dangereuse pour nous, face aux vertus de la civilisation, de la « culture » (au sens de l'allemand *Kultur*).

Mais par ailleurs la nature — pas plus que la culture — n'est a priori ni du côté du bien ni de celui du mal (comme l'a rappelé Luc Ferry dans son livre stimulant *le Nouvel Ordre écologique*). Et, pour peu que les situations le permettent, la cruauté individuelle et la barbarie grégaire sont toujours prêtes à ressurgir. Après tout, les très cruels libertins sadiens des *Cent Vingt Journées de Sodome* sont des individus tout à fait « cultivés ». Laissons enfin la **férocité** aux animaux sauvages, qui ne font que le mal qu'on leur prête.

Au bout du compte, toutes les formes de civilisation s'opposent (quelles que soient leurs règles, plus ou moins complexes et plaisantes) au mouvement, inverse, de la **barbarie**, qui représente le délitement, la destruction, le retour vers le zéro (le règne de la pulsion de mort). La civilisation, en somme, n'empêche pas la **cruauté** ; elle tente seulement de la limiter et de la contrôler en lui donnant des formes légales.

« Chacun appelle barbarie ce qui n'est pas de son usage. » MONTAIGNE

« L'Ukraine, la Russie, les plaines du Danube, le peuple slave enfin, c'est un trait d'union entre l'Europe et l'Asie, entre la civilisation et la barbarie. » BALZAC

« Je ne doutais plus que la civilisation, comme on la nomme, ne fut une barbarie savante, et je résolus d'être un sauvage. » FRANCE

« La vraie barbarie, c'est Dachau ; la vraie civilisation, c'est d'abord la part de l'homme que les camps ont voulu détruire. » MALRAUX

« La cruauté, bien loin d'être un vice, est le premier sentiment qu'imprime en nous la nature ; l'enfant brise son hochet, mord le téton de sa nourrice, étrangle son oiseau, bien avant que d'avoir l'âge de raison. » SADE

« La cruauté est un reste de servitude : car elle atteste que la barbarie du régime oppresseur est encore présente en nous. » JOUBERT

« La cruauté est le lot ordinaire de tous les pouvoirs qui tombent. » VARLIN

« La cruauté est une force et constitue dans les choses humaines un avantage dont on n'a pas à se priver ! » RENAN

« La férocité naturelle fait moins de cruels que l'amour-propre. » LA ROCHEFOUCAULD

« Le curieux mélange de férocité et d'indulgence qu'on repère dans le mythe grec. » CAMUS

bénignité • douceur • humanité

La bénignité est opposée à la malignité ; la douceur, à l'aigreur et à la violence ; l'humanité, à la dureté et à la cruauté. La bénignité porte à faire du bien aux autres avec plaisir ; la douceur, à les traiter avec des égards et des ménagements qui leur plaisent ; l'humanité, à les secourir en homme et comme des hommes.

Les œuvres *humanitaires* (qui incitent par ailleurs à penser que « tout va mal ») laisseraient volontiers regarder le dévouement qu'elles mettent en œuvre comme la disposition la plus sublime (produit d'un pur désintéressement). Malgré cela, toutes les âmes bien disposées ne veulent notre bien qu'au nom d'une morale qu'elles entendent, à un moment ou à un autre, faire partager ou imposer. L'**humanité**, comme sentiment, suppose toujours une théorie de l'homme, de la justice, de la société. (Pensons au journal bien connu qui porte ce nom...)

Bref, l'homme rempli d'**humanité** n'est pas forcément désintéressé : il convoite parfois le paradis, ou pour le moins une confortable image de lui-même... La critique de Nietzsche est à lire en ce sens : *La générosité est souvent utilisée comme masque de l'envie, par des gens ambitieux qui préfèrent souffrir d'un préjudice pour exaspérer leurs ennemis, que de laisser voir que, dans leur for intérieur, ils considèrent ceux-ci comme leurs égaux.*

L'être *doux,* quant à lui, ne nous fait que des choses agréables. Réjouissons-nous...

Avec la **bénignité**, nous sommes au-delà, puisque chacun y trouve son compte et ne s'en cache pas. À elle seule ira notre sympathie, puisqu'elle suppose la joie immédiate (sans calcul) de notre bienfaiteur. Aucune raison de s'en méfier... Hélas, par un curieux renversement, **bénignité** reçoit aujourd'hui un sens affadi, voire négatif : une sorte de bienveillance un peu molle et sans attrait — alors que, a contrario, la *malignité* fascine toujours plus. À n'en pas douter, si les représentations anciennes de l'enfer semblaient si terribles, c'est bien parce qu'il recèle quelque chose d'indiscutablement attirant...

« Avec quelle bénignité Jésus-Christ ne parle-t-il pas aux femmes dans l'Évangile ! » CHATEAUBRIAND

« Il n'y a point de haine qu'on ne désarme à force de douceur et de bons procédés. » ROUSSEAU

« Cette douceur qu'on a par générosité avec les gens qu'on aime, et par égard pour soi-même avec ceux qu'on n'aime pas. » SAND

« Loin de nous les héros sans humanité ! » BOSSUET

« Il y avait chez Bonaparte, qui passait pour dur, une profonde humanité qui, chez lui, tempérait cette aspiration à l'autorité et qui, en particulier, le portait à se préoccuper beaucoup des "droits" des enfants, particulièrement des mineurs. » L. MADELIN

berger • pâtre • pasteur

Le berger, étymologiquement, est le garde de brebis ; pâtre et pasteur, étymologiquement, désignent celui qui fait paître, celui qui garde toute espèce de bêtes. On remarquera que pasteur est seul usité pour indiquer des peuples spécialement adonnés aux soins des troupeaux ; il figure dans le haut style des vers ou de la prose quand on veut donner quelque relief à un berger ou à l'état de berger, avec cette différence que pasteur représente l'amour paternel, et berger l'amour proprement dit. Quand pâtre s'emploie au figuré, il emporte une idée défavorable que n'a jamais pasteur.

Apprécions avec ces mots les charmes insignes d'une *culture* en train de disparaître sous nos yeux.

Michel Serres confiait un jour que la nouveauté majeure de notre civilisation depuis le néolithique était, à ses yeux, la disparition récente de l'agriculture comme activité de premier plan. Rien d'étonnant, dans ces conditions, à ce que les métiers rustiques abandonnent les métaphores... L'image du **berger** dans la Bible et dans la religion catholique *(Tu es mon berger, ô Seigneur...),* relayée chez les protestants avec le pasteur, s'étiole peu à peu.

La *bergerie* était, aux siècles classiques, un genre littéraire prisé, comme en témoignent Racan, Honoré d'Urfé ou Molière (lorsque le maître de musique propose un petit air au bourgeois gentilhomme) : Monsieur Jourdain. — *Pourquoi toujours des bergers ? On ne voit que cela partout.* Maître de musique. — *Lorsqu'on a des personnes à faire parler en musique, il faut bien que pour la vraisemblance on donne dans la bergerie. Le chant a été de tout temps affecté aux bergers.* Alors qu'aujourd'hui, de *West Side Story* à *Marilyn Montreuil,* les comédies musicales placent leurs histoires d'amour dans des décors urbains.

Finalement, la représentation du **berger** et des moutons fonctionne encore parmi nous comme le stéréotype du retour à la terre. De son côté, **pâtre** fleure bon la vieille culture populaire *(Je suis le pâtre des montagnes...)* et la publicité avide de clichés (« Petit Pâtre » est une marque de fromage).

Quant au **pasteur** (religieux), il voit sans doute son image contaminée par son concurrent scientifique. En effet, le mot **pasteur** fait davantage penser au vaccin contre la rage et à l'asepsie des produits alimentaires (la fameuse « pasteurisation ») qu'à un guide des âmes !

« Il faut que ceux qui sont nés pour gouverner les hommes en sachent plus qu'eux ; il est juste que le berger soit plus instruit que le troupeau. » VOLTAIRE

« Sous le titre : *Histoire des bergeries,* j'ai souvent désiré de faire un livre d'érudition et de critique où j'aurais passé en revue tous ces différents rêves champêtres dont les hautes classes se sont nourries avec passion. » SAND

« Peignez donc, j'y consens, les héros amoureux,
Mais ne m'en formez pas des bergers doucereux. » BOILEAU

« Nation en fleur, l'épée trancha ton épanouissement. Clair soleil du Midi, tu dardais trop et les orages sourdement se formèrent ; détrônée, mise nu-pieds, et bâillonnée, la langue d'oc, fière pourtant comme toujours, s'en alla vivre chez les pâtres. » MISTRAL

« Le pâtre, promontoire au chapeau de nuées,
S'accoude et rêve au bruit de tous les infinis. » HUGO

« Le Berger plut au roi par ses soins diligents.
Tu mérites, dit-il, d'être pasteur de gens. » LA FONTAINE

« Les peuples pasteurs ne peuvent se séparer de leurs troupeaux, qui sont leur subsistance ; ils ne sauraient non plus se séparer de leurs femmes, qui en ont soin. » MONTESQUIEU

« Le pasteur Brontë, d'origine irlandaise, était un homme de Dieu selon la Bible, autoritaire, dur, violent et silencieux, d'un rigorisme indéfectible, intransigeant et mythomane. » HENRIOT

« Je ne suis qu'un petit garçon qui s'amuse — doublé d'un pasteur protestant qui l'ennuie. » GIDE

bêtise • sottise

La bête est dans bêtise, tandis qu'elle n'est pas dans sottise ; c'est ce qui distingue ces deux mots. La bête est bornée, a peu d'idées ; la bêtise est dans tout ce qui provient de l'ignorance, d'un esprit sans portée, d'une intelligence sans lumière, et même parfois d'une intelligence distraite ou mal informée de certaines choses. La Fontaine, en raison de ses simplicités, était parfois une bête ; mais il n'était jamais un sot. En effet la sottise est caractérisée par l'absence de jugement, absence qui ne permet pas au sot de se méfier jamais de ses idées. Il peut y avoir des bêtes parmi les gens d'esprit, mais il n'y a pas de sots. Il peut y avoir des sots parmi les savants ; la science ne préserve pas de la sottise. La bêtise fait quelquefois rire ; mais, en tout cas, elle impatiente moins que la sottise.

Ce tourniquet nous paraît affriolant, même s'il laisse d'abord perplexe. D'ordinaire on ne répute pas La Fontaine pour sa **bêtise** ! Son œuvre il est vrai fourmille d'animaux...

Repassons dans les définitions : l'homme *bête* évolue dans un espace de savoir restreint ; ses informations sont peu nombreuses, limitées à quelques sujets de préoccupation immédiats. Sa frugalité, de ce point de vue, se montre extrême ; c'est un être fruste, une sorte de « bon sauvage », dans le meilleur des cas...

Au rebours, le *sot,* éventuellement fort cultivé, utilisera ses connaissances de façon déplorable, sans la finesse nécessaire pour les animer et en tirer le meilleur parti.

La littérature et le cinéma n'ont pas manqué de nous offrir ces caractères : le *bête* qui n'est pas sot, le paysan matois par exemple (Bourvil ou Jean Richard dans leurs premiers films), ou encore le *sot* qui se pique d'avoir de l'esprit (les précieux, chez Molière). Nous pourrions d'ailleurs nous demander si ce couple ne s'ajusterait pas à l'opposition *ville-campagne,* ou à celle entre le *peuple* et la *bourgeoisie.* Toujours chez Molière : du côté de la **bêtise,** Scapin ou George Dandin ; du côté de la **sottise,** les femmes savantes ou M. Jourdain.

Aucun doute : la littérature est fascinée par ces questions, proprement humaines (sauf à verser dans l'anthropomorphisme, on ne saurait dire d'un animal qu'il est bête ou sot). Témoignage exemplaire : Bouvard et Pécuchet, arpenteurs inutiles de savoirs incertains. Sont-ils bêtes ? Sont-ils sots ? Voilà un jeu à poursuivre dans toute grande œuvre ; chez Proust par exemple : Cottard ? Un savant sot. Bêtes mais pas sottes du tout : Françoise, et Oriane de Guermantes... Revenons à Flaubert. Le *Dictionnaire des idées reçues* fonctionne encore comme le catéchisme de la bêtise : monument d'un prétendu savoir qui en fait ne sait rien.

Par précaution les écrivains s'emploient souvent à ne pas trop s'étourdir de savoir. La bibliothèque de Faulkner n'était pas bien grande ; la Bible et Shakespeare en constituaient l'essentiel.

Autant dire qu'éviter la **sottise** oblige parfois à se faire un peu *bête...*

« La bêtise est souvent l'ornement de la beauté ; c'est elle qui donne aux yeux cette limpidité morne des étangs noirâtres et ce calme huileux des mers tropicales. »
BAUDELAIRE

« Bouvard et Pécuchet m'emplissent à un tel point que je suis devenu eux ! Leur bêtise est mienne et j'en crève. »
FLAUBERT

« La bêtise humaine est la seule chose qui donne une idée de l'infini »
RENAN

« Le nez est généralement l'organe où s'étale le plus aisément la bêtise. »
PROUST

« La sottise et la vanité sont compagnes inséparables. »
BEAUMARCHAIS

« "Histoire de l'esprit humain, histoire de la sottise humaine !" comme l'écrit M. de Voltaire. »
FLAUBERT

« Peut-être dit-on moins de sottises qu'on en imprime. »
GONCOURT

bienfait • service • bon office

Le bienfait est un acte par lequel on fait du bien à quelqu'un ; le service, un acte par lequel on le sert ; le bon office, un acte par lequel on lui vient en aide en quelque chose. Bienfait, étymologiquement, pourrait être le terme général ; mais il a pris par l'usage un sens particulier qui exprime que le bienfaiteur a une supériorité de fortune, un surplus dont il fait volontairement emploi en faveur d'une autre personne. Celui qui sauve un homme qui se noie, est non pas son bienfaiteur, mais son sauveur ; et celui qui distribue une part de sa fortune est un bienfaiteur. C'est pour cette raison de supériorité de richesse qu'on dit les bienfaits du prince. Le service est imposé par le zèle, par l'amitié ; et il ne suppose que le désir d'obliger ; du reste tout peut être égal entre celui qui sert et celui que l'on sert. Le bon office est l'emploi de notre crédit, de notre médiation, de notre entremise ; le service, comme on voit, est plus général que le bon office. Donner de l'argent est un bienfait ; prêter de l'argent est un service ; faire des démarches, parler pour une affaire, est un bon office.

Arrêtons-nous un instant sur **bon office**, pour remarquer (comme dans d'autres cas d'« arthrose » langagière) qu'un adjectif unique s'est soudé au nom : on ne parle plus aujourd'hui que de « bons offices ». Phénomène semblable avec des mots comme *dam* (dommage) uniquement employé dans l'expression « au grand dam » ; ou encore avec *attrape,* seulement présent dans « farces et attrapes ». Les mots, comme les vertèbres, vieillissent en perdant de leur mobilité, et bientôt on ne les trouve plus que dans des expressions « figées », employées pour leur couleur étrange, sans qu'on sache le plus souvent leur signification originelle.

Auparavant, *office* admettait d'autres épithètes — ou existait tout seul : *C'est l'office d'un bon père que de veiller sur ses enfants.* Finalement, le **bon office**, en langue classique, revient à tirer parti de son pouvoir pour intercéder auprès de ses amis, en échange, peut-être, d'un service ultérieur. Vulgairement on appelle cela aujourd'hui « le piston ». Au travers de leur regard chirurgical, les moralistes avaient observé combien la pratique des **bons offices** cache d'intérêt : *Ce que les hommes ont nommé amitié n'est qu'une société, un ménagement réciproque d'intérêts, et qu'un échange de bons offices ; ce n'est enfin qu'un commerce où l'amour-propre se propose toujours quelque chose à gagner* (La Rochefoucauld).

Si le **bon office** reste discret, le **service** et le **bienfait** se font généralement connaître. Pourtant ce sont là encore des notions ambiguës. **Service** relève essentiellement du champ économique (dans ce que l'on nomme en particulier le « tertiaire de service »). Les soutiens financiers à visées publicitaires (réunis sous l'appellation noble de « parrainage »...) sont bien des **services,** mais il est difficile — malgré les apparences — de les considérer comme des **bienfaits.** Une entreprise — régie par de strictes considérations de rentabilité — n'a d'autre but que de s'étendre et d'augmenter ses bénéfices, alors qu'un individu sera guidé vers une action de bienfaisance par un pur mouvement narcissique. Au vrai, on reporte aisément de nos jours des impératifs de gestion, propres à l'entreprise, sur les comportements mêmes des personnes...

La pratique de la bienfaisance relève traditionnellement du mécénat (libéralité a priori gratuite). Mais ce dernier n'est possible que si le sujet riche possède la capacité de disposer librement de sa fortune. Dans ce cas seulement, il suit sa fantaisie et finance « à fonds perdus » les causes qui lui plaisent...

« Les hommes ne sont pas seulement sujets à perdre le souvenir des bienfaits et des injures : ils haïssent même ceux qui les ont obligés, et cessent de haïr ceux qui leur ont fait des outrages. » LA ROCHEFOUCAULD

« Un bienfait qui n'est pas cher au cœur est odieux ; c'est une relique, ou un os de mort. Il faut l'enchâsser ou le fouler aux pieds. » CHAMFORT

« Recevoir les bienfaits de quelqu'un est une manière plus sûre de se l'attacher, que de l'obliger lui-même. Souvent la vue d'un bienfaiteur importune : celle d'un homme à qui l'on a fait du bien est toujours agréable ; on aime en lui son ouvrage. » JOUBERT

« Les grands services sont comme de grosses pièces d'or ou d'argent qu'on a rarement l'occasion d'employer ; mais les petites attentions sont une monnaie courante qu'on a toujours en main. » DIDEROT

« Un service amusant à rendre ne saurait être ennuyeux à demander. » GIDE

« Vos bons offices pour lui sont un bienfait pour moi ; souffrez que je partage la reconnaissance. » VOLTAIRE

« L'inconnu leva vers Loisel un visage empreint de gratitude, un visage où, sans aucune chance d'erreur, on pourrait lire cet aveu : "Vous êtes la courtoisie même, et je ne sais comment vous remercier de vos bons offices." » DUHAMEL

bizarre • fantasque • extravagant

L'homme bizarre n'est ni l'homme fantasque, ni l'homme extravagant. S'écarter du goût ordinaire par une singularité non convenable, c'est être bizarre ; s'en écarter par une fantaisie qui tout à coup change d'idée, c'est être fantasque, s'en écarter d'une manière contraire au bon sens, c'est être extravagant. (LAVEAUX)

D'autres adjectifs viennent facilement à l'esprit : *baroque, biscornu, abracadabrant...* Fascination marquée à même la langue pour des actes et des états qui s'éloignent, plus ou moins radicalement, de la norme.

L'**extravagant** se trouve du côté de l'anormalité, aux limites de la folie. Le **bizarre** et le **fantasque** relèvent plutôt de l'anomalie.

Le **bizarre** est atypique jusqu'à la monstruosité, à l'image du mouton à cinq pattes. Aussi provoque-t-il, selon les cas, la peur ou le sourire... L'étrangeté grinçante était d'ailleurs la vocation d'une revue créée naguère par Jean-Jacques Pauvert, et intitulée précisément *Bizarre.* Manifestation des légers décalages nécessaires dans un monde apparemment lisse et sagement réglé ; *singularité non convenable,* dit Littré pour définir cet anticonformisme.

Aujourd'hui, le **bizarre** paraît sans doute moins marginal et risque même de constituer une nouvelle norme, à travers des phénomènes socialement tout à fait reconnus (le « paranormal » par exemple).

Le **fantasque** est instable, et autrement plus singulier : dans son goût pour la mobilité incessante et l'hétéroclite, il se fait imprévisible, donc insaisissable. Autre scandale : il semble souvent coller à la semelle de ses désirs, insoucieux de la contradiction. On comprend pourquoi il dérange autant qu'il fascine...

« Ils veulent être neufs et ne sont que bizarres ; ils tourmentent leur langue pour que l'expression leur donne la pensée, et c'est pourtant celle-ci qui doit amener l'autre. »

RIVAROL

« Calixte était un être bizarre. Jamais je ne la trouvais deux jours de suite dans la même humeur. »

JALOUX

« Il y a des nuances entre avoir des fantaisies et être fantasque : le fantasque approche beaucoup plus du bizarre. »

VOLTAIRE

« Autant le père Pierre de Saint-Louis était fantasque, inégal, d'humeur inquiète et vagabonde, autant le père Groslier était tranquille, sage et réglé. »

GAUTIER

« Il ne déjeunait pas du tout ce vieux garçon et ne dînait guère que deux ou trois fois par semaine au plus, mais là alors énormément, selon la frénésie des étudiants russes dont il conservait tous les usages fantasques. »

CÉLINE

« Je goûte ceux qui sont raisonnables et me divertis des extravagants. »

MOLIÈRE

« Jusqu'aux modes de nos habits, la même chose qui nous a plu il y a dix ans, et qui nous plaira peut-être encore avant dix ans, nous semble maintenant extravagante et ridicule. »

DESCARTES

« Mon sang s'allume et pétille, la tête me tourne, malgré mes cheveux déjà grisonnants, et voilà le grave citoyen de Genève, voilà l'austère Jean-Jacques, à près de quarante-cinq ans, redevenu tout à coup le berger extravagant. »

ROUSSEAU

blâmer • censurer • réprimander

Il faut d'abord mettre à part réprimander, qui indique le blâme infligé par le supérieur à l'inférieur, par le maître à son élève : un précepteur réprimande son élève inattentif ; un ministre réprimande un employé. Entre blâmer et censurer, la nuance est que blâmer est plus étendu et signifie aussi bien le blâme secret que le blâme public ; tandis que censurer implique toujours une certaine solennité dans la forme, comme était l'acte du censeur à Rome : vous le blâmez, j'en suis sûr ; mais irez-vous jusqu'à le censurer ?

Critiquer, accuser, désavouer, réprouver, sermonner, stigmatiser, condamner, interdire, tancer, gourmander... À l'évidence, on passe plus de temps à dire du mal de son prochain qu'à le complimenter. Le ressentiment est le nerf de la guerre, le fil rouge des relations sociales, même lorsqu'elles restent polies.

Chacun sait pourtant qu'il s'agit là d'une pratique *vulgaire* (puisqu'il n'est personne qui ne s'y emploie) et d'une *erreur* (les récriminations ne sont d'aucune utilité, bien au contraire).

Plus gravement encore, tout le monde s'empresse à donner autour de soi des *conseils avisés,* afin d'orienter l'autre et de le modifier selon ses goûts. Conseils qui prennent souvent l'allure de reproches et contiennent en germe le blâme et la censure : *Il n'y aurait pas beaucoup d'heureux s'il appartenait à autrui de décider de nos occupations et de nos plaisirs* (Vauvenargues).

Tant il est épineux d'admettre que puissent exister avec bonheur des choses qui nous rebutent ou simplement nous indiffèrent...

« Quand tout le monde me dirait femme de bien, et je saurais seule le contraire, la louange augmenterait ma honte ; et aussi, quand il me blâmerait et je sentisse mon innocence, son blâme tournerait à contentement ; car nul n'est content que de soi-même. »
MARGUERITE DE NAVARRE

« Je blâme également, et ceux qui prennent parti de louer l'homme, et ceux qui le prennent de le blâmer. »
PASCAL

« Laissez dire, laissez-vous blâmer, condamner, emprisonner, laissez-vous pendre, mais publiez votre pensée. »
COURIER

« Faites-vous des amis prompts à vous censurer. »
BOILEAU

« Comme on ne veut pas faire d'un enfant un enfant, mais un docteur, les pères et les maîtres n'ont jamais assez tôt tancé, corrigé, réprimandé, flatté, menacé, promis, instruit, parlé raison. »
ROUSSEAU

« Un bruit de cristaux brutalisés lui parvint, puis la voix d'Edmée, claire, durcie pour la réprimander. »
COLETTE

bonheur • félicité • béatitude

Bonheur veut dire proprement bonne chance, et, par conséquent, il exprime l'ensemble des circonstances, des conditions favorables qui font que nous sommes bien. Il a donc un caractère extérieur, objectif, qui en fait la nuance avec félicité. La félicité n'est point liée à ces conditions du dehors ; elle est plus propre à l'âme même ; aussi on ne dira pas : la félicité que les richesses procurent ; mais on dira : le bonheur qu'elles procurent. La béatitude, qui est du style mystique, est la félicité destinée, dans une autre vie, à ceux qui auront pratiqué la vertu dans celle-ci.

Il est difficile de parler du **bonheur** sans dire des platitudes. La tautologie souvent n'est pas loin : *Soyez heureux, c'est là le vrai bonheur,* ironisait Groucho Marx.

Par pessimisme ou superstition, le mot lui-même effraie légèrement. Ce bien-être intense, ressenti parfois, est-ce cela le **bonheur** ? N'est-il pas indécent, face à tous les malheurs du monde dont on nous avise chaque jour ? Est-il même permis ? Ou trouvable, dilué entre les notions de plaisir et d'agrément ? D'ailleurs, qui ose se dire heureux ? Les *Propos sur le bonheur,* d'Alain, sont l'exemple typique du livre démodé. Le mot reste donc à l'état de promesse dans toutes les images publicitaires : « Achetez la maison du bonheur », « Le bonheur pour moins de 2 000 F par mois », etc.

Les deux autres mots de la série sont plus éloignés encore de notre vie, marquée par le recul des valeurs proprement religieuses. Un catholique se soucie-t-il encore vraiment de suivre les huit béatitudes (les huit vertus) énoncées par le Christ dans le Sermon sur la montagne ? « Heureux les pauvres » n'est guère un slogan à l'ordre du jour...

Félicité et **béatitude** disent plus que la tranquillité de l'âme chère aux stoïciens — c'est-à-dire un état de contentement essentiellement dû à l'absence de malheur. Ils laissent entendre un comblement extrême, proche de l'extase : la jouissance infinie chère aux mystiques (au premier rang desquels saint Jean de la Croix et sainte Thérèse). Mais sur ce point la parole manque tout à fait. Car si le **bonheur** se dit malaisément, la **béatitude** — comme la jouissance, précisément — échappe désespérément au filet du langage.

Plus modestement, il ne reste plus qu'à se retourner vers la *joie,* le plus beau mot de la langue française, selon Philippe Sollers.

« Il n'est pas moins essentiel pour le bonheur de conserver des désirs que de les satisfaire. » PINOT-DUCLOS

« Il en est du bonheur comme des montres : les moins compliquées sont celles qui se dérangent le moins. » CHAMFORT

« Le bonheur est un état permanent qui ne semble pas fait ici-bas pour l'homme. Tout est sur la terre

dans un flux continuel qui ne permet à rien d'y prendre une forme constante. »
ROUSSEAU

« Un des plus grands bonheurs est de donner ce qu'on ne possède ou qu'on ne possédera qu'en le donnant. L'espoir, quand on désespère. Le courage, quand on a peur. La paix, quand on n'est que tumulte. »
C. ROY

« De la manière dont nous sommes faits, il est certain que notre félicité consiste dans le plaisir ; je défie qu'on s'en forme une autre idée ; or le cœur n'a pas besoin de se consulter longtemps pour sentir que de tous les plaisirs, les plus doux sont ceux de l'amour. »
Abbé PRÉVOST

« Le plaisir est plus rapide que le bonheur, et le bonheur que la félicité. »
VOLTAIRE

« La félicité est le bonheur qui paraît complet, et qui s'annonce comme permanent pour ainsi dire. »
SENANCOUR

« Un air de béatitude, un parler gras, lent et nasillard, faisait volontiers prendre sa physionomie pour niaise. »
SAINT-SIMON

« C'était une béatitude infinie, un tel enivrement, qu'il en oubliait jusqu'à la possibilité d'un bonheur absolu. »
FLAUBERT

« C'est une béatitude calme et immobile. Tous les problèmes philosophiques sont résolus. Toutes les questions ardues contre lesquelles s'escriment les théologiens, et qui font le désespoir de l'humanité raisonnante, sont limpides et claires. Toute contradiction est devenue unité. L'homme est passé dieu. »
BAUDELAIRE (à propos du haschisch)

« J'ai connu la joie, j'ai connu, pures ou impures, chargées de remords ou de bénédictions, beaucoup de joies humaines. Mais cette béatitude parfaite, miraculeusement détachée de toutes les entraves terrestres, je ne l'ai retrouvée qu'une fois. »
DUHAMEL

de bon gré • de bonne volonté • de bon cœur • de bonne grâce

Ces quatre termes expriment l'acquiescement, mais non un acquiescement de même nature, puisque gré, volonté, cœur et grâce diffèrent. De bon gré exprime l'absence de contrainte et une détermination volontaire ; c'est l'opposé de malgré : on fait de bon gré ce qu'on ne fait pas malgré soi. De bonne volonté dit quelque chose de plus ; un homme de bonne volonté est un homme que sa volonté porte à faire ce qu'on lui demande ; non seulement il n'y est pas contraint, mais encore il le veut lui-même. Avec de bon cœur, le cœur intervient, la volonté y est et de plus la cordialité et l'entrain qu'elle donne. Enfin de bonne grâce exprime que la grâce s'y joint : faire une chose de bonne grâce, c'est la faire sans qu'on ait besoin de nous prier et avec une manière qui rehausse le prix de ce qu'on fait.

Il est toujours plaisant d'avoir à sa disposition les éléments d'une gradation. Dans le cas présent, il n'importe pas seulement de savoir si l'on fait telle chose ou non, mais de connaître aussi le degré d'adhésion de qui choisit.

Quelques penseurs libéraux ont tenté de prendre en compte ces questions d'intensité, pour imaginer d'autres modalités d'*élection.* D'habitude, que l'on se porte avec enthousiasme vers un candidat ou qu'une grande réserve fasse hésiter ne change rien à l'affaire : le bulletin aura strictement la même valeur. Avec le nouveau système, on s'engagerait différemment, à la manière de la célèbre ritournelle : « Je t'aime... un peu, beaucoup, passionnément... » On accorderait ainsi cinq points à un candidat, dix à un autre, rien à un troisième...

En fait, nous rencontrons sans cesse dans notre vie des situations où le **bon gré**, la **bonne grâce** nous sont interdits. On nous impose malgré cela de *choisir,* quand bien même l'alternative nous paraît vulgaire et brutale. Cas extrême : aucune des possibilités ne nous agrée. Figure terrible dans laquelle Gregory Bateson a vu la matrice de la psychose. Règle de ce jeu morbide (appelé « double bind » : la double contrainte) : « Pile je gagne, face tu perds »...

Bien sûr, seule la vie machinique des abeilles ou des fourmis se trouve à l'abri des prises de décisions. Pourtant la douleur est grande parfois de devoir exclure (l'abandon des choses aimées comme deuil), et l'on préférerait dans bien des circonstances que fût possible le *panachage.*

« Jésus n'a point été traîné de force à l'autel ; c'est une victime obéissante qui va de son bon gré à la mort. » BOSSUET

« Il n'est pas trop difficile de bavarder avec de petites filles japonaises. L'honorable voyageur jargonnait très médiocrement ; mais ses trois partenaires rivalisaient de bonne volonté pour bien l'entendre. » FARRÈRE

« Je baise de bon cœur les verges que tu tiens. » TRISTAN L'HERMITE

« Il a voulu faire les choses de bonne grâce, et vous pouvez lui donner ma sœur. » MOLIÈRE

brocard • raillerie

La raillerie peut être méchante ; mais elle peut aussi être légère, innocente, inspirée par une simple gaieté d'esprit. Le brocard a toujours quelque chose de blessant.

Le narcissisme, puissant garde-fou, interdit qu'on se moque vraiment de soi-même. Et quand bien même on exprime des sarcasmes envers sa propre personne (les auteurs d'aphorismes ne s'en privent pas), on le fait avec des poses qui ne malmènent guère l'image de soi-même à laquelle on est attaché. Comme le montre à l'envi l'élégance des textes de Cioran, l'expression de l'autocritique — ou du désespoir — n'empêche pas la coquetterie...

Le persiflage se tourne plus volontiers vers les voisins : intention de nuire, souvent, mais aussi besoin de respiration — de légère mise à distance —, tant les relations avec le prochain sont difficiles. Le XVIIIe siècle l'avait parfaitement compris. Relisons Voltaire, le prince de Ligne ou Rivarol. Piquer l'autre avec humour — mais seulement par le langage — permet de rester dans la civilité. Il s'agit d'abord de faire un bon mot (un trait d'esprit), destiné à montrer ses propres qualités plus que les défauts d'autrui.

Railler signifie surtout qu'on ne prend rien très au sérieux (selon Lacan, le sujet sain est celui qui ne croit pas trop à ce qu'il dit). La **raillerie** est le symbole de la *fin d'un siècle où la conversation était le suprême plaisir et la suprême gloire* (Chênedollé). Ici, la repartie est possible : en plaisantant l'autre, on accepte d'emblée qu'il renvoie la balle... La **raillerie** — assimilable à la *pointe* — illustre le goût du jeu.

En revanche, le **brocard** se fait plus vulgaire et plus insidieux : il a pour but de toucher l'autre jusqu'à le blesser. Il serait proche de l'insulte ou de l'injure, pratiquées beaucoup plus couramment aujourd'hui que la pointe ou la **raillerie**... Comme s'il n'y avait guère de place désormais entre la médisance et la flatterie.

Aussi aimerions-nous reprendre à notre compte ces mots du prince de Ligne : *On ne cause plus, on n'a plus de conversation, on ne sait plus conter seulement une petite méchanceté gaiement ; mais on sait en faire.*

« Et conseillez-lui fort de s'armer de courage,
Afin de recevoir galamment aujourd'hui
Certains petits brocards qui vont fondre sur lui. » DESTOUCHES

« Sous la brutale injure et le brocard sanglant,
L'harmonieux Racine expia son talent. » MILLEVOYE

« Les railleries, les satires, les invectives furent leurs armes, et ils ne ménagèrent personne ; voilà le caractère d'esprit qui était commun à tous les cyniques. » CONDILLAC

« Il y a toujours des chevaliers errants dans le monde. Ils ne redressent pas les torts avec la lance, mais les ridicules avec la raillerie. » BARBEY D'AUREVILLY

« Si je craignais que le mot n'eût l'air d'une raillerie, je dirais volontiers que pour faire un grand poète lyrique, il y faut beaucoup d'autres qualités sans doute, mais qu'il en est une sans laquelle toutes les autres sont stériles, — et c'est tout simplement l'égoïsme. » BRUNETIÈRE

C
c

L'OURS ET LES DEUX

COMPAGNONS

cacher • celer • taire

Le sens de ces trois mots est ne pas manifester au-dehors. Taire, c'est ne pas dire, il suffit de ne pas ouvrir la bouche. Pour celer, il faut quelque chose de plus, c'est non seulement taire la chose, c'est aussi prendre garde qu'elle ne nous échappe. Prendre garde qu'elle ne nous échappe, dit assez pour celer, mais ne dit pas assez pour cacher : car cacher implique toutes les précautions qui serviront à voiler ce que nous voulons n'être pas su ou connu.

D'un mot à l'autre de cette partition diminue le désir qu'une information ne soit pas connue. Regrettons en passant que **celer**, degré intermédiaire, soit caduc ; il permet en effet de dire adroitement la dissimulation légère.

Semblablement, d'autres verbes indiquent les degrés divers de la dissimulation : de *voiler* jusqu'à *ensevelir* et *enterrer,* en passant par *masquer, recouvrir, enfermer,* etc.

Si le voile ou le masque participent du jeu (comme on parle aussi de jouer « à cache-cache »), la dissimulation s'avère plus sérieuse avec les autres mots. Ils reçoivent d'ailleurs des valeurs péjoratives, puisque nous baignons dans l'idéologie de la transparence : **cacher**, malgré le proverbe *(Pour vivre heureux, vivons cachés,* retourné par Sollers en *Pour vivre cachés, vivons heureux),* est en général perçu négativement. Le secret, qui laisse à désirer, paraît insoutenable, et nous retrouvons là le motif insistant et connexe de la confession (de la religion à la psychanalyse), analysé par Michel Foucault dans sa *Volonté de savoir.*

Tout cela sur un plan individuel. Car dans le même temps la vie politique donne comme toujours dans la dissimulation, tout en prétendant (la multiplication des moyens d'information y oblige particulièrement) le contraire. Mais Jacques Dutronc chantait déjà, dans les années 1960 : *On nous cache tout, on nous dit rien...*

Désir de citoyen : réclamer la plus grande clarté pour tout ce qui touche aux affaires publiques, et simultanément accepter que la vie privée de chacun (y compris celle des gouvernants) se laisse protéger par la dissimulation.

« La dissimulation est la première veste de l'homme civilisé et la pierre angulaire de la société. Il nous est aussi nécessaire de cacher notre pensée que de porter des vêtements. »

FRANCE

« Comme il est dangereux de cacher quelque chose à nos amis, il l'est aussi beaucoup de ne leur cacher jamais rien. »

Mme DE LAFAYETTE

« Les hommes se distinguent par ce qu'ils montrent et se ressemblent par ce qu'ils cachent. »

VALÉRY

« L'imagination trouve plus de réalité à ce qui se cache qu'à ce qui se montre. »

BACHELARD

« Qui ne sait celer, ne sait aimer. »

STENDHAL

« Mais qui donc peut longtemps tenir ses amours secrètes ? Hélas ! amour ne se peut celer. »

Tristan et Iseut

« Celui qui ne sait pas se taire sait rarement bien parler. »

CHARRON

« L'on doit se taire sur les puissants : il y a presque toujours de la flatterie à en dire du bien ; il y a du péril à en dire du mal pendant qu'ils vivent et de la lâcheté quand ils sont morts. »

LA BRUYÈRE

« Mentir c'est cacher une vérité que l'on doit manifester. Il suit bien de cette définition que taire une vérité qu'on n'est pas obligé de dire n'est pas mentir. »

ROUSSEAU

« Taire la vérité, n'est-ce pas déjà mentir ? »

PÉGUY

camarade • compagnon

Camarade est d'origine un terme militaire, et signifie de la même chambrée ; de là, figurément, il exprime celui qui a avec d'autres même genre d'occupations ou d'habitudes. Compagnon, qui veut dire d'origine celui qui mange le même pain, n'a point cette particularité de sens : il n'implique pas qu'on soit de même occupation ; il implique qu'on accompagne. Ainsi on dit : des camarades de lit, des compagnons de voyage. Vivre d'un même genre de vie pour camarades, s'accompagner pour compagnons, voilà la nuance de sens essentielle entre ces deux mots. Nous disons camarades de collège et non compagnons de collège ; mais au féminin compagnes de pension, de couvent ; cette déviation tient à ce que l'oreille a désiré marquer le féminin que la désinence ne signale pas dans camarade.

Le **camarade** (de l'espagnol *camarada*), c'est d'abord le « compagnon de chambre », puis dans les partis communistes le « camarade de cellule ». Drôle de mot, d'ailleurs, que *cellule,* employé aussi bien dans la religion (la *cella* monastique) que pour les prisons ou le militantisme politique.

L'histoire laisse tellement d'empreintes sur les mots que **camarade,** après les mésaventures diverses subies par le communisme, se trouve quasi inemployable aujourd'hui. Son auréole idéologique (au sens où l'on parle d'auréole pour les taches...) est trop marquée, au point que le terme fonctionne comme une sorte de *signal* (*Cours camarade, le PCF est derrière toi !* était le titre d'un livre publié naguère par Michèle Manceaux). Ainsi ce mot nous donne à lire la proximité de l'organisation politique et de l'ordre militaire. Littré le rappelle à sa manière : *Camarade est d'origine un terme militaire.* (Béranger : *En avant ! partons, camarades, / L'arme au bras, le fusil chargé.*)

Cependant, à l'écart de la politique, le mot mériterait de retrouver une autre vie. Quel autre terme en effet employer pour signifier une relation moins forte que l'amitié mais plus vive que le « compagnonnage » (quand on veut éviter le vulgaire « mon pote » ou l'inoffensif « copain ») ?

Le **compagnon**, précise l'étymologie, est celui qui « mange son pain avec » (du latin *companio*). Depuis longtemps, le mot sert aussi, avec bien d'autres, à nommer — plus joliment que l'officiel et obscène « concubin » — l'homme qui accompagne vos jours.

À ce moment-là, les mots amusent : **compagnon**, réactivé par Littré, donne la preuve que vivre avec quelqu'un n'interdit pas de mener une vie différente. Proverbe inventé par Philippe Sollers : *On a beau dormir dans le même lit, on fait des rêves différents.*

« Les gens qui ne connaissent pas la campagne taxent de fable l'amitié du bœuf pour son camarade d'attelage. » SAND

« Deux soldats qui couchaient dans le même lit étaient camarades de lit. » LITTRÉ

« Camarades. Il n'y a pas de camarades. Je ne vous aime pas. Vous pouvez vivre et vous aimer, ça m'est égal. » RIGAUT

« Il n'est de camarades que s'ils s'unissent dans la même cordée, vers le même sommet. » MAUROIS

« Il pouvait, sans sortir, contenter son envie,
Avec ses compagnons tout le jour badiner,
Sauter, courir, se promener. »
LA FONTAINE

« C'était un gros homme frais, rustre, très volontiers brutal, pair et compagnon avec tout le monde. » SAINT-SIMON

« On peut trouver un compagnon, mais non pas un ami fidèle. » LOTI

chagrin • tristesse

Le chagrin est une souffrance de l'âme, souffrance causée par une peine quelconque, par une contrariété, un désappointement, une perte, etc. La tristesse est un état de l'âme que le chagrin peut produire, mais qui peut aussi se développer de soi-même et sans accident. La mort d'une personne chérie cause un violent chagrin et jette dans une profonde tristesse. La tristesse est l'opposé de la joie et de la gaieté ; le chagrin n'a point d'opposé. Parce qu'elle est un état, la tristesse se dit des choses inanimées : la tristesse d'une harmonie, d'un site ; parce qu'il est une souffrance, le chagrin ne se dit que des personnes.

Relevons quelques aventures du mot **tristesse**. Pour Spinoza, par exemple, la Tristesse *(tristitia)* est l'un des trois affects de base, avec la Joie *(laetitia)* et le Désir *(cupiditas),* tous les autres sentiments constituant des dérivés. Relève alors de la **tristesse** tout ce que nous ressentons comme déplaisant. Le sens courant en fait davantage une affection d'intensité variable, mais traînante, comme l'ennui. Elle s'apparente aux très littéraires « spleen » et « mal du siècle ».

La **tristesse** plonge dans un mal-être sans cause apparente (ce qui ne veut pas dire qu'il n'y en a pas). Au début du XIXe siècle, *Oberman* (de Senancour) est le parangon des romans tristes, au point que l'ennui qui s'en dégage se communique parfaitement au lecteur... La **tristesse**, crachin de l'âme. Cette affection se fait plus légère avec le célèbre titre de Françoise Sagan (emprunté à Paul Eluard) : *Bonjour tristesse.*

Le **chagrin** représente une douleur plus vive, mais généralement moins durable. Notons la fâcheuse disparition de l'adjectif : *Je vous vois l'esprit tout chagrin* (Molière).

À nos oreilles, **chagrin** et **tristesse** sont de jolis mots. Regrettons du même coup que le vocabulaire classique des sentiments et des attitudes s'amenuise (disparition quasi totale de mots comme *aménité, boniface, équanime, débonnaire*) et soit envahi par une langue médicale de mauvais aloi : *stress, déprime, dépression, névrose,* etc.

Il est normal que la linguistique ou la médecine secrètent les termes qu'elles trouvent utiles, mais il est fâcheux que cette langue spécialisée se déploie hors du champ des spécialistes. Seule la littérature, dans ses meilleurs exemples, permet de résister à cette invasion fatale.

« Prenez garde à la tristesse. C'est un vice, on prend plaisir à être chagrin et, quand le chagrin est passé, comme on y a usé des forces précieuses, on en reste abruti. » FLAUBERT

« Il y a dans ce monde où tout s'use, où tout périt, une chose qui tombe en ruine, qui se détruit encore plus complètement, en laissant encore moins de vestiges que la Beauté : c'est le chagrin. » PROUST

« C'est peut-être ça qu'on cherche à travers la vie, rien que cela, le plus grand chagrin possible pour devenir soi-même avant de mourir. » CÉLINE

« C'était l'heure où le chagrin s'ouvre quelque part, comme un pétunia, pour l'insomnie. » FARGUE

« Longtemps, il avait pensé qu'un homme ne vaut que par les chagrins qu'il a eus. Puis il avait cessé de le croire. Souffrir n'est gage de rien. »
R. GRENIER

« On s'accommoderait aisément des chagrins, si la raison ou le foie n'y succombait. » CIORAN

« Jamais nous ne goûtons de parfaite allégresse :
Nos plus heureux succès sont mêlés de tristesse. » CORNEILLE

« Si nous ne naissons que pour le plaisir des sens, pourquoi ne peuvent-ils nous satisfaire, et laissent-ils toujours un fonds d'ennui et de tristesse dans notre cœur ? »
MASSILLON

« La raison des choses est la tristesse, parce que la souffrance et la mort sont le chemin et le but final de tout dans ce monde. » LAMARTINE

« Nous sortons de l'amour avec un abattement de l'âme, un affadissement de tout l'être, une prostration du désir, une tristesse vague, informulée, sans bornes. » GONCOURT

« J'ai deviné que les êtres n'étaient que des images changeantes dans l'universelle illusion, et j'ai été dès lors enclin à la tristesse, à la douceur et à la pitié. » FRANCE

clystère • lavement • remède

Ces mots sont placés ici selon l'ordre chronologique de leur succession dans la langue. Clystère ne se dit plus guère ; lavement lui a succédé ; et, sous le règne de Louis XIV, l'abbé de Saint-Cyran le mettait déjà au rang des mots déshonnêtes qu'il reprochait au P. Garasse. On a substitué de nos jours le terme de remède à celui de lavement. Remède est équivoque, mais c'est par cette raison même qu'il est honnête. « Clystère n'est plus employé que dans le burlesque ; lavement, dans les auteurs de médecine ; remède, dans le langage ordinaire » (Encyclopédie).

La médecine s'est bien éloignée de ces pratiques chères aux médecins du *Malade imaginaire.* Elles n'intéressent plus que les pervers, attirés par les bricolages en tout genre. La médecine, il est vrai, constitue pour beaucoup un bon support fantasmatique.

À la rencontre de la médecine et du sexuel, **clystère** et **lavement** en offrent donc l'illustration parfaite. Pensons ici aux définitions de l'activité perverse proposées par Laplanche et Pontalis dans leur *Vocabulaire de la psychanalyse :* lorsque le plaisir *est subordonné de façon impérieuse à certaines conditions extrinsèques* (à l'exemple du fétichisme) — et du fantasme, tel qu'il met en jeu *une séquence dont le sujet fait lui-même partie et dans laquelle les permutations de rôle, d'attribution sont possibles.*

La propreté (l'asepsie médicale) se trouve détournée dans des pratiques « sales », de la même façon que le châtiment est détourné de sa vocation éducative, dans ce que l'on nomme « l'éducation anglaise », pour rejoindre le plaisir.

Finalement, médecine, éducation et punition font bon ménage avec le sexe. Collusion moins étrange qu'il n'y paraît : la dépendance de l'être humain face au médecin ou au maître (mot éloquent, puisqu'il relève à la fois de l'érotisme et de la pédagogie) témoigne du plaisir de l'irresponsabilité.

Pour ce qui est de **remède,** Littré précise que le mot est « honnête » : c'est en effet un terme vague, imprécis, neutre, donc bon enfant : toutes caractéristiques nécessaires pour constituer un euphémisme commode, loin de toute imagerie fantasmatique.

« Clystère, c'est-à-dire ablution ou lavement, est une injection appropriée au siège et aux intestins. » PARÉ

« Un petit clystère, pour amollir, humecter et rafraîchir les entrailles de Monsieur. » MOLIÈRE

« M. de Richelieu avait pris un lavement ; il demanda ma garde-robe, et y monta en grande hâte. »
SAINT-SIMON

« Il faut dire de lui comme le Régent disait d'un homme qui prenait force lavements à la Bastille : il n'a que ce plaisir-là. » D'ALEMBERT

« Il n'y a pas d'inconvénients d'user de petits remèdes anodins, c'est-à-dire de petits lavements émollients. » MOLIÈRE

« On le prie de venir voir donner un remède à cinq heures à M. le maréchal de Gramont. »
Mme DE SÉVIGNÉ

commerce • négoce • trafic

Étymologiquement, commerce est l'échange de marchandises ; négoce est l'état de celui qui ne prend pas de loisir, sens général déterminé dans notre langue à désigner les occupations commerciales ; trafic est le transport des objets de commerce d'un endroit à un autre. Commerce est le terme le plus général, représentant, sans aucune idée accessoire, l'échange qui fait passer des uns aux autres tous les objets d'utilité ou d'agrément ; c'est pour cela qu'on peut l'employer presque toujours en place de négoce ou de trafic, tandis que négoce ou trafic ne peuvent pas s'employer toujours en place de commerce ; c'est pour cela aussi que l'usage l'a préféré pour désigner collectivement l'ensemble de ceux qui se livrent au commerce. Négoce, plus restreint, désigne spécialement l'exercice du commerce ; aussi l'usage emploie-t-il négociant, de préférence à commerçant, quand on parle de celui qui exerce un négoce particulier : les négociants d'une ville, un négociant en vins. Enfin, trafic s'applique particulièrement au commerce de transport ou de commission, à l'industrie du revendeur, etc.

Est-ce le rôle sans cesse grandissant de la finance qui rend obsolètes tous ces sens dépliés ici ?

Trafic ne renvoie généralement qu'à la circulation automobile (on pensera au film de Jacques Tati, *Traffic,* mais avec deux *f* comme en anglais), à des échanges interlopes (un « trafic de drogue », les fameux « trafics d'influence » à la Bourse). Pourtant le mot pourrait s'étoiler vers d'autres acceptions : la mobilité intense, le réseau heureux, la moire d'intensités, l'échange hors profit, etc. C'est comme cela que nous comprenons le sens de la revue créée par Serge Daney un peu avant sa mort (*Trafic,* avec un seul *f* cette fois).

Autrefois **commerce** et **négoce** dépassaient également la sphère strictement économique. Le **négoce,** c'était l'occupation (le contraire de l'*otium,* l'oisiveté). Chapelain : *J'étais las de peler les amandes et autres semblables négoces.* De la même façon, le **commerce** désignait toute forme de rapport avec les autres : *Il est homme d'un bon commerce* (La Bruyère). Ainsi le mot rappelait adroitement que toute relation humaine se fonde *justement* sur l'échange et la réciprocité.

Avoir égaré ce sens signifie sans doute que les relations entre les individus sont d'abord gouvernées par l'économique. L'échange a pourtant d'autres vertus que la rentabilité. Vous ne trouvez pas ?

« Le commerce des hommes avec les femmes ressemble à celui que les Européens font dans l'Inde : c'est un commerce guerrier. » CHAMFORT

« Si je ne vaux rien pour pratiquer le commerce, je vaudrai pour le démasquer. » FOURIER

« Un grand changement s'opère au dix-huitième siècle dans la condition du tiers état. Le bourgeois a travaillé, fabriqué, gagné, épargné, et tous les jours il s'enrichit davantage. On peut dater de Law ce grand essor des entreprises, du négoce, des spéculations et des fortunes. » TAINE

« Les Circasiens sont pauvres, et leurs filles sont belles ; aussi ce sont elles dont ils font le plus de trafic. Ils fournissent de beautés les harems du grand-seigneur du sophi de Perse. » VOLTAIRE

« Les lettres de cachet étaient l'objet d'un profitable trafic ; on en vendait aux pères qui voulaient enfermer leurs fils ; on en donnait aux jolies femmes trop gênées par leurs maris. » MICHELET

complément • supplément

Ces deux mots ne diffèrent que par les préfixes cum *et* sub *; le premier indiquant adjonction, le second substitution. De là la signification respective de ces deux termes : on complète ce qui n'est pas achevé ; on supplée ce qui offre des lacunes.*

La distinction mérite d'être reprise, car **supplément** n'a plus exactement ce sens, étant aujourd'hui davantage un élément qui vient s'ajouter à une chose déjà complète, une addition extérieure.

De là l'inflexion qu'il est loisible de faire subir à la dichotomie présentée par Littré ; pour lui en effet, **complément** et **supplément** participent d'une attitude utilitaire (comptable), puisqu'il s'agit de parfaire, par addition ou substitution, un ensemble inachevé ou lacunaire.

Nous pourrions différemment opposer la pratique du **supplément** (dans son sens actuel) à celle du **complément**. Dès lors, le **supplément** désigne l'ajout gratuit (inutile si l'on veut, et donc luxueux), relevant de l'esthétique. Ainsi, pour la littérature, le **supplément** ne vise pas, selon une conception classique du style, les ornements ajoutés, mais tout ce qui déborde précisément du langage : le grain du texte, l'écriture... Tout ce qui nous attache vraiment relèverait du **supplément** : la saveur singulière d'un vin, la fragrance inimitable d'un parfum, le trouble jeté par telle partie d'un corps.

Supplément prendrait alors toute la place (et la valeur) d'un mot bien laid à nos oreilles et qu'on entend partout : le « plus » (« Il n'y a pas à dire ; cela apporte un plus ») !

« Le cigare est le complément indispensable de toute vie oisive et élégante. » SAND

« Le sujet s'éloigne du verbe et le complément direct vient se poser quelque part dans le vide. » BECKETT

« Le titre de *Supplément* que je donne à mon travail indique suffisamment quel a été mon objet en le composant. Ce ne sont pas des corrections, ce sont des additions. » LITTRÉ

confus • déconcerté • interdit

L'homme confus est en proie à la confusion, c'est-à-dire à un trouble intérieur qui confond son esprit. L'homme déconcerté a perdu le concert *de sa manière d'être, l'arrangement de sa tenue, l'équilibre de son attitude. L'homme interdit a perdu la parole. C'est ainsi que ces trois mots, répondant à l'idée commune de la situation d'un homme embarrassé, la représentent par des traits distincts.*

Une nouvelle fois, ce qui attire dans ce trio, c'est l'esquisse d'une gradation. Si la *confusion* ne dépasse guère la gêne légère, **déconcerté** pointe un trouble certain, qui laissera au pire **interdit**, c'est-à-dire sans voix.

Déconcerté est un joli mot, renvoyant, à travers l'idée de *concert,* à l'image d'un désaccord de type musical : en somme, se trouve **déconcerté** celui qui n'est pas dans la bonne tonalité. (En italien, *concerto,* c'est l'accord : et *déconcerter,* dans son acception ancienne, revient à « troubler en dérangeant l'accord, le concert des parties ».)

Interdit jouit de tous ses autres sens, dominants aujourd'hui (« être interdit de séjour », « transgresser les interdits »). On peut donc le faire bénéficier de son aura mythique ou anthropologique (Œdipe n'est pas loin, et Lévi-Strauss non plus !), et pourquoi pas de tous les jeux de mots de Lacan sur *l'inter-dit,* la règle et la communication. Être **interdit**, c'est précisément ne pas pouvoir dire... Mais se taire comporte aussi des vertus. Pascal l'observait déjà : *En amour un silence vaut mieux qu'un langage.*

« Le corbeau, honteux et confus,
Jura, mais un peu tard, qu'on ne l'y prendrait plus. » LA FONTAINE

« De tout ce que j'entends étonnée et confuse,
Je crains presque, je crains qu'un songe ne m'abuse. » RACINE

« Le concert étant ainsi déconcerté, l'hôte fit ouvrir la porte. » SCARRON

« Ne priant plus, toute l'harmonie de la vie chrétienne est en moi déconcertée. » BOURDALOUE

« Déconcerté par le sourire complice et le clignement d'œil qu'Antoine lui décochait, il hésita une seconde. » MARTIN DU GARD

« En amour un silence vaut mieux qu'un langage. Il est bon d'être interdit ; il y a une éloquence de silence qui pénètre plus que la langue ne saurait le faire. » PASCAL

« Madame, j'ai autre chose à dire ; je suis interdit, si tremblant que je ne saurais parler. » MARIVAUX

« L'âme encore stupide, et comme
Interdite au seuil de la chair. »
VALÉRY

contentement • satisfaction

Le contentement est beaucoup plus étendu que la satisfaction. On peut être satisfait sans être content. Ces deux termes désignent la tranquillité de l'âme par rapport à l'objet de ses désirs. Il nous arrive quelque chose que nous désirions, et nous sommes satisfaits ; mais, si cet événement nous laisse encore des causes de trouble, nous ne sommes pas contents. Le contentement est donc une satisfaction qui n'est pas bornée à une circonstance particulière, mais qui tient à une condition générale de l'âme, condition produite par l'ensemble des causes intérieures et extérieures.

Bonne idée que de vouloir explorer ces mots de la réplétion. D'autant plus qu'ils se rapportent à des sentiments moins intenses — mais sans doute plus courants — que le bonheur, le ravissement ou la félicité.

Satisfaction évoque le bien-être douillet d'un plaisir immédiat, produit essentiellement par des choses matérielles (ou du moins nommables). Slogans omniprésents sur nos murs : « Satisfait ou remboursé », « Chez BLOC, le client est satisfait », etc. Être dans la misère (sexuelle, à l'occasion) revient à se trouver *insatisfait.*

Contentement n'est guère utilisable dans ce sens aujourd'hui, où *content* est devenu assez anodin (« J'ai rencontré Jacques ; il n'était pas content »). Son contraire, *mécontent* — pour désigner un agacement passager — le dit bien.

Comblement traduit mieux cette mort des tensions. Alors l'individu coule des jours tranquilles dans une absence de trouble, obtenue plus facilement en s'éloignant volontairement de toutes les tentations. Rousseau : *Le signe le plus assuré du vrai contentement d'esprit est la vie retirée et domestique.*

Cet exil du désir est-il vraiment possible ou souhaitable ? Peut-on être durablement comblé ? Le *comble* (mot plaisant qui désigne aussi une sorte de blague fondée sur le calembour) serait en somme un leurre (un fantasme) et un abandon. Si l'agitation extrême conduit aux pires désagréments, inversement le repos débouche sans doute sur l'ennui massif. Bref, le paradis viendra bien assez tôt !

« Si le créateur trouve une joie si parfaite à mourir pour sa créature, quel contentement doit éprouver la créature de mourir pour son créateur ! » BOSSUET

« Le sentiment de l'existence dépouillé de toute autre affection est par lui-même un sentiment précieux de contentement et de paix, qui suffirait seul pour rendre cette existence chère et douce. » ROUSSEAU

« L'homme ne sait pas très bien ce qu'il est, et cherche autour de lui des occasions à ses tristesses et des prétextes à ses contentements. » RAMUZ

« Il y a des gens qui préfèrent au succès la satisfaction qu'ils trouvent en eux-mêmes. » RETZ

« Il éprouvait, d'ailleurs, un assouvissement, une satisfaction profonde. Sa joie de posséder une femme riche n'était gâtée par aucun contraste. » FLAUBERT

« Une des plus vraies satisfactions de l'homme, c'est quand la femme qu'il a passionnément désirée et qui s'est refusée opiniâtrement à lui, cesse d'être belle. » SAINTE-BEUVE

« L'école hollandaise se borne à reproduire la quiétude de l'appartement bourgeois, le confortable de l'échoppe ou de la ferme, les gaietés de la promenade ou de la taverne, toutes les petites satisfactions de la vie paisible et réglée. » TAINE

contrevenir • enfreindre • transgresser

Contrevenir, c'est venir contre, contrarier ; enfreindre, c'est briser ; transgresser, c'est passer au-delà de ce qui est considéré comme limite. Ces expressions : il a contrevenu au commandement, il a enfreint le commandement, il a transgressé le commandement, expriment une même idée, à savoir que le commandement n'a pas été observé, sans autre distinction que la distinction implicite que renferme l'étymologie. Mais quand on va plus loin dans l'emploi de ces mots, on voit que contrevenir est celui qui a le moins de force, qui est le plus général et qui peut par conséquent s'appliquer aux petites désobéissances. Les graves désobéissances ne sont caractérisées que par enfreindre et transgresser, le premier les représentant comme une rupture, le second comme un bond qui nous lance au-delà.

Transgression n'a fait, au XXe siècle, que prendre du poids, surtout dans la perspective des sciences humaines : sociologie, psychanalyse, anthropologie.

On **contrevient** à un ordre, on **enfreint** la loi, on **transgresse** un interdit. La *trangression* excède une « grave désobéissance », mais pour un acte situé au-delà des valeurs communes et de l'application stricte du code pénal. D'ailleurs, le *bond qui nous lance au-delà* jette l'individu hors de la communauté. La transgression le ramènerait, en somme, à l'état de nature.

L'érotisme le confirme à l'envi : toute attitude d'infraction produit du désir, tandis que la transgression, irrecevable, fait sortir des limites et empêche la représentation.

« Il demeurait persuadé, quand il était saisi, à la fin de la journée, par une crampe d'estomac, qu'il avait dû contrevenir aux justes règles du manger et du boire. » DUHAMEL

« Quand on craint d'être injuste, on a toujours à craindre ;
Et qui veut tout pouvoir doit oser tout enfreindre. » CORNEILLE

« Il y a dans le mariage des lois établies de Dieu, et qu'il n'est pas permis de transgresser. » BOURDALOUE

« Si quelque transgresseur enfreint cette promesse,
Qu'il éprouve, grand Dieu, ta fureur vengeresse. » RACINE

« On y mariait fastueusement le poisson à la viande, pour que la loi de l'abstinence et de la mortification, prescrite par l'Église, fût mieux transgressée. » BARBEY D'AUREVILLY

« Presque tous les poètes ont fait des vers admirables en transgressant les règles. » ARAGON

convaincre • persuader

La conviction tient plus à l'esprit, la persuasion tient plus au cœur. La conviction suppose des preuves, la persuasion n'en suppose pas toujours. Persuader se prend toujours en bonne part, convaincre se prend quelquefois en mauvaise part : Je suis convaincu de sa haine. « On persuade à quelqu'un de faire une chose, on le convainc de l'avoir faite ; dans ce sens convaincre ne se prend qu'en mauvaise part » (d'Alembert).

Pour conduire à l'adhésion, les deux voies indiquées ici (le *cœur* et l'*esprit*) trouvent leur répondant aujourd'hui avec cet autre couple : l'inconscient et la raison.

« Vous m'avez convaincu, mais vous ne m'avez pas persuadé », se dira facilement — tant le sujet s'attache viscéralement à ses illusions. Disons-le encore d'une autre manière : « Je vois bien à tous vos arguments que vous avez raison, il n'en demeure pas moins que mes désirs sont toujours les mêmes. » Contradiction banale que la psychanalyse (grâce à la plume d'Octave Mannoni) résume fort bien par cette formule : *Je sais bien, mais quand même...*

À l'inverse, il est possible parfois de **persuader** sans avoir besoin de **convaincre** – c'est là tout l'art de la rhétorique... Ou plus exactement, on utilise la persuasion en prétendant **convaincre** (geste essentiel de tout discours publicitaire).

Notre vie nous conduit sans cesse à brimbaler entre les arguments souvent inutiles de la *conviction* et les leurres de la persuasion.

« L'art de persuader consiste autant en celui d'agréer qu'en celui de convaincre, tant les hommes se gouvernent plus par caprice que par raison. » PASCAL

« Il est aisé de convaincre un enfant que ce que l'on veut lui enseigner est utile : mais ce n'est rien de le convaincre, si l'on ne sait le persuader. En vain, la tranquille raison nous fait approuver ou blâmer ; il n'y a que la passion qui nous fasse agir. » ROUSSEAU

« Les anciens ont distingué persuader de convaincre, le premier de ces mots ajoutant à l'autre l'idée d'un sentiment actif excité dans l'âme de l'auditeur et joint à la conviction. » D'ALEMBERT

« Je ne tardai pas à sentir que j'avais tort de vouloir convaincre par le raisonnement dans un genre où il ne faut que persuader par le sentiment. » BEAUMARCHAIS

« On peut convaincre les autres par ses propres raisons ; mais on ne les persuade que par les leurs. » JOUBERT

« S'il est plus satisfaisant pour l'amour-propre de convaincre, il est plus sûr pour l'intérêt de persuader. » DUC DE LÉVIS

« Il faut donc qu'une femme qui veut conserver plusieurs amants persuade à chacun d'eux qu'elle le préfère, et qu'elle le lui persuade sous les yeux de tous les autres, à qui elle en persuade autant sous les siens. » ROUSSEAU

« Persuader. C'est l'art d'éveiller dans les cœurs une complaisance secrète. » CLAUDEL

coquetterie • galanterie

La coquetterie cherche à faire naître des désirs, la galanterie à satisfaire les siens. « Une femme galante veut qu'on l'aime et qu'on réponde à ses désirs, il suffit à une coquette d'être trouvée aimable et de passer pour belle » (Encyclopédie).

La **coquetterie** se compose de signes : c'est *le jeu délibéré des alternances, jeu qui consiste à tendre l'appât, à le retirer, puis à le tendre encore,* écrit joliment André Maurois.

Aussi se trouve-t-elle socialement bien intégrée : elle constitue même le modèle dominant de la féminité (toute une presse en fait son fonds de commerce). Les femmes seraient donc essentiellement des coquettes : cherchant avant tout à plaire et à conforter leur amour-propre. Dans son aspect sévère et opaque, la phrase de La Bruyère citée en exergue nous dit un peu cela : la **coquetterie** relèverait de l'imaginaire, et la **galanterie** du corps (de la « chair »).

Mais à quelles femmes pense-t-on lorsqu'il s'agit de **galanterie** ? Car les galantes ne sont pas seulement des « allumeuses » (sexualité périphérique tout à fait compatible avec le mariage : elle n'attire guère d'ennuis, bien au contraire, les maris aimant en général que leur femme plaise aux autres !). Elles passent à l'acte en affirmant sans ambages leur désir et le besoin de le satisfaire. Il n'est pas interdit de penser aux femmes « publiques » offertes sans discrétion par la pornographie et le « Minitel rose ». Pourtant il ne s'agit là encore que d'images et d'argent, propres à nous ramener au point de départ : à la séduction sans consommation, donc à la **coquetterie**...

La **galanterie** réelle est sans doute clandestine : dangereuse (elle échappe aux représentations habituelles : femme fidèle, femme qui cherche un mari, prostituée...), elle est tenue de se cacher. Tout au plus en trouve-t-on la trace discrète dans les petites annonces (« F. non libre ch. H. pour apr.-midi sensuels »)...

« La simplicité attire, la coquetterie amuse, et la pruderie retient. »
DUFRESNY

« Ces passions violentes, qui tyrannisent le cœur et font oublier le devoir, sont pardonnables aux personnes qui n'ont pas le cœur usé de mille coquetteries ; mais entre nous, de la part des femmes de la cour, il n'y en a pas une en état d'avoir une grande passion. Il faut de la vertu pour être capable de ces attachements. »
Mme DE SCUDÉRY

« Nous avons deux sortes d'esprits, nous autres femmes. Nous avons d'abord le nôtre, qui est celui que nous avons de la nature. Et puis nous en avons encore un autre, qui est à part du nôtre, et qui peut se trouver dans les femmes les plus sottes. C'est l'esprit que la vanité de plaire nous donne, et qu'on appelle, autrement dit, la coquetterie. Oh ! celui-là, pour être instruit, n'attend pas le nombre des années : il est fin dès qu'il est venu. »
MARIVAUX

« La coquetterie sauve ordinairement les femmes des grandes passions, et le libertinage en garantit presque toujours les hommes. Il faut penser modestement de soi-même pour aimer sincèrement ; il faut être sage pour aimer longtemps. »
Cardinal DE BERNIS

« Il y a certains airs dans une femme qui vous annoncent ce que vous pourriez devenir avec elle ; vous y démêlez, quand elle vous regarde, s'il n'y a que de la coquetterie dans son fait, ou si elle aurait envie de lier connaissance. »
MONTESQUIEU

« Les femmes croient souvent aimer, encore qu'elles n'aiment pas :

l'occupation d'une intrigue, l'émotion d'esprit que donne la galanterie, la pente naturelle au plaisir d'être aimée, et la peine de refuser, leur persuadent qu'elles ont de la passion, lorsqu'elles n'ont que de la galanterie. »

LA ROCHEFOUCAULD

« Notre liaison avec les femmes est fondée sur le bonheur attaché au plaisir des sens, sur le charme d'aimer et d'être aimé, et encore sur le désir de leur plaire, parce que ce sont des juges très éclairés sur une partie des choses qui constituent le mérite personnel. Ce désir général de plaire produit la galanterie, qui n'est point l'amour, mais le délicat, mais le léger, mais le perpétuel mensonge de l'amour. »

MONTESQUIEU

« Les pays protestants manquent de deux éléments indispensables au bonheur d'un homme bien élevé, la galanterie et la dévotion. »

BAUDELAIRE

crime • forfait

Crime est le terme général ; le forfait est un grand crime ; à quoi il faut ajouter que forfait indique d'ordinaire un crime commis par quelque personnage d'une grande position, d'une grande puissance.

Il est donc des forfaits / Que le courroux des dieux ne pardonne jamais (Voltaire). Splendide, mais obsolète... L'homonyme commercial a pris la relève : « À Courchevel cette année, les forfaits (de ski) étaient plus chers que d'habitude. »

Aujourd'hui un **crime** n'est pas seulement une faute grave, mais le plus souvent un assassinat. La preuve par les titres : *le Crime de Sylvestre Bonnard* (roman d'Anatole France) est assurément d'avoir volé sa pupille, mais dans *Un crime* (de Bernanos) ou dans *le Double Crime de la rue Morgue* (d'Edgard Poe), la mort est au rendez-vous. Bref, une phrase comme celle-ci, de Racine : *Hélas ! si jeune encore, / Par quel crime ai-je pu mériter mon malheur ?* a bien peu de chance de rencontrer la plume d'un de nos écrivains...

La nuance entre **crime** et **forfait** semble difficile à honorer. Aucune raison, pourtant, d'imaginer que les mauvaises actions commises par les grands soient en voie de disparition. La scène politique nous offre régulièrement des exemples éloquents, malgré les silences et les *mi-dires.*

Pour la circonstance, réveillons une des grandes affaires de ces années 1990 : celle du *sang contaminé.* Les ministres en place à l'époque devaient-ils être inculpés ? « Responsable mais pas coupable », avait alors déclaré l'un d'entre eux. Autrement dit : responsable d'un **crime** (dans l'ancienne acception du mot), mais non coupable d'un *crime* (au sens actuel), et donc moins encore d'un **forfait**, qui devient dans notre droit, lorsqu'il s'agit d'un fonctionnaire, une *forfaiture.*

Et puis les inculpés (médecins du Centre national de transfusion sanguine) devaient-ils être « seulement » jugés en tribunal correctionnel (ce fut le cas) ou passer en cour d'assises (comme le réclamaient les avocats de la partie civile). La réponse fut donnée par Mme Bernard-Requin (substitut du procureur de la République) : *Il n'y a pas eu crime. Il faut s'en tenir aux qualifications légales.*

Résumé de Bruno Frappat dans *le Monde* (le 24 octobre 1992) : *Les frontières sont floues entre une erreur et une faute, entre une faute et un délit, entre un délit et un crime.* Le langage du droit se montre sans doute parfois insuffisant. Et la dissimulation passe aussi par l'oubli de mots essentiels, comme ici celui de **forfait**.

« Prenez la femme la plus sensée, la plus philosophe, la moins attachée à ses sens ; le crime le plus irrémissible que l'homme, dont au reste elle se soucie le moins, puisse commettre envers elle, est d'en pouvoir jouir et de n'en rien faire. » ROUSSEAU

« La première et la plus belle des qualités de la Nature est le mouvement qui l'agite en tout temps ; mais ce mouvement est simplement la conséquence perpétuelle des crimes, et il ne s'entretient que par le seul moyen des crimes. » SADE

« Certains prêtaient à Fouché le mot célèbre : "C'est pire qu'un crime, c'est une faute !" » L. MADELIN

« L'homme qui aime peut bien commettre des crimes, il est toujours blanc comme neige aux yeux de celle qui l'aime. » BALZAC

« Le monde est un crime parfait, sans mobile et sans auteur. » BAUDRILLARD

« Les forfaits n'inspirent d'horreur que dans les sociétés au repos : dans les révolutions, ils font partie de ces révolutions mêmes, desquelles ils sont le drame et le spectacle. » CHATEAUBRIAND

« Ce qui distingue les forfaits de la vie de ceux du théâtre, c'est que dans la vie on fait plus et on dit moins, et qu'au théâtre on parle beaucoup pour faire une toute petite chose. Eh bien, moi, je rétablirai l'équilibre, et je le rétablirai au détriment de la vie. » ARTAUD

d
D

LES MÉDECINS

décence • bienséance • convenance

La décence désigne ce qui est honorable ; la bienséance, ce qui sied bien ; la convenance, ce qui convient. Quand on pèche contre la décence, on commet une action qui mérite un blâme moral ; quand on pèche contre la bienséance ou la convenance, on commet une action qui mérite un blâme moins grave et qui ne porte pas sur la moralité. La distinction entre la bienséance et la convenance est plus subtile. Bienséance dit plus que convenance ; s'il est bienséant de faire une chose, cela implique qu'il est convenable de la faire ; mais s'il est convenable de faire une chose, cela n'implique pas qu'elle soit bienséante ; il y a dans bienséant le mot bien *qui n'est pas dans convenable. Les convenances n'exigent pas tout ce qu'exigent les bienséances. Une femme est habillée avec décence quand elle l'est sans immodestie ; avec bienséance, lorsqu'elle l'est comme l'exige la circonstance où elle doit figurer ; avec convenance, lorsqu'il n'y a rien qui choque dans son habillement.*

Les difficultés que nous avons pour nous y retrouver dans ce paysage montrent à quel point ces finesses ne sont plus d'actualité. Les règles du jeu social ont tellement changé que ces mots tendent à se confondre.

La **décence** renvoie à la pudeur du corps ou du langage. La **bienséance,** elle, concerne le « savoir-vivre », domaine pas si désuet que cela : les rééditions du manuel de Berthe Bernage, les livres de la baronne de Rothschild sont presque des succès de librairie !

La **convenance** serait un mot à défendre, en raison de sa bivalence ambiguë : il indique non seulement le caractère de ce qui est *convenable* (proche en cela de la **décence** ou de la **bienséance**), mais encore ce qui est *convenant,* c'est-à-dire adapté à la situation, *juste,* au sens musical du mot : être dans la bonne tonalité avec les autres...

« La décence des figures tempérait les provocations du costume. »

FLAUBERT

« Ces mots de pudeur, de modestie, et de décence, dont vous avez la bouche pleine, n'ont, en fait, aucun sens précis et stable. C'est la coutume et les sentiments qui seuls peuvent définir avec mesure et vérité. »

FRANCE

« La bienséance n'est que le masque du vice ; où la vertu règne, elle est inutile. » ROUSSEAU

« Braver toujours les bienséances est d'une âme abjecte ou corrompue ; en être esclave dans toutes les occasions est d'une âme petite. Le devoir et les bienséances ne sont pas toujours d'accord. » JOUBERT

« L'opinion française m'effrayait beaucoup, cette opinion qui pardonne tous les vices, mais qui est inexorable sur les convenances et qui sait gré de l'hypocrisie comme d'une politesse qu'on lui rend. » CONSTANT

« Comme il doit être fatigant et attristant, cet effort continu pour se conformer aux opinions, règles et convenances du monde impossible qui les entoure [les amants]. »

LARBAUD

décrépitude • caducité • vieillesse

La vieillesse n'indique que l'âge. De là vient qu'on dit un beau vieillard. Maynard a fait une très belle élégie, intitulée la Belle Vieille, *et Scribe a fait une comédie intitulée* la Grand'mère, *qui roulent sur l'amour de jeunes gens pour des vieilles. Caducité est un terme général qui n'indique que la décadence, l'abaissement des facultés ou de la beauté au moment où ils deviennent sensibles. La décrépitude en est le terme.*

Parmi les fonctions du langage, on oublie souvent celle de *paravent pudique :* les mots servent d'abord à dissimuler ce qu'on ne veut pas voir de trop près. On parle ainsi aujourd'hui de « troisième âge », et même de « quatrième âge »... Les anciens avaient moins froid aux yeux. Buffon : *La caducité commence à l'âge de soixante et dix ans ; elle va en augmentant, la décrépitude suit.*

Aujourd'hui, *caduc* (littéralement : ce qui tombe) s'emploie couramment dans les sciences naturelles : les feuilles caduques sont opposées aux feuillages *permanents* des conifères. Mais hors de cette discipline, l'adjectif n'a que le sens de *périmé, démodé.* Quant à *décrépit,* on ne le trouve guère que dans la littérature : *Un lion décrépit, goutteux, n'en pouvant plus. / Voulait que l'on trouvât remède à la vieillesse* (La Fontaine) ; *Ses cheveux blanchissaient sur son front décrépit* (Hugo). Et qui oserait encore écrire, comme Voltaire : *L'objet de la terre le plus hideux est une décrépite ?*

À noter que l'on confond souvent ce mot avec son homophone *décrépi,* pour caractériser une façade dégradée par les ans ou les intempéries. L'argot a beau nous dire que certains se font « ravaler la façade », il n'est guère plaisant de voir son corps assimilé à un vieux mur.

Il est vrai aussi que les mots ont changé dans la mesure où la réalité de l'âge et ses représentations se sont transformées : l'espérance de vie a largement augmenté depuis le siècle dernier, et parallèlement s'affirme de plus en plus présent le spectacle de la **caducité**. D'où l'ambiguïté de la formule de Littré : *La vieillesse n'indique que l'âge.* Car les chiffres ne disent pas tout : la **vieillesse** reste, quoi qu'il en soit, une réalité très désagréable : le temps des abdications, de l'affaiblissement, du déclin. On se souvient du mot de De Gaulle : *La vieillesse, ce naufrage...,* ou de celui de Michelet, qu'aimait citer Roland Barthes : *La vieillesse est un long martyre.*

Notre société, tout à la fois, rejette l'image de la **vieillesse** et fabrique médicalement des corps de plus en plus vieux. Les *centenaires* — petits mythes des journaux de province — pullulent. Le grand âge attire les records (aussi dérisoires que d'autres) : le tour de la vie en cent vingt ans... comme si l'extrême longévité présentait malgré tout un intérêt.

Amusons-nous avec les mots. Les « vieux beaux » (vieux, mais moins « moches » que les autres) attirent les moqueries envieuses — précisément parce qu'ils ne sont plus jeunes... Mais les « beaux vieux » (beaux, mais vieux tout de même) ne suscitent en fait que la compassion...

« La philosophie a des discours pour la naissance des hommes comme pour la décrépitude. » MONTAIGNE

« Mes sentiments pour vous ne se ressentent point de ma décrépitude. » VOLTAIRE

« C'est curieux... À partir d'un certain degré de décrépitude, on commence tous à se ressembler. » MAGNAN

« Pensons que comme nous soupirons présentement pour la florissante jeunesse qui n'est plus et ne reviendra point, la caducité suivra, qui nous fera regretter l'âge viril où nous sommes encore, et que nous n'estimons pas assez. » LA BRUYÈRE

« Le Français n'a point d'âge mûr, et passe de la jeunesse à la caducité. » DUCLOS

« L'excès de la vieillesse est affreux et humiliant. » Mme DE SÉVIGNÉ

« Adieu, mon cher frère ; je crois que nous passerons une assez jolie vieillesse, s'il peut y en avoir de jolie. » Mme DE MAINTENON

« La vieillesse n'est autre chose que la privation de folie, l'absence d'illusion et de passion. » STENDHAL

défaveur • disgrâce

Disgrâce dit plus que défaveur. La défaveur c'est simplement la perte de la faveur ; mais la disgrâce est quelque chose de plus ; elle implique non seulement la perte de la faveur, mais aussi la perte des grâces, des choses gracieuses qui étaient possédées, telles que fortune, emplois, position sociale. La défaveur où était Fénelon ne l'empêchait pas d'être archevêque de Cambrai ; la disgrâce où tomba Fouquet amena sa ruine et son emprisonnement.

La **disgrâce** est la perte de toute considération ; la **défaveur**, une simple déconsidération passagère. *Un écrivain est en* défaveur *(mais non pas en* disgrâce, *ce serait trop dire) quand ses écrits ne sont plus goûtés ou accueillis du public avec une disposition favorable ou bienveillante* (Lafaye).

Ces précisions indiquent justement comment la **défaveur** exprime un effet de mode : rien de plus précaire que la popularité. La recherche permanente et accélérée de la nouveauté qui gouverne le commerce (songeons à Mme Bovary qui s'endette pour acquérir des « nouveautés de Paris ») jette dans la **défaveur** ce que l'on prisait la veille encore (objets ou personnes). Et la **défaveur** s'étend d'autant plus facilement que notre capacité d'oubli est grande...

Dans le même temps, toutefois, si la **défaveur** domine, c'est en estompant — voire en effaçant — la force de la **disgrâce**. Dès l'instant où la **défaveur** n'est qu'un état passager, dans le mouvement cyclique et superficiel de la mode, rien ne peut faire vraiment événement : là où le *scandale* n'a plus lieu, disparaît aussi la **disgrâce**.

« Il me suffit, sous la faveur de la fortune, de me préparer à sa défaveur. » MONTAIGNE

« J'étais indépendant d'esprit et de parole, j'étais sans fortune et poète, triple titre à la défaveur. » VIGNY

« La vie est un torrent d'éternelles disgrâces. » CORNEILLE

« Tous les hommes sont dans la disgrâce de Dieu. » PASCAL

« Rien n'est si voisin de la faveur que la disgrâce. » Mme DE MAINTENON

« Un Persan, qui s'est attiré la disgrâce du prince, est sûr de mourir. » MONTESQUIEU

délicat • délié

Ces deux mots, comme on peut voir à l'étymologie, sont identiques ; mais quand l'usage refit délicat *sur* delicatus, *il n'en reconnut pas l'identité avec* délié, *et il établit des nuances. Au propre, délicat et délié indiquent ce qui est ténu, mais avec cette distinction que délicat implique une qualité, un art, un charme ; on dira que les fils de la toile d'araignée sont déliés si on a égard seulement à leur ténuité, et délicats, si on prend en considération l'art avec lequel ils sont formés. La nuance est la même au figuré : un esprit délié est un esprit propre aux affaires épineuses ; un esprit délicat est un esprit propre aux affaires de goût, d'art, de conscience.*

Quelque peu délaissé aujourd'hui, **délié** mériterait de retrouver une place avantageuse. Une pensée **déliée,** par exemple, n'est pas forcément **délicate.**

Parfois, **délicat** évoque un geste sensible et généreux (« Il a une attention délicate »). Mais dans bien des cas cet esprit de précaution verse dans le péjoratif : être **délicat,** c'est alors manifester une ténuité fragile (« Elle a une santé délicate »), ou une difficulté (une « entreprise délicate »), ou encore un tempérament susceptible.

Un esprit **délié,** en revanche, fait preuve de finesse (sans faiblesse), de légèreté (sans désinvolture), d'aisance (sans ostentation). Autrement dit : de *subtilité.* À n'en pas douter, un cerveau **délié** goûte le mouvement et possède le sens des nuances...

« Les esprits délicats sont tous des esprits nés sublimes, mais qui n'ont pas pu prendre l'essor, parce que ou des organes trop faibles, ou une santé trop variée, ou de trop molles habitudes ont retenu leurs élans. » JOUBERT

« Tant plus le chemin est long dans l'amour, tant plus un esprit délicat sent le plaisir. » PASCAL

« Les délicats sont malheureux ;
Rien ne saurait les satisfaire. »
LA FONTAINE

« Les Suisses n'étaient pas réputés les hommes les plus déliés. » VOLTAIRE

« Peintre incomplet, il n'eût su tout rendre, mais plume habile, déliée et pénétrante, il trouvait moyen d'atteindre et de fixer les impressions intérieures les plus fugitives et les plus contradictoires. » CONSTANT

déplaisir • déplaisance

Ces deux mots ne diffèrent que par la finale. Déplaisir est l'ancien infinitif du verbe **déplaire**, *et signifie proprement* **le déplaire** ; *déplaisance est le substantif de l'adjectif* **déplaisant**. *Déplaisir signifie donc le déplaire ; et déplaisance, la qualité de ce qui est déplaisant.*

Dans la langue classique, **déplaisir** avait un sens fort : tristesse, ou même désespoir (déréliction) : *Le déplaisir de sa mort était si violent...* (d'Urfé). Il ne signifie plus que *contrariété, désagrément, légère douleur* — et s'est donc substitué à **déplaisance** (caractère de ce qui est déplaisant).

Regrettons une fois encore la disparition de nombreux mots formés, simplement et utilement, avec le préfixe *dé- : décharmer, désamour, désheurer.* D'autant plus, ici, qu'existe encore le mot *plaisance* (réduit il est vrai à des usages figés : la « navigation de plaisance »).

Nous aimerions conserver au mot *plaisir* un sens vigoureux (la joie sensuelle) — et, parallèlement, distinguer nettement le **déplaisir** (vive amertume, blessure, douleur) de la **déplaisance** : simple gêne, agacement passager.

« Vous croyez donc que les déplaisirs et les plus mortelles douleurs ne se cachent pas sous la pourpre ? » BOSSUET

« Et je doute comment vous portez cette mort,
Sire, avec déplaisir mais avec patience. » CORNEILLE

« Mais toujours quelque espoir flattait mes déplaisirs. » RACINE

« Je prends grande déplaisance à être avec mon mari. » FROISSART

« La pauvre dame avait vécu en grande déplaisance. » AMYOT

désapprouver • improuver • réprouver

Désapprouver, c'est ne pas approuver. Improuver, c'est être contre l'approbation ; il exprime donc quelque chose de plus que la désapprobation. Réprouver enchérit sur improuver, et exprime une condamnation profonde, absolue. On désapprouve ce qui ne paraît pas bien ; on improuve ce qui paraît mauvais ; on réprouve ce qui paraît odieux, criminel, détestable.

Cette série nous plaît, comme toutes celles qui offrent une gradation. Et puis elle fait place à un mot aujourd'hui caduc : **improuver.** La gradation de sens est précieuse, puisqu'elle met en jeu des degrés de jugement et donc des possibilités pour la nuance. Ainsi il est fâcheux qu'**improuver** ait fait place à **désapprouver,** car il marquait un rejet plus fort que la *désapprobation* et plus faible que la *réprobation...*

Plus gravement, il manque à ce type de liste un mot pour désigner la réserve, l'abstention ; soit un terme neutre qui renvoie dos à dos la critique et l'assentiment. Dans notre paysage politique et intellectuel, où tout doit être marqué fortement, il faudrait nécessairement *adhérer,* prendre position, trancher, juger à tout bout de champ. La suspension du choix (qui n'est pas l'indifférence) — à l'instar du bulletin blanc lors des votes — se trouve toujours frappée de *nullité...*

« Nous désapprouvons dans un temps ce que nous approuvions dans un autre. » LA ROCHEFOUCAULD

« L'on se donne à Paris, sans se parler, comme un rendez-vous public, mais fort exact, tous les soirs au Cours et aux Tuileries, pour se regarder au visage et se désapprouver les uns les autres. » LA BRUYÈRE

« Charles II, ce grand roi qui remplit de tant de vertus le trône de ses ancêtres, n'improuvera pas notre zèle, si nous souhaitons devant Dieu que lui et tous ses peuples soient comme nous [catholiques]. » BOSSUET

« On aurait eu peur de paraître improuver mes persécuteurs en ne les imitant pas. » ROUSSEAU

« Le comique, qui était encore à la mode dans nos premiers opéras, est réprouvé aujourd'hui. » VOLTAIRE

« À l'époque de Louis XIV, l'ambition de s'agrandir par la conquête n'était pas réprouvée par la morale publique. » FUSTEL DE COULANGES

désastre • calamité • catastrophe

L'étymologie indique ici, comme cela arrive souvent, la nuance fondamentale : la calamité est, d'origine, un fléau qui ravage les moissons, de là un fléau naturel. Le désastre est l'influence d'un astre qui cesse d'être favorable, c'est un revers, un malheur infligé par la fortune. La catastrophe est un renversement sens dessus dessous. Une peste, une inondation est une calamité. L'incendie d'une ville, considéré en soi, est un désastre, non une calamité ; mais il devient une calamité pour tous ceux qui y ont perdu toutes leurs ressources. La catastrophe est un désastre qui produit dans un ordre de choses, dans l'existence d'un individu, etc., un bouleversement complet ou une fin violente : la catastrophe de Fouquet sous Louis XIV. Il est encore une différence que l'on peut indiquer, c'est que la catastrophe ne se prend pas en général comme les deux autres mots, mais demande à s'appliquer à un objet : l'invasion des barbares fut une catastrophe pour l'empire romain ; on ne peut pas dire qu'elle fut une catastrophe en général. On dirait plutôt dans ce sens qu'elle fut une calamité ou un désastre. Il faut ajouter que la catastrophe est toujours instantanée ou à peu près, et qu'enfin elle peut être heureuse ou malheureuse, quoiqu'elle s'entende presque toujours dans ce dernier sens.

De nos jours, ces trois mots sont employés assez différemment.

Le sens de **calamité** — grand malheur public — s'est décoloré : « C'est une calamité », dit-on à propos d'un individu très maladroit. Et l'on parlera autrement de *cataclysme* (au sens propre : le déluge).

Catastrophe a connu un glissement plus important. *La catastrophe de ma pièce est peut-être un peu trop sanglante,* écrivait Racine dans sa préface à *la Thébaïde.* Il évoquait son dénouement. Et l'on ne parlerait plus aujourd'hui de catastrophe *heureuse.* Même processus avec *accident* (toujours négatif désormais), contrairement à *chance* (toujours positif).

Cette bivalence perdue, il nous faut à chaque fois remplacer tous ces mots par celui, neutre, d'*événement.* Il serait pourtant légitime de conserver au moins l'ambivalence du mot **catastrophe** : un bouleversement subit peut, dans sa brutalité passagère, augurer de transformations heureuses.

Attirant, **désastre** se trouve composé à partir du mot *astre.* Est *disastrato* celui qui est « né sous une mauvaise étoile ». Le français classique se souvenait de cette origine, parlant d'un individu bien ou mal *astré* (ce que l'on entend encore avec la bonne ou mauvaise « étoile »). Seuls les écrivains entretiennent cette mémoire (Mallarmé : *Calme bloc ici-bas chu d'un désastre obscur...*).

À notre époque où la vogue de l'astrologie est si grande, ne serait-il pas légitime de remettre au goût du jour non seulement ce sens de **désastre,** mais aussi le mot *astré ?*

« D'où vient que les mêmes hommes qui ont un flegme tout prêt pour recevoir indifféremment les plus grands désastres, ont une bile intarissable pour les plus petits inconvénients ? » LA BRUYÈRE

« Calme bloc ici-bas chu d'un désastre obscur.... » MALLARMÉ

« Oui, nous sommes liés au désastre, mais quand l'échec revient, il faut entendre que l'échec est justement ce retour. » BLANCHOT

« Il est des hommes, à la fois hypocrites et féroces, qui ne se montrent que dans les calamités publiques, comme il est des insectes malfaisants que la terre ne produit que dans les orages. » VERGNIAUD

« Les plus grands poètes sont venus après de grandes calamités publiques. » HUGO

« L'univers est une catastrophe tranquille. » SAINT-POL ROUX

« Je n'ai jamais considéré comme une catastrophe de sombrer avec mon temps. » MORAND

destin • destinée • sort

Le destin est ce qui destine, c'est-à-dire l'enchaînement nécessaire des choses. La destinée est ce qui est destiné, c'est-à-dire ce qui résulte de cet enchaînement nécessaire. Le destin conduisit Alexandre à Babylone où une fièvre devait finir sa destinée de victorieux et de conquérant. Mais ces deux mots sont si voisins, que, pour peu qu'on en abuse conformément à cet abus qui est permis en toutes les langues, ils retombent l'un dans l'autre. Sort répond soit à destin, soit à destinée, avec cette nuance qu'au lieu de considérer la nécessité qui enchaîne les choses, on considère ce qu'elles ont de fortuit.

La variété des accidents (« événements », dans la langue classique) qui troublent nos vies suscite le désir irrésistible de faire apparaître au travers de certains mots diverses attitudes philosophiques à l'égard de l'existence.

Voit-on la vie comme réglée par un déterminisme sourcilleux (la *stricte nécessité,* qui ne réclame pas — si l'on suit Spinoza — que tout soit déjà joué et *écrit dans le grand rouleau,* selon le mot de Jacques le Fataliste) ? Alors on choisira le mot **destin** ou **destinée** (qui désigne, strictement, l'accomplissement particulier du **destin** pour un individu). Ainsi chez Corneille : *Des arrêts du destin l'ordre est invariable.*

Refuse-t-on au contraire le jeu de la causalité multiple ? Eh bien, il faut s'en remettre au mot **sort**... Le tirage au sort, pratique toujours inquiétante, cède toute la place au *hasard,* notion bien intéressante.

D'abord le mot lui-même (né de l'arabe *al-zahr,* les dés) renvoie dès le départ au jeu, et à sa théorie, donc aux mathématiques (autre spécialité des Arabes au temps de leur splendeur).

Le titre d'un livre célèbre voilà quelques années, *le Hasard et la nécessité,* laisserait d'emblée imaginer une opposition irréductible. Au vrai, notre sentiment du hasard est souvent bien confus. Le hasard, ce serait le domaine du « n'importe quoi »... et donc du « tout est possible », qui fait rêver, puisqu'on se dit bien vite : « Et pourquoi pas moi ? » D'où la fortune du Loto et autres jeux du même acabit.

Il reste que le vaste succès des jeux de hasard se fonde précisément aujourd'hui sur la réconciliation de ces deux notions : le **destin** et le *hasard.* C'est ainsi qu'un journal populaire présente des « chiffres porte-bonheur » pour jouer au tiercé et au Loto, à partir des signes astrologiques... Double pouvoir significatif de la superstition : non seulement le Loto ne relèverait pas du hasard et le tiercé de données sportives, mais plus encore les chiffres de la chance seraient simplement liés (par de mystérieuses correspondances !) au ciel astral de chacun...

Laissons là ces balivernes. Croire finalement au hasard (ou au libre arbitre), c'est imaginer une marge de souplesse et de liberté là où il n'y a qu'un déterminisme impensable (imprévisible).

« Je me livre en aveugle au destin qui m'entraîne. » RACINE

« On ne découvre une saveur aux jours que lorsqu'on se dérobe à l'obligation d'avoir un destin. » CIORAN

« On rencontre sa destinée
Souvent par des chemins qu'on prend pour l'éviter. » LA FONTAINE

« L'essentiel, pour être le moins mal possible, est de se soumettre à sa destinée. » D'ALEMBERT

« À la guerre on n'invente pas sa vie ; il faut crever les yeux à sa destinée. » BOUSQUET

« Je ne crois point que la nature
Se soit lié les mains et nous les lie encor
Jusqu'au point de marquer dans les cieux notre sort. » LA FONTAINE

« On consulte aussi l'oracle par le moyen des sorts ; ce sont des bulletins ou des dés qu'on tire au hasard de l'urne qui les contient. » BARTHÉLEMY

« Je le répète souvent avec le vieux proverbe : celui qui aime et qui est aimé est à l'abri des coups du sort ! » MUSSET

destructeur • destructif

Destructeur se dit de ce qui détruit ; destructif, de ce qui a la puissance de détruire. Dans la rigueur des termes, destructeur indique l'acte ; et destructif, la disposition. L'acide fluorique est un des corps les plus destructifs ; et il l'est toujours, même quand il n'est pas destructeur, comme dans un vase de plomb. Destructeur se dit également des personnes et des choses ; destructif ne se dit que des choses.

Pourquoi donc s'interdire d'employer le second terme à propos de personnes ? N'y a-t-il pas, autour de nous, nombre d'individus dont on devine le pouvoir de nuire ? Potentiellement dangereux, même s'ils n'ont pas jusqu'à présent commis de forfaits.

À vrai dire — et sans être jésuite ! — il est souvent difficile de faire le départ entre la possibilité de nuire et l'intention délibérément néfaste. (Voilà bien tout le problème délicat de la préméditation, en justice.) Les circonstances, à n'en pas douter, comptent pour beaucoup...

Il y a donc nombre d'individus **destructifs.** Et cela d'autant mieux que la *destruction* s'opère souvent silencieusement, sans même que l'on puisse en percevoir directement les effets...

« La religion mahométane, qui ne parle que de glaive, agit encore sur les hommes avec cet esprit destructeur qui l'a fondée. » MONTESQUIEU

« Le Hollandais est, par état, un citoyen du monde ; le Suisse est, par état, un destructeur de l'Europe. » RAYNAL

« Ils avaient fait en chaire le panégyrique des destructeurs nommés conquérants. » VOLTAIRE

« Malgré de tels vices, et dont la plupart étaient si destructifs de la société, Mme de Nangis était la fleur des pois à la cour et à la ville. » SAINT-SIMON

« Il confondit la répression des actes séditieux avec les lois destructives de la liberté, lois toujours funestes et injustes. » RENAN

désusité • inusité

Inusité signifie qui n'est pas en usage ; un mot est inusité, quand personne ne s'en sert. Désusité signifie qui n'est plus en usage ; un mot désusité est un mot qui, étant jadis employé, ne l'est plus actuellement.

Bel exemple de différence ténue et néanmoins réelle et précieuse. Est **inusité** ce qui n'a pas cours pour une raison ou pour une autre, mais n'en existe pas moins. **Désusité** signifie hors d'usage, caduc. Ainsi l'écu est encore largement **inusité** en Europe, alors que le louis est absolument **désusité**.

Des termes de cette espèce nous importent, car ils permettent d'affiner la notion d'*obsolète* dans la langue, au sens où nous l'avons ailleurs définie comme le domaine des « mots perdus ».

L'obsolète désigne en effet le champ couvert par ces deux mots : **inusités** sont les vocables existant encore mais en train de disparaître (mots « perdus », au sens où l'on dit d'un malade qu'il est perdu, c'est-à-dire moribond) ; et **désusités**, ceux qui sont hors circuit et que les dictionnaires actuels ne prennent plus en compte. Leur seule chance de survie se trouve alors dans la littérature, lorsqu'un texte ancien (qui les met en scène) se trouve désiré et donc fréquenté par un lecteur contemporain.

Ironie du sort : le mot **désusité** lui-même n'est plus du tout employé de nos jours, comme si son sens avait ajouté à son infortune.

« Son confesseur l'avait assujetti à ces pratiques peu convenables et aujourd'hui désusitées. » VOLTAIRE

« Le lynchage est inusité en France. » LAROUSSE

« Les grammairiens accepteront malaisément *il faudrait que nous parlions ;* leur goût est de dire *il faudrait que nous parlsions.* Cette forme, pour régulière, devient inusitée et n'est plus, en presque tous les cas, qu'une affirmation de pédantisme. On ne peut le nier : l'imparfait du subjonctif est en train de mourir. » GOURMONT

« Il n'y avait pas jusqu'aux domestiques qui ne montrassent un zèle inusité à me servir. » BOYLESVE

détromper • désabuser

On est détrompé quand on n'est plus trompé ; on est désabusé quand on n'est plus abusé. Or abuser, c'est, étymologiquement, user mal de quelqu'un, faire un mauvais usage de ses défauts pour l'induire en erreur. Là est l'indication de la nuance entre détromper et désabuser. « Les charlatans, dit Laveaux, abusent la populace par de faux raisonnements, par des faits controuvés et absurdes, et, quand ils l'ont abusée, ils la trompent en lui vendant de mauvaises drogues pour des remèdes efficaces ; on est détrompé quand on voit que les drogues n'opèrent point ; mais on n'est pas désabusé, si l'on a pas perdu toute confiance dans les discours du trompeur.

Détromper est moins fort que **désabuser** : on est *détrompé* d'une erreur, *désabusé* d'une vaine croyance — tant il est vrai que connaître la vérité n'empêche pas de tenir à ses illusions.

En fait cette distinction précieuse risque d'être mal perçue, le sens de **désabuser** s'étant largement déplacé. « Il est tout à fait désabusé » dit non seulement que l'individu ne s'en laisse plus accroire, mais encore qu'il est blasé, dégoûté, jusqu'à la tristesse. Une même coloration de sens intervient quand nous disons de quelqu'un qu'il a « perdu ses illusions ».

Ainsi la langue donne à entendre que l'homme, privé de ses mirages, n'est plus rien et n'a plus le goût de vivre. Reconnaître la fausseté de nos jugements conduirait nécessairement au désenchantement.

En somme, le désir est étroitement lié à l'imaginaire : il vaut mieux croire pour vivre heureux, quitte à se savoir grisé par les chimères de l'illusion. Ce qui, malgré tout, en attristera plus d'un...

« On est quelquefois moins malheureux d'être trompé de ce qu'on aime que d'en être détrompé. »
La Rochefoucauld

« Rien n'aide tant à se détromper du monde que le monde lui-même. »
Massillon

« Avant d'instruire, il faut détromper. »
Montesquieu

« La mort donne les plus grandes leçons pour désabuser de tout ce que le monde croit merveilleux. »
Fénelon

« Il faut que le monde vous désabuse du monde ; ses appas ont assez d'illusions, ses faveurs assez d'inconstance, ses rebuts assez d'amertume. »
Bossuet

« Il conçoit des objets qui l'abusent,
Et ne peut se résoudre à se désabuser. »
Brébeuf

dextérité • adresse • habileté

Étymologiquement, la dextérité est ce qui se fait avec la dextre, la main droite, et, par conséquent, mieux qu'avec la main gauche. L'adresse est ce qui se fait en allant, comme on disait dans l'ancien français, à droit, *c'est-à-dire juste au but. Par là on voit que adresse est plus général que dextérité ; la dextérité étant proprement l'adresse de main, et l'adresse étant l'adresse pour toute chose.*

La **dextérité** définirait une habileté technique, quand le corps (et les mains en particulier) se trouve rompu à un exercice plus ou moins mécanique : le jongleur ou le prestidigitateur en sont une bonne illustration. Elle procède simplement d'une formation qui vient s'ajouter à une disposition naturelle.

Adresse dit plus, en signalant une finesse psychique. Elle suppose un talent d'anticipation, une capacité d'invention et d'adaptation. *L'idée propre de l'*adresse, *c'est de n'employer que la quantité de force et de mouvement nécessaire* (Lafaye).

En outre, dans la langue classique, *habile* dit plus qu'*adroit.* La Bruyère : *L'habile homme est celui qui cache ses passions, qui entend ses intérêts, qui y sacrifie beaucoup de choses, qui a su acquérir du bien ou en conserver.* Pourtant, les capacités multiples et fines que réclame l'**habileté** ne vont pas toujours dans le bon sens, et le mot s'accompagne d'une ombre dépréciative qu'il possède encore. Déjà, chez Voltaire : *Habile courtisan emporte un peu plus de blâme que de louanges ; il veut dire trop souvent habile flatteur.*

Si l'**adresse** ne suscite que des compliments, l'**habileté** impressionne davantage, mais appelle la défiance. Et, par une sorte de retour déplacé, **habileté,** utilisé dans le domaine artistique ou intellectuel, devient foncièrement péjoratif, retrouvant quelque peu le sens restreint de **dextérité** : celle d'un rhéteur plus que d'un penseur, d'un faiseur plus que d'un artiste. *Un intellectuel habile est un prestidigitateur de la pensée* (Romain Rolland). Chacun disposera ici les exemples de son choix...

« L'homme a des mains dont la dextérité surpasse tout ce que la nature a donné aux bêtes. »
FÉNELON

« Je sais les tours rusés et les subtiles trames
Dont, pour nous en planter, savent user les femmes,
Et comme on est trompé par leurs dextérités. »
MOLIÈRE

« Adresse, force et ruse, et tromperie,
Tout est permis en matière d'amour. »
LA FONTAINE

« Sa grande adresse est de paraître me ménager en me diffamant et de donner encore à sa perfidie l'air de la générosité. »
ROUSSEAU

« C'est une grande habileté de savoir cacher son habileté. »

LA ROCHEFOUCAULD

« L'habileté est à la ruse ce que la dextérité est à la filouterie. »

CHAMFORT

diététique • hygiène

Tant que l'hygiène s'est bornée à s'occuper de la santé des individus, elle a été strictement synonyme de diététique, s'occupant, comme celle-ci, de régler le régime général qui convient à une personne ou à un animal. Mais depuis que l'hygiène s'applique aux règles de la salubrité dans les villes, dans les campagnes, dans les prisons, dans les hôpitaux, dans l'exercice des métiers et des industries, etc., elle a pris un sens qui dépasse beaucoup celui de la diététique ; celle-ci se restreignant à signifier l'hygiène des individus.

Hygiène fait certes penser, dans une préoccupation essentiellement sanitaire, à un recul des maladies, mais aussi à un souci plus large d'ordre moral (au nom d'une certaine idée du Bien). Sens déjà présent à l'époque classique, par exemple chez Rousseau : *La seule partie utile de la médecine est l'hygiène ; encore l'hygiène est-elle moins une science qu'une vertu.* On retrouve là l'un des grands axes du travail de Michel Foucault, dans son analyse de la mise en place — précisément au XIXe siècle — d'un ordre social qui est aussi un ordre moral (Littré n'évoque pas au hasard les campagnes, les prisons, les hôpitaux). Enfin, **hygiène** renvoie à l'image d'un monde propre et aseptisé — triste et vide comme l'est l'image même de la blancheur.

Depuis Littré, **diététique** a vu se restreindre son sens (il ne s'agit plus de l'**hygiène** des individus), en même temps que le domaine désormais couvert par ce mot (la science de l'alimentation) connaissait une vogue grandissante, à travers les régimes. Cependant il ne s'agit plus seulement d'un problème de santé, mais d'image du corps (jeunesse, vitalité à tout prix). La **diététique** se trouve ainsi au cœur d'une collusion retorse entre la médecine, la morale et le commerce — et cela, qui plus est, sous l'alibi du plaisir... (Ah ! l'idéologie « la Vie claire » !)

Tout différemment, nous aimerions revaloriser le mot **diététique** à partir de son origine grecque (la *diaita,* c'est le régime de vie) et de l'usage qu'en ont fait par exemple Gabriel Matzneff (avec sa *Diététique de lord Byron*) ou Roland Barthes (dans ses cours sur le Neutre et le Vivre ensemble).

La *diaita* désigne le régime de vie : non seulement l'alimentation (« Dis-moi comment tu manges, je te dirai qui tu es »), mais aussi les horaires, les habitudes, les règles que l'on se fixe pour conduire sa vie quotidienne. La **diététique** renverrait alors — hors de toute exigence médicale, moralisatrice ou commerciale — à tout ce que l'individu organise pour être au mieux avec lui-même et avec les autres. Ce serait là un autre nom, plus concret et moins sérieux, pour parler de l'éthique.

« La contemplation des choses non naturelles appartient à la seconde partie de la médecine qui se nomme hygiène, ou diététique, à cause qu'elle tâche à garder la santé par l'usage raisonnable de telles choses. » PARÉ

« Il n'avait que le souffle et il atteignit la vieillesse par des prodiges de souffle et de sobre hygiène. » RENAN

« Quoique l'hygiène moderne ait beaucoup allongé la durée moyenne de la vie, elle est loin d'avoir supprimé les maladies. Elle s'est contenté de changer leur nature. » A. CARREL

« On ne saurait trop insister sur l'hygiène sévère à la fois préventive et curative qui s'impose à la puberté. » BINET

différence • diversité • disparité • variété

Étymologiquement, la différence est ce qui est écarté, séparé ; la diversité est ce qui est tourné de plusieurs côtés. De là résulte que la différence est relative à des objets que l'on compare, tandis que la diversité peut être relative à un seul et même objet. Deux hommes offrent des différences ; un même homme offre de la diversité. L'homme est divers, dit Montaigne ; si on avait voulu exprimer la même idée avec différent, il aurait fallu y donner un complément et dire : différent de lui-même.

La disparité se dit d'objets qui ne sont pas pareils, qui n'offrent point de parité. Ce mot est donc plus fort que différence, qui se borne à indiquer qu'il y a des points où ces objets diffèrent.

La différence de ces deux propositions est légère. La disparité de ces deux propositions est complète.

La variété est ce qui varie, ce qui présente un ensemble de formes non semblables. La variété des visages humains se caractérise par certaines différences.

Voilà des observations utiles pour mesurer l'intelligence de ce qui se raconte çà et là, concernant par exemple le « respect des différences ».

L'étymologie semble réserver à celui qui n'a pas le même aspect que les autres un sort implacable : la mise à l'écart. Être libéral ou non ne change rien sur le fond. Le libéral est simplement celui qui se trouve moins perturbé que les autres ; car on s'attaque toujours à ce qui gêne vraiment et que l'on perçoit sous les signes de l'agression.

La **différence** ne joue, dit-on, qu'en raison du nombre (au moins deux) et d'une comparaison. Mais ne désire-t-on pas l'autre parce qu'il est différent ? D'ailleurs, si la **différence**, traditionnellement, était facteur d'exclusion, elle semblerait au contraire aujourd'hui constituer un signe de ralliement (selon les slogans connus du « droit à la différence »).

Terme complexe, la **variété** permet d'approfondir cette notion de **différence**. La **variété** caractérise un ensemble d'éléments en eux-mêmes dissemblables (comme on parle de diverses variétés de pommes) — mais, dans son ancienne acception, le mot désigne la *variation,* le *changement,* chez le même sujet par exemple : *Cette duplicité de l'homme est si visible, qu'il y en a qui ont pensé que nous avions deux âmes, un sujet simple leur paraissant incapable de telles et si soudaines variétés* (Pascal). Question majeure : notre âme est-elle « variée » parce que changeante, ou du fait qu'elle serait au même instant constituée d'affects hétérogènes ?

La **diversité** renvoie pour l'essentiel à la pluralité dissemblable (à l'origine, *diversus* signifie « opposé »). « Aimer la diversité », c'est précisément avoir le goût des choses qui diffèrent (jusqu'à s'opposer). Nous avons oublié, ce qui est dommage, l'usage du mot *divers* tels que l'employait Montaigne : *C'est un sujet merveilleusement vain, divers et ondoyant que l'homme.* Car le pluriel est au cœur de tout individu, et chacun, tel Janus, a au moins deux visages.

Enfin, la **disparité** serait l'envers triste de la **diversité** : lorsque les **différences** ne trouvent pas à s'accorder — jusqu'à ne plus pouvoir se rejoindre que dans le conflit.

« Il se trouve autant de différence de nous à nous-mêmes, que de nous à autrui. » MONTAIGNE

« Dans le monde, c'est cette différence d'homme à homme, cette nuance, ce rien qu'on appelle *génie, imagination, esprit* et *talent,* qui est compté pour beaucoup ; car je ne parle pas ici des différences extérieures, telles que la force et la beauté ; ni des différences sociales, telles que la richesse, la naissance et les dignités, différences qui jouent d'ailleurs un si grand rôle. » RIVAROL

« Le singe avait raison : ce n'est pas sur l'habit
Que la diversité me plaît ; c'est dans l'esprit. » LA FONTAINE

« C'est un grand agrément que la diversité. » LA MOTTE-HOUDAR

« Un contraste est agréable, une disparate est toujours choquante ; en général, on peut appeler disparate une opposition trop forte et trop tranchante ; et contraste, une opposition délicate qui ne produit qu'une surprise modérée, et un sentiment plus doux et plus profond que violent. » Mme DE GENLIS

« Cette inconstante et bizarre variété de mœurs et de croyances dans les divers temps... » PASCAL

« Il faut de la variété dans l'esprit ; ceux qui n'ont qu'une sorte d'esprit ne peuvent pas plaire longtemps. » LA ROCHEFOUCAULD

« Elles n'étudient pas assez l'art de soutenir notre goût, de se renouveler à l'amour, de ranimer, pour ainsi dire, le charme de leur possession par celui de la variété. » BEAUMARCHAIS

différend • démêlé

Avoir un différend avec quelqu'un, c'est contester avec lui sur quelque chose ; avoir un démêlé avec quelqu'un, c'est avoir quelque chose à débrouiller avec lui. Le différend porte donc sur un point déterminé ; le démêlé, sur quelque chose de compliqué.

Les relations avec nos proches ne vont pas sans **démêlés** : mot expressif et plaisant qui montre bien à quel point le commerce avec les autres est difficultueux, embrouillé, et pour tout dire, fatigant...

En termes familiers, le **démêlé** s'appelle une « embrouille » : terme juste pour faire valoir également notre manque de lucidité dans ces échanges et le sentiment permanent d'être ligoté. Pourtant le **démêlé**, s'il suppose l'embarras et la complication, n'interdit pas de s'en sortir. Car le **démêlé** suppose aussi que l'objet du désaccord est finalement simple, que l'on peut précisément trouver le fil.

Par ailleurs, il serait souhaitable de redonner un sens fort au mot **différend**, qui n'est plus qu'un synonyme de *désaccord, litige.* Plus gravement que le **démêlé**, le **différend** implique des sujets éloignés l'un de l'autre ; les protagonistes n'adoptent pas les mêmes règles du jeu, les mêmes présupposés, voire le même langage. En d'autres termes, le conflit ne porte plus seulement sur un objet déterminé, mais sur la manière même de le dire. Cercle vicieux du **différend** : aucune solution ne peut se dessiner dès lors qu'on n'utilise pas des mots identiques (le droit existe précisément pour permettre, et imposer, un terrain langagier commun).

Bien des désaccords qui se présentent seulement comme des **démêlés** sont en fait, plus sérieusement, des **différends.**

« Et quand je crois jouir d'un repos apparent,
La querelle d'autrui devient mon différend. » ROTROU

« L'Université eut un grand démêlé avec quelques docteurs à l'occasion de la lettre Q qu'elle voulait qu'on prononçât comme un K. Il fallut que le parlement terminât le différend. » VOLTAIRE

« Après le démêlé d'un amoureux caprice,
Ils goûtent le plaisir de s'être rajustés. » MOLIÈRE

« Elle a gardé une méfiance maladive de la justice, avec qui elle a eu, autrefois, des démêlés. » MAURIAC

diffus • prolixe

Défauts du style contraires à la brièveté. Le diffus abonde en accessoires superflus, en idées hors d'œuvre. Le prolixe abonde en paroles qui délayent la pensée et l'expression.

Le **diffus** s'égare, et nous égare ; ses lumières partent dans toutes les directions : il use de précautions, de parenthèses, de digressions. En somme, le **diffus** n'est jamais là où on l'attend.

Le **prolixe**, de son côté, donne dans l'abondance : il submerge et noie peu à peu son propos. Précisons encore, avec Lafaye : *Un écrit de quelques pages sera néanmoins* diffus, *mais non pas* prolixe, *si, quoique bref, il contient des choses étrangères à ce dont il s'agit.*

Le **diffus** ne parvient pas à choisir sa voie, à hiérarchiser. Certes les détails, les suppléments imprévus ou les excursions ne vont pas sans agréments. Le **prolixe**, lui, ne sait pas s'arrêter ; désir de garder la main, dans la crainte du silence, du vide : les bavards sont des anxieux.

Sans doute ces mots ne sont-ils jamais des compliments, venant d'un bord où l'on répute le langage pour un instrument permettant d'aller à l'essentiel. Il convient donc d'accaparer le moins de mots possible et d'éviter détails accessoires et longueurs inutiles. La concision est le cheval de bataille de tous les « arts d'écrire », par exemple sous la plume d'Antoine Albalat : *Il faut s'interdire les digressions et les parenthèses. Par digressions, j'entends les sentiers de côté, les déviations que peut prendre une idée principale, en passant brusquement d'un objet à un autre...*

Nous aimons croire cependant que l'usage de la langue réclame qu'on parcoure ces chemins de traverse, ces voies paradoxales qui permettent de dire la singularité. Voilà précisément le rôle de la littérature (la force de l'indirect), contre la langue violente de « l'universel reportage »...

« Quelque soin qu'on apporte à être serré et concis et quelque réputation qu'on ait d'être tel, certains esprits vous trouvent diffus. »

LA BRUYÈRE

« Si on laisse les idées se succéder lentement, et ne se joindre qu'à la faveur des mots, quelque élégants qu'ils soient, le style sera diffus, lâche et traînant. »

BUFFON

« Le prolixe ne fait que se traîner pesamment et fatigue notre pensée en l'assujettissant à une pénible lenteur. »

MARMONTEL

« Cicéron critiquait un orateur prolixe qui, ayant à dire que son client s'était embarqué, s'exprimait ainsi : "Il se lève, — il s'habille, — il ouvre sa porte, — il met le pied hors du seuil, — il suit à droite la voie Flaminia, — pour gagner la place des Thermes", etc. »

NERVAL

discord • désaccord • discorde

Le discord est le contraire de l'accord ; la discorde est le contraire de la concorde. Discorde dit donc plus et autre chose que discord ; car être en accord ne veut pas dire être en concorde.

Le désaccord est la perte, la cessation de l'accord. Le discord n'implique pas que l'accord ait régné antécédemment. D'ailleurs discord est un mot du style poétique, et désaccord est de tous les styles.

L'*accord* est au **discord** ce que la *concorde* est à la **discorde.** En somme, la disparition du mot **discord** ruine une homologie subtile.

Le **désaccord** (la dissension) conduit éventuellement à la **discorde,** que Lafaye décrit comme *une diversité de passion, une opposition ardente, pleine d'animosité, qui met les armes à la main, qui fait qu'on ne respire que guerre et destruction.* (**Discorde** semble d'ailleurs avoir perdu ce sens fort.)

Au rebours, **discord** signale une mésentente légère en deçà du **désaccord** : sens perceptible dans le mot *discordance* (comme aussi un piano est *discord,* c'est-à-dire désaccordé). Le **discord** est une simple fausse note dans le cours d'une relation, ne prêtant pas vraiment à conséquence.

« Étouffons nos discords dans nos embrassements. » ROTROU

« Nos discords n'étaient jamais envenimés et la colère elle-même, entre nous deux, gardait quelque chose de véniel et de tendre. » DUHAMEL

« Le désaccord est dans ce ménage. » LITTRÉ

« J'arrange volontiers ma vie comme un roman, les moindres désaccords me choquent. » NERVAL

« Être en désaccord avec son temps — c'est là ce qui donne à l'artiste sa raison d'être. » GIDE

« La discorde a toujours régné dans l'univers ;
Notre monde en fournit mille exemples divers. » LA FONTAINE

« Quand la discorde règne dans les familles, rien n'y peut demeurer secret. » ROLLIN

discréditer • décréditer

Des grammairiens, voulant séparer ces deux mots, ont dit : on discrédite les choses, on décrédite les personnes ; la marchandise discréditée perd de sa valeur ; l'homme décrédité perd de sa considération. Mais discrédit s'appliquant à la fois aux personnes et aux choses, ne permet pas cette distinction. Il faut dire : discréditer s'applique à la fois aux personnes et aux choses ; décréditer ne s'applique qu'aux personnes.

Tentons d'éloigner les deux mots et d'adoucir **décréditer.** (Les préfixes n'interdisent pas l'opération : *dé-,* marquant l'absence et l'éloignement, *dis-,* la séparation brutale, la rupture.)

Si « jeter le discrédit sur quelqu'un » revient à l'attaquer, jusqu'à vouloir lui nuire dans son honneur ou sa réputation, le **décréditer** serait simplement lui retirer notre crédit : la confiance et l'affection. Une désaffection tendre, en somme, sans heurts et sans conflits, affichant une fois encore l'exigence du neutre (et non la neutralité, puisque ici le sujet prend malgré tout parti)...

Mais **décréditer** ne s'emploie plus. Faut-il voir dans cette absence le signe d'une société où la critique (le reproche) ne s'exprime plus que dans l'opposition brutale et non par l'éloignement paisible ?

« Pour s'accréditer auprès de ceux qui ont plus de piété que de lumières, il se discrédite auprès de ceux qui ont plus de lumières que de piété. »
MONTESQUIEU

« Sous un froc, il cachait un cœur calviniste, et travaillait sourdement à décréditer la messe qu'il disait tous les jours. » BOSSUET

« Cette édition me paraissait nécessaire pour constater ceux des livres portant mon nom qui étaient véritablement de moi, et mettre le public en état de les distinguer de ces écrits pseudonymes que mes ennemis me prêtaient pour me décréditer et m'avilir. » ROUSSEAU

« Il n'est personne qui doive être plus en garde contre les effets de l'humeur que les écrivains ; celle qui les domine lorsqu'ils composent les décrédite souvent plus que les défauts de leurs ouvrages. » L.-S. MERCIER

« Les élégances de la langue post-classique furent, sous l'influence du romantisme, décréditées, et la langue se tourna vers la précision. »
BRUNOT

dispute de mots • discussion de mots

Dispute de mots, débat dans lequel on croit disputer des choses, et où l'on ne dispute en réalité que sur les mots ; discussion de mots, examen du sens exact et rigoureux des mots.

La **dispute de mots** fait penser à tous ces débats du passé (des sophistes à la scolastique, puis à la logique moderne) dans lesquels le traitement du langage occupe une place prépondérante : leur intérêt ne doit pas nous échapper.

Le réel ne se laisse pas facilement saisir. Aussi éprouvons-nous le besoin de nous payer de mots. La **dispute de mots** n'est qu'une occasion de montrer à quel point nous jouons entre la confusion qui s'établit parmi les choses et les éclats de langage. Les mots seuls ont du sens... Cependant, nuançons cette critique. Existe-t-il, en fait, des querelles qui ne porteraient que sur les mots, dans lesquelles ne pointerait pas un extérieur au langage, pour souligner par exemple de bien réels divorces de désir ?

Quelques textes contemporains, comme *les Fleurs de Tarbes,* de Jean Paulhan, ou les articles d'Émile Benveniste, sont une contribution précieuse à cette réflexion sur l'arbitraire du signe — fameuse thèse saussurienne précisément remise en cause par Benveniste : le langage n'existe pas hors de la réalité à laquelle il se rapporte.

La **discussion de mots** relève d'une tout autre attitude. Il ne s'agirait plus d'abuser en enrobant la réalité de paroles alliciantes, mais de prendre connaissance avec minutie du langage lui-même. Chez Littré, les mots *discussion, exact, rigoureux* laissent encore imaginer un souci de la loi et de la vérité (celle de la linguistique « classique »).

Nous revendiquons (ici même, pour ce travail) une position bien différente, qui a partie liée avec les relations qu'un écrivain entretient avec sa langue. De ce côté, l'auscultation du langage est d'abord un acte de curiosité aimante : reconnaître le terrain que l'on occupe, faire « le tour du propriétaire » (tout en sachant aussi que nous sommes habités par la langue plus que nous ne l'habitons), regarder les mots sous toutes leurs faces — geste poétique s'il en est — pour en faire ensuite le meilleur usage possible.

« Au reste, en laissant la dispute des mots, je commencerai à traiter de la chose. »
CALVIN

« Il ne faut jamais disputer des mots, mais tâcher de les entendre. »
BOSSUET

« Les disputes de mots sont toujours des disputes de choses ; car tous les gens de bonne foi conviendront qu'ils ne tiennent à tel ou tel mot que par préférence pour telle ou telle idée. »
Mme DE STAËL

disputer • discuter

Ces deux mots expriment une opposition de pensée ou de sentiment ; mais, d'après leur étymologie, l'opposition dans le dernier tombe sur la nature de la chose dont on discute, et dans le premier elle est plutôt dans les esprits qui pensent différemment. De là l'idée de querelle qui s'attache toujours à la dispute, tandis qu'elle n'est pas dans la discussion. « Qui discute a raison, et qui dispute a tort », dit Ruhlières dans le poème des Disputes.

débattre • discuter

Débattre implique quelque chose de violent qui n'est pas dans discuter. Débattre suppose plus de chaleur et d'emportement ; discuter plus de réflexion. Aussi débattre ne se dira guère des choses générales, des causes théoriques qui émeuvent peu ; c'est discuter qui y convient. Mais il se dira des questions qui touchent et qui passionnent. Une discussion peut être froide ou languissante ; des débats sont toujours animés.

dispute • débat

La dispute est une conversation entre deux ou plusieurs personnes à l'occasion d'un point de théologie, de philosophie ou même de science, sur lequel elles sont d'avis différent. Le débat est un échange de discours entre deux ou plusieurs personnes sur un objet soumis soit à une assemblée soit à un tribunal.

Dispute a presque totalement perdu le sens de « débat animé », pour ne plus évoquer qu'une querelle plutôt triviale (sous la forme pronominale du verbe : « On se dispute ») ou une légère remontrance (« Il a disputé son fils »). Car on ne **dispute** plus du dogme de la Trinité ou de l'Immaculée Conception... C'était là pourtant le sens précis de la *disputation :* débat théologique contradictoire mais réglé.

Aujourd'hui, la **dispute** n'est que la manifestation verbale d'une dissension, à l'exemple de la scène de ménage : lorsque la parole de chacun enchérit sur l'autre, dans un mouvement répétitif et circulaire. Désormais, le mode dominant du dialogue semble être le **débat**, selon le modèle imposé par les médias audiovisuels. Le **débat** expose une fausse dialectique de l'échange d'idées à travers des éléments plus ou moins agressifs : chacun cherche à occuper le terrain (l'espace et le temps de l'écran) pour assurer sa promotion en tentant de minimiser l'autre jusqu'à vouloir l'annuler. Et la fascination de l'écrit pour l'audiovisuel se montre telle que bien des publications reprennent ce mot pour titre : *le Débat, le Monde des débats,* etc.

La *discussion* représente la forme amoindrie (mineure) du **débat**. Dans nos représentations, les individus ne conversent plus, ils discutent... Notons aussi comment ces mots contiennent primitivement de l'agressivité : **débattre**, c'est « battre fortement », *discutere,* « agiter, séparer, fendre en frappant »...

Curieusement, la grande machine télévisuelle retrouve autrement les règles qui fixaient rigoureusement, dans l'enseignement scolastique, le déroulement des *disputations.* Il y avait d'une part les *disputations ordinaires,* qui avaient lieu tous les quinze jours, sur un thème précis, et d'autre part les *disputations de quolibet* (littéralement : sur ce qui plaît), seulement deux fois par an : avant Noël et pendant le carême. Les **débats** soigneusement réglés sont de loin préférables aux offensives désordonnées : ils limitent le spectacle, et préservent la dignité de chacun.

Mieux encore, il conviendrait de réévaluer la *conversation,* pratique mesurée de l'échange affectueux (*conversatio,* c'est la fréquentation amicale) abandonnée socialement à la fin du XVIIIe siècle — ou encore, d'un mot oublié, la *confabulation* (l'entretien familier) : *Quand j'écris et parle de moi au singulier, cela suppose une confabulation avec le lecteur* (Brillat-Savarin).

« Le chemin étant long et partant ennuyeux,
Pour l'accourcir, ils disputèrent. »
LA FONTAINE

« Il faudrait bien des volumes, non pas pour commencer à s'éclaircir, mais pour commencer à s'entendre. Il faudrait bien savoir à quelle idée nette on attache chaque mot qu'on prononce. Ce n'est pas encore assez : il faudrait savoir quelle idée ce mot fait passer dans la tête de votre adverse partie. Quand tout cela est fait, on peut disputer pendant toute sa vie sans convenir de rien. » VOLTAIRE

« Vous le prenez de bien haut, monsieur ! Sachez que quand je dispute avec un fat, je ne lui cède jamais. — Nous différons en cela, monsieur ! moi je lui cède toujours. »
BEAUMARCHAIS

« Il faut disputer des goûts et des couleurs. D'abord parce que toute dispute se réduit à cette espèce, et qu'il faut que l'on dispute. »
VALÉRY

« Au lieu de disputer, discutons ; après avoir dit des raisons, donnons des faits. » BUFFON

« Avant que de nous battre, messieurs, il est un point qu'il est bon de débattre. » COLLIN D'HARLEVILLE

« De quoi sert une longue et subtile dispute
Sur mille obscurités où l'esprit est déçu ? » CORNEILLE

« Nous venons d'avoir une dispute, le bon abbé et moi. »
Mme DE SÉVIGNÉ

« J'aimais tant la dispute, que j'arrêtais les passants, connus ou inconnus, pour leur proposer des arguments. » LESAGE

« Le plaisir des disputes, c'est de faire la paix. » MUSSET

« Mais il est temps qu'un mot termine ces débats. » CORNEILLE

don • présent • cadeau

Le don est ce qu'on donne ; le présent est ce qu'on présente. Dès lors, toutes les fois que la chose donnée ne pourra être présentée, c'est don qui devra être employé : il lui fit don de son cœur, et non présent.

Il y a bien des manières de donner.

Plus que jamais le **cadeau** paraît fatigant, par son aspect codifié. C'est le petit sacrifice obligatoire pour suivre les règles de l'échange social et du commerce : Noël, les anniversaires, les listes de mariage, les invitations coincées, la fête des Mères, des Pères, des Grands-Mères, et bientôt, probablement, celle de nos fidèles compagnons, les chiens, les chats et les perroquets !

Quel casse-tête d'offrir un objet à ceux qui ont tout et ne désirent rien ! Et inversement : quelle tristesse de recevoir un cadeau dont on n'a aucune envie et qui fait même horreur ! Ah ! ces « oh ! » et ces « ah ! » de la satisfaction tristement mimée...

On comprend mieux que Philippe Sollers se soit déclaré ouvertement *cadeauphobe* (dans un supplément du *Monde,* en décembre 1987) : *Un cadeau, je l'ai toujours ressenti comme une atteinte à ma liberté, ou comme une hypocrisie nécessaire. On impose un objet pour imposer une pensée. Pieux mensonge.*

En fait le **cadeau** n'est intéressant que s'il est — comme l'art — la rencontre d'une intention et d'une attention. Aussi doit-il se soustraire à toute logique et demeurer imprévu, paradoxal.

Au-delà, l'*offrande* ou le **don** s'inscrivent dans l'ordre de la religion ou de l'ethnologie. L'offrande est toujours une *demande* explicite et le **don** une *dépense* (une hémorragie, voire un abandon) ; on pensera ici aux textes décisifs de Mauss et de Bataille.

En raison de ses sens multiples, le **présent** nous semble un mot attachant. Renonçant à tout calcul immédiat, sans référence au passé (la récompense) ou au futur (la demande), il serait la trace sensible d'une impulsion gratuite. On donnerait alors pour rien (est-ce possible ?), à contretemps, sans aucun esprit de profit repérable.

« Promesse sans don ne vaut guère. » JEAN DE MEUNG

« Quand je paie une dette, c'est un devoir que je remplis ; quand je fais un don, c'est un plaisir que je me donne. » ROUSSEAU

« Il y a, dans l'obéissance, quand elle est libre et enthousiaste, une sorte d'ivresse, d'élan, de don. »
DUHAMEL

« Le blé, riche présent de la blonde Cérès. » LA FONTAINE

« Le plus beau présent que l'on puisse faire à un enfant quand il sait lire, c'est de lui offrir un dictionnaire. » DUHAMEL

« Quoi ! parce que des sots se piquent, quoique mal,
Du pompeux appareil d'un cadeau nuptial,
Il faut faire comme eux ! »
MONTFLEURY

« Au XVIIe siècle, cadeau était si loin d'avoir pris le sens de petit présent, que, dans une même phrase, Molière oppose l'un à l'autre : "Les visites fréquentes ont commencé ; les déclarations sont venues ensuite, qui, après elles, ont entraîné les sérénades et les cadeaux, que les présents ont suivis." » LITTRÉ

E
e

LA FORÊT ET LE BÛCHERON

éclairé • clairvoyant • instruit

Le clairvoyant est celui qui y voit clair ; l'éclairé, celui qui a des clartés ; l'instruit, celui qui a de l'instruction. Il y a cette différence entre clairvoyant et éclairé, que le premier se dit des lumières naturelles, et le second des lumières acquises. On est clairvoyant par un don de la nature ; on devient éclairé par l'étude et la réflexion. Ce qui distingue l'homme éclairé de l'homme instruit, c'est que le premier a des clartés des choses et que l'autre a simplement connaissance des choses ; un homme instruit peut n'être pas éclairé ; cette dernière qualité impliquant que l'on sait faire une application convenable des lumières acquises. Ajoutons que l'instruction peut se composer de notions qui ne sont pas justes. Ainsi la théorie chimique avant Lavoisier était un tissu d'erreurs ; celui qui saurait parfaitement toute cette théorie et les preuves qu'on croyait en savoir serait instruit sans doute, mais fort peu éclairé.

L'*instruction* réfère à l'acquisition organisée — parfois systématique — de connaissances plus ou moins étendues. Longtemps utilisé dans le cadre de l'École (à l'époque de gloire du « certificat d'études »), le mot est sorti de la mode. Le vide s'est trouvé rempli par la *culture générale,* représentée de façon caricaturale par tous ces jeux télévisés qui ne sont que des avatars de l'increvable « Jeu des mille francs ». Comprenons en ce sens pourquoi le Trivial Pursuit® aura été le grand jeu des années 80.

Être **éclairé** suppose non seulement de l'instruction, mais que l'on ait des *lumières* afin d'utiliser intelligemment ses connaissances. Enfin, la *clairvoyance* met en avant un talent naturel, une espèce de don.

On peut avoir de l'instruction sans être **éclairé** ou **clairvoyant** et, à l'inverse, manifester de la clairvoyance sans être **instruit**.

« Tout éclairée qu'elle était, elle n'a point présumé de ses connaissances, et jamais ses lumières ne l'ont éblouie. » BOSSUET

« La nation qui lit porte en son sein une force heureuse et particulière qui peut braver ou désoler le despotisme, parce que rien n'est si contraire, si opposé au despotisme, qu'une raison sage et éclairée. » MERCIER

« Il sied bien d'être obscur aux hommes éclairés ! » BERCHOUX

« Pour l'œil clairvoyant, la modestie n'est guère qu'une forme, plus visible, de la vanité. » RENARD

« La puberté est toujours plus hâtive chez les peuples instruits et policés. » ROUSSEAU

« M. Hachette mit à ma disposition des personnes instruites qui lurent pour moi les auteurs, et inscrivirent sur de petits papiers portant en tête le mot de l'exemple, les phrases relevées. » LITTRÉ

écrivain • auteur

Auteur est plus général qu'écrivain ; il se dit de toute composition littéraire ou scientifique, en prose ou en vers : un poète en composant une tragédie, et un mathématicien en composant un traité de géométrie sont des auteurs. Mais écrivain ne se dit que de ceux qui ont écrit en prose des ouvrages de belles-lettres ou d'histoire ; ou du moins, si on le dit des autres, c'est qu'alors on a la pensée fixée sur leur style : Descartes est un auteur de livres de philosophie et de mathématiques, mais c'est aussi un écrivain. Racine est un grand écrivain, par la même raison, parce que son style est excellent, car eu égard à la forme du langage employé on dira toujours que c'est un grand poète.

Auteur est le terme officiel pour nommer tous ceux qui tirent des revenus (aussi minimes soient-ils) des ouvrages qu'ils publient. Aussi bien le poète, en somme, que le rédacteur de manuels scolaires.

Telle neutralité s'avère facilement dépréciative, car un **auteur** ne confectionne pas nécessairement des objets estimables (on appelait autrefois ces hommes se livrant à l'écriture mercenaire des *livriers*).

Le champ d'activité de l'**écrivain** — la littérature — se trouve nettement plus circonscrit. Précisons-le de la façon suivante, rapide et partiale...

Contrairement aux commerçants de la langue pour lesquels les mots sont des *outils* (pour informer, endoctriner ou faire de l'argent), l'**écrivain** voit dans la langue son *milieu* véritable, c'est-à-dire à la fois son *centre* et son *territoire*. L'**écrivain** fabrique des textes très travaillés. Son activité possède une productivité extrêmement faible, qui le place résolument en marge de ses contemporains. Il *sert peut-être à quelque chose* (puisque quelques lecteurs trouvent leur bonheur à fréquenter ses livres), mais *il ne sert personne.* L'expression « littérature engagée » est un non-sens. La littérature porte le langage à son plus haut point d'incandescence. Elle dérange souvent au point qu'on veuille la supprimer comme une mauvaise herbe. Elle fait mauvais ménage avec les religions de toutes sortes.

L'**écrivain**, attiré par les expériences multiples, donne facilement dans l'excès ou le paradoxe. La littérature se compose de *Textes* (au sens où le comprenait Roland Barthes), et cela pour indiquer qu'elle ne coïncide pas obligatoirement avec la distribution des genres communément admise. On n'est pas d'emblée un **écrivain** parce qu'on écrit des poèmes ou des romans. Chateaubriand, Baudelaire ou Valéry étaient à l'évidence des **écrivains**. Mais aussi Bossuet, Sade, Joubert, Joseph de Maistre, Michelet ou Buffon...

« Garde-toi d'écrire si tu veux seulement te faire admirer ; car bientôt tu t'embarrasserais peu d'écrire des choses méchantes, pourvu qu'elles fussent bien dites ; et au lieu du sentiment généreux qui anime l'Écrivain, tu n'aurais que la rage d'Auteur. »

MERCIER

« Dans tout grand écrivain, il doit y avoir un grand grammairien. Pascal contient Vaugelas. » HUGO

« Les grands écrivains n'ont jamais été faits pour subir la loi des grammairiens mais pour imposer la leur. » CLAUDEL

« C'est la faiblesse de presque tous les écrivains qu'ils donneraient le meilleur d'eux-mêmes et ce qu'ils ont écrit de plus propre, pour obtenir un emploi de cireur de bottes dans la politique. » AYMÉ

« L'écrivain ne lit jamais son œuvre. Elle est, pour lui, l'illisible, un secret, en face de quoi il ne demeure pas. » BLANCHOT

« C'est un métier que de faire un livre, comme de faire une pendule : il faut plus que de l'esprit pour être auteur. » LA BRUYÈRE

« Non, non : j'ai toujours senti que l'état d'auteur n'était, ne pouvait être illustre et respectable qu'autant qu'il n'était pas un métier. Il est trop difficile de penser noblement quand on ne pense que pour vivre. » ROUSSEAU

« Un "écrivain", en France, est autre chose qu'un homme qui écrit et publie. Un auteur, même du plus grand talent, connût-il le plus grand succès, n'est pas nécessairement un "écrivain". Tout l'esprit, toute la culture possible, ne lui font pas un "style". » VALÉRY

« Je suis auteur d'abord par mon libre projet d'écrire. Mais tout aussitôt vient ceci : c'est que je deviens un homme que les autres hommes considèrent comme écrivain, c'est-à-dire qui doit répondre à une certaine demande, et que l'on pourvoit d'une certaine fonction sociale. » SARTRE

éducation • instruction

L'instruction est relative à l'esprit et s'entend des connaissances que l'on acquiert et par lesquelles on devient habile et savant. L'éducation est relative à la fois au cœur et à l'esprit, et s'entend et des connaissances que l'on fait acquérir et des directions morales que l'on donne aux sentiments. « M. H. Martin rappelle que la substitution du terme « d'instruction publique » à celui « d'éducation nationale » est toute récente. Le second était seul employé en 89, et on le trouve dans tous les cahiers des États généraux... M. Vacherot voudrait qu'on s'attachât à considérer l'instruction dans son vrai sens, en ne la séparant point de l'éducation ; car elle n'est, en réalité, autre chose que l'éducation de l'esprit » (Mangin, Journal officiel *du 24 février 1872). Mais il faut remarquer que l'instruction s'enseigne et que l'éducation s'apprend par un autre mode d'action du maître, quel qu'il soit.*

enseigner • instruire

Enseigner, c'est donner l'enseignement ; instruire, c'est donner l'instruction. Il y a donc dans enseigner quelque chose qui regarde moins le résultat et davantage les moyens ; c'est le contraire dans instruire. À un autre point de vue, instruire se dit plus exclusivement de l'enseignement intellectuel, et enseigner de l'enseignement moral : allez et enseignez toutes les nations ; mais on dira à un professeur : instruisez mon fils. Enfin, en plusieurs cas, ces deux mots prennent une signification analogue et se confondent.

Instruire donne bien l'idée qu'au terme de la formation on se retrouve doté d'un « bagage ». L'**instruction** procèderait par accumulation, comme lorsqu'on remplit une tirelire. Et l'on comprend que cette démarche soit aujourd'hui dévaluée, les connaissances n'étant plus considérées comme la fin du savoir scolaire. Un professeur dit qu'il **enseigne**, et non qu'il **instruit.**

Enseigner constitue un terme médian entre *éduquer* et **instruire.** D'où l'intérêt et la difficulté de l'entreprise : il ne convient pas d'inculquer des principes moraux ou de remplir les têtes de connaissances diverses, mais de favoriser un apprentissage en laissant jouer la relation entre un maître et ses élèves. En somme, un bon maître est celui qui stimule et permet de gagner du temps. Toutefois, les choses se compliquent quand on demande plus ou moins directement à l'enseignant de s'occuper aussi d'**instruire** et d'*éduquer.* Comment concilier des préoccupations si diverses ? Le passage de l'appellation d'*Instruction publique* à celle d'*Éducation nationale* en témoigne : l'École aurait pour mission d'*éduquer* et non pas seulement d'**instruire.** Enseigner possède d'ailleurs depuis longtemps ce sens moral ; ainsi chez Voltaire : *Enseignez la raison, la justice et les mœurs.*

Dans le débat récent, quelques voix se sont opposées à des prétentions jugées excessives. Ainsi le linguiste Jean-Claude Milner, dans son pamphlet *De l'École,* a réclamé que cette dernière se charge exclusivement de doter les élèves de connaissances, sans songer à les former autrement. En d'autres termes, se contenter d'**instruire**... Montesquieu le disait déjà : *Les gens qui veulent toujours enseigner empêchent beaucoup d'apprendre.*

Par-delà les positions de chacun, l'usage réservé à ces mots n'a rien d'innocent. Quelle fonction sociale réserve-t-on à l'École ? Matrice de citoyens ? Lieu de formation professionnelle ? Garderie sociale ?

« Oserais-je exposer ici la plus grande, la plus importante, la plus utile règle de toute l'éducation ? Ce n'est pas de gagner du temps, c'est d'en perdre. » ROUSSEAU

« Au reste, si l'éducation de la jeunesse est négligée, ne nous en prenons qu'à nous-mêmes, et au peu de considération que nous témoignons à ceux qui s'en chargent. » D'ALEMBERT

« Rien n'est plus négligé que l'éducation des filles ; la coutume et le caprice des mères y décident souvent de tout ; on suppose qu'on doit donner à ce sexe peu d'instruction. » FÉNELON

« L'instruction bien dirigée corrige l'inégalité naturelle des facultés, au lieu de la fortifier, comme les bonnes lois remédient à l'inégalité naturelle de subsistance. » CONDORCET

« L'éducation a pour objets : 1° la santé et la bonne conformation du corps ; 2° ce qui regarde la droiture et l'instruction de l'esprit ; 3° les mœurs, c'est-à-dire la conduite de la vie et les qualités sociales. »
DU MARSAIS

« Bien savoir et bien enseigner sont deux talents qui vont rarement ensemble. »
MERCIER

« Enseigner, c'est apprendre deux fois. »
JOUBERT

« Un bon maître a ce souci constant : enseigner à se passer de lui. »
GIDE

« Il y a bien moins de crimes parmi les lettrés que parmi le peuple ; pourquoi ne pas daigner instruire nos ouvriers comme nous instruisons nos lettrés ? »
VOLTAIRE

effacer • rayer • raturer • biffer

Effacer est le plus général des quatre, vu qu'on efface de toutes sortes de façons. On efface un mot soit en le rayant, soit en le grattant, soit même en le lavant. On raye un mot en passant une raie dessus. Raturer, bien qu'il exprime un acte semblable à rayer, dit quelque chose de plus ; la rature efface plus complètement que la raie. On biffe un mot en le rayant aussi ; mais, quand il s'agit d'une pièce entière, d'un arrêt, etc., on dit qu'on les biffe, ce qui est les croiser avec une raie d'encre.

Raturer emporte quelque chose de son sens primitif ; c'est passer sur le mot un trait qui empêche de le lire. Rayer, c'est simplement passer sur le mot une raie, une barre, qui peut le laisser lisible. Dans un acte on raye les mots qu'on veut supprimer, on ne les rature pas.

Le sens de tous ces mots dépend assurément des instruments que l'on utilise pour écrire et supprimer ce que l'on a écrit : plumes, stylos, crayons à papier, gommes, etc. Tous ces objets supposent en effet des modalités d'oblitération diverses, qui possèdent elles-mêmes des significations différentes.

Effacer revient à retrouver la virginité perdue du papier (ou de l'écran). Dans notre enfance, on utilisait le « Corrector », couple de flacons « magiques » dont l'usage nous ravissait. On connaît également les stylos effaceurs pour l'encre bleue et les rubans-effaceurs pour machines à écrire – et, plus récents, les micro-ordinateurs, avec lesquel l'effacement devient un acte neutre, rapide et définitif, contrairement aux traces de la gomme (quelques gestes suffisent à faire disparaître, en un instant, des pages entières !). **Effacer** ne saurait donc signifier camoufler par un surcroît d'encre ou de couleur.

Rayer un mot, c'est le priver de son usage sans le supprimer totalement : un mot rayé est encore identifiable. Attitude de l'écrivain, quand il hésite, pense à des retours en arrière possibles... (*Biffures* est le titre emblématique qui ouvre la série autobiographique de Leiris *la Règle du jeu*.)

Raturer dit plus : geste d'agacement ou souci manifeste de destruction ; tous les écrivains connaissent ces moments de doute et de déception, quand ils ne savent plus très bien quel chemin suivre. Un autre mot le dit encore, lorsque la *rature* a une fonction de censure : c'est le *caviardage,* alors exercé sur le texte par une autre personne que l'auteur et qui consiste à noircir le texte pour le rendre absolument illisible (sauf lorsqu'il est pratiqué de manière ludique, comme le faisait Michel Vachey). Inversement, rappelons que le *raturage* était l'opération consistant à blanchir un parchemin pour qu'il fût aisément utilisable.

La confection d'un livre s'accompagne d'autant d'abandons que d'ajouts. Et l'écrivain, paradoxalement, fait plus de brouillons que tout autre scripteur. Le texte littéraire est toujours un subtil *palimpseste.*

« Vingt fois sur le métier remettez votre ouvrage ;
Polissez-le sans cesse et le repolissez ;
Ajoutez quelquefois, et souvent effacez. »
BOILEAU

« Je ne vous écris souvent que trois lignes, parce que j'en griffonne trois ou quatre cents, et en rature cinq cents pour mériter un jour votre suffrage. »
VOLTAIRE

« Mes manuscrits, raturés, barbouillés, mêlés, indéchiffrables, attestent la peine qu'ils m'ont coûtée. »
ROUSSEAU

« L'écrivain en voyage tourne et retourne en son esprit une phrase imparfaite. Se réveille-t-il dans la nuit ? Une répétition de mots lui apparaît. Le voici qui rature, dans l'obscurité, des pages imaginaires. »
MAUROIS

« *Rayer* et *biffer* n'emportent point l'idée de correction, mais celle d'abolition ou de retranchement. Mais *biffer,* c'est rayer d'autorité ou avec colère. »
LAFAYE

« L'homme qui d'ordinaire glisse un "mais" dans chacun de ses propos aimerait mieux perdre une dent que de biffer son petit monosyllabe préféré. »
DUHAMEL

églogue • idylle

Bien que, étymologiquement, églogue signifie pièce choisie, et idylle petit tableau, il n'y a aucune différence fondamentale entre les églogues et les idylles. Toutefois, si l'on veut accepter la légère distinction que l'usage semble avoir établie, l'églogue veut plus d'action et de mouvement : les églogues de Virgile. L'idylle ne peut contenir que des peintures, des sentiments, des comparaisons champêtres : Mme Deshoulières a fait de jolies idylles.

Étrange et douce violence de notre histoire esthétique qui fait disparaître, parfois totalement, des formes ou des genres ayant connu jadis ou naguère une vogue réelle. L'**églogue** et l'**idylle**, donc, mais aussi le madrigal, l'élégie ou la villanelle.

Idylle existe encore, il est vrai, dans l'usage courant, mais dans un sens nettement restreint et presque ironique (« avoir une idylle avec quelqu'un », dit-on, amusé, pour désigner une relation anodine).

La désuétude de ces formes se trouve étroitement liée à des problèmes de contenu ; ainsi, où irait-on puiser son inspiration pour écrire aujourd'hui des *bergeries* (poèmes décrivant des amours de bergers), celles-là mêmes dont se plaint (déjà !) Monsieur Jourdain à son maître à danser : *Pourquoi toujours des bergers ? On ne voit que cela partout. — Lorsqu'on a des personnes à faire parler en musique, il faut bien que pour la vraisemblance on donne dans la bergerie. Le chant a été de tout temps affecté aux bergers [...].*

Problème de valeur également : bien des thèmes et des formes sont considérés comme futiles — comme si l'art réclamait, noblement, d'être sérieux.

Hypothèse de fantaisie : verra-t-on revenir un jour, avec le regain des préoccupations écologiques, la mode de ces genres aimables ?

Enfin, n'est-ce pas l'une des libertés de l'artiste que de savoir réutiliser selon son humeur des formes anciennes et dévaluées ? Contre l'idée (suspecte) du progrès en art, il doit être possible, toujours, de peindre des natures mortes, de composer des sonates et de fabriquer des alexandrins.

Cet usage *discret* de formes intempestives permet, de façon non doctrinaire, de ne pas liquider le passé et de considérer — plaisir oblige — que l'*inactuel* autorise, paradoxalement, à mieux appréhender le présent.

« Je veux, pour composer chastement mes églogues,
Coucher auprès du ciel, comme les astrologues. »

BAUDELAIRE

« On dirait que Ronsard, sur ses "pipeaux rustiques",
Vient encor fredonner ses idylles gothiques. »

BOILEAU

« L'épigramme, pour les anciens, était une petite pièce qui ne passait guère huit ou dix vers. C'était une inscription tumulaire, soit triomphale, soit votive ou descriptive ; une peinture pastorale trop courte pour faire une idylle, une déclaration ou une plainte amoureuse trop peu développée pour faire une élégie. »

SAINTE-BEUVE

élite • fleur

Ces deux mots expriment ce qu'il y a de meilleur entre plusieurs individus ou plusieurs objets de même espèce : l'élite de l'armée ; la fleur de l'armée. Mais ils retiennent quelque chose de leur origine : fleur emporte toujours l'idée du brillant, de l'éclat, de la beauté ; et élite emporte toujours l'idée d'élection.

Élite pourrait simplement désigner l'excellence dans chaque domaine d'activité : les meilleurs dans le sport, la cuisine ou la politique. La notion s'avère pourtant d'un emploi hasardeux dans l'esthétique ou la sphère du pouvoir. À quoi reconnaît-on au juste les qualités d'un homme politique ? Sans doute au fait qu'il a réussi à contrer, voire à éliminer ses adversaires (pacifiquement, en démocratie) et à prendre le pas sur tous ses amis ou alliés (pour être, justement, le « numéro un »). Les qualités sont évidentes : obstination, clairvoyance, ruse, patience, etc. Et une solide santé !

Une question demeure néanmoins : ces qualités précieuses d'un candidat seront-elles mises en œuvre ensuite, une fois les élections passées et dans une situation différente ? Rien n'est moins sûr, comme chacun sait...

En dehors des difficultés que réserve le choix des meilleurs, le terme d'**élite** fait souvent l'objet de débordements. D'abord quand on laisse entendre qu'une supériorité dans un domaine précis serait le signe d'une excellence généralisée. Ensuite quand les individus se disent eux-mêmes appartenir à l'**élite.** Geste habituel de toute idéologie droitière : « *Nous constituons le sel de la terre et les avantages dont nous disposons sont mérités* ». Inversement, l'homme de gauche estime être volé, ou encore — cas particulier — ressent une culpabilité à jouir de ses privilèges, sans pour autant y renoncer tout à fait.

En fait, ce climat idéologique contribue à nous faire aimer le mot **fleur,** qui renvoie à une esthétique de la délicatesse. Chez La Fontaine par exemple : *Les longs ouvrages me font peur. Loin d'épuiser une matière, on doit n'en prendre que la fleur.* Ou encore, dans un autre domaine, chez Mme de Sévigné : *Notre souper d'hier au soir, chez ma fille, il me semble qu'il était fort beau, fort bien servi ; je m'y trouvais avec la fleur de mes amis.*

« Mes soins ont eu recours à des amis d'élite. » CHÉNIER

« Il y aura toujours de par le monde quelques dons Quichottes ; il y aura toujours d'obscurs martyrs d'une bonté gauche, d'une probité maladroite, d'une trop transparente ingénuité ; de belles âmes dupes de leurs illusions généreuses ; des êtres excellents qui, pour prix de leurs douces et affectueuses vertus, n'attraperont que brutalités et horions. N'en connaissez-vous point, lecteur ? moi j'en connais et j'en vénère : ils sont fous, mais l'élite encore de l'espèce humaine. » TOEPFFER

« Trop longtemps l'élite a été définie comme une classe pourvue d'un droit. Elle le tint d'abord de la naissance. Elle le tint ensuite de la richesse. Ou enfin elle le tint de l'intelligence. Si nous assistons aujourd'hui à la disparition de ces anciennes élites, [...] c'est parce qu'elles avaient cessé d'assumer le rôle qui doit être celui d'une aristocratie véritable ; de provoquer la marche en avant de la société tout entière. » DANIEL-ROPS

« Dieu garde la cour des dames où abonde
Toute la fleur et l'élite du monde. »
MAROT

« Je vous donne avec plaisir le dessus de tous les paniers, c'est-à-dire la fleur de mon esprit, de ma tête, de mes yeux, de ma plume, de mon écritoire ; et puis le reste va comme il peut. »
Mme DE SÉVIGNÉ

« La musique est le couronnement, la suprême fleur des arts. »
MICHELET

émotionner • émouvoir

D'abord émotionner est du style familier ; émouvoir est de tous les styles. Puis émouvoir s'applique à ce qui est touchant, triste, etc. Émotionner se dit des petites perturbations de la vie habituelle.

L'enseignement de la langue se plaît à la présenter comme distribuée en « niveaux », et les manuels de collège sont remplis d'exercices où il convient de distinguer le « familier » du « soutenu ». Voilà bien des partitions simplificatrices qui favorisent une représentation sommaire des faits de langage.

Sans aucun doute la langue est traversée par le social, et l'on a le droit de préférer la phrase « J'ai trouvé cet ouvrage délicieux » à « Ce bouquin m'a vachement plu ». Pourtant, cette dernière phrase n'informe pas moins que la précédente. Elle dit aussi un enthousiasme, mais autrement.

En dehors du goût pour la norme, un danger réel consiste à se priver souvent de mots utiles par crainte de « faire populaire ». Que l'on songe ainsi à *causer,* abandonné aujourd'hui, malgré Proust ou Mme de Sévigné : *Je ne suis plus si causante qu'à Paris.*

Émotionner — qui rime avec « commotionner » ou « impressionner » — donne plus qu'**émouvoir** l'idée du mouvement, du remuement, du choc. Être **émotionné**, c'est véritablement être *retourné,* au point de sentir son corps trembler. Des verbes proches indiquent bien cette commotion : *ébranler, toucher, bouleverser, tournebouler.* D'ailleurs, **émotionner** nous ramène au sens littéral d'**émouvoir** et d'*émotion :* sens fort pour ce dernier, puisqu'il s'agit, anciennement, de sédition, d'agitation populaire : *Ils rencontrèrent le maréchal d'Huxelles dans son carrosse, qu'ils arrêtèrent pour lui demander des nouvelles parce qu'il venait du côté de l'émotion* (Saint-Simon). Être **émotionné** reviendrait à montrer sans vergogne son émotion (exhibition, elle aussi, « populaire » ?).

Émouvoir renvoie à plus de discrétion. Aussi bien le participe passé *(ému)* ne comporte-t-il que trois lettres, comme si l'affect, ici, était plus ténu (au moins dans ses manifestations).

Rappelons enfin que le langage populaire ne donne pas spontanément dans les formes linguistiques les plus simples, bien au contraire. Ainsi sur le terrain de l'interrogation, la version la plus « chic » est aussi la plus mince : « Où vas-tu ? » Autrement, nous rencontrons le banal « Où est-ce que tu vas ? » et le tarabiscoté « Où qu'c'est-y donc qu'tu vas ? »

« Landry fut, je ne sais comment, émotionné de la manière dont la petite Fadette parlait humblement et tranquillement de sa laideur. » SAND

« Lamartine n'a produit par ses descriptions de la Révolution, comme dans un roman, qu'un genre d'impression presque nerveuse. Je ne dirai pas que cet ouvrage des *Girondins* émeut, mais il *émotionne :* mauvais mot, mauvaise chose. » SAINTE-BEUVE

« Si l'auteur m'émeut, s'il m'intéresse, je ne le chicane pas, je ne sens que le plaisir qu'il m'a donné. » VOLTAIRE

« Le "qu'est-ce que ça veut dire ?" est le reproche qu'on fait au poète qui n'a pas su vous émouvoir. » JACOB

« J'ai juré de vous émouvoir — d'amitié ou de colère, qu'importe ? » BERNANOS

« L'homme croit toujours émouvoir
La femme qu'il désire :
Elle n'est pour lui qu'un miroir
Dans lequel il s'admire. » MAUROIS

emporté • violent
emportement • violence

Emporté et violent diffèrent comme emportement et violence. Or l'emportement se manifeste toujours au-dehors par une explosion ; la violence peut être muette, sans geste, sans signe. De plus, la violence implique que quelque acte violent a été commis ; l'emportement peut s'exhaler en simples paroles ou manifestations extérieures.

L'**emporté** laisse avant tout éclater son mécontentement : il donne du faste à son humeur, qui se transforme souvent en pétarade inoffensive... Quand il tempête, il ne fait que mimer la **violence**, et c'est pourquoi il prête plutôt à sourire : on ne prend pas ses éclats trop au sérieux.

Il en va différemment du **violent**, homme redoutable, dont la volonté destructrice se passe volontiers (pour accroître son efficace) de signes extérieurs. Littré l'indique justement : la **violence** est parfois silencieuse, « sans geste, sans signe »...

À noter que toutes les machines broyeuses de sujets — disons, rapidement, les États modernes — n'ont jamais autant donné dans cette violence aseptisée (de la « torture propre », médicalisée, à la « guerre propre », en passant par toutes les formes discrètes d'exclusion). Ce qui n'empêche pas bien sûr de mettre en avant, à travers le concert bienveillant des médias, des actes plus visibles, et plus bruyants, de *violence-spectacle :* manifestations de colère, émeutes, attentats, etc. Règne de la confusion : sur nos écrans télévisés, les images de guerre apparaissent comme de simples feux d'artifice...

« Dieux ! que cet emporté me donne de tourment ! » CORNEILLE

« Elle n'est point de ces maîtresses emportées et difficiles qui trouvent à redire à tout, qui crient sans cesse, tourmentent leurs domestiques, et dont le service, en un mot, est un enfer. » LESAGE

« Les hommes ont été de tous temps ce qu'ils sont aujourd'hui, égoïstes, violents, avares et sans pitié. » FRANCE

« Mais ne voyais-tu pas, dans mes emportements,
Que mon cœur démentait ma bouche à tous moments ? » RACINE

« Je sais quelle est sa violence :
Il est fier, implacable, aigri par son malheur. » VOLTAIRE

« Je n'ai aucun don naturel pour l'insulte, pour l'invective, pour la violence verbale. » DUHAMEL

s'enquérir • s'informer

S'enquérir, c'est faire une enquête ; s'informer, c'est prendre une information. De la sorte enquérir est de mise toutes les fois qu'il s'agit de quelque chose de plus qu'une simple information. Un père qui va marier sa fille s'enquiert des mœurs de son futur gendre ; il ne se contente pas de s'en informer.

Désormais, notre vie est traversée par une information omniprésente, à laquelle s'ajoute ses avatars négatifs : la contre-information et la désinformation. Le changement des mœurs modifie aussi le poids des mots.

Non seulement on **s'informe** — mais surtout on nous *informe* et l'on **s'informe** sur nous... Mouvement circulaire des enquêtes et des sondages : on **s'informe** auprès des individus pour les *informer.* Jusqu'au point où les opinions et les pensées de chacun n'auraient plus d'autre source que ces sondages...

S'informer, en somme, ce n'est plus simplement recevoir des éléments de connaissance, mais être finalement mis en *forme,* modelé, « formaté » (pour reprendre un terme significatif de l'informatique).

« Le savant sait et s'enquiert de tout, dit un proverbe indien : mais l'ignorant ne sait même pas de quoi s'enquérir. » ROUSSEAU

« Bonaparte s'enquérait si les planètes étaient habitées, quand elles seraient détruites par l'eau ou par le feu, comme s'il eût été chargé de l'inspection de l'armée céleste. »

CHATEAUBRIAND

« Tant de victoires avaient donné aux Suédois une si grande confiance qu'ils ne s'informaient jamais du nombre de leurs ennemis, mais seulement du lieu où ils étaient. »

VOLTAIRE

« Ne vous informez point des états de mon âme. »

RACINE

« — T'as bouffé ? s'informa-t-elle.
— Non, dit-il doucement. J'ai pas d'pèze. »

CARCO

envie • jalousie

Tant que le jaloux est seulement jaloux de ce qu'il possède, il n'a rien de commun avec l'envieux ; mais quand il jalouse autrui, alors il y a à distinguer : l'envie est un sentiment de haine et de chagrin à la vue de ce qui est le bien d'autrui ; la jalousie est un sentiment de chagrin de voir en autrui et un désir de voir à soi les avantages qu'un autre possède. Le jaloux est voisin du rival, l'envieux est voisin de l'ennemi.

On ne parle plus guère de *jaloux,* quand il s'agit de viser l'individu vivement attaché à quelque chose, ou à quelqu'un, de manière ombrageuse (Bossuet : *Les Romains furent jaloux de la liberté*). Désormais, le mot s'emploie surtout pour caractériser l'être possessif, désireux de ne pas partager son bien, de ne pas voir les autres jouir, peu ou prou, de ce qu'il possède. Comme on le sait, ce sentiment commun a partie liée à l'amour, au point qu'il forme le terme d'une équation apparemment simple : la **jalousie** constituerait un signe d'amour : *Si Titus est jaloux, Titus est amoureux* (Racine) — ou encore, chez Beaumarchais : *Un peu de jalousie ne messied pas à un amant.*

Mais tout se complique brusquement lorsque la **jalousie** concerne le bien d'autrui : *Ne soyez point jaloux du succès des autres* (Fénelon). Ne serait-il pas plus juste, ici, de parler d'**envie** ?

Appelons à la rescousse les classiques — moralistes ou philosophes —, observateurs aigus des mouvements de l'âme. La Bruyère : *Toute jalousie n'est point exempte de quelque sorte d'envie, et souvent même ces deux passions se confondent ; l'envie au contraire est quelquefois séparée de la jalousie ; l'envie et la haine s'unissent toujours et se fortifient l'une l'autre dans un même sujet.* Pour sa part, La Rochefoucauld tranche nettement en assimilant l'**envie** à la stricte *convoitise : La jalousie est en quelque manière juste et raisonnable, puisqu'elle ne tend qu'à conserver un bien qui nous appartient ; au lieu que l'envie est une fureur qui ne peut souffrir le bien des autres.*

En fait, l'analyse la plus abrupte se trouve peut-être chez Spinoza, dont les notations déliées (dans le chapitre « Des affects » de l'*Éthique*) s'avèrent bien utiles à nos propos : *L'Envie est la Haine, en tant qu'elle affecte un homme de telle sorte qu'il est triste du bonheur d'autrui, et, au contraire, qu'il est content du malheur d'autrui.* Ou encore, de façon plus explicite : *Qui imagine la femme qu'il aime se livrant à un autre sera contristé, non seulement parce que son propre appétit est réduit, mais aussi parce qu'il est obligé de joindre l'image de la chose aimée aux parties honteuses et aux excrétions de l'autre.* Des observations que n'aurait pas reniées Freud !

« Il n'y a aucun vice qui nuise tant à la félicité des hommes que celui de l'envie. Car, outre que ceux qui en sont entachés s'affligent eux-mêmes, ils troublent aussi de tout leur pouvoir le plaisir des autres. »
DESCARTES

« L'envie ne saurait se cacher. Elle accuse et juge sans preuves ; elle grossit les défauts ; elle a des qualifications énormes pour les moindres fautes. Son langage est rempli de fiel, d'exagération et d'injure. »
VAUVENARGUES

« Il y a une certaine sorte d'amour dont l'excès empêche la jalousie. »
LA ROCHEFOUCAULD

« La jalousie des personnes supérieures devient émulation, elle engendre de grandes choses ; celle des petits esprits devient de la haine. » BALZAC

« Cette fière jalousie, que les hommes apportent dans l'union des sexes, est un sentiment sauvage, fondé sur l'illusion la plus ridicule. Il repose sur l'idée qu'on a une femme quand elle s'est donnée, ce qui est un pur jeu de mots. » FRANCE

« Dans la souffrance physique, au moins, nous n'avons pas à choisir nous-mêmes notre douleur. Mais dans la jalousie, il nous faut essayer en quelque sorte des souffrances de tout genre et de toute grandeur avant de nous arrêter à celle qui nous paraît pouvoir convenir. » PROUST

« Comme jaloux, je souffre quatre fois : parce que je suis jaloux, parce que je me reproche de l'être, parce que je crains que ma jalousie ne blesse l'autre, parce que je me laisse assujettir à une banalité : je souffre d'être exclu, d'être Agressif, d'être fou et d'être commun. » BARTHES

épître • lettre

Missive qu'on envoie à quelqu'un : lettre est le terme général ; épître, au contraire, est plus particulièrement appliqué aux lettres des anciens auteurs (les épîtres de Cicéron) ou aux lettres en vers qu'on adresse à quelqu'un. Au cas de missives modernes et non en vers, épître ne se dit qu'ironiquement.

« On attache aujourd'hui à l'épître l'idée de la réflexion et du travail, et on ne lui permet pas les négligences de la lettre. »
(MARMONTEL.)

L'**épître** pourrait aujourd'hui désigner la « lettre ouverte », généralement polémique. Autrement dit, un genre assurément plaisant mais très codifié, auquel on préférera la **lettre**, pratique plus discrète et sans doute menacée. Certes, il s'envoie chaque jour çà et là des millions de **lettres** : petits signes ponctuels et souvent commerçants (relevant de la langue comme pratique « numéraire » évoquée par Mallarmé). La **lettre** populaire (la lettre de famille où l'on donnait des « nouvelles de tout le monde ») est en voie de disparition. S'étiolent sans doute aussi les *correspondances,* joli mot pour désigner l'échange épistolaire régulier, porté par des affections et des affinités vives, où joue bien sûr aussi la distance, voire un certain quant-à-soi. Mme de Sévigné : *J'aime à vous écrire ! C'est donc signe que j'aime votre absence, ma fille : voilà qui est épouvantable.*

Bien des correspondances d'écrivains constituent de véritables œuvres : Mme de Sévigné, évidemment, mais aussi Voltaire, Flaubert ou, plus près de nous, Sartre ou Paulhan. La **lettre** suppose une autre vision du temps. Car tous ces gens, plutôt actifs, passaient plusieurs heures de leur journée à écrire des **lettres.**

Par ailleurs, la précision de Marmontel fait sourire, car malgré toutes les mauvaises raisons qu'on évoque sans peine pour ne pas écrire, qui ne souhaiterait malgré tout recevoir une **lettre** d'une personne aimée, même « remplie de négligences » ? À moins que le désir d'être aimé ne soit plus faible (on a tellement peur aujourd'hui d'être dérangé...) ou qu'il ne se manifeste autrement, par des demandes différentes.

Ainsi la distinction ci-dessus n'aura (qui sait ?) bientôt plus de sens, dès lors que la rédaction (matérielle) se trouvera irréversiblement remplacée par l'écriture volatile du Minitel. En d'autres mots, quand l'envie plus ou moins labile de communiquer — jusqu'à dire « n'importe quoi », puisque tout peut s'effacer — l'emportera sur le plaisir de converser...

« La faveur que l'ode semble avoir perdue, l'épître paraît l'avoir gagnée. »
D'ALEMBERT

« Il faut croire que l'estime et l'amitié ont inventé l'épître dédicatoire, mais la bassesse et l'intérêt en ont bien avili l'usage. » MARMONTEL

« Si vous ne faites cas de moi, Monseigneur, qu'à cause que l'on dit que j'ai quelque sorte d'esprit, et que je sais faire quelquefois une belle lettre, vous ne m'estimez que par la qualité que j'estime le moins. »
VOLTAIRE

« J'ai appris le style en écrivant des lettres de tendresse ou d'amitié, et, quand je relis celles qui ont été conservées, j'y retrouve fortement tracée l'empreinte de mes lectures d'alors, surtout de Diderot, de Rousseau et de Senancour. » NERVAL

« Les lettres ont besoin de mûrir... Pauvre missive, en vérité, qu'une missive lue le lendemain du jour où elle a été écrite. Imagine-t-on les télégrammes de la Religieuse portugaise, les télex de Mlle de Lespinasse ? »
LAPOUGE

érudit • docte • savant

Savant est le terme le plus général, désignant celui qui sait. Ainsi l'Académie des sciences est composée de savants ainsi que l'Académie des inscriptions et belles-lettres, mais ces deux ordres de savants sont bien différents : les premiers s'occupent de mathématiques, d'astronomie, de physique, de chimie, de biologie ; les autres s'occupent des langues des peuples anciens, de leurs ouvrages écrits, de leurs usages, de leurs monuments, etc. ; et on les nomme des érudits. Docte, étymologiquement celui qui a reçu de l'instruction, exprime une autre nuance ; il s'applique non pas à ceux qui sont versés dans les sciences mathématiques, ou physiques, ou organiques, mais à ceux qui sont versés soit dans l'érudition, soit dans les lettres.

On dit d'un homme qui possède les sciences mathématiques, les sciences naturelles, qu'il est savant et non docte. On dit d'un homme qui est versé dans les choses d'érudition qu'il est docte ; mais on dit aussi qu'il est savant.

Les trois mots dessinent la ligne de partage suivante : d'un côté des activités de découverte ou d'invention : un **savant** (mathématicien ou chimiste), pour peu qu'il ait du génie, confectionne des théories nouvelles ; de l'autre, un travail de sauvegarde du passé, sans que des éléments nouveaux soient ajoutés au savoir existant : le **docte** ou l'**érudit** travaillent sur des connaissances qui sont déjà là : textes de toutes sortes, sédiments des siècles passés...

Mais notons que ces mots ont, pour une grande part, laissé place à quelques autres : le **savant** est aujourd'hui un *chercheur* ou un *expert,* l'**érudit** un homme *cultivé,* et le **docte** un *cuistre* voire un *pédant !*

« Cette foule d'érudits profonds dans les langues savantes jusqu'à dédaigner la leur, qui, comme l'a dit un auteur célèbre, connaissaient tout dans les anciens hors la grâce et la finesse. » D'ALEMBERT

« L'érudit pur ne sait que les livres, n'ayant pour tout horizon que celui de sa bibliothèque. » HENRIOT

« Les hommes sont pervers ; ils seraient pires encore s'ils avaient eu le malheur de naître savants. » ROUSSEAU

« Les savants, qu'on appelle aussi érudits, ont joui autrefois d'une grande considération ; on leur doit la renaissance des lettres ; mais, comme aujourd'hui on ne les estime pas autant qu'ils le méritent, le nombre en diminue trop, et c'est un malheur pour les lettres. » DUCLOS

« Le XIXe siècle vit un certain divorce s'opérer entre les savants et les philosophes, les premiers considérant avec une certaine suspicion les spéculations philosophiques qui leur paraissaient manquer trop souvent de bases précises ou agiter en vain des problèmes insolubles, tandis que les seconds avaient souvent tendance à se désintéresser des résultats, à leurs yeux trop particuliers, des diverses sciences. » L. DE BROGLIE

« Une personne humble, qui est ensevelie dans le cabinet, qui a médité, cherché, calculé, confronté, lu ou écrit pendant toute sa vie, est un homme docte. » LA BRUYÈRE

« Ursus était savantasse, homme de goût et poète latin. Il était docte sous les deux espèces : il hippocratisait et il pindarisait. » HUGO

esquisse • ébauche

L'esquisse est séparée du tableau, dont elle est comme le plan ; et l'ébauche se fait sur le tableau même : elle en est le commencement. Marmontel a péché contre cette distinction quand il a dit : « On appelle esquisse en peinture un tableau qui n'est pas fini, mais où les figures, les traits, les effets de lumière et d'ombre sont indiqués par des touches légères » (dans Pougens). Il faut ajouter qu'ébauche emporte toujours l'idée d'un ouvrage non achevé, tandis que l'esquisse est complète si l'on n'a besoin que d'elle : on peut avoir l'idée d'un tableau par une esquisse, on ne l'a pas par une ébauche.

L'ébauche est le commencement même, encore informe, du travail, d'où l'œuvre sortira accomplie. L'esquisse n'en est que le trait, que le plan et n'entre dans l'œuvre que comme préparation.

Cette distinction est à maintenir (ou à ranimer) absolument, car elle situe bien les deux dimensions selon lesquelles progresse tout travail artistique : l'axe horizontal — celui du temps, de la contiguïté, des ajouts successifs ; et puis l'axe vertical — de l'épaisseur, des superpositions, des repentirs et autres corrections.

La peinture est sans doute le champ esthétique où sont particulièrement visibles ces deux attitudes : on occupe peu à peu l'espace de la toile, on revient plusieurs fois sur telle partie, etc.

Mais arrêtons-nous ici sur les gestes de l'écrivain. L'**ébauche** (ou premier jet) fait suite aux notations brutes et brèves consignées dans des carnets ou sur des fiches. Rapidement exécutée, sans préoccupation de style, elle s'apparente au croquis tracé brièvement sur une feuille et correspond certainement à l'un des moments les plus heureux de l'écriture : on écrit à ce moment-là de manière allègre, sans autocensure, sans crainte même de dire « n'importe quoi ».

Les **ébauches**, en général, sont vouées à la disparition, puisqu'elles ne représentent qu'un état transitoire du texte. Elles figurent cependant la trace la plus vive du corps, avant que la socialisation réclamée par la publication (l'exigence de lisibilité) n'oblige à divers polissages.

Geste heureux également que celui de l'**esquisse** : quand il s'agit de jeter sur le papier le projet d'un livre ou le canevas d'un chapitre. L'écrivain — à la différence du simple utilisateur de mots — aime sensuellement l'**ébauche** et l'**esquisse**, parce qu'il est un artiste et non un penseur. L'écriture, dans son acception littéraire, rejette la supposée fatale *orientation* du langage. Elle se permet des trajets sinueux, des excursions, la polysémie, l'indirect. Elle n'est pas pressée, n'ayant pas de thèse à promouvoir, pas d'idées à pousser devant soi, pas de fin. Elle ne relève d'aucun ordre (et a fortiori d'aucun « mot d'ordre »). Elle naît, au contraire, d'elle-même, comme l'indique Claude Simon (dans la préface à *Orion aveugle*) : *Avant que je me mette à tracer des signes sur le papier, il n'y a rien, sauf un magma informe de sensations plus ou moins confuses, de souvenirs plus ou moins précis accumulés, et un vague — très vague — projet. C'est seulement en écrivant que quelque chose se produit, dans tous les sens du terme. Ce qu'il y a pour moi de fascinant, c'est que ce quelque chose est toujours infiniment plus riche que ce que je me proposais de faire.*

L'**ébauche** et l'**esquisse** ne sont, pour l'écrivain, que les *prétextes* d'une aventure dont il n'est pas vraiment maître. Allons même jusqu'à dire que l'on rejoint la *littérature* dès lors qu'on accorde une place essentielle (ontologique) à ces gestes princeps.

« L'esquisse était, en principe, un "état" de l'œuvre antérieur à son achèvement, à l'exécution de ses détails surtout. Mais il en existait un type particulier : celle où le peintre, ne tenant pas compte du spectateur et indifférent à l'illusion, avait réduit un spectacle réel ou imaginaire à ce par quoi il devient peinture : taches, couleurs, mouvements... Le croquis est une note, certaines esquisses sont une fin. Et parce qu'elles sont une fin, il y a une différence de nature entre elles et le tableau achevé. Achever certaines esquisses (pour Constable, Corot) ne fut nullement les terminer. Celles qu'avaient choisies les plus grands pour les conserver — celles de Rubens, les jardins de Vélasquez — ne nous donnent pas l'impression de représentations inachevées, mais d'expressions plastiques complètes, que leur soumission à la représentation affaiblirait, et peut-être détruirait. L'art entrait en conflit avec le "fini". Et la frontière entre l'esquisse et le tableau commençait à perdre sa précision. Pour Corot, comme pour Constable, Géricault, Delacroix, Daumier, le style d'esquisse était la forme de la liberté. »

MALRAUX

« Les esquisses ont communément un feu que le tableau n'a pas. C'est le moment où la chaleur de l'artiste, la verve pure, sans aucun mélange de l'apprêt que la réflexion met à tout. La plume du poète, le crayon du dessinateur habile ont l'air de courir et de se jouer. Je vois dans le tableau une chose prononcée : combien dans l'esquisse y supposé-je de choses qui y sont à peine annoncées ! »

DIDEROT

« Je ne pouvais m'arracher aux dessins originaux de Léonard de Vinci, de Michel-Ange et de Raphaël. Rien n'est plus attachant que ces ébauches du génie livré seul à ses études et à ses caprices ; il vous admet à son intimité ; il vous initie à ses secrets ; il vous apprend par quels degrés et par quels efforts il est parvenu à la perfection. »

CHATEAUBRIAND

étendue • espace

L'étendue, venant du verbe étendre *composé lui-même de* tendre, *emporte avec elle l'idée d'une mesure, ou d'un rapport dans les distances ; espace ne suppose par lui-même ni mesure ni rapport. De là vient qu'appliqué à un nom, l'étendue se prend pour ses dimensions intérieures : Ce champ a beaucoup d'étendue ; et espace pour ce qui est libre à l'entour : Nous avons de l'espace.*

Étendue — sans doute à cause du verbe « étendre » — évoque une sorte d'horizontalité en expansion. Aussi une étendue sera-t-elle toujours importante (« de vastes étendues désertiques ») et jamais minuscule.

Au XVIIe siècle, on rencontre souvent le mot dans les traités scientifiques ou philosophiques. **Étendue** équivaut alors à **espace** et réfère aux modalités d'existence de la matière ou de l'univers ; ainsi chez Descartes : *L'âme est d'une nature qui n'a aucun rapport à l'étendue.*

Aujourd'hui, les deux mots ne sont plus guère en concurrence. Le premier semble avoir perdu de son importance, dans la proportion même où **espace** acquerrait une valeur quasi mythologique.

Très employé, le mot **espace** — par-delà les rêveries galactiques moins en vogue (Pascal : *Le silence de ces espaces infinis m'effraie*) — s'est replié sur notre vie quotidienne pour évoquer l'image d'un volume confortable. On parle volontiers d'espace d'habitation, d'espace publicitaire, théâtral (« l'Espace Cardin », « l'Espace bleu », rendez-vous des adeptes du New Age), etc. Rendons hommage en passant au joli petit livre de Georges Perec, *Espèces d'espaces,* où il décrivait tous les milieux, des plus proches aux plus lointains, dans lesquels nous nous installons ou que nous traversons.

Bref, le mot **espace** est sans cesse utilisé, surtout bien sûr en peinture ou en urbanisme (les « espaces verts »). Sans aucun doute il possède une valeur euphorisante, comme en témoigne en particulier le succès du nouveau type de véhicule appelé « monospace », dont le modèle inaugural a eu précisément pour nom l'Espace. Lieu et objet destiné à procurer une cénesthésie doublement heureuse, puisqu'il donne non seulement la possibilité de se déplacer rapidement, mais encore la liberté de se mouvoir à l'intérieur — contrairement à l'automobile traditionnelle, associée à l'idée d'enfermement (souvenons-nous de la « 4 CV » !).

« Je me trouve attaché à un coin de cette vaste étendue, sans que je sache pourquoi je suis placé plutôt en ce lieu qu'en un autre. » PASCAL

« Une étendue est une ligne, une surface ou un volume limités. L'étendue est ainsi par rapport à l'espace, pris dans son ensemble, ce que la durée est par rapport au temps. » LALANDE

« Rien de ce qui concerne l'homme ne se compte, ni ne se

mesure. L'étendue véritable n'est point pour l'œil, elle n'est accordée qu'à l'esprit. Elle vaut ce que vaut le langage, car c'est le langage qui noue les choses. »

SAINT-EXUPÉRY

« L'étendue est la marque de ma puissance. Le temps est la marque de mon impuissance. » LAGNEAU

« Le champ de la musique est le temps, celui de la peinture est l'espace. » ROUSSEAU

« Quand on se souvient d'un beau vers, d'un beau mot, d'une belle phrase, c'est toujours dans l'air qu'on les lit ; on les voit devant soi, les yeux semblent les lire dans l'espace. On ne les imagine point sur la feuille où ils sont collés. Au contraire un passage vulgaire ne se distingue point du livre où on l'a lu ; et c'est là que la mémoire le voit d'abord quand on le cite. »

JOUBERT

« Vertige ! voici que frissonne
L'espace comme un grand baiser
Qui, fou de naître pour personne,
Ne peut jaillir ni s'apaiser. »

MALLARMÉ

« La plus grande beauté d'une ville n'est pas dans les édifices, elle est dans l'espace libre entre les édifices. Les grands artisans des villes sont des sculpteurs d'espace. » DUHAMEL

étonnement • surprise

La surprise est ce qui saisit à l'improviste ; l'étonnement est ce qui étourdit, cause un ébranlement moral. Par conséquent, la surprise est plus faible que l'étonnement ; on peut être surpris sans être étonné. La surprise est aussi autre chose que l'étonnement ; être surpris, c'est voir ce à quoi on ne s'attendait pas ; être étonné, c'est en recevoir un certain coup qui arrête et ébranle.

On n'entend plus guère dans **étonnement** le fait d'être fortement ébranlé — littéralement : frappé par le tonnerre. Si l'on suit le sens classique, l'*étonné* devrait être estourbi, comme après avoir reçu un coup de poing : *Les troupes et les cors font un tel tintamarre / Que le bon homme est étonné* (La Fontaine). Et le poète — ou l'amateur d'étymologies fantaisistes (ce sont parfois les mêmes) — s'amusera à trouver à ce mot la lourdeur de la *tonne...*

Aujourd'hui, le mot reçoit un sens beaucoup plus faible : l'**étonnement** signale un coup d'arrêt, un doute, une incompréhension, mais sans que l'on soit touché en profondeur.

Différemment, **surprise** s'étoile de manière plus diverse et plus claire, à l'image de sa finale légère rimant avec *exquise, gourmandise* ou *mignardise.*

Il est certes de bonnes ou de mauvaises **surprises.** Mais le mot se trouve surtout lié dans notre esprit au cadeau (« J'ai une surprise pour toi ! »), à la rencontre plaisante (« Ah ! quelle surprise ! ») ; ainsi résonne le titre de Marivaux, *les Surprises de l'amour.*

Finalement, il serait fondé à utiliser ces deux mots dans des situations nettement distinctes : l'**étonnement** quand un événement inattendu provoque surtout du désagrément, la **surprise**, au contraire, chaque fois que le trouble de l'imprévu s'avère agréable ou heureux.

« La colère de Dieu le tenait dans un profond étonnement. » BOSSUET

« L'étonnement est un excès d'admiration qui ne peut jamais être que mauvais. » DESCARTES

« Ceux qui n'ont du monde aucune expérience
Sont aux moindres objets frappés d'étonnement. » LA FONTAINE

« L'étonnement, ce n'est pas que les choses soient ; c'est qu'elles soient telles, et non telles autres. » VALÉRY

« Ce changement est grand, ma surprise est extrême. » RACINE

« La surprise est toujours le premier mouvement des sots. » CAYLUS

« Il la surprit un jour avec D..., le lendemain avec un autre, et deux jours après avec un troisième, et enfin, ennuyé de toutes ces surprises qui n'en finissaient pas, il mourut, pour ne pas avoir le déplaisir de retomber dans cet inconvénient. » CRÉBILLON fils

« Un peintre apprenti demandait à son maître : "Quand dois-je considérer que mon tableau est fini ?" Et le maître répondit : "Quand tu pourras le regarder avec surprise, en te disant : c'est *moi* qui ai fait *ça !*" » SARTRE

étroit • strict

Ces deux mots ne sont synonymes qu'au sens de rigoureux, sévère, bien qu'étymologiquement les mêmes, puisque étroit *est la forme française, et* strict *la forme italienne de* strictus *: l'usage n'y a guère mis que cette nuance : strict peut se dire des personnes, et étroit ne s'en dit jamais, en ce sens : un homme strict, et jamais un homme étroit.*

Strict s'applique uniquement à des considérations morales : il désigne l'individu rigoureux jusqu'à l'austérité (« un marxiste de stricte observance »). Au vrai, il est dommage qu'**étroit** ne se dise pas pour les personnes (sauf à évoquer leurs « vues étroites » ou leurs « principes étroits »), car les deux mots signaleraient des attitudes bien différentes.

L'individu **strict** est éventuellement sévère, mais avec justesse. **Étroit**, au contraire, dans le même registre, dénonce toujours un défaut. Quel mot évoque mieux un sujet aux pensées limitées, arrêté de tous côtés par les stéréotypes, les principes ou les considérations terre à terre ? *Borné* renonce à l'élégance, pour désigner la brute obtuse, irrécupérable... Non, c'est **étroit** qui convient pour laisser imaginer un *homme de peu de jugement, dont les idées ont peu d'étendue,* comme le précise justement Littré.

L'absence de cet usage possible du mot **étroit** s'explique peut-être par l'hégémonie du sens physique, pesante jusqu'à rejoindre au besoin l'obscénité. Ainsi il serait difficile de parler d'une « femme étroite » sans penser à quelque image impudique (cette formulation existe d'ailleurs en espagnol, comme injure), à la manière dont on lit dans l'*Histoire d'O : Jacques a raison, reprit l'autre, elle est trop étroite, il faut l'élargir.*

Le français — comme les autres langues sans doute — ne manque pas de mots pour autoriser, à la suite de divers glissements, les emplois scabreux. Évoquons seulement l'hymen ou les nœuds, chastes mots du théâtre classique que le langage médical ou argotique pourvoit aussi de sens physiques. Comme si un malin génie, tapi dans les basses eaux de la langue, était toujours prêt à se manifester, pour dire aussi combien le langage dissimule et révèle nos désirs les moins avouables.

« La règle étroite et austère que les disciples de saint Benoît pratiquent si exactement. » FLÉCHIER

« Les esprits étrangers à l'activité comme à la méditation ont quelque chose d'étroit, de susceptible et de contraint qui rend les rapports de la société tout à la fois pénibles et fades. » Mme DE STAËL

« Tous mes efforts ont été portés cette année sur cette tâche difficile : me débarrasser enfin de tout ce qu'une religion transmise avait mis autour de moi d'inutile, de trop étroit et qui limitait trop ma nature. » GIDE

« Tout irait assez bien, sans un certain nombre de gens qu'on appelle assidus, exacts, remplissant rigoureusement leur devoir strict. » DIDEROT

« Il n'était certes pas avare, mais strict dans ses dépenses. » DUHAMEL

« Les gens qui ne connaissent rien au monde (ce dont ils se glorifient en se disant "stricts") ont toujours un peu d'âcreté envers ceux qui ont une expérience humaine. » MONTHERLANT

exécrable • abominable • détestable

La force de l'expression est la même ; la nuance est différente. On maudit ce qui est exécrable ; on se détourne avec abomination de ce qui est abominable.

Ce qui est exécrable est digne de malédiction ; ce qui est détestable est digne d'être repoussé, mais sans l'idée de malédiction. Il y a donc quelque chose de plus fort dans exécrable que dans détestable. Un crime exécrable est plus, dans l'expression, qu'un crime détestable, et un vice exécrable plus qu'un vice détestable.

Tout ce qui est dans les hommes est abominable. Ou encore, toujours chez Pascal : *Nos prières et nos vertus sont abomination devant Dieu.*

Abominable n'a plus ce sens fort, imprécateur. Ce mot remplit plutôt rondement la bouche (on parle sans conséquence d'un « temps abominable » ou « exécrable ») ; de la même façon ne fait guère peur le célèbre « abominable homme des neiges » de l'album d'Hergé, *Tintin au Tibet.*

Demandons-nous si l'action de *maudire* (toute religieuse) fait encore partie de nos comportements spontanés. Il semble en fait que bien peu de gens se livrent à l'imprécation ou à la malédiction. On hésite à vouer trop facilement l'autre aux gémonies ou à l'enfer... Par superstition sans doute : dans la crainte de mesures de rétorsion de même nature. D'où la peur que provoquent en nous les pays (à religion forte) où ces pratiques verbales sont habituelles.

Chez nous, on ne *maudit* plus, mais on *médit.* Mais rien n'indique que les effets en soient moindres...

« Un exécrable duel nous a ravi notre autre fils. » BEAUMARCHAIS

« Il y a des ivrognes méchants ; ce sont des gens naturellement méchants. L'homme mauvais devient exécrable, comme le bon devient excellent. » BAUDELAIRE

« Lâche, tu viens ici braver encore des femmes,
Vanter insolemment tes détestables flammes. » CORNEILLE

« Les plus détestables mensonges sont ceux qui se rapprochent le plus de la vérité. » GIDE

« Le tabac des paysans arabes me semblant trop exécrable, je soupire après le caporal. » FLAUBERT

« Ah ! quel abominable maître me vois-je obligé de servir ! » MOLIÈRE

« Je ne sais ce qu'est la vie d'un coquin, je ne l'ai jamais été ; mais celle d'un honnête homme est abominable. » J. DE MAISTRE

F
f

LA CIGALE ET LA FOURMI

fâcherie • humeur

Entre fâcherie et humeur on peut discerner cette nuance : la fâcherie suppose quelque chose qui blesse ou qui brouille : Il survient une fâcherie entre des amis ; on a le cœur gros d'une fâcherie ; la perte d'un procès nous cause une fâcherie. La mauvaise humeur, ou, absolument, l'humeur est un état qui suppose plutôt une contrariété : Il avait projeté de sortir ; voyant que la pluie commençait, il prit de l'humeur. La fâcherie a quelque chose du chagrin ; l'humeur a quelque chose de la colère. De plus, souvent, l'humeur se rapporte à la disposition, au tempérament du sujet.

Nous pourrions reconnaître dans la **fâcherie** une disposition isolée et dans l'**humeur** le signe d'un tempérament plus continûment maussade... Est-ce bien sûr pourtant ? Cette distinction est-elle vraiment perceptible ?

Fâcherie évoque aussitôt une idée de brouille ou de conflit. De sorte qu'une phrase comme « La perte d'un procès nous cause une fâcherie » se retournerait aujourd'hui en « Cette fâcherie avec mon voisin m'a conduit jusqu'aux tribunaux ! » Contrairement à *fâché* (« Je ne suis pas fâché d'être rentré chez moi »), **fâcherie** ne désigne quasiment plus un état personnel de tristesse ou de dégoût.

De son côté, **humeur,** employé seul, décrivait simplement la force du tempérament (Corneille : *Cet homme a de l'humeur. — C'est un vieux domestique, qui, comme vous voyez, n'est pas mélancolique*). Comme quoi, si l'on veut en savoir plus, il faut préciser si elle est bonne, mauvaise, triste, maussade ou vagabonde (en nous souvenant du roman d'Antoine Blondin joliment intitulé *l'Humeur vagabonde*)...

« Plus j'ai d'amour, plus j'ai de fâcherie. » MARGUERITE DE NAVARRE

« La fâcherie que nous donne quelque perte de nos biens... »
BOSSUET

« Les grands et les petits ont mêmes accidents, mêmes fâcheries et mêmes passions. » PASCAL

« Il faut tenir pour maxime indubitable que les difficultés que nous avons avec notre prochain viennent plutôt de nos humeurs mal mortifiées que d'autre chose. »
Saint VINCENT DE PAUL

« En lui l'humeur gâtait tout, et cette humeur était quelquefois hérissée de rudesse et de brusquerie. »
MARMONTEL

« Il était sévère, calme, réservé, bien qu'à ses moments d'humeur il traitât son meilleur ami ou même sa femme de "sale denrée". »
DUHAMEL

fadaise • fadeur

La fadaise est proprement ce qui est fade, la fadeur en est la qualité abstraite ; mais quand, par métonymie, nous prenons la qualité pour la chose elle-même, les fadeurs se confondent avec les fadaises, sauf que la fadeur est avant tout une pensée fade, tandis que la fadaise c'est tout ce qui n'a aucune valeur.

Ne prenez point ce que je viens de vous dire pour une fadeur ; je vous assure que c'est l'exacte vérité (Mme de Genlis). **Fadeur,** assurément, ne s'emploie guère désormais dans le sens de « discours ou louange fade ». Le mot ne sert plus qu'à caractériser des aliments, des pensées ou des caractères douceâtres, ternes, sans intérêt.

La distinction, pourtant, présente quelque agrément. Ainsi, nous pourrions réserver **fadeur** pour incriminer les phrases plates, stéréotypées, relevant d'une certaine bêtise. L'étymologie d'ailleurs y pourvoit assez bien : *fatuus* a donné « fade », mais aussi *fat,* qui a signifié « sot », puis « infatué » (plein de soi-même).

Face aux discours vains et vaniteux, on trouverait les **fadaises** ; propos il est vrai futiles mais nécessaires aussi : tous ces petits riens qui ponctuent et agrémentent notre vie, et que l'ancienne langue évoquait joliment avec des mots comme *bluette, brimborion, friolerie, fanfreluche.*

D'ailleurs, le mot s'emploie surtout au pluriel ; les **fadaises** étant presque des vétilles, il ne coûte rien de les additionner : trois fois rien, comme on sait, ça ne fait pas grand-chose...

« Il n'est point de plus grande fadaise que de se piquer des fadaises du monde. » MONTAIGNE

« Ma cousine, me dit-il, je crois que le nom de fadaises est le plus convenable ; la plupart des choses qu'on fait, qu'on dit et qu'on imprime méritent assez ce titre. » VOLTAIRE

« Ah ! vous allez lâcher quelque fadeur... » DESTOUCHES

« Ne prenez point ce que je viens de vous dire pour une fadeur ; je vous assure que c'est l'exacte vérité. » Mme DE GENLIS

« Elle était belle, née, faite pour plaire, pour recevoir des hommages, et entendre des fadeurs. » MAUPASSANT

faible • débile

Faible vient du latin **flebilis,** *digne d'être pleuré, misérable, d'où faible. Débile vient du latin* **debilis,** *composé de* **de-habilis,** *qui a cessé d'être habile, capable. De la sorte, au fond, faible exprime l'état de faiblesse, tandis que débile exprime une décadence, une diminution, une perte : La faible enfance, la débile vieillesse. Voilà la* *nuance fondamentale entre ces deux mots dont la signification est très voisine, mais dont l'emploi l'est moins, attendu que faible est de tous les styles, tandis que débile n'est que du style ou soigné ou relevé.*

facile • faible

Un homme facile est en général un esprit qui se rend sans peine à la raison, aux remontrances, un cœur qui se laisse fléchir aux prières ; et faible est celui qui laisse prendre sur lui trop d'autorité. (VOLTAIRE.)

Il nous est désormais impossible d'employer le mot **débile** comme le faisait Corneille : *Son courage sans force est un débile appui,* ou plus tard Romain Rolland : *L'esprit humain est débile.*

Relevons encore que le mot *imbécile* avait de semblable façon, dans les textes anciens, le sens de « faible ». C'est ainsi qu'il est toujours employé dans les *Essais* de Montaigne.

Cette mutation de l'usage prête à sourire. *Soigné, relevé, soutenu...* Ou *négligé, relâché...* Tous ces échelons de l'analyse du sens (appelés « niveaux ») paraissent bien normatifs et rudimentaires.

Ces derniers temps, le mot **débile** appartient au volapük des jeunes (*fam.,* ou *pop.,* diraient les dictionnaires) et affiche (comme son homologue « nul ») une forte réprobation.

Facile a connu un sort identique. Si l'on peut dire aisément d'un homme qu'il est *facile* — c'est-à-dire conciliant, traitable — l'emploi du mot est plus délicat à propos de la gent féminine (Corneille : *A-t-elle été facile ?*). Littré précise : *Au XVIIe siècle, on disait, sans aucun sens défavorable, d'une femme qu'elle était facile, pour signifier qu'elle faisait un bon accueil.* Aujourd'hui, le mot évoque bien autre chose, et sous la forme du reproche. La *facilité* devient ici *faiblesse.* Comme si cette forme particulière de générosité (consistant à « se donner ») était nécessairement critiquable.

On le voit bien, plus qu'à son plaisir, l'homme, tristement, songe à sa réputation : *À vaincre sans péril, on triomphe sans gloire.*

« Les personnes faibles ne peuvent être sincères. »
LA ROCHEFOUCAULD

« Plus l'esprit est faible, plus il imagine de chimères. » DUCLOS

« Le faible est toujours faible, il ne varie que dans sa faiblesse ; mais le fort est faible quelquefois. »
SENANCOUR

« Que j'ai honte de nous, débiles que nous sommes ! » VIGNY

« L'esprit humain est débile ; il s'accommode mal de la vérité toute pure ; il faut que sa religion, sa morale, ses États, ses poètes, ses artistes, la lui présentent enveloppée de mensonges. » ROLLAND

« D'une mère facile affectez l'indulgence. » RACINE

« Laissons cette causeuse ;
Qu'elle soit à son choix facile ou rigoureuse. » CORNEILLE

« C'est une femme désirable, sûrement sensuelle et presque sûrement facile. » ROLLAND

« Vous êtes facile, O, lui dit-il. Vous aimez René, mais vous êtes facile. » RÉAGE

faim • appétit

La faim est proprement le besoin de manger. L'appétit est le désir de manger. La faim n'a pas besoin d'excitations pour être ressentie ou augmentée, et toute substance nutritive la satisfait. L'appétit est souvent irrité par les ragoûts, et il n'est pas satisfait par toute sorte de mets.
La faim est essentiellement l'expression d'un besoin, elle ne peut être ni provoquée ni excitée, comme l'appétit. Celui-ci se prononce pour tel aliment de préférence à un autre ; la faim appelle également toute espèce d'aliment pour lequel on n'a pas de répugnance. En mangeant on apaise toujours la faim, tandis qu'on donne quelquefois lieu à l'appétit de se développer.

Nous retrouvons ici la fameuse distinction entre l'instinct (la **faim**) et le désir (l'**appétit**). La chose est parfaitement claire pour l'alimentation (entre le besoin organique de se nourrir et le plaisir de manger). Aucune ambiguïté, non plus, chez La Fontaine : *Une fille pleine de suc et donnant appétit.*

L'instinct étant programmé, seul le désir — lié au symbolique — signerait notre appartenance au genre humain. Dans cette voie interprétative se sont engouffrées bien des représentations. Religieuses d'abord, puisque l'opposition permet de fonder une séparation radicale entre l'animal et l'homme — lisible dans les premiers versets de la Genèse. Mais aussi psychanalytique, lorsque le désir est posé comme issu d'un manque essentiel et devant rester insatisfait. L'ouvrage de Françoise Dolto *l'Évangile au risque de la psychanalyse* a bien montré la connivence entre ces deux façons de raconter le monde.

Le désir reste une notion cardinale, car elle permet de penser la singularité. *L'appétit n'est pas satisfait par toute sorte de mets,* écrit Littré. Comprenons que la sexualité est strictement individuelle et fait fi de toute généralisation. La sexologie ne devient plus qu'un vaste catalogue assez dérisoire...

À l'opposé, la **faim** (l'instinct) nous rejette dans la grégarité. L'animal humain existe, aussi, et c'est pourquoi les théories de Pavlov sont plus que jamais recommandables pour comprendre ce qui nous entoure...

« On ne doit pas avoir faim quand on est affligé. » MARIVAUX

« La vie a deux pôles, la faim et l'amour. » FRANCE

« Si ce que tu manges ne te grise pas, c'est que tu n'avais pas assez faim. »
GIDE

« Le gourmand trouve des bornes dans son appétit, quelque déréglé qu'il soit. »
BOSSUET

« La société est composée de deux grandes classes : ceux qui ont plus de dîners que d'appétit, et ceux qui ont plus d'appétit que de dîners. »
CHAMFORT

« Dieu a mille moyens de faire des compensations ; s'il a donné à l'un de bons dîners, à l'autre il donne un peu plus d'appétit, et cela rétablit l'équilibre. »
TILLIER

fallacieux • trompeur

Fallacieux enchérit sur l'idée de trompeur. Un langage trompeur nous égare et présente les choses autrement qu'elles ne sont ; un langage fallacieux nous trompe pour nous nuire dans un dessein prémédité.

L'éloquent Bossuet est le seul qui se soit servi, après Corneille, de cette belle épithète, fallacieux. Pourquoi appauvrir sa langue ? Un mot consacré par Corneille et Bossuet peut-il être abandonné ? (Voltaire). Regrettons, en effet, que **fallacieux** soit à ce point délaissé, et qu'ait totalement disparu *fallace,* pour désigner la disposition à tromper : *Elle lui mit au sein la ruse et la fallace* (Régnier).

Mensonge, bluff, mystification, artifice : autant de mots employés couramment auxquels manque la précision. En particulier, ils taisent complètement le projet (les intentions) des instigateurs. Ainsi l'on ment pour nuire à l'autre, mais aussi pour se protéger, pour jouer ou faire plaisir. Volontaire ou non, le geste procède toujours d'un être humain, et c'est pourquoi **fallacieux** et **trompeur** appartiennent à une théâtralité classique.

Depuis, la modernité nous a habitués à tout autre chose, en assurant la promotion de grandes machines (les multinationales, les bureaucraties, etc.) dans lesquelles on ne trouve plus la trace visible d'une hiérarchie responsable. Même « Big Brother » devient un fantasme caduc auquel il serait vain de s'accrocher. Le sens de tout événement disparaît, le monde se réduit à un jeu de miroirs où une agitation violente débouche sur le vide absolu. De nombreux films d'espionnage des années 1970 ont bien pointé ce phénomène (par exemple *les Trois Jours du Condor,* de Sydney Pollack, en 1975, avec Robert Redford).

Sur une autre scène, la littérature (qui a toujours entretenu une relation forte et ambiguë avec la vérité) nous présente la réalité sous un jour inédit, en empruntant les voies détournées de l'imaginaire, suspect depuis toujours aux yeux des éducateurs, puisque l'invention n'est jamais loin du mensonge...

Un mot rassemble bien ces deux sens de fiction littéraire et de mensonge : c'est celui de *fable,* tel que Proust l'utilise dans *la Prisonnière : Cette jeune fille était, au point de vue de la fable, supérieure à Albertine, car elle n'y mêlait aucun des moments douloureux, les sous-entendus rageurs qui étaient fréquents chez mon amie.*

« Loin, loin, bien loin de moi, pensers fallacieux,
Espoirs faux et trompeurs. »

DESPORTES

« Les dangereuses insinuations et les détours fallacieux de l'esprit malin. » BOSSUET

« *Fallacieux* ne vaut rien ni en prose ni en vers. » VAUGELAS

« Il faut commencer par-là le chapitre des puissances trompeuses. L'homme n'est qu'un sujet plein d'erreur. Tout l'abuse. » PASCAL

« La médecine n'a de certain que les espoirs trompeurs qu'elle nous donne. » RENARD

« La grandeur est un songe, la joie une erreur, la jeunesse une fleur qui tombe, et la santé un nom trompeur. »

BOSSUET

fausseté • mensonge • erreur

Fausseté est le contraire de la vérité, ce n'est pas proprement le mensonge, dans lequel il entre toujours du dessein. Il y a beaucoup de faussetés dans les historiens, des erreurs chez les philosophes, des mensonges dans presque tous les écrits polémiques, et encore plus dans les satiriques. La fausseté est presque toujours encore plus qu'erreur. La fausseté tombe sur les faits, l'erreur sur les opinions.

« C'est une erreur de croire que le soleil tourne autour de la terre ; c'est une fausseté d'avancer que Louis XIV dicta le testament de Charles II. » (VOLTAIRE.)

Mettons à part le **mensonge**, geste volontaire pour égarer ou tromper autrui.

La **fausseté**, nous précise-t-on, *est plus qu'erreur car elle porte sur le fait.* Intervention psychotique aboutissant à annuler un morceau de réel. Aujourd'hui, les thèses révisionnistes (rejetant l'existence des camps d'extermination nazis) participent de cette **fausseté**.

Il reste que le réel, dans ces thèses, *nié* pesamment, existe encore dans un langage. Ce qui laisse voir que le stade ultime de l'abolition d'une réalité consiste à l'exclure de tout discours. La formule de Nietzsche : *Dieu n'existera plus quand on aura cessé d'en parler* est ici applicable à n'importe quoi.

En somme l'**erreur** serait davantage pardonnable, car le réel n'est pas toujours facile à identifier. Et nos moyens de connaissance sont souvent bien faibles. L'exemple du *soleil* va dans ce sens. Il reste que tout individu se situe hors de la pureté, puisque ses intérêts le conduisent toujours à se porter vers une vision des choses qui satisfasse ses désirs les plus forts. Ainsi, à l'époque de Galilée, l'Église, en combattant l'héliocentrisme, n'était sans doute pas simplement dans l'erreur.

« Jamais la fausseté ne dicta mes mensonges, ils sont tous venus de faiblesse, mais cela m'excuse très mal. Avec une âme faible on peut tout au plus se garantir du vice, mais c'est être arrogant et téméraire d'oser professer de grandes vertus. »

ROUSSEAU

« Tous les arts sont fondés sur un certain degré de fausseté. »

STENDHAL

« L'homme est de glace aux vérités ;
Il est de feu pour le mensonge. »

LA FONTAINE

« Le mensonge cherche toujours à imiter la vérité. »

FUSTEL DE COULANGES

« Le mensonge est essentiel à l'humanité. Il y joue peut-être un aussi grand rôle que la recherche du plaisir et, d'ailleurs, est commandé par cette recherche. On ment pour protéger son plaisir ou son honneur si la divulgation du plaisir est contraire à l'honneur. On ment toute sa vie, même surtout, peut-être seulement, à ceux qui nous aiment. Ceux-là seuls, en effet, nous font craindre pour notre plaisir et désirer notre estime. »

PROUST

« Qui chérit son erreur ne la veut pas connaître. »

CORNEILLE

« C'est surtout ce qu'on ne comprend pas qu'on explique. L'esprit humain se venge de ses ignorances par ses erreurs. »

BARBEY D'AUREVILLY

« Nul doute : l'erreur est la règle ; la vérité est l'accident de l'erreur. »

DUHAMEL

feinte • mensonge

La feinte est une fausse apparence sous laquelle on cache quelque chose. Le mensonge, c'est dire ce qui n'est pas vrai. Est-ce feinte ou mensonge, ce que vous me dites là ? voulez-vous m'en imposer par une fausse apparence, ou, simplement, ce que vous me dites là est-il faux ?

Feinte, mensonge : deux mots qui témoignent des relations complexes que nous entretenons avec le langage, les autres hommes et le réel.

Le **mensonge** est plus primitif, brutal, enfantin, pourrait-on dire. Pourtant, il n'est pas toujours facile de mentir. Le **mensonge** est aussi un art pratiqué plus commodément par ceux que leur éducation n'a pas inhibés...

À sa manière, la **feinte** se montre plus subtile car elle est une positivité déguisée. Pratiquée dans bien des sports, elle nous fait entrer dans un champ très vaste de tromperie et de finesse. Les leurres sont en effet également utilisés à la chasse (les appeaux), pour éloigner les animaux (les épouvantails) ou dérouter l'ennemi...

Mais un pas de plus est fait pour égarer lorsqu'on dit le vrai en voulant faire accréditer le faux : *Pourquoi me dis-tu que tu vas à Minsk pour que je croie que tu vas à Pinsk alors que je sais que tu vas à Minsk ?* raconte une histoire juive (que nous citons de mémoire) prisée des psychanalystes.

Dans ce registre, il convient d'ajouter à la série le mot *dénégation,* concept clé de la psychanalyse, que Proust avait très exactement pointé (dans *la Prisonnière*) : *Parfois l'écriture où je déchiffrais les mensonges d'Albertine, sans être idéographique, avait simplement besoin d'être lue à rebours ; c'est ainsi que ce soir elle m'avait lancé d'un air négligent ce message destiné à passer presque inaperçu : « Il serait possible que j'aille demain chez les Verdurin, je ne sais pas du tout si j'irai, je n'en ai guère envie. » Anagramme enfantin de cet aveu : « J'irai demain chez les Verdurin, c'est absolument certain, car j'y attache une extrême importance. »*

« Mais de ton faux amour les feintes concertées,
Les noires trahisons, les ai-je méritées ? » TH. CORNEILLE

« Incapable d'une mauvaise pensée, mais aussi d'une feinte, si elle ne vous aimait pas, il lui était impossible de vous dire ou de vous laisser croire le contraire. » SAINTE-BEUVE

« La danseuse se détourne, hésite, en se sentant sous le regard des hommes, tout cela avec de doux sourires et des feintes de pudeur exquises. » FROMENTIN

« Il y a deux sortes de mensonges : celui de fait, qui regarde le passé, celui de droit qui regarde l'avenir. Le premier a lieu quand on parle sciemment contre la vérité des choses. L'autre a lieu quand on montre une intention contraire à celle qu'on a. » ROUSSEAU

« De toutes les mauvaises actions, le mensonge est la plus facile à cacher, et celle qui coûte le moins à commettre ; mais dans combien d'occasions le mensonge ne devient-il pas une vertu héroïque ! » VOLTAIRE

« Ce que l'on déracine le plus difficilement chez un peuple, ce ne sont pas les fictions qui le conservent, ce sont les mensonges qui l'amusent. » NODIER

fermeté • constance

L'homme ferme résiste à la séduction, aux forces étrangères, à lui-même. L'homme constant n'est point ému par de nouveaux objets. On peut être constant avec une âme pusillanime, un esprit borné ; mais la fermeté ne peut être que dans

un caractère plein de force, d'élévation et de raison. La légèreté et la facilité sont opposées à la constance ; la fragilité et la faiblesse sont opposées à la fermeté. (ENCYCLOPÉDIE.)

Ce débat s'imprègne facilement d'une morale « Grand Siècle », la **fermeté** témoignant d'une attitude stoïcienne qui présente pourtant à nos yeux un défaut majeur : le résultat se trouve obtenu dans la tension, jusqu'à la crispation (le « stress »).

Si la **fermeté** participe d'une immobilité négative, fondée sur des refus (par exemple de ne pas céder aux passions), en revanche la **constance** fait montre a priori d'une sérénité de bon aloi : il s'agit moins de s'interdire quoi que ce soit, que de s'ajuster au monde, de s'accorder (au sens musical du mot). C'est là une vertu aimable : l'égalité d'humeur (l'*équanimité*) a ses agréments, pour soi et pour les autres...

La tranquillité de l'âme (titre d'un dialogue de Sénèque) est convoitée par toutes les sagesses du monde. Mais elle suppose toujours une mise à l'écart, la régulation des habitudes de vie, une *diète* plus ou moins stricte. La constance rejoint ici — bien qu'avec plus de douceur — la **fermeté** : *L'homme constant n'est point ému par de nouveaux objets.*

Pour être *constant,* il faut malgré tout se prémunir et pratiquer des refus, bref, « couper les ponts ». En finale, la **constance** a partie liée avec les prescriptions des Pères de l'Église concernant l'*apatheia* (l'impassibilité fondée sur le détachement et le renoncement) : *L'homme impassible finit par ne plus rien sentir* (saint Jean Damascène).

L'impassibilité apparaîtrait ici comme la limite négative de la **constance,** le sujet impassible vivant, hors de tout désir, dans la répétition infinie — autrement dit : dans la mort.

En face d'un tel programme, on préférera souvent l'impureté du désir (au sens physique du mot « impureté », quand on parle de minerais) au soleil triste et froid de l'apathie.

« Mais votre fermeté tient un peu du barbare. » CORNEILLE

« On périt quelquefois par trop de fermeté. » VOLTAIRE

« Ses yeux indifférents ont déjà la constance
D'un tyran dans le crime endurci dès l'enfance. » RACINE

« Nous croyons souvent voir de la constance dans les malheurs, lorsque nous n'avons que de l'abattement ; et nous souffrons sans oser les regarder, comme les poltrons se laissent tuer de peur de se défendre. » LA ROCHEFOUCAULD

flageller • fustiger

Quand il s'agit du supplice du fouet, la différence étymologique est que flageller suppose l'emploi du fouet, et fustiger celui des verges ; dans l'usage ces deux mots sont synonymes, et ils s'emploient l'un comme l'autre, sauf que flageller est plus énergique. Quand il s'agit de pénitence, c'est flageller qui est le mot propre.

Précisions étymologiques : *flagellum,* c'est le fouet, et *fustis,* le bâton, puis les fameuses verges du théâtre de Molière. Ou encore, chez Balzac : *Ha ! pensa maître Mathias, ils vont lui faire baiser les verges avant de lui donner le fouet.* (La verge est « une petite baguette longue et flexible »...)

Ces mots, bien sûr, n'ont plus cours dans le langage courant (excepté **fustiger** au sens figuré), puisque la justice ou l'École — dans nos pays du moins — ne pratiquent plus ce genre de châtiments.

Alors, comme chaque fois qu'un objet quitte la scène de l'usage, il rejoint le grenier des fantasmes. Ces fantaisies avec baguette rappelleront à d'aucuns la comtesse de Ségur (et *les Malheurs de Sophie*). Mais, au-delà, le couple **flageller, fustiger** montre que la cruauté aime aussi le raffinement (*flageller* est plus énergique). Il sera donc loisible de faire des distinctions entre les sensations, plus ou moins douloureuses, ou d'établir des gradations dans les châtiments.

« Les prédicateurs et leurs prosélytes furent emprisonnés, flagellés, égorgés. » RAYNAL

« La nuit s'était faite, le vent glacé le flagellait. » ZOLA

« Combien de pamphlets vils qui flagellent sans cesse
Quiconque vient du ciel. » HUGO

« On lui demanda juridiquement ce qu'il aimait le mieux, d'être fustigé trente-six fois par tout le régiment, ou de recevoir à la fois douze balles de plomb dans la cervelle. » VOLTAIRE

« Après quoi, ayant reproché aux prêtres leur stupidité, Cambyse les fit cruellement fustiger. » ROLLIN

« Avec quelques paradoxes bien choisis, on fustige l'intellect des sots. » LARBAUD

fortuné • heureux

Celui qui est fortuné a reçu les faveurs de la fortune ; celui qui est heureux, jouit du bonheur. Tandis que être heureux se prend dans le sens d'avoir des chances favorables, fortuné n'admet pas cet emploi ; on est heureux au jeu, mais non fortuné. De plus, fortuné signifie à qui tout réussit, et heureux indique plutôt l'état paisible et satisfait de l'âme : un pauvre qui se contente de ce qu'il a peut être heureux ; il n'est pas fortuné.

Fortuné a totalement perdu son sens de « favorisé par le sort » – acception issue de la mythologie, où la déesse Fortune personnifiait le hasard.

Au XIXe siècle, Charles Nodier signalait déjà ce glissement, pour le critiquer : *Fortuné ne doit pas être employé pour riche ; c'est une faute née de ce que fortune, entre autres significations, a celle de richesse. Dans la logique du peuple, un homme fortuné est nécessairement un homme riche ; c'est un barbarisme très commun dans la langue, et qui provient d'une erreur très commune dans la morale.*

Ce dévoiement n'a fait que s'accentuer puisque la mythologie moderne (issue des magazines) associe étroitement l'idée de bonheur à celle de richesse. La presse destinée à tous les milieux sociaux s'emploie avec insistance (interrogeons-nous sur le sens de cette obstination) à mettre en scène des personnages nés, comme on dit, « avec une cuillère d'argent dans la bouche » : à la fois **fortunés** (favorisés par le sort, par leur origine) et **heureux** (vivant dans la chance et la réussite).

Mais en même temps, peut-être pour atténuer un scandale absolu et ne pas se poser de question sur la légitimité de la fortune, on montre avec une égale application dans les magazines populaires des individus malheureux *malgré* leur *fortune.* Dans un livre paru en 1992, *Pauvres Petites Filles riches* (écho d'une célèbre chanson de Claude François), l'auteur rapportait avec force détails les déboires de quelques princesses et jeunes filles de très bonne famille. À sa manière, et de façon décalée, Sempé fait sourire de l'ennui massif des riches dans son album *Saint-Tropez.* Le bonheur (le fait de se sentir **heureux**) relèverait finalement d'une conception de la vie (d'une éthique), tandis que la *fortune* tiendrait surtout aux circonstances. Rappelons le point de vue de Schopenhauer (dans ses *Aphorismes sur la sagesse dans la vie*) : le bonheur ne se situe ni dans ce que l'on a ni dans ce que l'on représente, mais dans ce que l'on est. Mais au fait, est-il possible de se changer soi-même et de modifier sa vie ? La plupart des ouvrages rapportant des recettes pour être **heureux** – même contemporains (évoquons le délicieux livre d'Albert Memmi issu de ses chroniques du *Monde : la Chasse au bonheur*) – soutiennent que oui. L'idée du libre arbitre n'est pas sans confort...

« Le monde, voyant un homme qui a ce qu'il veut, s'écrie avec un grand applaudissement : qu'il est heureux ! qu'il est fortuné ! » BOSSUET

« Jamais l'homme, tant qu'il meure,
Ne demeure
Fortuné parfaitement,
Toujours avec la liesse,
La tristesse
Se mêle secrètement. » RONSARD

« On n'est jamais si malheureux qu'on croit, ni si heureux qu'on l'avait espéré. » LA ROCHEFOUCAULD

« Nous ne serons jamais aussi heureux que les sots, mais tâchons de l'être à notre manière. » VOLTAIRE

« Ceux-là seuls ont vécu heureux qui ont su ménager parfois dans leur existence si chère l'inappréciable pureté de quelques jouissances imprévues. » LOUŸS

« Je n'ai jamais été heureux, mais j'ai toujours été gai. » DUTOURD

fragile • faible

L'homme fragile diffère de l'homme faible en ce que le premier cède à son cœur, à ses penchants, et le second à des impulsions étrangères. « La fragilité suppose des passions vives, et la faiblesse l'inaction et le vide de l'âme. » (ENCYCLOPÉDIE.)

Fragile incite facilement à la pitié, tandis que **faible**, en parlant du caractère, possède vraiment une couleur dépréciative.

Pourtant, la différence nous importe en ce qu'elle montre à l'évidence que tout être est menacé non seulement par des dangers extérieurs *(faiblesse),* mais aussi par ses propres démons *(fragilité).* Les Pères de l'Église aident à méditer cet aspect des choses — la faiblesse renvoyant aux tentations du monde et la fragilité aux passions qui dévorent l'homme. Un terme, notamment, se montre précieux, dans leur vocabulaire : celui d'*acédie,* défini par saint Jean Climaque (dans son *Échelle sainte*) comme *un relâchement de l'âme, un laisser-aller de l'intellect.* Fléchissement aigu du désir, qui se traduisait chez les moines par un désinvestissement à l'égard de la foi.

Autrement dit, l'acédie définit un état psychologique *(fragilité)* qui rend l'individu enclin à céder aux tentations *(faiblesse).* Rappelons cependant la vision de Nietzsche, pour lequel la retraite monacale est une manière de résister *non point aux « tentations », mais aux « devoirs ».* Nous serions plus facilement menacés par les obligations sociales que par notre propre fragilité.

Au-delà du strict problème religieux, tout cela est loin de nous laisser indifférents. Il n'est pas inutile de savoir si nous sommes plutôt **faibles** ou **fragiles.** Enfin, nous sommes également susceptibles d'être touchés par l'acédie : lorsque par exemple la fatigue ou l'oisiveté nous entraînent vers l'ennui ou les passions néfastes.

« Je m'étonne qu'étant si fragiles, les hommes fassent de si grands desseins et qu'ils se tourmentent si fort pour de vains honneurs. » D'ABLANCOURT

« Malheur à moi d'être né si sensuel et si fragile ! » BOURDALOUE

« On sait que la chair est fragile quelquefois,

Et qu'une fille enfin n'est ni caillou ni bois. »
MOLIÈRE

« Nous nous faisons honneur des défauts opposés à ceux que nous avons ; quand nous sommes faibles, nous nous vantons d'être opiniâtres. »
LA ROCHEFOUCAULD

« Que leur ai-je fait ? se demandait-il. Cette demande est le mot des niais, le mot des gens faibles qui ne sachant rien voir, ne peuvent rien prévoir. »
BALZAC

« Les gens faibles s'engagent facilement dans l'avenir ; les projets éloignés ne les effrayent pas. »
Mme DE GENLIS

« Les gens faibles sont les troupes légères de l'armée des méchants. Ils font plus de mal que l'armée même : ils infestent et ils ravagent. »
CHAMFORT

franchise • sincérité

La sincérité ne trahit jamais la vérité ; la franchise la dit ouvertement. L'homme sincère l'est avec lui-même aussi bien qu'avec les autres ; l'homme franc ne l'est qu'avec autrui ; la franchise est la sincérité considérée à l'égard d'autrui.

La **franchise** serait l'opposé du mensonge (dans l'ordre du discours) et la **sincérité**, le revers de l'hypocrisie (dans le comportement). Pourtant, le centre de gravité du propos, la *vérité,* ne manque pas de faire problème.

En effet, de quelle vérité s'agit-il ? D'une justesse scientifique (l'adéquation au réel) ? d'une vérité religieuse (la fidélité au dogme) ? morale ? philosophique ? Là encore, la psychanalyse a troublé l'ordre de la réflexion en parlant de la *vérité du désir,* d'ordre inconscient, comme chacun sait.

On comprend aisément que la religion ait particulièrement combattu l'hyprocrisie – entendue d'abord comme « fausse piété ». Bourdaloue : *J'appelle hypocrite quiconque, sous de spécieuses apparences, a le secret de cacher les désordres d'une vie criminelle.* Ou Mme de Maintenon : *Le péché vaut encore mieux que l'hypocrisie.*

Dans les représentations actuelles, l'homme *sincère* se montre tout d'une pièce, entier, non partagé (la division intérieure, signe de faiblesse), sans contradiction : « Il croit à ce qu'il dit. » Et sa **franchise** apparaît en toutes circonstances, car il dit aussi ce qu'il pense.

Image bien considérée, surtout dans les époques douées des moyens techniques de la duplicité. Ne l'oublions pas, la photographie, la radio, la télévision sont dès leur origine des machines à fabriquer des leurres, à bricoler de l'imaginaire (des mots, des images).

Autrement dit, plus on aura partout les moyens du mensonge et plus on verra apparaître sur nos écrans les champions de l'authenticité. Les « reality shows » en donnent une idée : personnages réputés naturels, un peu « bruts » (« Brut » est le nom d'une eau de toilette bon marché assez écœurante...), sans détours, directs ; mythologie de la spontanéité dans ces spectacles en direct (« la vérité sort de la bouche des enfants »).

Pourtant, plutôt que des gens sincères, nous rencontrons des gens qui disent qu'ils le sont. Nuance ! Le souvenir ici d'un dessin de Sempé : dans un cocktail très parisien, lors de la remise d'un prix littéraire, de très nombreux corps alourdis, des hommes surtout, un verre de champagne à la main. Des affichettes témoignent de l'importance des ventes. Dans un coin, l'auteur, assez jeune et encore maigre, confie à son voisin de droite : *Ce qui me fait plaisir surtout, c'est de voir que ma sincérité est devenue vraiment opérationnelle.* Par ailleurs, est-il bien souhaitable de dire aux autres en toutes circonstances nos sentiments ou nos pensées ? Lors d'un cours au Collège de France, Roland Barthes avait évoqué sa méfiance à l'égard de l'idéologie de la « franchise à tout prix » : *Lorsqu'on vous annonce que l'on va être franc avec vous, cela prépare toujours une petite agression.* L'homme franc fait à coup sûr partie des *fâcheux* chers à Molière.

Le théâtre des relations sociales et la délicatesse imposent de mentir avec adresse — au moins par omission. L'obligation de jouer sa propre image rend *hypocrite,* mais au sens le plus littéral du terme : hupokritês, en grec, c'est l'acteur. La comédie, seule ressource, à coup sûr, contre la violence toujours possible des relations... Dans cette perspective, la *vérité* (l'exactitude) tombe au second rang. Seule importe alors la *justesse* musicale des relations.

« La sincérité ne dit que ce qu'on lui demande ; la franchise dit souvent ce qu'on ne lui demande pas. »

SUARD

« Cette franchise provinciale, souvent un peu trop près de l'impolitesse. » BALZAC

« Janin nous disait aujourd'hui dans un accès de franchise : "Savez-vous pourquoi j'ai duré vingt ans ? Parce que j'ai changé tous les quinze jours d'opinions." » GONCOURT

« La politesse est plus généreuse que la franchise, car elle signifie qu'on croit à l'intelligence de l'autre. »

BARTHES

« La sincérité est une ouverture du cœur. On la trouve en fort peu de gens, et celle que l'on voit d'ordinaire n'est qu'une fine dissimulation, pour attirer la confiance des autres. »

LA ROCHEFOUCAULD

« La sincérité me paraît l'expression de la vérité ; la franchise, une sincérité sans voiles ; la candeur, une sincérité douce ; l'ingénuité, une sincérité innocente ; l'innocence, une pureté sans tache. » VAUVENARGUES

« Le mot *sincérité* est un de ceux qu'il me devient le plus malaisé de comprendre. J'ai connu tant de jeunes qui se targuaient de sincérité ! Certains étaient prétentieux et insupportables ; d'autres, brutaux. » GIDE

frivole • futile

Ce sont deux adjectifs dérivés du latin et qui, dans la langue originelle, ont pour sens propre l'un le sens de frêle, l'autre le sens de ce qui se répand et se perd. De là dérive la distinction : ce qui est frivole a peu de valeur sans doute, mais en a une certaine, exprimant quelque chose de léger, et qui peut plaire par cette légèreté même, au lieu que futile n'a aucune valeur.

Ce qui attire avec le **frivole** ou le **futile**, c'est la légèreté, le sens de l'éphémère. Nous sommes à ce moment-là à l'opposé de la durée grave *(lourde),* autant dire du sérieux.

La *frivolité* serait, en dehors d'un luxe, une modalité majeure de l'existence, la trace active d'une manière de vivre.

Le XVIIIe siècle français, assurément, nous en fournit la meilleure illustration (du moins, bien sûr, jusqu'au rigorisme intransigeant des révolutionnaires de 1789).

Pour nous consoler de nos innombrables misères, la nature nous a faits frivoles, écrit Voltaire, qui n'a pas manqué de consacrer tout un petit chapitre à la notion dans son *Dictionnaire philosophique.* Rien ne mériterait un comportement appuyé. Opposition tranchée à toute forme d'énervement.

La *futilité* va au-delà, plus négative, puisqu'on passe du pas grand-chose au rien du tout. *Futilité :* indication que tout ici-bas se dissipe et s'évapore, comme un parfum. La futilité est la manifestation immédiate du vide et de la vanité. Mme de Sablé : *Il n'y a que la vanité qui rend frivole* — phrase que nous réécrivons ainsi : *Il n'y a que la futilité pour exprimer vraiment l'inanité de toute chose.*

« Si l'on ôtait de la vie tout ce qu'il y a de vain et de frivole, il y resterait si peu de choses, que cela ne vaudrait pas la peine de le regretter. »
Mlle DE SCUDÉRY

« Il y a des personnes si légères et si frivoles qu'elles sont aussi éloignées d'avoir de véritables défauts que des qualités solides. »
LA ROCHEFOUCAULD

« Si la nature ne nous avait faits un peu frivoles, nous serions très malheureux ; c'est parce qu'on est frivole que la plupart des gens ne se pendent pas. »
VOLTAIRE

« Il n'est pas possible que des esprits dégradés par une multitude de soins futiles s'élèvent jamais à rien de grand ; et, quand ils en auraient la force, le courage leur manquerait. »
ROUSSEAU

« Les êtres ne sont jamais si simples qu'on les croit. Même parmi les plus futiles, ce n'est pas seulement en lingerie que les femmes ont de curieux dessous. »
HENRIOT

« L'objet le plus futile peut donner prétexte et naissance aux réflexions et aux opérations les plus pénibles. »
VALÉRY

G
g

LA FORTUNE ET LE JEUNE ENFANT

gai • enjoué • joyeux

L'homme gai est de belle humeur ; c'est l'effet du tempérament ou de quelque heureuse circonstance. L'homme enjoué se joue, il a la plaisanterie agréable, le désir et le talent d'amuser. Joyeux se dit des affections du moment : un homme très froid et posé peut être joyeux s'il apprend une nouvelle qui lui fait grand plaisir.

La *gaieté* manifeste non seulement une inclination générale du tempérament (il y aurait des individus gais et d'autres plutôt tristes), mais encore une sensation de bien-être, moins vive que la *joie, sentiment plus pénétrant* (Vauvenargues). Ivresse pétillante, comme lorsqu'on a « le vin gai ».

Si la joie ou la gaieté restent éventuellement intériorisées, l'enjouement atteste en revanche une bonne humeur plus directement socialisée. *C'est un caractère d'esprit,* écrit Trévoux, *qui fait qu'on est de bonne compagnie, et qu'on satisfait autant ceux avec qui l'on se trouve que soi-même.*

D'autres mots encore, nombreux, désignent les modalités diverses de la *gaieté : allègre, hilare, jovial, réjoui...* Nous avons tendance à les confondre, pour utiliser finalement toujours les mêmes (**gai** ou **joyeux**). Sans doute parce qu'au-delà des formules classiques — et vides à force d'avoir été ressassées (« Le rire est le propre de l'homme ») —, notre civilisation, dans la religion et la philosophie en particulier, n'a guère fait de la joie une valeur essentielle.

Dans son *Dictionnaire,* en 1771, Trévoux ajoutait : *l'enjouement est l'opposé du sérieux.* Regrettons, malgré Nietzsche et son *Gai Savoir,* que le sérieux reste le mode dominant de la pensée et que la joie soit généralement dévalorisée comme une humeur légère et inconséquente. Et préférons cette leçon inattendue de Montaigne : *On a grand tort de peindre la philosophie inaccessible aux enfants, et d'un visage renfrogné, sourcilleux et terrible. Il n'est rien de plus gai, plus gaillard, plus enjoué, et à peu que je ne dise folâtre. Elle ne prêche que fête et bon temps. Une mine triste et transie montre que ce n'est pas là son goût.*

« Sans être naturellement gai, il s'animait souvent de la gaieté des autres. » MARMONTEL

« Un homme gai n'est souvent qu'un infortuné qui cherche à donner le change aux autres et à s'étourdir lui-même. » ROUSSEAU

« Assez gai pour moi, il faut que je me fatigue à l'être pour ceux qui ne le sont pas. Si je suis un instant occupé de cent choses qui me passent par la tête, ils me disent : *Vous êtes triste,* c'est de quoi le devenir ; ou bien : *Vous vous ennuyez,* c'est de quoi me rendre ennuyeux. » Prince DE LIGNE

« Un esprit subtil trouve toujours assez de raisons d'être triste s'il est triste, assez de raisons d'être gai s'il est gai ; la même raison souvent sert à deux fins. » ALAIN

« La profonde joie a plus de sévérité que de gaieté ; l'extrême et plein contentement, plus de rassis que d'enjoué. » MONTAIGNE

« Le premier degré du sentiment agréable de notre existence est la gaieté ; la joie est un sentiment plus pénétrant. Les hommes enjoués n'étant pas d'ordinaire si ardents que le reste des hommes, ils ne sont peut-être pas capables des plus vives joies ; mais les grandes joies durent peu et laissent notre âme épuisée. »

VAUVENARGUES

« C'est un caractère enjoué, qui me paraît plein de bonne humeur, de philosophie, et au-dessus de certains préjugés : comme un homme qui se moquerait enfin des choses humaines après y avoir longtemps réfléchi. »

FROMENTIN

« Le repas était gai : animés par le vin et la bonne chère, joyeux enfin d'être à Paris, imprégnés de cette chaude atmosphère, si agréable, les comédiens se livraient aux plus folles espérances. » GAUTIER

galimatias • phébus

Le galimatias n'est pas nécessairement du phébus ; et le phébus n'est pas nécessairement du galimatias. Le galimatias implique toujours quelque chose de confus et qui ne se comprend pas. Le phébus implique quelque chose de dit avec une emphase déplacée, et de grands mots où il n'en faudrait que de simples.

L'ancienne langue possédait d'autres mots (le *galimart* ou la *grandisonance*) pour désigner ces affections courantes du langage qu'on nomme habituellement *charabia* et *emphase.* **Phébus** a totalement disparu.

L'évanouissement de ces mots n'a pas pour autant dissipé les troubles qu'ils désignent. On pourrait à leur propos parler de « maladies » du langage, mais cela mériterait de plus amples explications. Les anomalies incriminées n'atteignent pas nécessairement le discours lui-même ; elles relèvent aussi de l'appréciation extérieure. Autrement dit, s'il n'est pas douteux que bien des discours ressortissent au **galimatias**, le mot *jargon* sert le plus souvent à discréditer un langage complexe (on dira alors « compliqué ») et guère apprécié.

Observons, en passant, que ces mots dépréciatifs renvoient à une époque révolue de notre société – lorsque, dans la France rurale du XIXe siècle, bien des individus n'utilisaient que leur patois ou employaient maladroitement la langue nationale. *Charabia,* qui désignait le patois des Auvergnats, est significatif.

La communication n'est pas seulement affaire de mots mais surtout de désir. Tout autour de nous, les langages dominants de l'audiovisuel sont à la fois limpides et irrecevables, transparents et chargés – parfois même contradictoires, à l'image des fameuses phrases de Big Brother, dans le *1984* d'Orwell : *La liberté c'est l'esclavage, La guerre c'est la paix [...]*

À l'opposé, le rituel volapük boursier résonne plusieurs fois par jour à nos oreilles, seriné par un muezzin du palais Brongniart. Langage obscur à la majorité (« Dow Jones » et « CAC 40 » sont les abracadabras de nos contes modernes), il constitue l'hymne publicitaire le plus effronté que puisse s'offrir ce modèle réputé indépassable : l'économie de marché.

« Ton sonnet n'est qu'un pompeux galimatias ; et il y a dans ta préface des expressions trop recherchées, des mots qui ne sont point marqués au coin du public, des phrases entortillées, pour ainsi dire. »
LESAGE

« Catherine II me mandait il n'y a pas longtemps qu'il fallait qu'il y eût deux langages en France, celui des beaux esprits et le mien, mais qu'elle n'entendait rien au galimatias du premier. » VOLTAIRE

« Nicodème était un grand diseur de beaux mots, de pointes, de phœbus et de galimatias. » FURETIÈRE

« Une chose vous manque, Acis, à vous et à vos semblables, les diseurs de phœbus ; c'est l'esprit. »
LA BRUYÈRE

« C'est un esprit des plus confus, alambiqué, ce que nos pères appelaient un diseur de phébus, et qui rend encore plus déplaisantes, par sa façon de les énoncer, les choses qu'il dit. » PROUST

gascon • normand

Ces deux mots sont pris habituellement dans le sens de menteur, mais avec les différences propres aux provinces qu'ils rappellent. Le Normand, comme coutumier des procès, ment par ce qu'il dissimule la vérité ; le Gascon ment comme vantard et fanfaron. Le Louvre tout entier tiendrait dans une des cours du château de mon père ; c'est un Gascon qui parle ainsi et non pas un Normand.

La *Région* n'étant plus sous nos yeux qu'une entité administrative et politique, nous voilà ramenés à une époque où les provinces avaient des particularités nettement marquées, comme les dialectes et les patois, face à la langue nationale. On lit ainsi chez Balzac : *Godefroy ne grasseyait pas, ne gasconnait pas, ne normandait pas, il parlait purement et correctement.* (On connaît aussi le mythe du « français pur », parlé précisément en Touraine, la région de Balzac.)

En fait cette typologie apparemment désuète est loin d'avoir disparu, et la dichotomie Paris/province — dans notre pays très centralisé — fonctionne parfaitement. Significative à cet égard la série intitulée « Les provinciaux », publiée en 1991 dans *l'Express* par Alain Schiffres (auteur avant cela d'un livre sur *les Parisiens*). Regard et discours d'ailleurs un peu condescendants du Parisien — journaliste qui plus est — occupant donc à double titre un supposé lieu de maîtrise, sur cette espèce bizarre : les provinciaux...

Les qualificatifs ne sont plus ceux de Littré, bien sûr. Mais tout cela s'appuie finalement sur une imagerie tout à fait tenace : le Breton est entêté, le Corse paresseux, l'Auvergnat près de ses sous, le Normand hésitant, etc. — tout comme chez nos voisins d'outre-Rhin les Bavarois sont lourds aux yeux des Allemands du Nord — et plus loin encore, les Vietnamiens hypocrites pour les Cambodgiens (ou le contraire)...

Pourtant — au-delà du ridicule, voire du léger racisme, de ces « caractères » —, ne faut-il pas reconnaître la nécessité que s'expriment des identités (des particularités), surtout à une époque où la politique et l'économie tendent à imposer des assemblages quelque peu abstraits ?

« Lucien avait au plus haut point le caractère gascon, hardi, brave, aventureux, qui exagère le bien et amoindrit le mal, qui ne recule point devant une faute s'il y a profit, et qui se moque du vice s'il en fait un marchepied. » BALZAC

« Sans doute, il pouvait, il devait dire ces choses-là, mais les dire plus légèrement, d'un ton moins accentué et pour ainsi dire moins *gascon*. » SAINTE-BEUVE

« Ne soyez à la cour, si vous voulez y plaire,
Ni fade adulateur, ni parleur trop sincère,
Et tâchez quelquefois de répondre en Normand. » LA FONTAINE

« Le Normand tourne autour du bâton, le Gascon saute par-dessus. » LEROUX DE LINCY

« Je ne vous réponds ni oui ni non, en vrai Normand. » FLAUBERT

gérer • régir

Gérer, c'est proprement porter ; régir, c'est proprement diriger. Celui qui régit peut n'avoir pas la gestion ; celui qui gère peut ne pas avoir la direction. Quand on dit qu'un ministre gère ou régit les affaires de l'État, il est considéré dans le premier cas comme occupé à les expédier ; dans le second, comme leur donnant la direction qu'elles doivent suivre.

À bien regarder, la *direction* se confond sous nos yeux avec la *gestion :* on dit couramment d'un directeur d'entreprise qu'il est « un bon gestionnaire ». Ensuite — et plus gravement — la prévalence de l'économie dans nos sociétés a contribué à faire proliférer le terme **gérer** dans tous les secteurs de l'activité humaine. Çà et là on nous invite — ou l'on nous oblige — à **gérer** au mieux non seulement notre argent, mais aussi notre temps, notre corps, nos amours, nos loisirs, jusqu'à notre esprit (existent ainsi des stages de « gestion mentale »)...

Gérer laisse imaginer des négoces paisibles ou difficiles, c'est selon ; dans tous les cas, les grandes idées n'ont plus cours : on a affaire à des quantités qu'il s'agit d'administrer le plus efficacement possible.

Régir – moins employé, mais plus fort que *diriger* – viendrait occuper une partie de la place laissée vacante par la pure *gestion,* en exprimant un autre versant du pouvoir, une autre modalité de l'autorité. Alors on ne considère plus seulement les individus comme des machines à rentabiliser mais comme des sujets dont il faut régler la conduite, pour éviter d'éventuels débordements (comme lorsqu'on parle de « régir ses passions »). On se trouve ici dans l'ordre de la discipline.

Régir semblerait impliquer plus de contraintes que **gérer.** Rien ne dit pourtant que le pouvoir soit moins impérieux dans la *gestion.* Au contraire, brillant de plus aimables lueurs, il s'avère plus malin et plus insaisissable.

« Mettre en scène, c'est gérer les biens spirituels de l'auteur. »
JOUBERT

« Devenue veuve, elle gérait avec une sévère économie son modique avoir. »
FRANCE

« L'âme par la parole est conduite et régie. »
RONSARD

« Il y aura toujours une grande différence entre soumettre une multitude et régir une société. »
ROUSSEAU

« La loi qui régit les sentiments de nos cœurs est plus cruelle que la loi qui régit les choses. »
BARBEY D'AUREVILLY

gloire • honneur

La gloire dit quelque chose de plus que l'honneur ; c'est une célébrité plus étendue et plus éclatante. Gloire, dans le sens de sentiment qu'inspire la gloire, confine à l'honneur signifiant aussi un sentiment qui nous oblige à nous honorer nous-mêmes ; mais ici encore la nuance se maintient : l'honneur appartient à toutes les conditions, la gloire n'appartient qu'aux conditions élevées et dans lesquelles il importe de soutenir sa gloire aussi bien que son honneur. Se faire gloire d'une chose, c'est s'en vanter ; se faire honneur d'une chose, c'est en tirer honneur.

Les voies de l'**honneur** nous plongent directement dans l'épaisseur de l'histoire : les anciens Romains, la guerre, la tragédie classique... La mémoire ne fait pas immédiatement le tri.

Souvenirs et ambiguïtés : dans la religion, le mot **gloire** possédait un sens très fort, quand on parlait de « la gloire de Dieu » *(Gloria in excelsis Deo).* Valeur essentielle, encore, dans le registre guerrier, elle se rapportait à la célébrité née d'actions éclatantes *(À vaincre sans péril, on triomphe sans gloire).* Mais l'héroïsme viril remis en question, le mot a pris par antiphrase un sens critique. Ainsi, avec le titre du célèbre film de Kubrick sur la Première Guerre mondiale, *les Sentiers de la gloire.*

En fait, le discrédit pesait déjà sur la notion chez les moralistes des XVIIe et XVIIIe siècles, quand elle correspondait à un orgueil excessif (appelé par les anciens Pères la *vaine gloire*) : *L'amour de la gloire, une vertu ! Étrange vertu, que celle qui se fait aider par l'action de tous les vices ; qui reçoit pour stimulants l'orgueil, l'ambition, l'envie, la vanité, quelquefois l'avarice même !* (Chamfort).

Le mot même semble s'être tant dévalué qu'on l'utilise — presque ironiquement — à propos d'une petite notoriété passagère : « Alors, c'est la gloire ! » Situation déjà pointée par Valery Larbaud, dans le *Journal intime de Barnabooth : C'était le succès ; mon nom, dans la presse, s'entourait déjà de ce ridicule qui précède ce que notre époque qui n'est pas difficile appelle la gloire.* Et confirmée par un diminutif dépréciatif souvent employé : la « gloriole ».

L'**honneur** paraît plus discret et moins trouble : il renvoie avant tout à une réputation fondée sur une éthique du courage. Largement utilisé traditionnellement dans le domaine militaire (« recevoir les honneurs », « tombé au champ d'honneur »), il est amusant de constater qu'il a migré facilement vers le langage du sport populaire (le sport, substitut pacifique de la guerre ?) : *On connaît tout l'honneur de Chiapucci ; il ne veut pas être doublé par Indurain* (commentaire du Tour de France, à la télévision, le 24 juillet 1992.)

Sans doute vaut-il mieux s'attacher aux vertus modestes de l'**honneur** qu'aux leurres chatoyants de la gloire. Chamfort, à nouveau : *L'estime vaut mieux que la célébrité, la considération vaut mieux que la renommée et l'honneur vaut mieux que la gloire.*

« Combien de maisons à demi éteintes voient tous les jours finir dans les débauches et dans la santé ruinée d'un emporté toute l'espérance de leur postérité et toute la gloire des titres qu'une longue suite de siècles avaient massés sur leur tête ! »

MASSILLON

« La gloire des hommes se doit toujours mesurer aux moyens dont ils se sont servis pour l'acquérir. »

LA ROCHEFOUCAULD

« La grandeur et la gloire ! Pouvons-nous encore entendre ces noms dans ce triomphe de la mort ? Non, messieurs, je ne puis plus soutenir ces grandes paroles, par lesquelles l'arrogance humaine tâche de s'étourdir elle-même pour ne pas apercevoir son néant. »

BOSSUET

« La popularité ? C'est la gloire en gros sous. »

HUGO

« Le plus obscur des écrivains se dit tout de même qu'il a pris un billet à cette loterie de la gloire. »

MAURIAC

« Votre fille ne vit pas comme il faut qu'une femme vive, et elle fait

des choses qui sont contre l'honneur. »
MOLIÈRE

« On sent combien ce mot, l'honneur, renferme d'idées complexes et métaphysiques. Notre siècle en a senti les inconvénients ; et, pour ramener tout au simple, pour prévenir tout abus des mots, il a établi que l'honneur restait dans son intégrité à tout homme qui n'avait point été repris de justice. »
CHAMFORT

« Et puis, quand elles ont commencé, elles n'ont plus rien à perdre ! Marius, l'honneur, c'est comme les allumettes : ça ne sert qu'une fois... »
PAGNOL

« La loi militaire punit de mort la désobéissance et son honneur est servitude. »
CAMUS

« Pour intéresser un Français à un match de boxe, il faut lui dire que son honneur national y est engagé ; pour intéresser un Anglais à une guerre, rien de tel que de lui suggérer qu'elle ressemble à un match de boxe. »
MAUROIS

gracieux • agréable

Ce qui est gracieux a de la grâce ; ce qui est agréable a de l'agrément. Or la grâce a un charme bien plus fort et bien plus pénétrant que l'agrément. La grâce peut être mise au-dessus de la beauté ; l'agrément ne l'a pu jamais.

Agréable possède maintenant un sens favorable des plus vagues. Véritable passe-partout, il s'applique à toutes sortes de choses : une soirée, un amant, une histoire, un parfum, un sentiment... Tout ou presque devient **agréable** quand on se trouve bien disposé. **Agréable** est précisément un mot agréable, en raison de son extension et de sa convivialité. Il réfère à des sensations ou sentiments moyens et pacifiés, et manifeste en outre une légère distance du sujet à l'égard de son plaisir. « C'est agréable », dira-t-on de bien des choses, sans en être vraiment convaincu.

Il s'emploie facilement dans la mondanité, étant tout sauf violent. Traitable, un peu fade, il s'accorde bien à la civilité.

Gracieux s'est plus fortement encore décoloré. À l'origine — et au sens fort — l'adjectif désignait l'être bienveillant (Boileau : le *lecteur gracieux ;* Voltaire : les *gracieux souverains*). Aujourd'hui, le mot se rapporte à un certain charme, à une légère joliesse. Pourtant, le compliment affiche une évidente réserve. Qualifier une personne de **gracieuse** ne revient finalement à la complimenter que du bout des lèvres...

Bien des mots deviennent de la sorte difficiles à employer. Parce qu'ils s'appauvrissent et perdent de leurs couleurs, ou encore que leur sens originel, très différent, risque de produire une réelle incompréhension, pour peu qu'on veuille l'honorer.

Il serait intéressant de mesurer à quel point, et de quelles façons, ces phénomènes d'*édulcoration* frappent les mots de notre langue.

Fiction grise : vivre dans un monde dominé par un langage moyen, vecteur et reflet d'affections pâles, de plaisirs ternes et de consensus apathiques... Tristesse ouvrant sur l'inquiétude, puisqu'on sait bien que toute violence retirée du langage (du symbolique) ressurgit plus brutalement encore dans le réel.

« Le vin semble amer au malade et gracieux au sain. » MONTAIGNE

« La Dauphine faisait des efforts touchants, mais visibles, pour être gracieuse, elle adressait un mot à chacun. » CHATEAUBRIAND

« Il faut, il faut absolument que la femme soit gracieuse. Elle n'est pas tenue d'être belle. Mais la grâce lui est propre. » MICHELET

« La gracieuse inquiétude de la tête d'un oiseau sur sa branche. » RENARD

« L'espérance, toute trompeuse qu'elle est, sert au moins à nous mener à la fin de la vie par un chemin agréable. » LA ROCHEFOUCAULD

« Des femmes agréables de corps et d'esprit. » FÉNELON

« Rien ne dure que ce qui plaît ;
L'utile doit être agréable ;
Un auteur n'est jamais parfait
Quand il néglige d'être aimable. »
CARDINAL DE BERNIS

« Cette jeune femme était à l'âge où l'on se caresse les sens avec des rêves agréables et flatteurs. » ROLLAND

grave • sérieux

Un homme grave n'est pas celui qui ne rit jamais ; c'est celui qui ne choque point les bienséances de son état, de son âge et de son caractère. L'homme sérieux est celui qui se livre rarement à des mouvements de vivacité, de plaisanterie, ou bien qui s'occupe en son esprit de choses importantes, méditations ou affaires.

Comme Buster Keaton dans ses films, le Christ, dit-on, ne riait jamais. Il n'était pas **grave** pour autant, n'ayant guère le souci de la doxa (les bienséances et l'opinion commune).

Les princes, les prélats, les magistrats doivent être graves (Furetière). La *gravité* serait le propre des hommes de loi (au sens le plus large du mot) : leur autorité ne demande qu'à s'exercer puisqu'ils doivent transmettre et faire respecter un texte fondateur.

Ironie de l'histoire : par un curieux mouvement de retour, l'homme **grave**, figure ordinaire de la sagesse mesurée, serait, selon la vérité cruelle de l'étymologie, lourd, pesant, figé comme une statue. Schopenhauer : *Le sage stoïcien n'est jamais un être vivant, et il est dépourvu de toute vérité poétique : il n'est qu'un mannequin inerte, raide, dont on ne peut rien faire, qui ne sait lui-même que faire de sa sagesse.*

Apparemment moins déplaisant, l'individu **sérieux** refuse lui aussi la légèreté, la futilité, le dérisoire. Il ne s'occupe que de l'essentiel. Ce qui le rend un peu fatigant...

« Le grave est au sérieux ce que le plaisant est à l'enjoué : il a un degré de plus, et ce degré est considérable. » VOLTAIRE

« Apprenez, monsieur, que nous sommes graves, plus que graves, ennuyeux ; nous ne voulons point qu'on nous amuse, et nous sommes furieux d'avoir ri. » BALZAC

« Piètres amants, les muets, les graves, les figés, les cérémonieux. » LÉAUTAUD

« Il ne faut chercher les femmes sensibles, ou celles qui ont du penchant pour les plaisirs de l'amour, parmi celles qui sont les plus vives, les plus gaies, les plus folâtres, mais parmi les femmes sérieuses et composées. » BERNARDIN DE SAINT-PIERRE

« Ce qui m'empêche de me prendre au sérieux, quoique j'ai l'esprit assez grave, c'est que je me trouve très ridicule, non pas de ce ridicule relatif qui est le comique théâtral, mais de ce ridicule intrinsèque à la vie humaine elle-même, et qui ressort de l'action la plus simple ou du geste le plus ordinaire. » FLAUBERT

« Les gens qui ne rient jamais ne sont pas des gens sérieux. » ALLAIS

grêle • fluet

Celui qui est fluet est mince, celui qui est grêle l'est aussi ; mais le fluet l'est de sa nature et sans que cela indique aucun amoindrissement ou dépérissement ; la belette est fluette. Au lieu que, chez le grêle, il y a disproportion, amoindrissement, amaigrissement : des membres grêles sont des membres qui devraient être plus gros, vu l'âge du sujet.

La minceur du corps se voit concurremment prisée et dépréciée. Une personne **grêle**, ou **fluette**, est non seulement maigre, mais fragile.

À l'inverse, *gracile* (de même origine que **grêle** — tout comme *fragilis* a donné fragile et frêle) s'utilise plutôt en bonne part : *Robert, médusé, contemplait les formes graciles de la svelte jeune fille* (P. Ducasse). Cependant, un scandale sournois habite le mot *gracile,* prouvant, s'il en était besoin, que le langage est toujours miné. Relevons en effet une sorte de contradiction malencontreuse dans cet adjectif, dont le signifiant contient aussi les sons du mot *grasse.* Ce qui prête à toutes les fantaisies : *Il y avait près de nous la gracile Dora et la grasse Lucile* (J.-M. Volmert)...

La *minceur* est devenue l'intermédiaire valorisé entre la *grosseur* et la *maigreur* (termes négatifs). Le corps, sans cesse exhaussé dans le sport et la mode, sert de truchement à des valeurs nouvelles (au sens aussi bien moral que marchand) qu'il conviendrait d'analyser.

D'une olympiade à l'autre — dopage mis à part ! — les corps se modifient. Les jeux Olympiques de 1992 ont exhibé, à Barcelone, de toutes jeunes gymnastes au corps *contradictoire :* à la fois minuscules et graciles, elles n'en étaient pas moins trop musclées. Comme quoi les corps se sculptent, comme les bonsaïs !

« D'habitude, la femme possède une ossature grêle. Les articulations, en particulier celles du poignet et de la cheville, sont minces et délicates. La femme a les "attaches fines". »

BINET

« Une Japonaise, dépourvue de sa longue robe et de sa large ceinture aux coques apprêtées, n'est plus qu'un être minuscule et jaune, aux jambes torses, à la gorge grêle et piriforme. »

LOTI

« Damoiselle Belette, au corps long et flouet,
Entra dans un grenier par un trou fort étroit. »

LA FONTAINE

« Son corps fluet, remplissait mal les plis de sa soutane. »

RENAN

« Un maillot noir pailleté d'argent moulait exactement son corps gracile. »

GIDE

h
H
h

L'HUÎTRE ET LES PLAIDEURS

hallucination • illusion

L'hallucination se produit sans objet extérieur ; l'illusion est une erreur causée par quelque objet extérieur. Un homme qui a une hallucination de l'ouïe entend des sons sans qu'aucun son soit produit. Un homme qui a une illusion de l'ouïe entend un son qui, en effet, est produit au-dehors, mais son oreille le trompe sur la nature de ce son.

Qu'advient-il si l'on applique l'opposition – confinée dans le registre physiologique de la perception – aux idées et aux sentiments ? Eh bien, dans ce domaine, le mot **illusion** s'avère très présent (Rousseau : *L'amour n'est qu'illusion*), alors qu'**hallucination** disparaît, autorisant pour **illusion** une double acception (dont une, proche d'**hallucination**).

Quand on parle d'**illusion**, on ne sait au juste si l'objet incriminé est seulement intérieur (produit du seul désir) ou si, au contraire, le réel y est tout de même pour quelque chose. Dans le premier cas, l'**illusion** serait précisément d'ordre hallucinatoire : on est l'auteur de son propre délire. Dans le second, l'**illusion** – dotée de son sens habituel – serait essentiellement le fait d'une réalité mal comprise. Nous acceptons comme **illusions** uniquement les croyances de notre passé auxquelles nous n'adhérons plus aujourd'hui. Serions-nous devenus plus sages ? Voilà qui est douteux et procède encore d'une **illusion** ! En fait, modestement, nous abandonnons les idées dont nous n'avons plus besoin pour vivre, pour en adopter d'autres, qui conviennent davantage à notre complexion nouvelle...

On voit bien, finalement, le risque – dans le domaine politique par exemple – à confondre ces deux sens, en considérant comme **illusion** ce qui relèverait en fait de l'**hallucination**...

Quand Rimbaud écrit dans les *Illuminations : Je m'habituais à l'hallucination simple : je voyais très franchement une mosquée à la place d'une usine,* le propos ne surprend guère, puisqu'on est en poésie. Ailleurs, on s'inquiéterait plus sérieusement de voyants qui trouveraient temples, mosquées ou églises partout.

« Dans l'hallucination proprement dite, il y a toujours terreur ; vous sentez que votre personnalité vous échappe ; on croit que l'on va mourir. Dans la vision poétique, au contraire, il y a joie ; c'est quelque chose qui entre en vous. » FLAUBERT

« Il faut remarquer que la fiction, quand elle a de l'efficace, est comme une hallucination naissante : elle peut contrecarrer le jugement et le raisonnement, qui sont les facultés proprement intellectuelles. » BERGSON

« S'il y a altération de ce que doit être normalement la sensation, nous dirons qu'il y a hallucination ; s'il y a seulement altération de ce que doit être normalement l'interprétation perceptive de la sensation, nous dirons qu'il y a illusion. » LALANDE

« L'amour n'est qu'illusion ; il se fait, pour ainsi dire, un autre univers ; il s'entoure d'objets qui ne sont point, ou auxquels lui seul a donné l'être, et comme il rend tous ces sentiments en images, son langage est toujours figuré. » ROUSSEAU

« L'homme, porté par les illusions des sens à se regarder comme le centre de l'univers, se persuada facilement que les astres influent sur sa destinée, et qu'il est possible de la prévoir par l'observation de leurs aspects au moment de la naissance. » LAPLACE

« Il n'y a pas de menteurs, mais des gens avides d'illusion. » REZVANI

hardiesse • témérité

Pour transformer la hardiesse en témérité, il suffit d'y adjoindre une épithète péjorative : aveugle hardiesse, folle hardiesse.

Retrouvons la célèbre loi énoncée par Friedrich Engels, dans *la Dialectique de la nature : La quantité se transforme en qualité !* Ici, trop de **hardiesse** se transforme négativement en **témérité** – qui est un défaut même pour le bon sens populaire (« Courageux mais pas téméraire », dit-on de façon très voisine).

Attitude positive, la **hardiesse** représente un courage réfléchi, conscient du but à atteindre : *J'avais de la hardiesse, mais dans l'âme seulement, et non dans les manières. J'ai su plus tard que les femmes ne voulaient pas être mendiées* (Balzac).

Comportement néfaste, la **témérité** est avant tout imprudence (*temerarius* a signifié « inconsidéré ») : *Elle voulait s'exposer avec témérité à tous les dangers que son amour pouvait lui faire courir* (Stendhal). Ce glissement vers le négatif se trouve déjà contenu dans le mot **hardiesse** lui-même, qui reçoit une acception défavorable quand il signifie l'effronterie ou l'impudeur : *Il a vu peu à peu les prostituées qu'il rencontrait devenir plus élégantes, d'une hardiesse plus voilée* (Romains). Là encore notre langue montre tous les flottements des affects et les ambiguïtés de notre pensée, qui font accorder à un même vocable des significations dissemblables, voire contradictoires...

Comme souvent, un terme moyen serait un supplément désirable, pour tempérer la dichotomie et lui redonner tout son sens : *audace* conviendrait, quoique donnant aussi dans l'ambiguïté, signifiant selon les cas « courage » ou « arrogance ». À chacun de lire comme il l'entend le célèbre mot de Danton : *De l'audace, encore de l'audace, toujours de l'audace !*

« Ces femmes en robe collante, aux joues découvertes, aux beaux yeux fixes, accoutumées aux hardiesses du regard, semblent toutes singulières dans ce monde universellement voilé. » FROMENTIN

« Ce qui peut provoquer une femme à la hardiesse, c'est votre froideur, sincère ou calculée, la distance que vous laissez régner d'elle à vous. » ROMAINS

« Il faut une grande hardiesse pour oser être soi : c'est surtout dans nos temps de décadence que cette qualité est rare. » DELACROIX

« Sa hardiesse ressemblait à la présomption, à la témérité. » DUHAMEL

« Qu'est-ce donc après tout, messieurs, qu'est-ce que leur malheureuse incrédulité, sinon une erreur sans fin, une témérité qui hasarde tout, un étourdissement volontaire [...] » BOSSUET

« La modestie extrême a ses dangers ainsi que l'orgueil. Comme une témérité qui nous porte au-delà de nos forces les rend impuissantes, un effroi qui nous empêche d'y compter les rend inutiles. » ROUSSEAU

hargneux • querelleur

Le hargneux est celui qui harcèle par de petites tracasseries ; le querelleur est celui qui fait des querelles ; la querelle est plus grave que la tracasserie. Hargneux implique la mauvaise humeur, mais non, comme querelleur, la dispute avec colère.

De nombreux mots donnent à penser que les autres (hommes ou femmes) sont pour nous une source permanente d'irritation.

Et si les altercations et autres *bisbilles* ou *algarades* (propres au **querelleur**) ne remplissent pas l'essentiel de notre vie, les tracasseries du **hargneux** sont en revanche bien plus nombreuses... Qui n'a eu affaire à des cousins bougons ? à un voisin grincheux ? à des collègues déplaisants ? à un commerçant grognon ?

Le **hargneux** (sorte de rongeur !) risque même de nous entamer davantage. Car ses petites attaques répétées nuisent plus que les éclats éphémères du « soupe au lait » auxquels on peut souvent se soustraire. Une locution dit bien cela : « Laisser passer l'orage ».

Certes nous considérons le monde à notre image, et un tempérament maussade verra plus facilement proliférer autour de lui des gens désagréables qu'un *roger-bontemps.*

Pour s'éloigner de cette gêne sensible, il suffirait simplement d'opérer un léger déplacement (sans pour autant changer de lieu), qui ferait du **querelleur** et du **hargneux** des personnages plus risibles que contrariants. (Les affects moroses ou colériques relèvent souvent du théâtre...) Hélas, la sagesse n'est pas toujours à notre portée...

« Antoine, interrompu, s'était levé. La mine hargneuse, il entr'ouvrit le battant. » MARTIN DU GARD

« Qu'une femme hargneuse est un mauvais voisin ! » CORNEILLE

« La même cause qui rend un enfant criard à trois ans le rend mutin à douze, querelleur à vingt, impérieux à trente, et insupportable toute sa vie. » ROUSSEAU

« Depuis six mille ans, la guerre
Plaît aux peuples querelleurs,
Et Dieu perd son temps à faire
Les étoiles et les fleurs. » HUGO

hérétique • hétérodoxe • schismatique

L'hérétique est celui qui, différant dogmatiquement d'opinion avec une Église, s'en sépare et n'en reconnaît plus l'autorité. L'hétérodoxe est celui qui a, sur un point, une opinion différente de l'opinion de l'Église, sans pour cela vouloir ne plus y appartenir. L'hérétique est nécessairement hétérodoxe ; mais l'hétérodoxe n'est pas nécessairement hérétique.

L'hérétique est nécessairement schismatique, mais le schismatique n'est pas nécessairement hérétique ; il suffit qu'il se sépare de la communion d'une Église. Ainsi, par rapport à l'Église romaine, les Grecs sont schismatiques, les protestants sont schismatiques et hérétiques.

Un pouvoir fort — ainsi celui de l'Église catholique durant plusieurs siècles — a nécessairement des ennemis, ou du moins des adversaires, combattus d'abord par le langage, à travers des vocables lourds, exclusifs et stigmatisants. Bien sûr, dès lors que le catholicisme a perdu de sa puissance, ces termes ont vu s'effacer leur charge comminatoire.

Les Français d'aujourd'hui se disent volontiers catholiques (à 92 % selon un sondage de juillet 1992). Mais, comme ils ne « pratiquent » que pour 12 % d'entre eux, ils auraient été très largement des **hétérodoxes** pour les autorités catholiques de l'époque classique.

De semblable façon, d'autres systèmes autoritaires imposent leur idéologie, produisant à leur tour d'autres formes de contestation. Les dissidents de l'ex-U.R.S.S. étaient de modernes **hérétiques**. Rappelons d'ailleurs que le pouvoir soviétique les désignait comme des « malades mentaux », de la même façon qu'un réfractaire au pouvoir catholique était considéré comme possédé du démon...

L'examen de ces qualificatifs (auxquels il faudrait ajouter celui d'*apostat*) permet de figurer assez finement les diverses formes de la dissidence.

L'*apostat* (comme le *renégat*) abandonne une religion pour une autre, en particulier le christianisme pour l'islam. L'**hérétique** contredit la religion dominante, pour professer un autre système de croyance : Luther et Calvin, au XVIe siècle — par surcroît **schismatiques** précise Littré, puisqu'ils ne reconnaissaient pas l'autorité du Saint-Siège. Sont finalement **hérétiques** tous les fondateurs de sectes. L'**hétérodoxe** enfin, tout en critiquant une doctrine sur des points précis, ne la rejette pas totalement ; comme certains anciens membres du Parti communiste, il a un pied dedans, un pied dehors.

La plupart du temps, le fonds même de la croyance n'est pas vraiment remis en cause, puisque l'adepte a toujours besoin de la charpente que constitue une pensée totalisante : il s'éloigne d'une doctrine pour s'arrimer à une autre. Faut-il y voir une pente de l'esprit humain, attiré dans son *imbécillité* (au sens de Montaigne : sa faiblesse) vers les drogues dures que sont les systèmes, les dogmes, les adhésions fortes ?

Que deviendrait celui qui s'éloignerait absolument de l'opinion commune, de la doctrine (littéralement : de la *doxa*), sans pour autant être **hétérodoxe** — puisqu'il ne proposerait aucune foi ? Tout simplement peut-être, selon le mot de Nietzsche, un *immoraliste.*

« L'Église a trois sortes d'ennemis : les Juifs, qui n'ont jamais été de son corps ; les hérétiques, qui s'en sont retirés ; et les mauvais chrétiens, qui la déchirent au-dedans. » PASCAL

« L'hérétique est celui qui, ayant été baptisé, connaît les dogmes de la foi, les altère ou les combat. » FRANCE

« Les ennemis du régime nazi sont hérétiques, ils doivent être convertis par la prédication ou la propagande : exterminés par l'Inquisition ou la Gestapo. » CAMUS

« Rejeter de son sein les éléments hétérodoxes, voici qui n'appartient qu'à l'Église ; car il ne peut y avoir hétérodoxie s'il n'y a pas orthodoxie. » GIDE

« Saint Grégoire de Nazianze ne représente pas les hérésiarques comme des hommes sans religion, mais comme des hommes qui prennent la religion de travers. » BOSSUET

« Avant l'imprimerie, la Réforme n'eût été qu'un schisme, l'imprimerie la fait révolution. Ôtez la presse, l'hérésie est énervée. Que ce soit fatal ou providentiel, Gutenberg est le précurseur de Luther. » HUGO

homme de sens • homme de bon sens

Homme de sens dit plus qu'homme de bon sens. Le bon sens est ce qui est supposé appartenir à la plupart des hommes. Le sens au contraire implique une certaine profondeur ou supériorité dans le jugement.

Le mot **sens** est embarrassant, puisqu'il désigne aussi bien la signification, la direction, la sensation, la raison... On comprend dès lors qu'il se prête parfois à des formulations proches mais en fait contradictoires.

Depuis Descartes et sa fameuse phrase : *Le bon sens est la chose du monde la mieux partagée,* l'expression s'est vraiment vulgarisée. Car, si pour le philosophe le **bon sens** était un synonyme positif de raison, aujourd'hui il ne renvoie plus qu'à une morale épicière (« Le bon sens près de chez vous », slogan d'une grande banque), morale dénoncée en son temps par Roland Barthes (dans ses *Mythologies*) comme l'une des pierres de touche d'une conception du monde étriquée : la « sagesse populaire », fondée sur l'évidence (« un sou est un sou »), le goût du médiocre, le refus du nouveau, tout ce que Barthes voyait alors très lucidement se dessiner comme la montée de l'idéologie petite-bourgeoise, dominante aujourd'hui.

Vauvenargues, déjà : *Le bon sens n'exige pas un jugement bien profond.* Et plus tard, Maeterlinck : c'est *la routine des parties basses de notre intelligence.*

Déplacement ironique et un peu cruel : la phrase de Descartes garderait indirectement toute sa véracité : le **bon sens** règne en effet aujourd'hui dans la pensée et dans la vie quotidienne...

Tout au contraire, l'**homme de sens** représenterait une espèce plus rare : celle d'individus à l'intelligence sensible, paradoxale, inattendue, et chez lesquels s'uniraient précisément la *lucidité du sens* et le *plaisir des sens.* Ce que Barthes encore formulait en ces termes : *Un peu de savoir, beaucoup de sagesse, et le plus de saveur possible.*

« Un homme de bon sens croit toujours ce qu'on lui dit et qu'il trouve par écrit. » RABELAIS

« La poésie demande un génie particulier, qui ne s'accommode pas trop avec le bon sens. Tantôt, c'est le langage des dieux, tantôt c'est le langage des fous, rarement celui d'un honnête homme. » SAINT-ÉVREMOND

« Nous ne trouvons guère de gens de bon sens que ceux qui sont de notre avis. » LA ROCHEFOUCAULD

« Sens commun ne signifie que le bon sens, raison grossière, raison commencée, première notion des choses ordinaires, état mitoyen entre la stupidité et l'esprit. » VOLTAIRE

honte • pudeur

Les reproches de la conscience causent de la honte. Les sentiments de modestie produisent la pudeur. Elles font quelquefois, l'une et l'autre, monter le rouge au visage, mais alors on rougit de honte et l'on devient rouge par pudeur. (GIRARD.)

Le rapprochement établi entre ces deux mots se justifie pleinement puisque dans la langue classique **honte** signifiait la gêne, la timidité, la peur du ridicule (donc proche en ce sens de **pudeur**) — sans l'idée de déshonneur ou d'humiliation qui s'attache à ce mot aujourd'hui. On lit par exemple chez Montaigne : *La bru de Pythagore disait que la femme qui se couche avec un homme doit avec la cotte laisser aussi la honte, et la reprendre avec le cotillon.* Notons, en passant, que la distinction de Girard laisse tomber le sens le plus actuel de **pudeur**, gêne intense que l'on éprouve à exhiber une partie de soi-même (surtout de son corps).

Diverses formes de retenue à l'égard du corps s'expriment à travers ces deux mots. **Honte** manifeste un sentiment de faute plus fort que **pudeur**. Le sujet honteux vit sa situation comme une humiliation : il ne veut pas montrer son corps jugé laid, voire sale (ainsi parle-t-on des « parties honteuses »). La **honte** est la négation de la chair : *On aurait dit qu'elle avait honte de son corps ; elle s'était fixée sur les corsages montants et les jupes trop longues* (Sartre).

Différemment, la **pudeur** s'inscrit dans un espace théâtralisé ; un petit drame intérieur se noue, dans lequel s'opposent des acteurs : l'un est près de la passion de voir, l'autre succombe à la peur de montrer. Réserve, retenue, distance... La pudeur, en fait, joue d'un code social nécessaire, qu'il est dans bien des cas avantageux de respecter.

C'est moins de l'âme qu'il s'agit (dans la culpabilisation liée à la **honte**) que du corps et de sa possible culpabilité. Faute, ici, au sens où l'on emploie le terme dans les jeux : erreur, maladresse... Ou alors, ruse adroite : feinte, esquive... D'où les liens intimes de la **pudeur** avec le désir. Déjà, à sa manière, Montaigne décelait chez les dames une subtile tactique de la représentation nécessaire au désir : *Ce n'est pas tant pudeur qu'art et prudence, qui rend nos dames si circonspectes à nous refuser l'entrée de leurs cabinets, avant qu'elles soient peintes et parées pour la montre publique.*

« La honte se met entre la vertu et le péché pour empêcher qu'on ne la quitte ; puis entre le péché et la vertu pour empêcher qu'on ne la reprenne. » BOSSUET

« La honte, compagne de la conscience du mal, était venue avec les années ; elle avait accru ma timidité naturelle au point de la rendre invincible. » ROUSSEAU

« Une adorable lueur émane d'elle à son insu, une voluptueuse auréole, et justement quand elle a honte et qu'elle rougit d'être si belle, elle répand autour d'elle le vertige du parfum d'amour. » MICHELET

« Elle tombe, et, tombant, range ses vêtements ;
Dernier trait de pudeur même aux derniers moments. » LA FONTAINE

« La nature a mis en nous la pudeur, c'est-à-dire la honte de nos imperfections. » MONTESQUIEU

« La pudeur des femmes n'est que leur politique. Tout ce qu'elles cachent ou déguisent, n'est caché ou déguisé que pour en augmenter le prix, quand elles le donnent. » RESTIF DE LA BRETONNE

« Ce que Freud nous apporte surtout c'est de l'audace ; ou plus exactement, il écarte de nous certaine fausse et gênante pudeur. » GIDE

humeur • caprice

Ces deux mots, en tant que synonymes, désignent un sentiment vif et passager dont nous sommes affectés, sans que la cause soit égale à l'effet. Il y a cette différence que le caprice n'implique pas nécessairement quelque chose de déplaisant, tandis que la déplaisance est inhérente à l'humeur.

Le mot **caprice**, écrit Georges Duhamel en songeant à son étymologie curieuse (de *capra*), *est gracieux, irritant et d'une origine parlante. Il évoque les bonds de la chèvre, son instabilité, son humeur vagabonde.*

Quant à l'**humeur**, elle réfère à l'origine au tempérament, supposé provenir de liquides contenus dans le corps (en latin, *humoris :* liquide, « humeurs »). Un exemple chez La Fontaine : *Toutes trois de contraire humeur : / une buveuse, une coquette, / La troisième avare parfaite.* Le mot a connu des détours amusants, puisqu'il a donné naissance à *humour* et à humoriste qui a d'abord signifié d'« humeur maussade »...

À nos yeux le **caprice** ne se distingue guère de la *foucade,* passagère et spontanée, sans réelles conséquences. Au contraire l'**humeur**, moins bénigne, se trouve liée à un mouvement plus profond, parfois plus insidieux, comme si le sujet se trouvait emporté par une détermination plus forte que toute volonté.

Ajoutons que dans le domaine esthétique, seule la musique, sans doute, a donné leurs lettres de noblesse à ces dispositions fluctuantes de notre psyché, à travers des formes intitulées précisément *caprices* (ou *capriccio*), *humoresques* et *fantaisies.*

« Le temps et mon humeur ont peu de liaisons ; j'ai mes brouillards et mon beau temps au-dedans de moi ; le bien et le mal de mes affaires même y fait peu. » PASCAL

« Nous agissons par humeur et non par raison ; c'est pourquoi l'ambition ni l'avarice ne se changent pas pour avoir ce qu'elles demandent, parce que l'humeur demeure toujours. » BOSSUET

« L'esprit qui ne nous apprend pas à vaincre notre humeur devient inutile. » Mme DE CAYLUS

« Le pessimisme est d'humeur ; l'optimisme de volonté. » ALAIN

« Comme elle a de l'amour, elle aura du caprice. » CORNEILLE

« Le caprice de notre humeur est encore plus bizarre que celui de la fortune. » LA ROCHEFOUCAULD

« Le caprice des enfants n'est jamais l'ouvrage de la nature, mais d'une mauvaise discipline : c'est qu'ils ont obéi ou commandé. Et j'ai dit cent fois qu'il ne fallait ni l'un ni l'autre. » ROUSSEAU

« Ses duretés, ses humeurs, ses caprices affermissaient la contenance de sa maîtresse. » DUCLOS

LA FILLE

idéal • chimère • utopie

Gardons-nous de confondre l'idéal et la chimère ; la chimère est une fantaisie, une imagination sans raison, une conception contre nature ; les anciens en donnaient bien l'idée quand ils formaient leurs chimères de parties qui ne peuvent aller ensemble, le corps d'une chèvre, la tête d'un lion et la queue d'un dragon ; l'idéal n'est point cela : il n'est rien de monstrueux ; c'est proprement une chose existante prise dans sa perfection ; sans doute cette perfection n'est pas actuellement réalisée, mais la réalisation y tend, c'est sa destinée, sa règle, l'ordre le meilleur où elle puisse être, et où elle s'efforce de se placer, c'est, dans la vie privée, la sainteté, dans la vie publique, la justice et la fraternité la plus complète, c'est-à-dire la perfection ; et il est également sûr que l'homme y tend et qu'il n'y arrivera jamais. On reconnaît ici quelle ligne délicate sépare l'idéal et l'utopie : il s'agit de décider à quel point de perfection il est permis d'atteindre, et de ne pas passer au-delà ; or il n'est pas aisé de marquer ce point, car l'homme et la société ont causé et réservent encore plus d'une surprise à ceux qui prétendent les borner. (É. BERSOT, *Journal des débats* du 22 octobre 1864.)

À première vue, une ligne de démarcation nette sépare l'**idéal**, positif, de l'**utopie** et, surtout, de la **chimère**.

L'**idéal** représenterait un ensemble désirable de principes conduisant à la perfection ; l'**utopie**, la concrétisation négative de l'**idéal** (réponse classique pour recadrer la faillite de l'entreprise : les principes étaient bons, seule la réalisation a dérapé...) ; quant à la **chimère**, elle ne serait qu'un rêve irréalisable, et même dangereux.

La vie politique, sociale et même scientifique de notre XXe siècle incite à la méfiance. Aussi bien voyons-nous un lien profond entre ces trois envies.

En premier lieu, il n'est plus très sûr aujourd'hui que l'idéal soit porteur du « meilleur des mondes » à venir. Et l'on hésite légitimement à souscrire à ces lignes de Renan : *L'idéal existe ; il est éternel ; mais il n'est pas encore matériellement réalisé ; il le sera un jour.* On y discerne trop les promesses de bonheur des candidats bienfaiteurs du genre humain... D'où cette indignation paradoxale de Proudhon : *Périsse l'humanité plutôt que le principe ! C'est la devise des utopistes comme des fanatiques de tous les siècles.*

Par surcroît, l'**utopie** ne désigne plus nécessairement l'espace inexistant (le non-lieu absolu). Les cités idéales imaginées par maints auteurs — de More à Fourier — ont plus ou moins directement trouvé à s'accomplir, de manière parfois terrifiante, parfois caricaturale. Pascal Bruckner et Alain Finkielkraut voyaient ainsi dans le Club Méditerranée la réalisation prosaïque des rêves de Fourier ! Quant à l'**utopie** d'une société sans classes, on sait là encore à quelles sinistres réalités elle a pu conduire... La pire ayant peut-être été celle des Khmers rouges en 1976, en ce qu'ils avaient non pas instauré des camps, mais transformé le Cambodge en un vaste camp.

Enfin, **chimère** voit sa dimension déplacée quand on mesure le pouvoir aujourd'hui des sciences et des techniques. À chaque instant se trouve « réalisé l'irréalisable ».

Truisme : il n'est que de relire *le Meilleur des mondes* de Huxley ou *1984* d'Orwell pour s'apercevoir que la réalité a dépassé à chaque instant les fictions les plus folles.

« Les poètes, les artistes et toute la race humaine seraient bien malheureux, si l'idéal, cette absurdité, cette impossibilité, était trouvé. Qu'est-ce que chacun ferait désormais de son pauvre moi — de sa ligne brisée ? »
BAUDELAIRE

« Il y a tant de gens dont la joie est si immonde et l'idéal si borné, que nous devons bénir notre malheur, s'il nous fait plus dignes. » FLAUBERT

« Tout idéal, dès qu'il est formulé, prend un aspect désagréablement scolaire. » LARBAUD

« Ce monde est si méprisable que ne méritant pas d'être considéré comme quelque chose de réel, il ne peut passer que pour une figure, c'est-à-dire pour une chimère et pour un néant. » ARNAULD D'ANDILLY

« Napoléon mêlait les idées positives et les sentiments romanesques, les systèmes et les chimères, les études sérieuses et les emportements de l'imagination, la sagesse et la folie. »
CHATEAUBRIAND

« Depuis que la terre tourne, jamais utopie n'a servi de rien, ni fait aucun mal, que l'on sache, pas plus Thomas Morus que Platon, Owen et autres [...] » MUSSET

« Comme si tout grand progrès de l'humanité n'était pas dû à de l'utopie réalisée ! Comme si la réalité de demain ne devait pas être faite de l'utopie d'hier et d'aujourd'hui [...] »
GIDE

illustre • renommé • célèbre • fameux

Illustre dit plus que renommé ; l'illustration est plus que le renom ; illustre dit autre chose que fameux : il implique toujours louange et mérite, tandis que fameux peut s'appliquer aux choses les plus mauvaises. Célèbre exprime à peu près la même chose qu'illustre ; la différence paraît être que illustre indique plutôt l'éclat qui vient de l'objet, et célèbre l'éclat que lui donne l'assentiment des autres : on est célèbre parce que tout le monde parle de vous ; on est illustre parce qu'on répand un grand éclat.

La hiérarchie proposée ici nécessite d'être largement retouchée. Sans doute, **renommé** est moins fort que **célèbre**, qui recouvre une aire et une durée de réputation plus étendues. D'un autre côté, **illustre** disparaît peu à peu. Parle-t-on encore, comme Plutarque, d'*hommes illustres ?* (Qui répandent de l'éclat autour d'eux par des mérites et des actions hors du commun.) Le mot connaît un sort semblable à celui de termes comme *gloire* ou *vertu,* éléments constitutifs de systèmes de valeurs plutôt caducs — le monde des armes en particulier. Quel poète oserait encore écrire, aujourd'hui, comme Du Bellay : *France, terre des arts, des armes et des lois ?* **Illustre** ne s'emploie plus guère que par antiphrase ironique, quand on parle d'un « illustre inconnu ». Ce serait là le sens du titre de Balzac l'*Illustre Gaudissart,* portrait plutôt caricatural d'un voyageur de commerce fanfaron : *Il se nommait Gaudissart, et sa renommée, son crédit, les éloges dont il était accablé, lui avaient valu le surnom d'illustre.*

Quant à **fameux,** son sens s'est fortement affadi. Il évoque surtout un plaisir passager, loin de toute idée de *célébrité : Elle mettait beaucoup d'épices dans nos dîners la Madelon, et de la tomate aussi. C'était fameux* (Céline).

Voyons là un aplatissement, dans notre société, de la notion de célébrité. À l'instar des productions publicitaires, la **renommée** est non seulement transitoire (essentiellement liée à un système d'images labiles), mais de plus elle ne connaît guère de hiérarchie stable. Vaste réseau fictif où chacun est susceptible de connaître un instant au moins quelque « gloire », et où la célébrité finit par se diluer dans la notion plus grégaire et prosaïque de *popularité...*

« Travaillez pour la gloire, et qu'un sordide gain
Ne soit jamais l'objet d'un illustre écrivain. » BOILEAU

« Elle aurait voulu que ce nom de Bovary, qui était le sien, fût illustre, le voir étalé chez les libraires, répété dans les journaux, connu dans toute la France. Mais Charles n'avait point d'ambition. » FLAUBERT

« Celui qui se distingue par le nombre et la bravoure des siens devient glorieux et renommé, non seulement dans sa patrie, mais encore dans les cités voisines. » MICHELET

« Elle passait son temps à élever des poules, et elle était renommée pour la façon dont elle savait les engraisser. » MAUPASSANT

« Les jeunes gens cherchent plutôt dans les hommes célèbres du passé et dans les noms en vogue des prétextes à leurs propres passions ou à leurs systèmes, des véhicules à leurs trains d'idées ou à leurs ardeurs. Voir les choses telles qu'elles sont et les hommes tels qu'ils ont été est l'affaire déjà d'une intelligence qui se désintéresse, et un effet, je le crains, du refroidissement. » SAINTE-BEUVE

« Les ouvrages célèbres dès le début gardent longtemps leur réputation et sont estimés encore après être devenus inintelligibles. » FRANCE

imiter • copier

Copier, c'est reproduire exactement, sans s'écarter en rien du modèle. Imiter, c'est reproduire librement, sans s'astreindre à l'exactitude, et en s'écartant du modèle là où cela convient.

L'*imitation,* depuis des lunes, se trouve à tort jetée dans un discrédit malheureux et d'ailleurs ambigu.

Il convient pourtant de rappeler à quel point elle reste une attitude souveraine pour tout apprentissage, à partir du moment où l'objet **imité** est simplement tenu pour un départ, un point d'appui ou un levier. La *copie* fut même, à l'époque classique, un geste fondateur de l'activité artistique. Delacroix, dans son *Journal : Raphaël, le plus grand des peintres, a été le plus appliqué à imiter [...] Rubens a imité sans cesse.*

Entre une forme de romantisme laissant croire à une œuvre surgie « ex nihilo » et une conception normative défendant l'idée d'un modèle auquel il faudrait impérativement se soumettre (parce qu'on ne saurait « faire mieux », il y a place pour l'*imitation,* qui substitue à la référence immuable un horizon possible, et à la servilité — de la reproduction « exacte » —, la mobilité du désir et de l'initiative.

Le travail de la plupart des musiciens conforte tout cela. Ainsi Mozart, découvrant l'œuvre de J.-S. Bach, commence-t-il par *recopier* littéralement des fugues pour clavier de ce dernier ; puis il les retranscrit pour quatuor à cordes ; enfin, seulement, il s'applique à composer dans le style de Bach. La musique nous permettrait d'ailleurs d'insérer un terme médian entre la stricte **copie** et l'adaptation libre : la *transcription,* avec laquelle on **imite**, mais en modifiant... (Sens proche de celui qu'Antoine Albalat donnait à l'*imitation,* qui *consiste à transporter et à exploiter dans son propre style les images, les idées ou les expressions d'un autre style.*)

Au bout du compte, l'*imitation* subit sous nos yeux une défaveur doublement surprenante. Par exemple, l'art officiel rejette la valeur didactique de la *copie,* et dans le même temps bien des artistes fabriquent sans vergogne de pâles redites (dans le sens le plus péjoratif ici de la *copie*)... Un peu plus loin, la culture de masse — à travers les médias audiovisuels — pratique abondamment l'*imitation* caricaturale (plus proche de la *parodie* que du *pastiche*).

Paradoxe d'une époque soucieuse de vanter haut et fort l'originalité, alors qu'elle ne cesse de produire des simulacres...

« Ces grands hommes ont dû, pour former leur talent ou pour le tenir en haleine, imiter leurs devanciers et les imiter presque sans cesse, volontairement ou à leur insu. Raphaël, le plus grand des peintres, a été le plus appliqué à imiter [...] Rubens a imité sans cesse. » DELACROIX

« Tâcher de faire tomber ceux que l'on imite est le premier principe de la sagesse chez certains artistes. »
DEBUSSY

« Car j'imite. Plusieurs personnes s'en sont scandalisées. La prétention de ne pas imiter ne va pas sans tartufferie, et camouffle mal le mauvais ouvrier. Tout le monde imite. Tout le monde ne le dit pas. »
ARAGON

« J'avais copié mes personnages d'après le plus grand peintre de l'Antiquité. »
RACINE

« Inventer en toute chose, c'est vouloir mourir à petit feu ; copier, c'est vivre. »
BALZAC

« Un artiste original ne peut pas copier. Il n'a donc qu'à copier pour être original. »
COCTEAU

« Je ne sais pas si je suis un comédien, un filou, un idiot ou un garçon très scrupuleux. Je sais qu'il faut que j'essaye de copier un nez d'après nature. »
GIACOMETTI

importun • fâcheux

La différence qu'il y a entre ces deux mots, c'est que celui qui fâche ou ce qui fâche peut n'être fâcheux qu'une fois, tandis que celui qui importune ou ce qui importune est fâcheux d'une manière répétée, continue. Un importun vous assiège ; un fâcheux vous cause un ennui. Un souvenir importun vous poursuit ; un souvenir fâcheux vous cause de la peine.

Voilà un type d'opposition fréquent dans les pages de ce livre, entre un mot désignant une attitude occasionnelle et un autre visant une habitude. Ainsi l'*ennuyant* gêne passagèrement alors que l'*ennuyeux* fatigue plus durablement.

Sans doute il faudrait renverser les termes de la distinction et suivre le *Dictionnaire des synonymes* de Bailly : l'**importun** n'indisposerait qu'accidentellement – de la même façon qu'on parle d'une « visite importune » –, tandis qu'il serait dans la nature même du **fâcheux** de déranger, de façon répétée, insistante.

Depuis la célèbre pièce de Molière, *les Fâcheux,* le thème est bien vivace et donne lieu régulièrement à des avatars. Le cinéma nous avait proposé *le Bal des casse-pieds* (d'Yves Robert, en 1992) et, plus récemment, *les Fâcheux*... La langue témoigne aussi de cette préoccupation, en proposant de nombreux synonymes. En argot, notamment, nous trouvons : le *raseur,* le *rasoir,* la *seringue,* le *crampon,* la *canule,* le *lavement,* la *colique,* le *gêneur,* l'*enquiquineur,* et, bien sûr, moins joliment, l'*emmerdeur* (autre titre de film)...

Mais, ainsi que l'observait Jules Lemaitre (dans ses *Impressions de théâtre*), la stricte distinction importerait sans doute moins que le fait lui-même : *On peut être « fâcheux » par nature ou par accident. Il y a d'abord l'homme qui se colle à vous, toujours, nécessairement, l'homme ennuyeux parce qu'il est ennuyeux. Mais il y a aussi des « fâcheux » qui ne le sont que par hasard et parce que vous n'êtes pas d'humeur à les écouter. La plupart des « fâcheux » de Molière n'ennuient Éraste que parce qu'ils tombent mal et qu'il attend Orphise. À ce compte, tout le monde peut être « fâcheux » à un moment donné, Éraste comme les autres.*

Il faut croire en effet que les autres sont souvent gênants, ou qu'ils paraissent tels. En fait, le « raseur », c'est toujours l'autre ! Ce qui laisse imaginer que nous sommes peut-être aussi **importuns** pour les autres qu'ils sont **fâcheux** pour nous.

« J'aime mieux être importun et indiscret que flatteur et dissimulé. »
MONTAIGNE

« Un importun est celui qui choisit le moment que son ami est accablé de ses propres affaires, pour lui parler des siennes. » LA BRUYÈRE

« Elle feignit un mal de tête, et l'on sait qu'un mal de tête pour une jolie femme est une manière civile de congédier les importuns. »
MARMONTEL

« Ce qu'on appelle un fâcheux est celui qui, sans faire à quelqu'un un fort grand tort, ne laisse pas de l'embarrasser beaucoup. » LA BRUYÈRE

« Le ciel veut qu'ici-bas chacun ait ses fâcheux,
Et les hommes seraient sans cela trop heureux. » MOLIÈRE

« C'est un devoir pour le travailleur que d'écarter les mangeurs de temps ou, comme dit Montherlant, les Chronophages, les fâcheux de Molière. » MAUROIS

impudent • éhonté

L'impudent est celui qui n'a pas de pudeur ; l'éhonté est celui qui n'a pas de honte. Être éhonté est donc plus fâcheux qu'être impudent. L'impudent viole les bienséances, l'éhonté se joue de l'honnêteté et de l'honneur. Impudent est un reproche qui offense plus l'oreille de celui à qui on l'adresse ; éhonté est un reproche qui frappe un mal moral plus profond.

Impudent avait un sens fort dans l'ancienne langue, marquant un degré supérieur à l'insolence ou à l'effronterie. Face à une telle absence de manières, **éhonté** signale un manquement à l'honneur ou à l'honnêteté. Le mot, pourtant, s'est décoloré : on parle souvent d'un « mensonge éhonté », au sens où *scandaleux* a perdu également de sa force... Nous retrouvons ici la dichotomie classique entre le corps (à travers les règles de bienséance) et le cœur (régi par l'honneur).

Ces mots, sans doute, se sont éloignés de notre paysage quotidien, en même temps que s'estompaient les valeurs dont ils constituent le négatif : la bienséance, que contredit l'**impudent**, l'honneur, dont se moque l'**éhonté**...

Par différence, nous sommes à même de nous poser bien des questions : de quoi avons-nous honte aujourd'hui ? Qu'est-ce qui fait scandale ? Où place-t-on son honneur ?

« Oui vous êtes un sot, et un impudent, de vouloir disputer contre un docteur. » MOLIÈRE

« Il n'y a personne pour rabattre l'impudent caquet de sa vanité. » LARBAUD

« Le nom d'*adulateur* se donne à tout ce qu'il y a de plus odieux parmi les *flatteurs,* au flatteur bas, vil, lâche, servile, impudent. » LAFAYE

« Voltaire a écrit *ès-honté :* "Ce Dieu très ès-honté ne se dérangea pas." L'Académie, dans son édition de 1762, écrit *éhonté* et dit le mot vieilli. Il s'est rajeuni. » LITTRÉ

incertitude • irrésolution

Un esprit incertain est un esprit qui n'est pas certain de ce qu'il fera ; un esprit irrésolu est un esprit qui ne prend pas de résolution. Athalie, dont Racine dit que l'âme était incertaine, n'était pourtant point irrésolue ; et, quand son esprit était fixé, elle savait se résoudre.

Je dis ce que je crois. Je fais ce que je dis. À travers ces mots d'un homme politique (J.-F. Deniau) se lit la devise des activistes, opposés viscéralement aux *indécis* et autres *irrésolus.* Les activistes pensent, finalement, que dans un monde compliqué les solutions demeurent simples... D'où cette fascination trouble que provoquent les individus toujours sûrs d'eux-mêmes.

Pourtant, selon les mots de Pascal, *nous souhaitons la vérité, et ne trouvons en nous qu'incertitude.* **Incertitude** et **irrésolution** disent le malaise du sujet à ne pas vraiment savoir qui il est, où il est et où il en est... **Incertitude** s'emploiera quand l'indécision concerne avant tout le réel (« Je sais ce que je veux, mais trop de perspectives se présentent ») et **irrésolution** quand elle touche le sujet lui-même, dans sa volonté (« Je ne sais que faire, et même je ne sais pas si je dois faire quelque chose »).

Tel distinguo se superposerait à celui qui existe entre *balancer* et *hésiter,* puisque, selon Lafaye, *balancer marque l'incertitude et hésiter l'irrésolution.* On balance : on est tiraillé — voire écartelé — jusqu'à la paralysie par deux désirs d'égale force. Songeons à la fameuse image de l'âne de Buridan... L'hésitation tient alors à un désir trop faible ou encore à une crainte.

Un troisième terme nous semble nécessaire pour sortir du tourniquet paralysant de l'**incertitude** et de l'**irrésolution.** Ce serait l'*oscillation :* balancement heureux du sujet entre les divers objets du désir (agrément de s'attarder devant une vitrine, de comparer des menus au restaurant, etc.), qui n'entraîne aucun affolement mais les mouvements délicieux du plaisir.

« Je hais l'incertitude, et j'aime qu'on me décide. » Mme DE SÉVIGNÉ

« L'incertitude est de tous les tourments le plus difficile à supporter, et dans plusieurs circonstances de ma vie je me suis exposé à de grands malheurs, faute de pouvoir attendre patiemment. » MUSSET

« Il faut passer de la conquête si dure de certitudes à la connivence encore plus dure avec l'incertitude. » MORIN

« Incertitude, ô mes délices
Vous et moi nous nous en allons
Comme s'en vont les écrevisses,
À reculons, à reculons. » APOLLINAIRE

« L'irrésolution me semble le plus commun et apparent vice de notre nature. » MONTAIGNE

« Tel est le sort de l'irrésolution : elle n'a jamais plus d'incertitude que dans la conclusion. » RETZ

« La brutalité est une disposition à la colère et à la grossièreté ; l'irrésolution, une timidité à entreprendre ; l'incertitude, une irrésolution à croire ; la perplexité, une irrésolution inquiète. » VAUVENARGUES.

inefficace • ineffectif

Ces deux mots ont pour radical facere, *faire. Ineffectif signifie, qui ne produit pas d'effet ; inefficace, qui n'achève pas. Une volonté est ineffective quand elle ne passe pas à l'acte ; elle est inefficace quand l'acte qu'elle produit n'atteint pas le but proposé.*

Voilà typiquement une distinction précieuse, et inopérante aujourd'hui, par le fait qu'**ineffectif** a totalement disparu de notre langue : comme si le mot était devenu lui-même « ineffectif » !

Dans notre époque gouvernée par la rentabilité, **inefficace** se trouve au contraire bien vivant : être *efficace* (actif, énergique, volontaire) constitue un mot d'ordre dominant, et **inefficace** un grief essentiel.

Des injonctions de cet acabit donnent l'envie de défendre de temps à autre les comportements **ineffectifs** : refus d'agir, de passer à l'acte, mais hors de toute situation conflictuelle — comme les attitudes, vivement recommandables parfois — mises en scène dans le zen ou le tao.

« La première critique fondamentale de la bonne conscience, la dénonciation de la belle âme et des attitudes inefficaces, nous la devons à Hegel. »
CAMUS

« Il proposait un autre remède, non moins inefficace, contre la vivacité de la douleur, qui consistait à rendre notre esprit distrait sur les maux qu'on souffre, et à tourner toute son attention sur les plaisirs qu'on a sentis autrefois. »
ROLLIN

« Dieu veut des œuvres, et il ne se paye ni de simples désirs, ni de volontés ineffectives. »
RANCÉ

infatuer • entêter

D'après l'étymologie s'infatuer d'une chose, c'est s'y attacher d'une manière folle ; s'y entêter, c'est la fixer dans sa tête d'une manière opiniâtre. Il y a donc dans infatuer une idée de folie qui n'est pas dans entêter. On peut s'entêter d'une idée vraie contre l'opinion commune ; on ne peut pas s'en infatuer.

La distinction a perdu de sa pertinence, dès lors qu'**infatuer** a vu son sens se restreindre, pour ne plus signifier (au pronominal) que s'enorgueillir (être **infatué**, faire montre de prétention). Roland Barthes aimait ainsi employer le mot *infatuation,* pour signifier la bêtise du sujet qui adhère aux illusions narcissiques de l'Imaginaire...

Retrouvons pourtant la nuance. **S'entêter** (d'une idée, d'un être, d'un objet), c'est manifester un engouement excessif, mais finalement corrigible, parce que passager (comme on dit qu'un vin « entête »).

Beaucoup plus fortement, **s'infatuer** précise un attachement doublement néfaste, car marqué par un brin de folie et une dose non négligeable de bêtise (ce sont là les deux sens du provençal *fat :* sot et fou).

L'infatuation apparaîtrait plus terrible que l'entêtement ; car, selon les mots d'un psychanalyste, la bêtise n'est pas soignable...

« Être infatué de soi, et s'être fortement persuadé qu'on a beaucoup d'esprit, est un accident qui n'arrive guère qu'à celui qui n'en a point, ou qui en a peu. »
LA BRUYÈRE

« M. Hulot fils était bien le jeune tel que l'a fabriqué la révolution de 1830 : l'esprit infatué de politique, respectueux envers ses espérances. »
BALZAC

« Il n'était pas infatué de sa personne physique. Toutes les femmes d'ailleurs le confirmaient dans la bonne opinion qu'il se faisait de sa beauté. »
ARAGON

« La force de cervelle fait les entêtés, et la force d'esprit les caractères fermes. »
JOUBERT

« L'erreur est plus entêtée que la foi et n'examine pas ses croyances. »
PROUST

insidieux • captieux

La distinction est donnée par l'étymologie. Ce qui est captieux tend à capter ; ce qui est insidieux a le caractère de l'embûche. Ce que les raisonnements les plus captieux n'ont pas produit, souvent une caresse insidieuse l'opère, dit Girard.

Précisions : *insidiae,* ce sont les embûches (littéralement, l'embuscade), *captio,* le piège. S'ajoute avec **captieux** l'intention de séduire. On songe à capturer en captivant, comme lorsqu'on parle de captations d'héritage ou de capter l'attention de quelqu'un.

Dans les deux cas, l'intention est de tromper l'autre : un projet **insidieux** entend malignement faire tomber dans un guet-apens. M.-J. Chenier vitupère, dans ses *Gracques,* les sophistes **insidieux** : ils disposent plein de chausse-trapes dans leurs raisonnements. **Captieux,** le dessein se fait encore plus retors : il ne s'agit plus de faire échec à l'autre, mais d'obtenir son adhésion. Le discours politique ou publicitaire, vaste miroir aux alouettes, est typiquement un langage **captieux.**

Méfiance, toutefois ! Dans les jeux de la séduction, en déroulant les rets de la duperie, on court souvent le risque de se laisser prendre à ses propres pièges...

« L'ambition, serpent insidieux,
Arbre impur que déguise une brillante écorce. » A. Chénier

« Une fois dehors, il sentit à certains signes qu'il allait être envahi par une forme insidieuse de désespérance, dont il savait la puissance d'amertume. » Romains

« Et toi, crédule amant, que charme l'apparence,
Et dont l'esprit léger s'attache avidement
Aux attraits captieux de mon déguisement. » Corneille

« Certains mots venus du cœur toucheraient le lecteur davantage que tous ces raisonnements plus ou moins captieux, c'est précisément pour cela que, ces mots, je ne les ai pas prononcés. » Gide

insipide • insapide

Insapide désigne ce qui n'a aucun goût, ni bon ni mauvais ; insipide, ce qui n'a aucun goût quand cette absence de goût va jusqu'à rendre la chose désagréable, rebutante. Du reste, cette distinction est récente.

Sorte de comète (avérée en 1867, elle disparaît rapidement, malgré le soutien de Littré), le mot **insapide** forme pourtant avec son cousin **insipide** un couple suggestif, dès l'instant où il rappelle, a contrario, la conjonction heureuse du savoir et de la saveur, inscrite dans le passé de notre langue : *sapidus,* « qui a de la saveur », vient de *sapere,* origine du verbe « savoir ». Cette union désirable aurait simplement pour nom le goût, non seulement au sens culinaire mais encore esthétique. Jacques Lacarrière, par exemple, prend nettement position en déclarant dans un magazine : *Le fast-food, c'est le règne de l'insipide. Une démission du goût.*

Pourtant, le goût constitue une notion bien incertaine, surtout dans le domaine esthétique. Alors, face au domaine du *mauvais goût* (soit de l'**insipide**), nous pourrions défendre l'existence d'œuvres — ou de plats — **insapides** : sans brillance, mais également sans désagrément, sans « déboire », affirmation discrète du neutre ou du fade, valeur essentielle de l'ancienne Chine, comme l'a montré excellemment François Jullien dans son *Éloge du fade.* Ce sens est d'ailleurs appelé par quelques auteurs classiques à partir, il est vrai, du mot **insipide.** Fontenelle : *Ce qu'ils appellent insipidité, je l'appelle tranquillité.* Ou encore, Mme de Genlis : *J'étais pendant deux ou trois jours dans l'insipidité la plus estimable.*

« Il ne manque à ce qui est fade qu'un degré d'assaisonnement ; tout manque à ce qui est insipide. »
TRÉVOUX

« S'il est question d'une boisson insipide, comme par exemple, un verre d'eau, on n'a ni goût ni arrière-goût ; on n'éprouve rien, on ne pense à rien ; on a bu, et voilà tout. »
BRILLAT-SAVARIN

« Une ville sans concierge ça n'a pas d'histoire, pas de goût, c'est insipide telle une soupe sans poivre ni sel, une ratatouille informe. » CÉLINE

« Une eau qui ne laisse pour 1 000 parties que 0,09 à 0,20 de résidu après l'évaporation, et qui d'ailleurs est fraîche en été, et en outre inodore, insapide, aérée, est de très bonne qualité. » CHEVREUL

intrigue • cabale • brigue

« *Une intrigue est la réunion des moyens employés par une ou plusieurs personnes pour un objet quelconque. Une brigue est la réunion combinée des démarches de plusieurs personnes en faveur d'une seule. Une cabale est l'association de plusieurs personnes, pour ou contre une chose ou une personne.* » (GUIZOT.)

Nous voilà bien près de la *manigance* et de la *machination.* Du côté de la manigance, l'**intrigue** et la **brigue** : manœuvres plus ou moins occultes pour obtenir quelque chose ou servir quelqu'un. Différemment, la **cabale** ressortit à la machination ; elle se montre plus organisée, plus secrète, plus méchante : son but est d'abord de nuire ; son degré supérieur serait le *complot.*

Brigue est démodé ; on n'a plus aujourd'hui que le verbe *briguer* (dans un sens plutôt estompé). **Intrigue** subit à peu près le même sort : on ne l'emploie guère qu'à propos de la trame théâtrale ou romanesque. Serait-ce pour faire oublier l'arrivisme, qui n'a pourtant aucune raison d'avoir régressé ? **Cabale** et *complot* rappellent que la « lutte des places » réclame souvent de s'associer, avec les risques, bien sûr, que cela comporte...

Manœuvres, agissements, combines, menées... Bien d'autres mots encore disent les détours obscurs par lesquels nous cherchons à satisfaire notre *libido dominandi.* Tous ces termes relèvent ainsi d'une analyse du pouvoir et des moyens de le conquérir. Ils doivent être perçus avant tout comme descriptifs, sans lueur dépréciative. La toile de fond ne laisse aucune place au doute : les hommes sont animés depuis toujours par le désir d'obtenir ce qui est rare — le prestige, les richesses, le pouvoir. On pense bien sûr à Machiavel, à Gracián ou à Saint-Simon. Mais il faudrait aussi convoquer tous les écrits traitant de stratégie et de tactique militaires : de Sun Tzu à Mao Tsé-Toung.

La société présente un théâtre où il s'agit de manœuvrer, souvent dans l'ombre, pour parvenir à ses fins : la pièce se joue (l'**intrigue** se noue) aussi dans les coulisses. Mais le jeu que supposent la **brigue** ou l'**intrigue** se transforme en combat, avec la **cabale** et le *complot.* Les sourires se transforment en rictus. La mort, parfois, est au rendez-vous...

« L'homme faible ou ignorant et l'homme pervers sont également dangereux ; l'un et l'autre peuvent marcher au même but, sous la bannière de l'intrigue et de la perfidie. »
ROBESPIERRE

« Les femmes sont l'âme de toutes les intrigues ; on devrait les reléguer dans leur ménage ; les salons du gouvernement devraient leur être fermés. » NAPOLÉON

« Vous n'ignorez pas que tout se fait par brigue et par cabale chez les grands ». LESAGE

« On fait ou on emploie une cabale pour chasser celui qui est en possession, afin de se mettre à sa place ou simplement afin de le perdre, et sans qu'on ait l'idée de lui succéder. » LAFAYE

« Les propos incessamment rebattus de la cabale philosophique qui l'entourait lui revinrent à l'esprit. Quand j'allais vivre à l'Hermitage, ils publièrent, comme je l'ai déjà dit, que je n'y tiendrais pas longtemps. »
ROUSSEAU

« Ne descendons jamais dans ces lâches intrigues :
N'allons point à l'honneur par de honteuses brigues. » BOILEAU

« Ça, messieurs, point d'intrigue. Fermons l'œil aux présents et l'oreille à la brigue. » CORNEILLE

irrésolu • indécis

Irrésolu, indécis, irrésolution, indécision sont très voisins de signification ; il n'y a de différence que dans la métaphore ; le premier offre à l'idée un nœud qu'on ne peut dénouer ; le second, quelque chose qu'on ne peut trancher.

À suivre la sapience ordinaire, l'*irrésolution* trahirait une faiblesse plus grave que l'indécision : un tempérament soumis aux influences les plus diverses (voire contradictoires) ; alors que l'*indécision* signale une attitude réservée du sujet, moins dans son être même qu'occasionnellement, en face d'une situation réellement embarrassante.

Renversons toutefois cette opposition, pour revaloriser l'*irrésolution* à partir des images proposées par Littré. Une situation **irrésolue** porterait en elle la promesse d'une conclusion tranquille, issue d'un cheminement patient ; c'est le nœud qu'on défait, plus ou moins difficilement. L'*indécision,* au contraire, laisse affleurer l'unique possibilité d'une solution brutale (« le nœud qu'on tranche »). En ce sens, l'*irrésolution* serait préférable à l'*indécision...*

« Quand on est loin de ce qu'on aime, l'on prend la résolution de faire et de dire beaucoup de choses ; mais quand on est près, l'on est irrésolu. »
PASCAL

« Tous les gens irrésolus prennent toujours avec facilité et même avec joie toutes les ouvertures qui les mènent à deux chemins, et qui par conséquent ne les pressent pas d'opter. »
RETZ

« La conscience est inquiète dans les indécis. »
VAUVENARGUES

« Ces caractères indécis et mitoyens ne peuvent jamais réussir, à moins que leur incertitude ne naisse d'une passion violente, et qu'on ne voie jusque dans cette indécision l'effet du sentiment dominant qui les emporte. »
VOLTAIRE

« Un peu grisée, Pauline s'arrêtait aux vitrines. Tentée, indécise, elle s'approchait de ces nouveautés, changeait d'avis. »
CHARDONNE

ivre • soûl

Ivre indique que l'esprit est troublé par les vapeurs de vin : soûl, que l'on a bu jusqu'à satiété. L'homme ivre n'est pas toujours soûl ; l'homme soûl n'est pas toujours ivre ; remarquez aussi que, quand soûl est complètement synonyme d'ivre, il est du bas langage. De même au figuré : un homme est ivre de gloire, quand la gloire agit sur son esprit comme les fumées du vin ; il en est soûl, quand il a de la gloire au point d'en être rassasié, fatigué, désenchanté.

Ces deux mots sont ordinairement confondus. On considère en effet qu'une personne **soûle** (ayant excessivement bu) est également **ivre** (troublée par l'alcool). Tel n'est pas toujours le cas... Mais **soûl** retrouve son sens originel (« repus, rassasié ») dans quelques expressions (« dormir, manger tout son soûl ») ou, au figuré, dans l'idée de « soûler quelqu'un de coups, ou de paroles »... *Quand j'ai bien bu et bien mangé, je veux que tout le monde soit soûl dans ma maison* (Molière).

Soûl peut être rapproché d'**ivre**, bien que la nuance mérite d'être maintenue : **soûl** désigne un état de lourdeur — du corps lui-même — qui n'est pas nécessairement dans l'*ivresse.* Celle-ci se rapporte plutôt à un état mental de trouble léger, jusqu'à l'euphorie (quand on a « le vin gai ») — semblable aux plaisirs provoqués par l'absorption de certaines drogues, si justement décrits par Baudelaire : *Dans l'ivresse, il y a de l'hyper-sublime.* L'*ivresse* — comme extase douce — s'opposerait ainsi à l'ivrognerie (propre à l'individu **soûl**), tout autant qu'à l'*emportement* produit par toutes les « drogues dures » : chimiques ou idéologiques...

« On appelle du *vin gris,* un vin délicat, tel que celui de Champagne, qui est entre le blanc et le clairet ; et on dit qu'un homme est *gris,* lorsqu'il a beaucoup bu de vin et qu'il commence à être ivre. » FURETIÈRE

« L'exemple d'un grand prince impose et se fait suivre ;
Quand Auguste buvait, la Pologne était ivre. » FRÉDÉRIC II

« Je fis en sorte que la conversation tournât sur les femmes. Cela ne fut pas difficile ; car, c'est après la théologie et l'esthétique, la chose dont les hommes parlent le plus volontiers quand ils sont ivres. » GAUTIER

« Ceux qui ont été engendrés de pères soûls et ivres deviennent ordinairement ivrognes. » AMYOT

« Il y avait l'autre jour une dame qui confondit ce qu'on dit d'une grive : et, au lieu de dire elle est soûle comme une grive, elle dit que la première présidente était sourde comme une grive ; cela fit rire. » Mme DE SÉVIGNÉ

j
J

LE BASSA ET LE MARCHAND

jaboter • jaser • caqueter

Jaboter c'est parler ensemble d'une voix peu élevée, jaser c'est parler ensemble sans vouloir ni baisser ni élever la voix ; caqueter, c'est parler ensemble, mais avec du bruit, avec de l'éclat. En effet, étymologiquement, jaboter, c'est parler, pour ainsi dire, dans son jabot, de près ; jaser, c'est, il semble, faire le jars (le mâle de l'oie) ; enfin caqueter, c'est crier comme la poule qui vient de pondre son œuf et qui le fait savoir à grand bruit.

Cette série nous conduit, comiquement, à l'image d'un monde conçu non comme un théâtre (où chacun s'exprime distinctement, même s'il pratique parfois le mystère ou l'aparté), mais comme une *basse-cour,* dans laquelle domine le fouillis des cris, des bruits, des rumeurs. Nous pourrions d'ailleurs rajouter à la liste de Littré les verbes *jacasser, cailleter, dégoiser...*

Aussi comparons-nous volontiers les performances langagières des humains aux cris oiseux (pour nos oreilles) des oiseaux !

Tendres ou pénibles souvenirs de l'enfance, lorsque, à l'école, il fallait apprendre les noms des animaux de la ferme et ceux de leurs cris particuliers, pour ensuite les replacer dans une rédaction... Exercice qui offrit à Serge Gainsbourg le prétexte d'une amusante chanson *(Sois belle et tais-toi !) : Le ramier roucoule / Caquette la poule... / Piaule le poulet / Cancane la cane / Le dindon glouglote...*

Vision terrible aussi de la basse-cour, univers « bête et méchant » — croqué à la manière de Grandville. Personne ne manque à l'appel : les « jeunes coqs » pleins d'eux-mêmes tournent autour des « poules », sans négliger les « oies blanches » ; les « prises de bec » sont nombreuses ; parfois même on se bat « bec et ongles ». En fait, chacun tente de prouver qu'il existe, en ébruitant son caquetage et ses cancans. Indubitablement, quelques-uns se retrouvent les « dindons de la farce ».

« Entendez-vous comme ces petites filles jabotent ? » LITTRÉ

« Les gens de la petite ville jabotaient, plaisantaient volontiers. » DUHAMEL

« L'enfant qui jase et le vieillard qui radote n'ont ni l'un ni l'autre le ton de la raison. » BUFFON

« Avec deux yeux bavards parfois j'aime à jaser ;
Mais le seul vrai langage, au monde, est un baiser. » MUSSET

« Je ne veux oublier le coqueter des coqs et des poules, qui est le langage dont ils nous rompent la tête quand ils s'entrefont l'amour, et dont nous avons formé, par une belle métaphore, caqueter, lorsque quelques babillards nous repaissent de paroles vaines. » PASQUIER

« Elle la méprisait pour ce qu'elle savait lire et écrire, et que le dimanche, elle lisait des prières dans un coin de verger, au lieu de venir caqueter et marmotter avec elle et les commères d'alentour. » SAND

juste • équitable

Dans juste est l'idée de droit ; dans équitable est l'idée d'égalité qui est dans le latin æquus. De là la nuance fondamentale entre ces deux mots ; ce qui est juste est de rigueur ; ce qui est équitable est de conscience. La distinction va plus loin : ce qui est juste est conforme à la loi ; ce qui est équitable est plus conforme à l'idée que nous nous faisons d'une justice plus élevée. Quand les enfants d'un complice de lèse-majesté étaient enveloppés dans sa ruine, cette condamnation était juste, puisque la loi l'avait prononcée ; des sentiments plus équitables ont fait comprendre et établir que personne ne devait être puni de la faute des autres.

La justice inspire des règles qui ne sont pas toujours assortissantes (comme on disait à l'époque de Montaigne) à nos propres conceptions du bien. Une décision qui est **juste** (conforme donc à la loi) n'est pas forcément **équitable** à nos yeux...

À sa manière le distinguo rejoint celui de Michelet entre le *guelfe* (soucieux de la raison, de la loi) et le *gibelin* (attaché au cœur, au serment moral). Guelfe, l'individu **juste**, observant scrupuleusement l'ordre de la loi écrite. Sa limite négative serait la *droiture,* entendue comme la marque d'un tempérament rigide jusqu'à l'intransigeance ; *orthodoxe,* le « juste » n'est pas très loin de l'intégrisme froid. Gibelin, le sujet **équitable,** s'accommode plutôt de la *coutume :* il manifeste une tempérance fondée sur un attachement aux actes (aux mœurs) plus qu'aux principes. Grégaire, car elle s'adresse à tous, la *justice* s'accompagne avec grossièreté de règles écrites. Moins sèche, plus aristocratique, l'*équité* relève d'affinités supérieures qui circulent entre pairs sans avoir besoin d'être édictées.

En d'autres termes, la *justice* serait à la légalité ce que l'*équité* est à la légitimité...

« Il faut être juste avant d'être généreux, comme on a des chemises avant d'avoir des dentelles. »

CHAMFORT

« Il faut être bon, mais avant tout il faut être juste : on peut tolérer celui qui ne fait pas le bien, mais celui qui fait le mal est un ennemi de l'ordre. »

SENANCOUR

« Dieu me punit, ajouta-t-elle à voix basse, il est juste ; j'adore son équité. »

STENDHAL

« Je n'ai quasiment jamais rencontré aucun censeur de mes opinions qui me semblât ou moins rigoureux ou moins équitable que moi-même. »

DESCARTES

« De la bonne distribution des jouissances résulte le bonheur individuel. Par bonne distribution, il faut entendre non distribution égale, mais distribution équitable. La première égalité, c'est l'équité. »

HUGO

L
l

LE SAVETIER ET LE FINANCIER

laconique • concis

Laconique se dit plus souvent du langage parlé ; concis se dit du langage écrit : une réponse laconique, un compliment laconique ; mais un ouvrage concis ; le style concis. Quand laconique se dit du style, il implique une recherche de brièveté que concis n'implique pas.

Larousse apporte quelques précisions utiles : *Concis et laconique se rapportent à la forme, au style ; une narration concise est vive et serrée, ne contient pas de mots inutiles ; laconique signifie très concis, et se dit surtout des phrases isolées, des sentences ou des pensées exprimées avec le moins de mots possible.* Au-delà, il est loisible d'établir une distinction essentielle quant aux textes courts : relèveraient de la *concision* toutes les formes de résumé (abrégé, compendium, etc.), et du **laconique** tous les écrits littéraires de très petite taille (aphorismes ou maximes, mais aussi épigrammes et haïkus).

La pratique du résumé se fonde sur une conception non seulement instrumentale (utilitaire) du langage, mais plus encore (et plus gravement) rentabiliste : elle suppose qu'un texte contient des mots inutiles (à la manière dont les personnages d'une pièce de Jean Tardieu ajoutent sans raison apparente des suites de mots incongrus à leurs propos), mots qu'il serait donc possible — et même souhaitable — d'éliminer, dans un souci d'économie. Que cet exercice fasse florès à l'école et dans presque tous les concours montre combien notre enseignement est loin d'une conception esthétique de la culture... La *concision* est certes exigée dans diverses écritures sociales (le télégramme ou la petite annonce), quand les mots valent littéralement de l'argent... Mais pas plus !

Tout au contraire, le *laconisme* constituerait l'emblème des textes littéraires dont l'être même serait la petitesse irréductible. Un aphorisme, ou à plus forte raison un haïku, n'est pas le condensé d'un texte implicite plus long, mais le dépli bref d'une parole qui s'affirme entière et insécable dans sa ténuité même.

« Chacun a son style ; le mien, comme vous voyez, n'est pas laconique. »
Mme DE SÉVIGNÉ

« On accoutumait les jeunes Lacédémoniens de bonne heure au style laconique, c'est-à-dire à un style concis et serré. »
ROLLIN

« Nommé lieutenant-colonel de la garde nationale de Blérancourt, et l'un des meilleurs du pays, il s'exerçait à la parole dans les questions d'intérêt local ; mais par goût il la faisait toujours laconique et brève. »
SAINTE-BEUVE

« Les épitaphes racontent, en un français laconique, toutes sortes de misères, d'épreuves, d'épidémies, toutes les souffrances endurées pour la conquête de cette amère patrie. »
DUHAMEL

« L'usage des maximes veut qu'à la manière des oracles elles soient courtes et concises. » LA BRUYÈRE

« Démosthène est grand en ce qu'il est serré et concis, et Cicéron au contraire en ce qu'il est diffus et étendu. » BOILEAU

lamentable • déplorable

Ce qui est lamentable excite des lamentations ; ce qui est déplorable excite des pleurs. Il n'y a pas d'autre distinction, quand on dit : La situation de ces personnes est déplorable ou lamentable. De plus, lamentable a le sens actif et passif : une voix lamentable, c'est-à-dire une voix qui lamente, et un destin lamentable, c'est-à-dire digne d'être lamenté, tandis que déplorable n'a que le sens passif.

Ces deux mots, qui enchérissent sur la notion de *pitoyable,* invitent à distinguer non seulement la nature de l'affection mais aussi ses manifestations. Serait **déplorable** un fait heurtant avant tout la raison, et à l'égard duquel on reste plutôt distant (« un contretemps déplorable ») ; **lamentable**, un événement qui atteint notre sensibilité.

Cela dit, la distinction proposée par Littré n'est plus perceptible dans la littéralité de l'étymologie : on n'entend qu'à peine dans **déplorable** l'idée de « pleurs », et dans **lamentable** celle de « lamentations ». Nous retrouvons ici un phénomène de décoloration (dû à l'usage immodéré de l'hyperbole) qui gagne de nombreux mots ; par exemple *génial,* pour signifier seulement son enthousiasme (« un film génial », « un type génial »). Ainsi le sens de **lamentable** s'est trouvé galvaudé jusqu'à devenir un synonyme affadi de « médiocre », ou de « mauvais ». Qu'une émission télévisée soit **déplorable** ou **lamentable** n'entraîne pas nécessairement qu'on se répande en pleurs ou en lamentations !

« Ce vieillard vénérable
A jeté dans mes bras un cri si lamentable. » VOLTAIRE

« Il eut un sourire lamentable, un de ces sourires dont on voile les plus horribles souffrances, mais il répondit d'un ton caressant et navré. » MAUPASSANT

« Vous voyez devant vous un prince déplorable. » RACINE

« Rodrigue, qu'as-tu fait ? où viens-tu, misérable ?
— Suivre le triste cours de mon sort déplorable. » CORNEILLE

lamentation • plainte

La plainte peut n'être qu'un seul gémissement ; un malade qui souffre fait parfois entendre des plaintes sans rien articuler. Au contraire, dans la lamentation, il y a outre les gémissements, des paroles exprimant la douleur. De plus la plainte

se rapporte aussi bien à des souffrances physiques qu'à des souffrances morales ; la lamentation ne se rapporte guère qu'à des souffrances morales : la douleur physique arrache des plaintes, non des lamentations.

Se pose là avec acuité le problème du langage de la douleur. Comment se dit-elle, au-delà du cri et de l'interjection codifiée (« aïe », « ouille ») ?

Le *gémissement* constitue le degré atténué du cri : une **plainte** faible – l'un et l'autre provoqués par une souffrance physique ou morale. En revanche, les **lamentations** ont pour origine une douleur essentiellement psychique ; et surtout, elles mêlent des paroles aux **plaintes.** Entendons ici le sens originel, intense, des Lamentations de Jérémie, ou du Mur des lamentations. L'expression de la souffrance conduit alors à des formes poétiques (l'élégie) ou musicales (le *Lamento d'Ariane* de Monteverdi).

Mais, de la même façon que *lamentable,* **lamentation** s'emploie souvent dans un sens ironique et affaibli (« Faites-moi grâce de vos lamentations ! ») : une vague et insistante récrimination, synonyme exact du mot *jérémiade* – bien éloigné du texte biblique !

« Dans notre vallée de larmes, ainsi qu'aux enfers, il est je ne sais quelle plainte éternelle, qui fait le fond ou la note dominante des lamentations humaines. » CHATEAUBRIAND

« Parfois, l'aiguillon des désirs charnels déchirait les ascètes si cruellement qu'ils en hurlaient de douleur et que leurs lamentations répondaient, sous le ciel plein d'étoiles, aux miaulements des hyènes affamées. » FRANCE

« Alors triste messager d'un événement si funeste, je fus aussi le témoin, en voyant le roi et la reine, d'un côté de la douleur la plus pénétrante, et de l'autre des plaintes les plus lamentables. » BOSSUET

« Pour moi, je comprends qu'il y a quelque sorte de plaisir dans la plainte, plus grande qu'on ne pense. » Mme DE SÉVIGNÉ

« Comme le premier état de l'homme est la misère et la faiblesse, ses premières voix sont la plainte et les pleurs. » ROUSSEAU

larmes • pleurs

Pleurs n'est synonyme de larmes qu'au pluriel. Un pleur, d'ailleurs usité seulement dans le style biblique et le style élevé, signifie lamentations ; et, au pluriel, il retient quelque chose de cette signification : « Elle entendra mes pleurs, elle verra mes larmes », dit A. Chénier. Larme est proprement l'humeur limpide qui humecte les yeux, quelle que soit la cause qui la fasse couler. Pleurs indique toujours une émotion, et presque toujours une émotion triste. L'oignon coupé ou épluché fait venir des larmes dans les yeux et non des pleurs.

Depuis l'Antiquité jusqu'aux siècles classiques, on a pleuré beaucoup, au théâtre en particulier : sur la scène et dans la salle. Non pas, sans doute, que l'on souffrait plus — ou que l'on était plus triste —, mais on aimait à manifester bruyamment sa douleur ou sa tristesse.

Les **pleurs**, moins emphatiques que les *lamentations,* sont cependant codifiés dans de nombreux spectacles.

Apparemment plus pudique (ou plus hypocrite ?), notre époque préfère les **larmes** aux **pleurs.** En d'autres termes, on pleure, mais silencieusement... Faudrait-il voir, dans ce déplacement, une domination culturelle des sociétés du Nord (des pays anglo-saxons) sur celles du Sud ? Une hégémonie de la vue sur les autres sens (l'ouïe en particulier) ? On ne refuse pas de montrer le corps, mais on rechigne à le faire entendre. Le bruit devient plus obscène que l'image.

« Les peintres tiennent que les mouvements et plis du visage qui servent au pleurer servent aussi au rire. Et l'extrémité du rire se mêle aux larmes. » MONTAIGNE

« Les larmes sont le langage muet de la douleur. » VOLTAIRE

« Une larme en dit plus que tu n'en pourrais dire ;
Une larme a son prix, c'est la sœur d'un sourire. » MUSSET

« Dans l'extrême jeunesse l'on est trop enclin, comme les femmes, à croire que les larmes dédommagent de tout. » RADIGUET

« Ne me secouez pas, je suis plein de larmes. » CALET

« Quoi ! vous causez sa perte et n'avez point de pleurs ? » CORNEILLE

« Rien n'égale en pouvoir les pleurs de la beauté. » LA NOUE

« Elle entendra mes pleurs, elle verra mes larmes. » A. CHÉNIER

« Le moment où le petit enfant prend conscience du pouvoir de ses pleurs n'est pas différent de celui où il en fait un moyen de pression et de gouvernement. » VALÉRY

las • fatigué

Au sens physique, las est plus général que fatigué. On est las soit que la lassitude soit produite par un exercice excessif, soit qu'elle se fasse sentir spontanément et sans exercice préalable ; au lieu qu'on n'est fatigué que par un excès de quelque exercice.

Roland Barthes indiquait un jour avec regret — lors d'un cours — que la *fatigue* ne pouvait en aucun cas constituer un motif d'excuse acceptable lorsqu'on veut s'exempter de quelque obligation sociale. Impossible de téléphoner à son employeur ou à des amis pour dire : « Je suis désolé de ne pouvoir venir aujourd'hui ; je suis fatigué... »

Pourtant, à suivre Littré, la *fatigue* procède de motifs précis : elle est repérable, rationalisable, presque raisonnable en somme ! Contrairement à la *lassitude* qui n'a pas nécessairement de cause particulière, visible (elle s'apparente à la « déprime »). La *fatigue* définit un état circonscrit – essentiellement au corps –, alors que la *lassitude* pointe un malaise diffus, lourd, un dégoût pénétrant qui laisse sans ressort. Elle est proche de l'*ennui,* dans son sens fort, cher au XIXe siècle : *Il était las des affaires et plus encore des gens* (Paul-Jean Toulet). Aujourd'hui, cependant, *fatigue* prend souvent la place de *lassitude* dans le discours que l'on tient aux autres : on arguera d'une certaine *fatigue* pour évoquer une vague morosité...

Ajoutons que **las** (qui rime avec *bas* et *tas :* un *a* prononcé à l'arrière de la bouche dans bien des régions) souffre encore – ou bénéficie, selon la perspective – de son homophonie avec *là* (on connaît la plaisanterie courante : « Je suis *là* et un peu *las !* »). Il est alors évident qu'être **las** forme une excuse encore moins utilisable qu'être **fatigué.**

La remarque de Roland Barthes date de 1978. Depuis, la *fatigue* s'est considérablement médicalisée. Comme le *stress,* elle est devenue une réalité nosographique : on l'examine avec sérieux aux Entretiens de Bichat, elle fait régulièrement l'objet de dossiers dans les magazines. Bref, elle est devenue une maladie de notre société. Ce qui rend sans doute aujourd'hui l'observation de Barthes un peu moins pertinente.

« Las de se faire aimer, il veut se faire craindre. » RACINE

« Je suis las des musées, cimetières des arts. » LAMARTINE

« Nous jouissions de cette oisiveté vague dont on éprouve la bonté quand on est vraiment las. » BARBUSSE

« Dans la voiture, il s'aperçut soudain qu'il était las ; mais de cette fatigue énervante qui fouette le désir. » MARTIN DU GARD

« Je suis moi-même bien fatigué en ce moment et je ne bats que d'une aile. » SAINTE-BEUVE

« Cornebleu, jambedieu, tête de vache ! nous allons périr, car nous mourons de soif et sommes fatigué. Sire Soldat, ayez l'obligeance de porter notre casque à finances pour soulager notre personne, car, je le répète, nous sommes fatigué. » JARRY

« "Non, me répondit Swann, je suis trop fatigué pour marcher, asseyons-nous plutôt dans un coin, je ne tiens plus debout." C'était vrai, et pourtant, commencer à lui causer lui avait déjà rendu une certaine vivacité. C'est que dans la fatigue la plus réelle, il y a, surtout chez les gens nerveux, une part qui dépend de l'attention et qui ne se conserve que par la mémoire. On est subitement las dès que l'on craint de l'être et pour se remettre de la fatigue, il suffit de l'oublier. » PROUST

lasciveté • lubricité • luxure • impudicité

Impudicité est le terme générique comprenant tout ce qui offense la pudeur ; la lasciveté joint à l'idée d'impudicité celle d'une excitation comparée à quelque chose de folâtre ; la lubricité y joint celle d'une incontinence sans mesure et sans frein. On pourra dire que Cléopâtre était lascive, et Messaline lubrique. La luxure y joint l'idée d'une surabondance de force, de nourriture qui emporte le tempérament vers les excès de l'incontinence.

Quel dommage que cet assortiment verbal évoque autant la réprobation — et tout libéral d'envier presque l'intensité émotionnelle que provoque chez le censeur les choses de l'amour !

Lascif, pourtant, est un mot attirant — le syntagme « beauté lascive », cliché exhibant souvent un orientalisme de pacotille (on songe au *Bain turc* de Ingres), n'est-il pas malgré tout affriolant ? Et l'étymologie confirme notre bienveillance : *lascif* (du latin *lascivus*) signifie « qui se plaît à bondir et à jouer ». La **lasciveté** n'est que l'enthousiasme à faire l'amour. Eh oui !

Lubricité, luxure, impudicité sont davantage encore des mots de condamnation. Certes, « vipère lubrique » sonne comme une injure d'un autre temps, mais « impudique » est bien actuel.

Pourtant, dans **luxure,** il y a *luxe* et *lux :* la noire lumière du désir triomphant...

Il est fâcheux que nous ne disposions pas vraiment d'une palette de mots positifs restituant la gradation des désirs de la chair. Ce qui montre à quel point la sexualité, dans notre société, n'est plus envisagée — malgré les apparences — dans la perspective pure du plaisir.

De nos jours, ces mots, très pratiqués dans le langage de la religion, sont tombés hors de l'usage commun (sauf pour plaisanter). Le discours prenant en charge le sexuel s'est laïcisé. Nous sommes dans le domaine non plus de la condamnation mais du commerce réglé. L'érotisme — et un peu plus loin la pornographie — sont des secteurs bien délimités de l'activité sociale. Regardons quelques instants la disposition des magazines dans un dépôt de presse : on y repère aussitôt comment la sexualité n'est tolérée que pour autant qu'elle est commercialisée. (Phénomène identique, bien sûr, avec les petites annonces, le « Minitel rose », le cinéma pornographique, la prostitution, etc.)

La **lasciveté** de X ou la **lubricité** de Y (comme personnes réelles) sont condamnées quand, étant individualisées, et non cessibles, elles se soustraient au domaine de l'argent.

Jadis la sexualité était condamnée, car elle détournait de Dieu ou du travail. Aujourd'hui le sexuel serait frappé d'interdit dès l'instant où il échappe au règne du marché.

« Nous et elles sommes capables de mille corruptions plus dommageables et dénaturées que n'est la lasciveté. » MONTAIGNE

« La lasciveté porte au libertinage. » ROBERT

« Messaline, en riant, se mettait toute nue,
Et sur le lit public, lascive, se couchait. » HUGO

« À Patane, la lubricité des femmes est si grande que les hommes sont contraints de se faire certaines garnitures pour se mettre à l'abri de leurs entreprises. » MONTESQUIEU

« D'un air vague et rêveur elle essayait des poses,
Et la candeur unie à la lubricité
Donnait un charme neuf à ces métamorphoses. » BAUDELAIRE

« La pratique de mortification la plus efficace contre la luxure est l'abstinence et le jeûne. » BUFFON

« La luxure s'affame à mesure qu'on l'alimente. » HUYSMANS

« Elle agaçait les mâles, elle les enveloppait de ses œillades, de sa luxure : c'était une enragée frôleuse. » ROLLAND

« Croira-t-on, sur votre parole, que ceux qui sont plongés dans l'impudicité aient véritablement le désir d'embrasser la chasteté. » PASCAL

« Ce geste simple et naturel, plein de pudeur et d'impudicité, qui cache et montre, voile et révèle, attire et dérobe, semble définir toute l'attitude de la femme sur la terre. » MAUPASSANT

« Mais, si la fureur de ton impudicité te poussait, tu devrais faire au moins comme les bêtes fauves qui se cachent dans leurs accouplements, et ne pas étaler ta honte jusque sous les yeux de ton père ! » FLAUBERT

M
m

LES POISSONS ET LE BERGER

QUI JOUE DE LA FLÛTE

maintien • contenance

Le premier se rapporte à maintenir, et le second à contenir ; c'est de là que dérive la nuance que ces deux mots comportent. Le maintien est l'état habituel ; la contenance est toujours un peu pour la représentation, pour produire quelque effet. On a un maintien noble, réservé, modeste ; on a une contenance fière, haute, intrépide ; le maintien fait qu'on impose, et la contenance montre qu'on ne s'en laisse pas imposer. (LAFAYE.)

La vie en société conduit sans doute à vouloir limiter tout « laisser-aller » sous le regard d'autrui, nos attitudes étant gouvernées par la relation aux autres, selon un jeu complexe d'images et de pouvoirs.

Quelques mots signalent encore cette « mise en forme », comme *port* ou *prestance.*

Contenance et **maintien** disent également cette volonté d'offrir à chacun l'image d'un sujet respectable, avec lequel il faut compter. Le monde animal n'est pas loin : le coq, le loup ou le mouflon exhibent aussi dans leur comportement les insignes de leur position dans le groupe. Proust, observateur incisif, a justement décrit tout cela. Il montre en de multiples occasions les poses du baron de Charlus ou les variations de ses mimiques, selon qu'il se sait regardé (**contenance**) ou non (**maintien**). Et le rapport entre ces deux composantes du personnage évolue considérablement du début à la fin de *la Recherche du temps perdu.*

Ces termes, révélateurs d'un monde considéré comme une scène où évoluent des acteurs plus ou moins libres, ont été délaissés au profit d'une conception psychologiste (« comportementale »). Il serait cependant légitime de les honorer à nouveau, à partir même de Lafaye, quand il parle de *représentation,* du désir de *produire quelque effet.* Nous sommes aussi les images que nous proposons aux autres, y compris quand nous avons l'intention, plutôt naïve, de n'en produire aucune.

« La dame était de gracieux maintien.» LA FONTAINE

« Quand la gravité n'est que dans le maintien, comme il arrive très souvent, on dit gravement des inepties : cette espèce de ridicule inspire de l'aversion. » VOLTAIRE

« On la trouvait hautaine et froide ; elle ne saluait personne, mais il y avait dans ce maintien plus de timidité que de hardiesse ou de hargne. » JOUHANDEAU

« Rien ne m'attire à Paris, je n'y ai point de contenance. » Mme DE SÉVIGNÉ

« Il remarqua ma contenance basse, éperdue, humiliée, indice de mes remords. » ROUSSEAU

« La contenance gênée de l'homme tombé mal à propos dans une discussion de ménage. » COURTELINE

mansuétude • douceur

Ce qui distingue la mansuétude de la douceur, c'est que la mansuétude a en sus la sérénité et l'égalité.

Il convient de distinguer la **mansuétude** (le mot est d'ailleurs plus rare) de la **douceur**. Circonstancielle, cette dernière révèle une fadeur possible, conduisant éventuellement à une mollesse débonnaire. La **douceur** empêche les prises de parti, les résolutions fermes.

La **mansuétude**, au contraire, relevant du caractère, définit une bonté qui n'exclut pas la détermination et l'autorité (paternaliste). L'usage religieux du mot confirme ce sens, lorsqu'on évoque la **mansuétude** du Christ ou de l'Église : *L'Église a des trésors de mansuétude pour le pécheur* (Louis Bertrand). En somme la **mansuétude** constituerait l'endroit idéal d'un envers supposé mauvais (le péché). Elle implique une idée du Bien que ne suppose pas la **douceur**, sorte d'aménité discrète, de gentillesse neutre.

C'est pourquoi le visage bienveillant de la **mansuétude** — qualité d'un sujet convaincu de sa supériorité — dissimule fréquemment des dispositions à la rigueur, voire au rigorisme.

« Mon premier souci doit être de conserver au Christ son caractère de mansuétude. » DIDEROT

« Elle avait toujours était prédestinée à la mansuétude ; mais la foi, la charité, l'espérance, ces trois vertus qui chauffent doucement l'âme, avaient élevé peu à peu cette mansuétude jusqu'à la sainteté. » HUGO

« Toutes les créatures ou l'affligent [l'homme] ou le tentent, et dominent sur lui, en le soumettant par leur force, ou en le charmant par leur douceur, ce qui est une domination plus terrible et plus impérieuse. » PASCAL

« Cette douceur qu'on a par générosité avec les gens qu'on aime, et par égard pour soi-même avec ceux qu'on n'aime pas. » SAND

« Les forts ont seuls cette douceur que le vulgaire prend pour de la faiblesse. » PROUST

manufacture • fabrique

Les deux paraissent synonymes ; et il n'est pas possible de saisir une différence entre fabrique d'armes, par exemple, et manufacture d'armes. Seulement, dans manufacture se trouve l'idée d'une opération faite avec la main, tandis que fabrique s'étend à tout ce qui peut se faire, quand même la main n'y serait pas. De plus l'usage établit arbitrairement des différences entre fabrique et manufacture. Le dernier sonne mieux, et paraît plus important. On dit fabrique, et jamais manufacture de chandelles. On ne dit jamais la fabrique de Sèvres, etc. On dit indifféremment fabrique ou manufacture de draps.

La **manufacture**, espace de production artisanale, où les objets étaient faits à la main (comme le précise l'étymologie), s'est trouvée remplacée par la **fabrique**, liée à l'apparition du machinisme. Marx a analysé ce passage de la **manufacture** à la **fabrique**, y voyant l'un des signes du développement du capitalisme industriel moderne (au XIXe siècle). Ses thèses furent discutées par le sociologue Max Weber.

Toujours est-il que, par-delà ces points de vue, **fabrique** et **manufacture** sont des unités quasi obsolètes, emportés par l'essor des *usines, établissements, ateliers* et *sociétés*... La fermeture, en 1986, de la célèbre Manufacture d'armes et de cycles de Saint-Étienne (dont le catalogue a inspiré bien des émotions poétiques au dessinateur Carelman !) constitue une date symbolique.

La métaphore permet de sauver bien des mots de l'oubli en les dotant d'une charge déplacée. Déjà **fabrique** possédait un sens second et méconnu pour désigner, dans l'architecture des jardins et la topiaire, des monuments factices, sortes de maquettes destinées à l'ornementation : faux temples en ruine, fausses pagodes (voir le désert de Retz par exemple).

Fidèle lecteur du Littré, Francis Ponge avait intitulé un de ses livres *la Fabrique du Pré,* ajoutant aussi à cette acception spécialisée l'idée que se trouvaient présentés aux yeux du lecteur tous les états successifs du texte (jusqu'à la version finale : « le Pré »).

Récemment encore, un éditeur de Lyon devait appeler son entreprise « La Manufacture », donnant à comprendre que, dans le domaine esthétique et intellectuel, **fabrique** et **manufacture** renvoient à l'idée (ô combien défendable) du travail artisanal — patient et minutieux — loin de l'industrie, qui semble, hélas, envahir peu à peu tout le domaine du livre...

« Une seule manufacture bien établie fait quelquefois plus de bien à un État que vingt traités. » VOLTAIRE

« La manufacture possède déjà tous les caractères de l'entreprise moderne au point de vue économique ; mais, au point de vue technique, elle n'a pas encore son caractère type qui est le machinisme. En effet, comme le nom le dit, la *manufacture,* c'est le travail à la main. Pourtant, elle emploie déjà des machines, mais qui sont mues uniquement par la force de l'homme. À la fin du XVIIIe siècle, la force motrice apparaît sous forme de la machine à vapeur et la manufacture devient fabrique. »

CH. GIDE

« La France est devenue une grande manufacture, et la nation française un grand atelier. Cette manufacture générale doit être dirigée de la même manière que les fabriques particulières. » Comte DE SAINT-SIMON

« M. Fazy avait là une fabrique d'indiennes. » ROUSSEAU

« *Fabrique* désigne plutôt un établissement dont l'activité n'exige pas un outillage considérable ; *manufacture,* un établissement où la fabrication se fait sur une grande échelle. » ROBERT

« J'ai travaillé un moment à Fiume, comme manutentionnaire, dans une fabrique de boutons. » MARTIN DU GARD

mariable • nubile

Nubile est proprement un terme de physiologie, exprimant l'âge où chez la femme les règles apparaissent. Dans la plupart des cas cet âge précède celui où une femme est mariable, c'est-à-dire où elle est assez développée pour devenir mère. C'est une faute que l'on commet souvent dans les familles de croire qu'une jeune fille est mariable, parce qu'elle a dépassé plus ou moins l'âge de la nubilité.

puberté • nubilité

Il faut distinguer la puberté de la nubilité : celle-là arrive avant celle-ci ; on est pubère quelques années avant d'être nubile, c'est-à-dire avant d'avoir le corps suffisamment développé pour le mariage.

La **nubilité** succède-t-elle vraiment à la **puberté** ? D'ordinaire les mots sont confondus, et ce, depuis longtemps : *Lorsqu'un garçon est pubère, une fille est nubile* (Diderot).

Nubile, il est vrai, s'emploie plus couramment à propos du sexe féminin. Flottement dans les dictionnaires : si le sens de *pubère* est clair (se rapportant à des données purement physiologiques), avec **nubile** se superposent deux niveaux de sens : le mot signifie d'une part « qui a atteint la fin de la puberté » (apte donc à la reproduction), d'autre part « qui est mariable. »

L'assimilation se comprend dès l'instant où, durant des siècles, la procréation n'était concevable que dans le mariage.

Sans doute ce mot de **nubilité** devient-il désuet à notre époque où (plus que jamais ?) les enfants naissent avec *ostentation* hors du mariage. En revanche ces rapprochements trouveraient un sens fort si l'on considère certaines ethnies (africaines par exemple), dans lesquelles le passage à l'âge adulte apparaît strictement codifié dans des rites d'initiation destinés à préparer la fille ou le garçon à la vie conjugale (rites parfois plus érotiques que les mythiques « premières fois » des Occidentaux)...

Finalement les précisions de Littré relèveraient de son imaginaire propre – notations confuses qui se contredisent quelque peu d'un article à l'autre : *C'est une faute que l'on commet souvent dans les familles de croire qu'une jeune fille est mariable, parce qu'elle a dépassé plus ou moins l'âge de la nubilité.* Ou encore : *Être nubile : avoir le corps suffisamment développé pour le mariage.*

Littré ne serait-il pas comme Humbert Humbert, le héros de *Lolita* (le chef-d'œuvre de Nabokov), préoccupé – comme bien des hommes ! – par les transformations énigmatiques par lesquelles une fille devient femme ?

« On me dit : "Mariez-vous." Mais je ne suis pas mariable, si je n'aime pas infiniment. »
MONTHERLANT

« Un ancien usage des Romains défendait de faire mourir les filles qui n'étaient pas nubiles ; Tibère trouva l'expédient de les faire violer par le bourreau avant de les envoyer au supplice. »
MONTESQUIEU

« En voyant cette foule de demoiselles nubiles qui peuplent les sociétés, je voulais que ces intéressantes créatures cessassent d'être inutiles à elles-mêmes et aux autres. »
MERCIER

« On tient la puberté de la fille à douze ans, et on recule les mâles jusqu'à quatorze. »
CHOLIÈRES

« L'âge de la puberté est le printemps de la nature, la saison des plaisirs ; pourrons-nous écrire l'histoire de cet âge avec assez de circonspection pour ne réveiller dans l'imagination que des idées philosophiques ? »
BUFFON

« Enfin, vers quinze ans le stade terminal de la puberté (ou nubilité) correspond au retour au calme du corps et de l'esprit. La fillette est devenue jeune fille. Elle sort de l'âge ingrat et entre dans l'âge de grâce. Elle se pare des séductions de la jeunesse. »
BINET

« Les filles aux yeux creux, de leurs corps amoureuses,
Caressent les fruits mûrs de leur nubilité. »
BAUDELAIRE

massacre • tuerie • carnage • boucherie

Tuerie indique seulement que l'on tue sans aucune idée accessoire. Dans carnage, il y a, suivant l'étymologie, l'idée que beaucoup de chair est mise en pièces ; c'est donc la mise à mort de beaucoup d'individus ; mais carnage n'indique pas si c'est dans un combat ou dans un massacre ; c'est pourquoi on ne dit pas le carnage de la Saint-Barthélemy. Le massacre implique que les massacrés n'opposent pas de résistance ou n'en opposent qu'une insuffisante : les Vêpres siciliennes sont un massacre. Boucherie (qui est ici pris au sens figuré, tandis que les autres le sont au sens propre) donne, soit à l'idée de massacre, soit à celle de carnage, la nuance que les personnes tuées le sont d'une façon comparable à la manière dont les bouchers tuent les animaux.

À l'évidence les mots ne manquent pas pour dire comment les humains s'emploient à détruire leurs semblables. Un animal *tue,* mais *massacre*-t-il ? Avec cette liste, toute l'histoire sanglante des peuples se dresse devant nous.

Au-delà du *meurtre* et de l'*assassinat* (crimes perpétrés contre un ou quelques individus), apparaissent la **tuerie** et le **massacre** (ce dernier mot enchérissant — quant au nombre de victimes — sur la **tuerie**). Réservons un sort particulier à *hécatombe,* employé souvent complaisamment — et de manière affadie — dans la presse, à propos par exemple des accidents de la route. Bien sûr, ici le sens littéral (« sacrifice de cent bœufs ») a été oublié ; mais il resurgit indirectement, et avec force, dans l'idée que ces morts seraient les victimes inévitables d'un « sacrifice » nécessaire, dédié au dieu Progrès (« La route a encore tué... »).

Massacre, carnage, boucherie sont des mots effrayants, qui favorisent les images (la peinture ne s'en n'est pas privée : *les Massacres de Scio,* de Delacroix, aux couleurs atténuées par le temps, ou les bœufs écorchés de Soutine). Il en est d'autres, qu'on ne trouve pas dans Littré : *pogrome* ou *génocide.*

Aucune trace, non plus, de cet oxymore, servilement véhiculé par les médias durant la guerre du Golfe (en 1991) : la *guerre propre...* Qu'est-ce qu'une « guerre propre » ? Une guerre dont les représentations évacuent le sang (nos contemporains occidentaux s'évanouiraient aujourd'hui en voyant *réellement* égorger un poulet ou dépiauter un lapin !) — ou encore une guerre sans morts sur les écrans (les seules victimes entrevues à la télévision pendant la guerre contre l'Iraq ont été quelques soldats français ou américains)... Mais, par un curieux retour des choses (l'histoire se répète comme une farce sanglante), bien des conflits actuels — guerres civiles et guérillas — permettent d'employer sans inexactitude les mots choisis par Littré.

« Le massacre des innocentes populations civiles vous paraît-il vraiment beaucoup plus inhumain, beaucoup plus immoral, beaucoup plus monstrueux, que celui des jeunes soldats qu'on envoie en première ligne ? »
MARTIN DU GARD

« Le dénouement de *Bajazet* n'est point bien préparé ; on n'entre point dans les raisons de cette grande tuerie. »
Mme DE SÉVIGNÉ

« Dès que Napoléon paraissait, on oubliait tout, les désastres de la veille et ceux que son retour annonçait, les tueries pour lesquelles on avait fini par maudire son nom. »
BAINVILLE

« Ces énormes batailles de Napoléon sont au-delà de la gloire ; l'œil ne peut embrasser ces champs de carnage qui, en définitive, n'amènent aucun résultat proportionné à leurs calamités. »
CHATEAUBRIAND

« Ce que nous appelons la morale n'est qu'une entreprise désespérée de nos semblables contre l'ordre universel, qui est la lutte, le carnage, et l'aveugle jeu de forces contraires. »

FRANCE

« Un officier préparant les Français à la boucherie, pour dire la guerre ! »

PROUST

matinal • matineux

Ces deux adjectifs signifient : qui se lève matin ; et en ce sens ils sont synonymes. Mais matinal signifie en outre : qui appartient au matin ; sens que n'a pas matineux. De plus matineux est moins usité que matinal.

Le couple **matinal, matineux** permet d'entrevoir qu'il y a bien des raisons différentes de se lever tôt : par habitude ou par accident ; par plaisir ou sous la contrainte...

Matinal, l'individu qui se lève de bonne heure, mais plutôt épisodiquement, ou par obligation. « Vous êtes bien matinal ! » dit-on à quelqu'un que l'on n'a pas coutume de voir levé de si bonne heure...

Le **matineux**, à l'opposé, aime sortir du lit de bon matin. Peu **matineux** était Chateaubriand, dans sa jeunesse à Combourg : *Je n'avais aucune heure fixe, ni pour me lever, ni pour déjeuner ; j'étais censé étudier jusqu'à midi : la plupart du temps je ne faisais rien.* Ou encore le marquis de Sade : *On me reproche d'aimer à dormir ; il est vrai que j'ai un peu ce défaut : je me couche de bonne heure et me lève fort tard* (dans une lettre à son père, le 12 août 1760). **Matineux** au contraire Paul Valéry, se levant avant le jour pour rédiger ses fameux *Cahiers,* une tasse de café et des cigarettes roulées à côté de ses feuilles. Mais il s'agissait d'une activité choisie : écrire, penser.

Lève-tôt, lève-tard... Quels que soient notre complexion ou nos goûts, force est de constater, avec regret au moins pour les *non-matineux,* que le travail social nous oblige à être *régulièrement matinaux.*

« Il n'est pas d'oiseau plus matinal que celui-ci. Le rouge-gorge est le premier éveillé dans les bois, et se fait entendre dès l'aube du jour. »

BUFFON

« Matinale comme toutes les filles de province, elle se leva de bonne heure. »

BALZAC

« Les coqs, lui disait-il, ont beau chanter matin,
Je suis plus matineux encore. »

LA FONTAINE

« Quel charme de venir visiter sa couche matineuse ! »

A. CHÉNIER

« Les fidèles peu matineux manquaient souvent l'office ; un bon chanoine de Sainte-Gudule, pour concilier leur dévotion avec leur paresse autant que faire se pourrait, a imaginé ces années dernières de fonder une messe tardive. »

NERVAL

mécréant • infidèle

Les mécréants sont ceux qui croient mal, les infidèles sont ceux qui n'ont pas la vraie foi ; en ce sens ces mots sont synonymes, mais ne se disent que des idolâtres, des païens et des musulmans, et non des hérétiques ou schismatiques. Mécréant et infidèle sont encore synonymes quand ils signifient celui qui ne croit pas à la religion révélée. La seule différence est que mécréant étant le terme ancien a pris quelque chose de familier et d'ironique, que n'a pas infidèle qui est plutôt du langage soutenu.

Tout comme *hérétique,* **mécréant** et **infidèle** sont des mots violents, symptômes d'un discours autoritaire, sûr de sa vérité.

À l'époque du christianisme triomphant, on les employait à l'envi pour caractériser les *musulmans.* Curieux retournement de l'histoire : l'Islam d'aujourd'hui n'a de cesse de stigmatiser l'athéisme de l'Occident et de condamner (à mort, « s'il le faut ») les **mécréants.** L'« affaire Rushdie », qui n'en finit pas de rebondir, montre à quel point les nations occidentales n'ont guère à opposer aux emportements sectaires de la religion toute-puissante que des atermoiements tièdes ou hypocrites : quelques vagues références aux droits de l'homme sur fond discret de ventes d'armes...

Dans notre société où la religion ne détient plus le pouvoir (temporel), **mécréant** et **infidèle** sont quasi obsolètes. On parle, de manière atténuée, d'*incroyance,* mot qui signale justement la relation d'indifférence qu'entretiennent de nombreux individus avec la religion. L'athéisme même, au sens militant qu'il avait au XVIIIe siècle, ne semble plus guère de mise...

L'attachement à une foi — si puissant chez l'homme — n'a pas manqué d'engendrer une multitude de mots pour discréditer les membres de l'autre camp : *impie, irréligieux, libertin, libre-penseur, matérialiste, apostat, blasphémateur, sacrilège...* Certes on ne les entend plus guère. Mais si la religion ne constitue plus la voix dominante de la conscience et des pratiques des individus, notre époque connaît un net regain de religiosité. Sous les formes les plus diverses, l'irrationnel est de nouveau à la mode. Il suffit de scruter les rayons des librairies pour mesurer que la numérologie, l'ésotérisme ou l'astrologie gagnent du terrain sur la philosophie ou la psychanalyse ! Cliché juste (tout le monde connaît cette phrase) de Malraux : *Le XXIe siècle sera spirituel ou ne sera pas.*

Alors cette fin de siècle verra-t-elle revenir, d'une autre manière, des mots comme **infidèle** ou **mécréant**, pour désigner à la vindicte communautaire les sujets irréductibles à tous les dogmes et autres orthodoxies ?

« Ces temps où la France s'en allait en guerre contre les mécréants et les infidèles. » CHATEAUBRIAND

« La veille de la fête, le peuple se réunissait le soir dans l'église, et, à minuit, le saint étendait le bras pour bénir l'assistance prosternée. Mais, s'il y avait dans la foule un seul incrédule qui levât les yeux pour voir si le miracle était réel, le saint, justement blessé de ce soupçon, ne bougeait pas, et, par la faute du mécréant, personne n'était béni. »

RENAN

« Ma mère mécréante permit cependant que je suivisse le catéchisme, quand j'eus onze ou douze ans. Elle n'y mit jamais d'autre obstacle que des réflexions désobligeantes, exprimées vertement. »

COLETTE

« On s'attache ou tout à fait à la foi, comme les catholiques, ou tout à fait à la raison humaine, comme font les infidèles. »

BOSSUET

« Il paraît qu'on avait égorgé, ou brûlé, ou noyé des millions d'infidèles en Amérique pour les convertir. »

VOLTAIRE

« Nous ne sommes plus de ces infidèles des temps barbares qui venaient combattre votre foi ; nous la reconnaissons sublime, nous y adhérons, et l'instant est arrivé où tous les Français deviendront aussi de vrais croyants. »

BONAPARTE (au pacha d'Alep)

médical • médicinal

Le mot médical s'applique aux objets généraux de la science : on dit les sciences médicales (celles qui sont nécessaires à l'exercice de la médecine), une société médicale. Médicinal signifie : qui a des propriétés médicamenteuses. Quelquefois médical prend le sens de médicinal, mais médicinal ne prend pas celui de médical.

Ces deux mots sont les signes d'une véritable guerre que se livrent la médecine officielle (domaine du **médical**) et les médecines parallèles (le **médicinal**).

Nous sommes là sur un terrain mythologique (qui, en ce sens, aurait plu à Barthes). Le **médical**, c'est l'officiel, le curatif, l'efficacité reconnue. Le **médicinal** serait du **médical** affadi — ne parle-t-on pas de « médecines douces », sorte d'oxymore figurant un fantasme fort : le médicament qui ferait du bien sans faire de mal !

Le **médicinal**, qui colle bien avec toutes les formes d'écologie, participe d'une dimension utopique ; il est le tribut payé à l'imaginaire : le plus positiviste des scientifiques n'y recourt-il pas, lui aussi, à un moment ou à un autre ?

« Le Seigneur a produit de la terre toutes les choses médicinales. »

PARÉ

« On en vint à parler des plantes, dont beaucoup sont heureusement médicinales. On les loua donc de guérir des maux contre lesquels les remèdes ordinaires restent impuissants. On en célébra la nature saine, dont témoignent ce goût, ces odeurs, et ce je ne sais quoi de magique, où sans doute résident leurs vertus thérapeutiques. » BOSCO

« Cette mer trouble et vaste des erreurs médicinales. » MONTAIGNE

médicament • remède

Remède est plus général que médicament. Remède, tout ce qui est employé au traitement d'une maladie ; un bain est un remède ; la gymnastique n'est pas un médicament. Le médicament implique toujours une préparation pharmaceutique. La quinine est un médicament.

Remède a un sens plus étendu que médicament. Le remède comprend tout ce qui est employé pour la cure d'une maladie ; le médicament est toujours une matière simple ou composée que l'on administre soit à l'intérieur soit à l'extérieur. L'exercice peut être un remède, mais n'est jamais un médicament. Le sulfate de quinine est un remède ou un médicament.

Ce couple prolonge évidemment le précédent. Le **médicament** (connotation chimique) est comme une arme lourde, agissant en profondeur, plutôt secrètement, et destructrice à l'occasion. Le **médicament** est *sérieux :* on le vend exclusivement en pharmacie et il est remboursé !

À l'opposé, le **remède** — souvent insolite et mystérieux — fait surgir la dimension de la fantaisie parfois débridée (par exemple les recettes médicinales du Maroc traditionnel).

Mais, entre les deux, il est amusant de repérer toute une zone intermédiaire — surtout depuis que les grandes surfaces commercialisent certains produits (les vitamines par exemple) et que les pharmacies deviennent des espèces de bazars où l'on vend « de tout », et notamment ces produits qu'on appelle des *médicaments de confort :* petits **médicaments** anciens (quintonine, Jouvence de l'abbé Souris, etc.) ou récents (diététique, cosmétique).

Cependant, le point commun du **remède** et du **médicament** — au-delà de leurs effets réels ou supposés —, c'est de régler une vie, d'installer un rythme, avec la *posologie :* rituel quasi religieux (d'ordre obsessionnel), petite injection de symbolique nécessaire, finalement.

« Tout ce qui guérit le mal est *remède ;* il n'y a de *médicaments* que les matières ou les mixtions artificiellement composées, préparées et administrées pour produire cet effet ; les *médicaments* sont des produits d'une certaine industrie de l'homme. Ce qu'on considère dans le *remède,* c'est l'effet, la force, l'efficacité ; et dans le *médicament,* c'est sa composition ou bien l'application qu'on en fait. »

LAFAYE

« L'amas immense des remèdes ou simples ou composés contenus dans la pharmacopée, ou dans le traité des drogues, semblerait promettre l'immortalité ou du moins une sûre guérison de chaque maladie ; mais il en est comme de la société où l'on reçoit quantité d'offres de services et peu de services. » FONTENELLE

« Tout est de mode en médecine, dit M. de Meilhan, comme pour les objets les plus frivoles. Il est d'usage pendant dix ans de saigner dans une maladie ; ensuite on prend une autre méthode. Tantôt les remèdes chauds sont de mode, et tantôt les froids. » SAINTE-BEUVE

« Mon médecin m'ordonne des remèdes, je ne les fais pas, et je guéris. » MOLIÈRE

« Beaucoup de soins, point de remèdes, voilà ma recette. » Mme DE MAINTENON

méditatif • contemplatif

Celui qui médite est tourné sur lui-même ; celui qui contemple est tourné vers le monde extérieur. La contemplation peut conduire à la méditation ; mais la méditation ne conduit pas à la contemplation.

Les disputes religieuses des siècles passés avaient le mérite d'être subtiles, voire savoureuses. Ainsi, la *méditation* et la *contemplation* ont fait l'objet, au XVIIe siècle, de querelles passionnées, Bossuet défendant la prière verbalisée (la méditation) contre Fénelon et les quiétistes, qui voyaient bien la prière se passer de mots (contemplation).

Si l'on applique ce partage au domaine littéraire, on est en mesure de distinguer les écrivains soucieux de travailler d'abord la langue en artisans fidèles (La Fontaine, Ponge ou Queneau), et ceux qui brûlent de la dépasser, de la refondre ou de la transgresser, voire de l'annuler (à la limite de cette attitude : Joyce, les lettristes, Artaud).

Autre distribution possible : « contemplatifs », les écrivains tournés vers le monde extérieur, qu'ils tentent de restituer au lecteur (Balzac, Zola), et « méditatifs », ceux qui s'emploient pour l'essentiel à suivre leurs flux intérieurs (Amiel, Rousseau).

Dans les meilleurs cas (Proust, Céline), on a le sentiment très vif que ces deux attitudes ne sont pas contradictoires du tout.

« Quoique mélancolique et méditatif, Platon avait cependant de la douceur et une sorte d'enjouement, et il se plaisait à faire de petites railleries innocentes. » FÉNELON

« Descartes était méditatif, mais nullement concentré. » FAGUET

« Malebranche, l'un des plus profonds méditatifs qui aient jamais écrit. » VOLTAIRE

« Edmond de Goncourt, plutôt méditatif, n'était pas un très étincelant causeur. » LECOMTE

« Marthe n'était-elle pas une sainte, quoiqu'on ne dise pas qu'elle fût contemplative ? » BOSSUET

« Tous ces sages contemplatifs, qui ont passé leur vie à l'étude du cœur humain, en savent moins sur les vrais signes de l'amour que la plus bornée des femmes sensibles. » ROUSSEAU

« Son âme était contemplative, il vivait plus par la pensée que par l'action. » BALZAC

« Si un contemplatif se jette à l'eau, il n'essaiera pas de nager, il essaiera d'abord de comprendre l'eau. Et il se noiera. » MICHAUX

se méfier • se défier

Ces deux verbes ne diffèrent que par les préfixes, dé *et* mé. *L'un signifie se fier mal, l'autre se fier moins. La nuance qui les sépare est donc très petite ; et dans le fait l'usage les emploie l'un pour l'autre. On a avancé qu'en parlant de soi-même, on dit plutôt se défier que se méfier ; cela n'est pas fondé ; et il n'y a rien à dire à cette phrase-ci : « On pourrait conclure de là que la philosophie consiste plus à nous méfier assez de nous-mêmes pour éviter toutes les occasions où notre esprit peut être frappé, qu'à nous flatter que nous serons toujours les maîtres d'éviter les inquiétudes dont l'imagination peut être cause » (Condillac).*

méfiance • défiance

La méfiance fait qu'on ne se fie pas du tout ; la défiance fait qu'on ne se fie qu'avec précaution. Le défiant craint d'être trompé ; le méfiant croit qu'il sera trompé. La méfiance ne permettrait pas à un homme de confier ses affaires à qui que ce soit ; la défiance peut lui faire faire un bon choix.

Encore un couple de mots posant des problèmes appréciables de conduite de vie. Relevons que, dans cette perspective, le jeu des préfixes apporte toute sa pertinence : le *dé-* marque la coupure, le détachement, la question ; le *mé-* manifeste l'erreur, la méprise, l'égarement.

Ainsi la **défiance** signale une prudence nécessaire, la réserve qu'il faut tenir dans les relations sociales, voire affectives. Au contraire, la **méfiance** marquerait une crainte excessive, une retenue frileuse interdisant de prendre des décisions utiles.

À l'évidence, ce sont là deux attitudes différentes dans l'existence. La première seule saurait être recommandée, car elle se contente d'éviter les choses négatives. Différemment, la seconde est l'expression de la *peur* (ou de l'inquiétude), cette pulsion majeure qui gâche notre vie en nous empêchant d'en jouir quand il le faudrait. L'embêtant, on le devine, c'est que nous ne choisissons pas notre éthique !

« Il est bon de traiter l'amitié comme les vins, et de se méfier des mélanges. » COLETTE

« On peut se méfier d'un excès de clémence. » M.-J. CHÉNIER

« Je me défie des allures des gens. » Mme DE SÉVIGNÉ

« Les femmes se défient trop des hommes en général, et pas assez en particulier. » FLAUBERT

« Il était expérimenté,
Et savait que la méfiance,
Est mère de la sûreté. »
LA FONTAINE

« Dans l'amour, la tromperie va presque toujours plus loin que la méfiance. » LA ROCHEFOUCAULD

« Il faut être défiant, le commun des hommes le mérite, mais se garder de laisser apercevoir sa méfiance. »
STENDHAL

« Rien n'est plus capable d'ôter tous les bons sentiments, que de marquer de la défiance ; il suffit souvent d'être soupçonné comme ennemi, pour le devenir : la dépense en est toute faite, on n'a plus rien à ménager. Comme on ne connaît d'abord les hommes que par les paroles, il faut les croire jusqu'à ce que les actions les détruisent. »
Mme DE SÉVIGNÉ

« Il faut se garder de tous les hommes par une défiance générale. »
SAINT-ÉVREMOND

« L'on est plus souvent dupe par la défiance que par la confiance. »
RETZ

mélancolique • atrabilaire

Ces deux mots signifient : qui est affecté de bile noire ; atrabilaire est la traduction latine de mélancolique. Pourtant l'usage a mis quelque distinction entre eux, du moins quand on les applique au moral. Le mélancolique est triste ; l'atrabilaire est acerbe.

Atrabilaire nous ramène tout droit aux « humeurs bilieuses » chères aux médecins de Molière, c'est-à-dire à une nosographie désuète, celle des « quatre humeurs » (ou humeurs cardinales) : le sang, la pituite, la lymphe et la bile, à l'origine, selon leur surabondance ou leur altération, de la plupart des maladies. Ainsi, M. Purgon à Argan (le célèbre malade imaginaire) : *J'ai à vous dire que je vous abandonne à votre mauvaise constitution, à l'intempérie de vos entrailles, à la corruption de votre sang, à l'âcreté de votre bile et à la féculence de vos humeurs.* Rappelons d'ailleurs, à propos de Molière, que le sous-titre du *Misanthrope* était *l'Atrabilaire amoureux.*

Quant à **mélancolique**, il a perdu dans le langage courant, dès l'époque classique, son sens fort de « désespéré, enclin au suicide ou à la folie », pour ne plus désigner qu'un individu continûment triste. Mais cette acception intense du mot reste vivace dans le vocabulaire psychiatrique et psychanalytique (par exemple dans l'article pénétrant de Freud, *Deuil et mélancolie*).

Hors de la typologie fantaisiste des « quatre humeurs », **atrabilaire** nous aiderait encore aujourd'hui de façon judicieuse à distinguer deux types de tempéraments maussades : face au **mélancolique**, distillant pour lui-même de sombres pensées, l'**atrabilaire** désignerait l'homme ombrageux qui s'en prend aux autres, sans pour autant que cette disposition maligne aille jusqu'à la colère.

« Je suis mélancolique, et je le suis à un point que, depuis trois ou quatre ans, à peine m'a-t-on vu rire trois ou quatre fois. »

LA ROCHEFOUCAULD

« Vous êtes à la fois gaie et mélancolique, mais gaie par votre naturel, et mélancolique encore par réflexion. »

D'ALEMBERT (à Julie de Lespinasse)

« Moi, j'ai passionnément désiré être aimé d'une femme mélancolique, maigre et actrice. » STENDHAL

« Ci-gît un vieil atrabilaire ;
Après l'avoir fait enterrer,
Sa veuve, n'ayant à faire,
Prit le parti de le pleurer. »

SAINT-LAMBERT

« Douze parlements jansénistes sont capables de faire des Français un peuple d'atrabilaires. » VOLTAIRE

« Il était sec, froid, calculateur, attentif à ses intérêts et d'ailleurs, sous des dehors aimables, foncièrement mélancolique et même atrabilaire. » JALOUX

mélanger • mêler

Mélanger vient de mélange ; mélange vient de mêler ; ces deux verbes ont même radical. Aussi ne diffèrent-ils que par la nuance qui est dans mélange. Un cabaretier mélange son vin, c'est-à-dire qu'il y introduit d'autres vins ou d'autres substances ; si l'on disait qu'il mêle ses vins, cela signifierait qu'il confond les différentes espèces de vins entre elles. Au figuré, les races sont mêlées, quand dans un même pays il y a plusieurs races y vivant ensemble ; elles sont mélangées quand elles font des croisements ; les intérêts sont mêlés quand ils sont impliqués les uns dans les autres, ils sont mélangés quand ils sont de diverses natures.

Ces deux verbes sont quasi synonymes quand ils signifient *confondre* ou *brouiller :* « Tu mélanges tout ! », « De quoi vous mêlez-vous ? » — formules qui sous-entendent que la personne prise ainsi à partie vient troubler une situation. Cependant la distinction existe précisément.

Mélanger implique une fusion des éléments mis ensemble (en argot, faire l'amour — l'éternel fantasme de la fusion ! — se dit parfois « se mélanger »). **Mêler** indique au contraire qu'ils conservent tout ou partie de leur identité. À cet égard, l'exemple de Littré concernant les « intérêts » s'avère peu clair ; quant à celui du cabaretier, il ne convient guère : des vins peuvent être **mélangés**, mais non **mêlés** — à moins d'imaginer que du bourgogne et du bordeaux versés dans une même bouteille réussissent à garder leurs caractères propres ! **Mêler** signifie alors *prendre l'un pour l'autre,* ce qui n'est pas la même problématique. En revanche, l'exemple des *races,* intéressant et actuel, fait se poser la question suivante : jusqu'à quel point des ethnies peuvent-elles **se mêler** (coexister) heureusement sans **se mélanger** ?

« Le ciel, en nous formant, mélangea notre vie
De désirs, de dégoûts, de raison, de folie,
De moments de plaisirs et de jours de tourments. » VOLTAIRE

« Pour sauver la maison de commerce, on dut recourir à l'alcool de grain et le mélanger à l'alcool de vin. M. Pommerel se résigna à cette fraude sur laquelle tout le monde se taisait. » CHARDONNE

« Manger, boire, dormir, et le matin se mélanger. » CARCO

« À ces nobles conseils ne mêlez point le vôtre. » RACINE

« Non seulement la nature a réuni sur le plumage du paon toutes les couleurs du ciel et de la terre pour en faire le chef-d'œuvre de sa magnificence, elle les encore mêlées, assorties, nuancées, fondues de son inimitable pinceau. » BUFFON

« Si l'on pouvait mêler des talents si divers, peut-être qu'on voudrait penser comme Pascal, écrire comme Bossuet, parler comme Fénelon. » VAUVENARGUES

méthode • procédé • exercice • mode

En termes d'enseignement, méthode est le terme générique ; en ce sens les procédés, les exercices, les modes sont des méthodes. Dans un sens plus restreint, la méthode est l'ordre des vérités et l'ensemble des explications qui constituent un certain enseignement : la méthode de Lacroix comparée à celle de Legendre pour l'étude de la géométrie. Le procédé est la manière dont le maître communique et fait comprendre à ses élèves les vérités qu'il leur enseigne : exposer et expliquer les vérités mathématiques au tableau, et faire répéter ensuite les élèves, c'est un procédé ; les faire étudier sur le livre, et les reprendre seulement quand ils se sont trompés est un second procédé fort différent du premier. Les exercices sont les travaux, leçons, devoirs que l'on fait exécuter aux écoliers pour leur rendre familières et leur faire retenir les vérités exposées. Le mode est la forme que l'on emploie dans la disposition de la classe entière : le mode est individuel dans les leçons particulières ; il est simultané dans les classes des collèges ; il est mutuel dans quelques écoles primaires quand tout est disposé pour que les enfants s'instruisent les uns les autres.

Il est amusant de voir à quel point cette série de termes diffère du vocabulaire que l'on utilise aujourd'hui.

Tandis que nombre d'auteurs s'échinent par exemple à distinguer laborieusement la *didactique* de la *pédagogie,* d'autres, très officiellement mandatés, nous infligent nombre de mots ébouriffés, du plus mauvais aloi : *remédiation, référentiel,* sans oublier le militaire *objectif !*

L'invention terminologique et la régénération de vocables usés sont absolument nécessaires, pour ne pas être inféodé à quelque langue de bois que ce soit. Mais, face aux mots *arrogants* — à l'allure de concepts scientifiques, pour laisser croire à une analyse sans appel —, il convient parfois de se porter vers des éléments plus anciens, à l'aspect moins technocratique, des mots déjà connus qu'il faut simplement affûter ou préciser. **Méthode, procédé, exercice, mode** sont de ceux-là.

méthode • système

Le système est inflexible, absolu, il fait passer tout le monde par la même filière, annule, chez tous les sujets, les qualités qui leur sont propres pour leur substituer celles qu'il exige, détruit toute la spontanéité et fait que la convention finit par remplacer le sentiment personnel. La méthode, au contraire, développe dans chaque sujet le sentiment individuel, met en relief le caractère propre et l'originalité qui le distinguent, et, ces qualités une fois constatées, elle le dirige vers le but. (AUGUSTE OTTIN, *Presse scientifique,* 1864.)

Il faut donc éviter le système et se soumettre à la méthode.

Dans sa présentation, Littré s'efface pour laisser place à une belle et juste phrase d'un artiste aujourd'hui oublié — mais dont on trouve trace dans le précieux *Larousse* en huit volumes des années 1897-1904 : *OTTIN Auguste-Louis-Marie, sculpteur, né et mort à Paris (1811-1890). Rappelons son* Hercule présentant à Eurysthée les pommes du jardin des Hespérides *(marbre, au jardin du Luxembourg), ainsi que diverses sculptures dans des églises parisiennes (Sainte-Clotilde et Saint-Augustin).*

La **méthode** constituerait un ensemble de protocoles légers, nécessaires au travail : des règles que l'on invente à partir de sa propre pratique, en se donnant la liberté de les transgresser, si besoin est. C'est le sens, par exemple, du célèbre *Discours de la méthode* qui, selon les mots de Descartes, *consiste plus en pratique qu'en théorie.*

Le **système** au contraire arrête une construction intangible et close, en transformant la règle en loi.

Pour nous, l'art connive à la **méthode**, tandis que la science, la religion ou l'idéologie ressentent l'appel du **système**.

« Je ne mets pas *Traité de la méthode,* mais *Discours de la méthode,* pour montrer que je n'ai pas dessein de l'enseigner, mais seulement d'en parler. » DESCARTES

« Il y a dans l'histoire naturelle deux écueils également dangereux : le premier, de n'avoir aucune méthode ; et le second, de vouloir tout rapporter à un système particulier. » BUFFON

« Proposons-nous de grands exemples à imiter, plutôt que de vains systèmes à suivre. » ROUSSEAU

« Les systèmes sont plus dangereux en politique qu'en philosophie ; l'imagination qui égare le philosophe ne lui fait faire que des œuvres ; l'imagination qui égare l'homme d'État lui fait faire des fautes et le malheur des hommes. » DIDEROT

« Point de système, beaucoup d'œuvres. » HUGO

« C'est une méthode que j'utilise, pas un système. » SCHÖNBERG

n
N

LA VIEILLE ET LES DEUX

SERVANTES

nabot • ragot

Le nabot est beaucoup trop petit. Le ragot, s'il n'est pas plus petit ou plus court, est au moins plus vilain, plus difforme, plus ridicule ; c'est ce que Scarron a fort bien observé dans le portrait de son Ragotin.

Comme d'autres servant à désigner le nanisme et autres difformités corporelles, ces deux mots (auxquels on pourrait rajouter *magot*) n'ont plus vraiment cours. Si le premier s'utilise encore un peu, le second – hormis dans les patronymes (il existe des M. ou des Mme Ragot !) – a totalement disparu, sous la pression peut-être de son homonyme : *ragot,* au sens de « racontar ». Ils florissaient pourtant dans notre littérature, de Scarron à Saint-Simon. Où sont passés aussi les *podagres,* les *brèche-dents,* les *caliborgnons,* les *sapajous* et autres *crapoussins ?* Tous ces personnages maladifs ou « mal formés » qui hantent les toiles de Bosch et de Bruegel...

Sans doute le corps a-t-il changé : les individus sont plus grands que jadis, et bien des infirmités ont quasiment disparu (du moins dans nos pays). Ce qui n'a pas manqué d'infléchir notre perception de la laideur. Notre époque, dans ses représentations dominantes (mode et publicité), vante la beauté comme expression magnifiée de la santé (que l'on pense au succès de la chirurgie esthétique) – annulant en retour tout langage de la laideur physique (cela portait même un nom : la tératologie). Sauf dans le territoire codifié de l'injure et, d'une autre manière, dans le champ esthétique et littéraire : portraits de Balzac ou de Frédéric Dard, figures grimaçantes de James Ensor ou de Francis Bacon... L'art nous empêche d'oublier nos propres monstruosités.

« Laid, ventru, mal bâti, petit comme un nabot. » GHERARDI

« Un autre poison, que je n'ai pas besoin de nommer, corrode encore la race. On lui doit, ainsi qu'à l'alcool, ces enfants que vous voyez là : ce nabot, ce scrofuleux, ce cagneux, ce bec-de-lièvre et cet hydrocéphale. » MAETERLINCK

« Après ce que je viens de vous dire, vous n'aurez pas de peine à croire qu'elle était très succulente, comme le sont toutes les femmes ragotes. » SCARRON

« Celui auprès de qui j'étais était un petit ragot grassouillet et rond comme une boule. » HAMILTON

naïf • naturel

Le naturel est opposé au recherché et au forcé ; le naïf est opposé au réfléchi, et appartient au sentiment. En littérature, le naïf est le naturel dans les petites choses.

naïveté • ingénuité

Étymologiquement, ces mots ont une grande analogie, puisque dans naïveté *il y a* natif, *et dans* ingénuité, *il y a* génération *(latin* gignere*). Ingénuité se dit de celui qui parle sans déguisement et en obéissant à sa franchise naturelle. Naïveté a un sens plus étendu ; il se dit non seulement du discours, mais aussi de toute la manière d'être.*

Cette distinction n'a de sens, bien sûr, que si l'on se souvient qu'à l'origine **naïf** est un quasi-synonyme de **naturel,** puis d'*ingénu.* Proche de ce couple, également, le mot *niais,* quand il signifiait « neuf, novice » (de *nidus,* « qui n'a pas encore quitté le nid »).

En termes psychologiques, l'*ingénu* est sans affectation (on dirait aujourd'hui : « Il est nature ») : il exprime volontiers ses sentiments, sans se montrer nécessairement crédule (comme le **naïf**).

Dans le domaine esthétique, le **naïf** refuse toute médiation entre l'artiste et la nature. Il saute allègrement par-dessus l'histoire et la technique, retrouvant une attitude voisine de celle du mystique.

Le style **naturel,** plutôt qu'au spontané et à l'absence de réflexion, renverrait à l'*aisance,* à la fluidité. Picasso au travail, ou De Kooning à la fin de sa vie (souvenirs de films...) donnent une impression de **naturel.** Les grands peintres ne sont jamais des **naïfs**...

« Vous dites donc que Diderot est un bon homme ; je le crois, car il est naïf. » VOLTAIRE

« Le naïf qui se dégrade tombe dans le niais. » RIVAROL

« La conjugaison éternelle du verbe "aimer" ne convient peut-être qu'aux âmes tout à fait naïves. » NERVAL

« La plupart des jeunes gens croient être naturels, lorsqu'ils ne sont que mal polis et grossiers. » LA ROCHEFOUCAULD

« Nous avons beau faire, nous ne pouvons pas être absolument naturels, et nous n'avons pas grand avantage à l'être. Le sourire du marchand, la manière du médecin, l'allure du militaire. Ce sont des masques grossiers, mais dès qu'on les quitte on est contraint d'en mettre d'autres. » LARBAUD

« La naïveté, à qui j'oserais donner la première place parmi toutes les perfections du style. » VAUGELAS

« Je vais procéder à cette confession avec la même naïveté que j'ai mise à toutes les autres. » ROUSSEAU

« Il faut beaucoup de naïveté pour faire de grandes choses. » CREVEL

« Jugez par mon ingénuité combien j'ai l'âme sincère. » SCARRON

« Toute la personne de Cosette était naïveté, ingénuité, transparence, blancheur, candeur, rayon. On eût pu dire de Cosette qu'elle était claire. » HUGO

naturalisation • acclimatation

La naturalisation diffère de l'acclimatation, en ce que celle-ci, se rapportant aux individus, leur permet de vivre dans le nouveau climat sans leur permettre de s'y reproduire d'une manière régulière et naturelle, tandis que la naturalisation est toujours accompagnée de la faculté de se reproduire régulièrement.

Acclimatation est presque devenu un mot insolite, et donc virtuellement poétique. Sans doute est-ce pour cela que le *Jardin d'Acclimatation* (ouvert à Paris en 1860 — le mot lui-même datant de 1832) est devenu, en 1980, le titre d'un roman d'Yves Navarre.

En évoquant l'adaptation d'espèces animales dans un lieu étranger, ce couple de mots donne l'envie de voir, au-delà des animaux, comment les humains changent de territoire.

Parmi les attitudes diverses que suscite l'installation dans un autre pays, la **naturalisation** est le geste complet d'adoption qui fait qu'un sujet se trouve de plain-pied dans la nouvelle contrée, au point d'attraper l'accent de l'endroit et même « l'envie de s'y reproduire »...

L'**acclimatation** désignerait alors une attitude moins entière et plus subtile. À prendre le mot dans son sens littéral, notre homme, amoureux d'une terre nouvelle, songe même à y vivre (en cela il est bien plus qu'un simple touriste), d'abord parce qu'il est séduit par un *climat.* Comprenons dans ce mot non seulement un composé météorologique, mais aussi un « air », une atmosphère, disons une façon de vivre.

Le Maroc, comme la Grèce, a joué ce rôle pour nombre d'écrivains français et américains ; ou l'Italie du Nord pour Nietzsche.

Cette question du climat n'est pas aussi futile qu'il y paraît : avant toute autre expérience, le climat constitue la première approche (les premières sensations) d'une contrée que l'on découvre. Par suite il est aussi des individus pour lesquels (hors de toute xénophobie !) la moindre **acclimatation** se révèle impossible — tel Dominique, le personnage de Fromentin : *N'en déplaise à ceux qui pourraient nier l'influence du terroir, je sentais qu'il y avait en moi je ne sais quoi de local et de résistant que je ne transplanterais jamais qu'à demi, et si le désir de m'acclimater m'était venu, les mille liens indéracinables des origines m'auraient averti par de continuelles et vaines souffrances que c'était inutile.*

« La *naturalisation* se distingue de la simple acclimatation en ce que l'espèce naturalisée conserve ses caractères différentiels et ne se distingue pas des individus primitivement importés. » LAROUSSE

« D'autres ont poursuivi ce travail de naturalisation, de vulgarisation, d'adaptation des idées allemandes sur l'esthétique (en France) ; tel par exemple Henri Heine qui, venu se fixer à Paris en 1831, a pu initier

Gautier aux conceptions des philosophes et des écrivains allemands. »

MATORÉ

« Les Romains poussaient l'art de l'acclimatation jusqu'à faire éclore dans l'eau douce les œufs des poissons de mer. »

MICHELET

« Le Jardin d'Acclimatation, créé en 1860 et situé à Paris, au bois de Boulogne, était destiné à l'introduction et à la propagation des animaux et des végétaux utiles ou d'agrément. »

LAROUSSE

nègre • noir

Quand les Portugais découvrirent la côte occidentale de l'Afrique, ils donnèrent aux peuples noirs qui l'habitent le nom de negro, *qui signifie noir. De là vient notre mot nègre. L'usage a gardé quelque chose de cette origine. Tandis que noir se rapporte à la couleur, nègre se rapporte aussi au pays ; et l'on dit plutôt les nègres, en parlant des habitants de la côte occidentale d'Afrique que les noirs.*

Il est troublant que ces deux mots à la référence identique (une couleur donnée) soient perçus par nos contemporains de façon aussi opposée.

En dehors de cercles extrêmes (personnes elles-mêmes noires de peau ou foncièrement racistes), le mot **nègre** est inutilisable, car jugé obscène (voir l'usage qu'en fait Jean Genet) ou provocateur (un groupe musical s'appelle aujourd'hui les Négresses vertes). Il n'en a pourtant pas toujours été ainsi, comme en témoignent Littré ou des périodes plus récentes (la mode de l'*art nègre* dans les années 1920).

Tout ce qui incommode ou dérange donne lieu à une sécrétion verbale continue et multiforme : l'autre, quand il est rejeté, devient assimilable au déchet.

Pour chaque registre marginalisé, il existe des mots *neutres* et d'autres que l'on peut affecter d'un signe « plus » ou d'un signe « moins ». Pour ce qui nous occupe ici, le degré zéro est **noir** ; la périphrase technocratique, c'est *homme de couleur* (on pensera à l'histoire du perroquet qui voulait qu'on l'appelle « oiseau de couleur » !) ; les termes valorisants : *afro* ou *black*... *Négro* (équivalent portugais de **noir**) est obsolète ; il rappellerait plutôt le personnage des paquets de Banania. Vraiment, que le même mot soit injurieux dans sa version portugaise, alors qu'il devient chic en anglais, a de quoi surprendre...

L'odeur d'un mot (comme disait Barthes pour désigner la connotation) change très vite. *Canaque* était bien une injure du capitaine Haddock !

« Les nègres de l'île de Gorée et de la côte du Cap-Vert sont, comme ceux du bord du Sénégal, bien faits et très noirs ; ils font un si grand cas de leur couleur, qui est en effet d'un noir d'ébène profond et éclatant, qu'ils méprisent les autres nègres qui ne sont pas si noirs. » BUFFON

« Je suis une bête, un nègre. Mais je puis être sauvé ! Vous êtes de faux nègres, vous êtes maniaques, féroces, avares. Marchand, tu es nègre ; magistrat, tu es nègre ; général, tu es nègre ; empereur, vieille démangeaison, tu es nègre : tu as bu d'une liqueur non taxée, de la fabrique de Satan. »
RIMBAUD

« Mon cul s'éveille au souvenir
D'une inoubliable caresse
Que m'enseigna une négresse
Dans un hôtel rue d'Aboukir. »
APOLLINAIRE

« Le nègre ne peut nier qu'il soit nègre ni réclamer pour lui cette abstraite humanité incolore : il est noir. Aussi est-il acculé à l'authenticité : insulté, asservi, il se redresse, il ramasse le mot de "nègre" qu'on lui a jeté comme une pierre, il se revendique comme Noir, en face du Blanc, dans sa fierté. » SARTRE

« Le plus redoutable de tous les maux qui menacent l'avenir des États-Unis naît de la présence des Noirs sur leur sol. » TOCQUEVILLE

neuf • nouveau

Neuf signifie une chose faite par art et qui n'est pas encore mise en usage, comme un livre neuf qui n'a pas encore été usé ni sali, quoique peut-être il soit imprimé et relié depuis beaucoup d'années. Nouveau est ce qui est fait ou mis en évidence depuis peu de temps, comme un nouveau livre, qui a été nouvellement composé, encore qu'on aurait déjà flétri les feuillets et sali la couverture. Une chose peut être neuve sans être nouvelle, et nouvelle sans être neuve.

Ajoutons seulement quelques apostilles, en partant d'un objet domestique connu de tous : le *téléviseur !*

Un téléviseur **neuf** n'a encore jamais servi, contrairement à un *nouveau téléviseur,* que rien n'empêche d'être d'occasion (« Je viens d'acheter un nouveau téléviseur ») ; enfin un *téléviseur nouveau,* c'est un poste aux qualités techniques inédites.

Sans doute la nuance apportée par l'inversion du substantif et de l'adjectif n'est-elle pas toujours perceptible aujourd'hui : « nouvel objet » et « objet neuf » équivalent le plus souvent.

Neuf et **nouveau** devraient être pourtant rigoureusement distingués. Car le **neuf** se trouve souvent confondu avec le **nouveau** (le « jamais vu ») : on présentera comme différent tout ce qui n'existait pas hier (au moins quant à la forme extérieure). Pensons ici à la vogue de la « nouvelle cuisine » ou des « nouveaux philosophes » : cuisine et philosophes simplement **neufs**... Assimilation aisément compréhensible à une époque où le marché exige de promouvoir sans cesse des produits « jeunes ».

Les choses se compliquent lorsque l'ancien devient également une valeur commerciale, en se parant bien souvent, de manière paradoxale, des vertus du **nouveau.** Dans la « société du spectacle », dénoncée par les situationnistes, où tout est voué à posséder une valeur marchande, la *rétromanie* constitue l'envers obligé de la *néophilie.*

« Qu'est-ce qu'une pensée neuve, brillante, extraordinaire ? Ce n'est point, comme se le persuadent les ignorants, une pensée que personne n'a jamais eue, ni dû avoir : c'est au contraire une pensée qui a dû venir à tout le monde, et que quelqu'un s'avise le premier d'exprimer. »
BOILEAU

« À quoi sert-il d'être libre de parler et d'écrire, si l'on a rien de vrai et de neuf à dire ? » RENAN

« Il n'y a d'éternellement neuf que l'éternellement vieux. Il n'y a d'inépuisable que les lieux communs. Il n'y a que deux choses qui intéressent : l'amour et la mort. Tout sujet qui sort de l'ordinaire de la vie ne mérite aucune attention. »
RAMUZ

« Amants, heureux amants, voulez-vous voyager ?
Que ce soit aux rives prochaines ;
Soyez-vous l'un à l'autre un monde toujours beau,
Toujours divers, toujours nouveau. »
LA FONTAINE

« Qu'on ne dise pas que je n'ai rien dit de nouveau ; la disposition des matières est nouvelle. » PASCAL

« Il semble que les premiers mots des *Métamorphoses* d'Ovide, *In nova fert animus,* soient la devise du genre humain. Un colporteur ne se chargera pas d'un Virgile, d'un Horace, mais d'un livre nouveau. Les femmes se plaignent depuis le commencement du monde des infidélités qu'on leur fait en faveur du premier objet nouveau qui se présente, et qui n'a souvent que cette nouveauté pour tout mérite. » VOLTAIRE

« Qui oserait dire que, pour ceux qui sont dignes de la joie, ce qui est nouveau ne soit pas beau ? »
APOLLINAIRE

nuer • nuancer

La seule différence qu'on puisse apercevoir entre ces deux mots, c'est que nuer ne se dit jamais au figuré.

On aurait bien sûr aimé dessiner dans un travail consacré à la nuance une frontière plus nette entre ces deux verbes. Hélas la différence entre **nuer** et **nuancer** est minime...

Alors, aidons-nous de la précision apportée par le lexicographe G.-O. d'Hervé : *L'harmonie des couleurs, naturelle dans nuer, comme dans colorer, est artificielle dans nuancer, comme aussi dans colorier.* En d'autres termes, **nuancer** serait utilisable lorsque les différences sont assez nettement tranchées, **nuer** lorsqu'elles sont moins marquées. (**Nuer**, c'est, dans le langage des brodeurs, assortir des couleurs.) Citons au moins, pour conclure, ces beaux vers de Delille : *L'homme ne sait pas mieux dans ses nobles désirs / Provoquer, varier, nuancer les plaisirs, / Les hâter, les calmer, les quitter, les reprendre.*

« La nature marche toujours et agit en tout par degrés imperceptibles et par nuances. » BUFFON

« L'extrême difficulté ne paraît qu'à penser sur chaque sujet ce qu'il y a de meilleur à dire, et à trouver dans le langage je ne sais quelles nuances qui dépendent de se connaître en ce qui sied le mieux en fait d'expressions. »
Chevalier DE MÉRÉ

« C'est un excès dans l'ordre même que de prétendre nuancer parfaitement, modérer, régler ses jouissances, et les ménager avec la plus sévère économie, pour les rendre durables et même perpétuelles. »
SENANCOUR

« Les paroles sont si justes et si bien placées, si pures et si nuées à leur sujet, que je ne craindrai point d'assurer que celui qui les emploie de la sorte possède l'atticisme de la cour. » GUEZ DE BALZAC

« Un arc-en-ciel nué de cent sortes de soies. » LA FONTAINE

« Cet ouvrier sait bien nuer. »
LITTRÉ

O
O

LE RENARD ET LES RAISINS

objet • sujet

Au mot sujet, *l'Académie dit : « Les corps naturels sont le sujet de la physique. » Et au mot* objet, *elle dit : « Les corps naturels sont l'objet de la physique. » Quel est, dans cet emploi, le sens précis des deux mots sujet et objet ? Ces deux mots ne diffèrent que par les prépositions :* ob *signifiant devant soi, et* sub, *sous soi : le sujet c'est sur quoi l'on travaille ; l'objet c'est ce à quoi l'on vise. Il est plus usité de dire l'objet d'une science que le sujet d'une science ; cependant cela se dit aussi, et le sens revient au même ; mais on dit le sujet d'une comédie, d'une tragédie, d'un tableau, et non l'objet ; ou du moins le sens serait tout différent : l'objet d'une comédie, d'un tableau, serait l'effet moral ou esthétique auquel viseraient cette comédie, ce tableau.*

Sans doute, la situation confuse entre **objet** ou **sujet** ne s'arrange guère après que Littré nous en a fait le compte rendu. Voyons dans cet embarras une difficulté à séparer les choses, jointe à l'idée que l'**objet** et le **sujet** échangent parfois légitimement leurs places.

Éclairons un instant le paysage. **Objet** ayant pris une valeur négative avec des expressions comme « femme-objet », il ne serait plus guère possible de dire comme Molière : *Mais quand d'un bel objet on est bien amoureux, / Que ne ferait-on pas pour devenir heureux ?,* sans faire bondir quelques féministes sur ce contresens attirant. Autrement dit, on risque bien, désormais, avec l'**objet**, de se cantonner aux choses.

Sujet conserve habituellement son sens de *thème* (en anglais *topic :* « Quel est le sujet de ce débat ? »), d'*énoncé* dans un examen (les sujets du bac) et d'*élément grammatical* (le sujet du verbe). Appliqué à une personne, ce terme s'est éloigné de son orientation historico-juridique (« le roi et ses sujets ») et de son sens de dépendance (l'assujettissement), pour être aujourd'hui accaparé par la philosophie et les sciences humaines.

De ce côté, **sujet** remplace avantageusement *individu* (ou *personne*), mais pour dire autre chose. Le **sujet**, c'est l'être humain envisagé sous l'angle de sa vie psychique : soit le **sujet** conscient, unifié, présent à lui-même, de la philosophie classique, ou le **sujet** pluriel et divisé (clivé) de la psychanalyse (on voit alors parfois le mot écrit avec un S majuscule).

Dans le domaine scientifique, encore, ce couple est ambigu. Parler de « l'objet de la science », c'est évoquer ce qu'elle étudie ou ce vers quoi elle tend (« Quel est l'objet de votre démarche ? »). Dire le « sujet de la science », c'est faire place au chercheur et à son activité. De nombreuses recherches ont ainsi mis en évidence que l'intervention du **sujet** (dans quelque domaine que ce soit) modifie la nature même de l'**objet** que l'on veut connaître.

« Ô trop aimable objet qui m'avez trop charmé. » CORNEILLE

« Quel est l'objet de la philosophie ? C'est de lier les hommes par un commerce d'idées et par l'exercice d'une bienfaisance mutuelle. »

DIDEROT

« Traiter d'une matière, c'est en faire l'objet d'un travail, d'une dissertation. » LITTRÉ

« Le poète ne doit jamais proposer une pensée mais un objet, c'est-à-dire que même à la pensée il doit faire prendre une pose d'objet. » PONGE

« Le sublime ne peut se trouver que dans les grands sujets ; la poésie, l'histoire et la philosophie ont toutes même objet, et un très grand objet, l'homme et la nature. » BUFFON

« C'est un sujet merveilleusement vain, divers et ondoyant que l'homme. Il est malaisé d'y fonder un jugement constant et uniforme. »

MONTAIGNE

« Il ne faut pas toujours tellement épuiser un sujet, qu'on ne laisse rien à faire au lecteur. » MONTESQUIEU

« Toutes les femmes aiment naturellement les mauvais sujets. »

Mme DE GENLIS

« C'est dans et par le langage que l'homme se constitue comme *sujet.* »

BENVENISTE

obligeant • serviable

Celui qui est serviable aime à rendre des services petits ou grands. Celui qui est obligeant, aime à obliger, c'est-à-dire non seulement à rendre service, mais aussi à faire plaisir. Aussi obligeant se dit du ton, des manières, des paroles ; à quoi serviable ne peut s'appliquer.

Serviable, on le voit bien, est simplement descriptif, presque technique : on constate qu'un individu rend des services sans se préoccuper de ses motivations. Le mot lui-même paraît un peu raide : il rappelle les « bonnes actions » chères au scoutisme (« Toujours prêt ! »). L'emporte ici l'idée de rendre service, d'abord par devoir moral.

Obligeant, de son côté, est la trace bien plus appréciable d'une éthique légère et plaisante, puisqu'on se soucie de l'autre exclusivement pour lui être agréable (tel n'est pas toujours le cas, tant s'en faut !). Il est rare aujourd'hui, et l'on rencontre plus souvent son proche parent, *obligé,* dans quelques formules figées (« Je suis votre obligé »).

Point n'est besoin, pour situer l'être **obligeant**, de le dire désintéressé. Ce dernier donne du plaisir, assurément, mais parce que cela lui en procure aussi. Au reste, rien n'est moins choquant.

Par commodité, nous ferions bien à l'avenir de qualifier d'**obligeants** (et, au-delà, de *généreux*) tous ceux qui nous font du bien — sans imaginer nécessairement un détachement improbable. Et réjouissons-nous que les humains puissent parfois trouver de fortes satisfactions à nous faire plaisir !

« L'offre que vous me faites de venir à Bourbon est tout à fait héroïque et obligeante ; mais il n'est pas nécessaire que vous veniez vous enterrer inutilement dans le plus vilain lieu du monde. »

BOILEAU (lettre à Racine)

« Les femmes valent infiniment mieux que les hommes ; elles sont fidèles, sincères et constantes amies... Elles ont de l'élévation dans la pensée, sont généreuses, obligeantes. »

CHATEAUBRIAND

« Ah ! ah ! c'est toi, Frosine. Que viens-tu faire ici ? – Ce que je fais partout ailleurs : m'entremettre d'affaires, me rendre serviable aux gens... »

MOLIÈRE

« Aglaé (et non Apollonie) Savatier (et non Sabatier) était célèbre alors par sa beauté, déjà utile aux arts et serviable à leurs enfants, ayant posé comme modèle pour plus d'un peintre. »

HENRIOT

obliger • contraindre • forcer

L'obligation lie, engage. La contrainte serre et ne permet pas qu'on s'échappe. La force nous surmonte et triomphe de nous. De plus dans contraindre et forcer, il y a une idée de nécessité physique qui n'est pas dans obliger.

L'obligation relève d'une pression *morale :* elle appartient donc au *symbolique* (au langage). Quant à la *force,* elle est plutôt une des manifestations du *pouvoir ;* autrement dit, elle sera le fait des humains, contrairement à la *contrainte* plus largement exercée par la nature. (La pluie, qui me **contraint** à prendre un parapluie, ne me crée aucune *obligation,* et n'exerce sur moi aucun pouvoir...)

D'une autre façon, les rapports sadomasochistes décrits dans le célèbre roman *Histoire d'O* permettent aussi d'éclairer ces variations de sens. Nous pourrions même lire ce récit comme le dépli – et la mise en scène – des nuances qui séparent ces trois verbes. « O » est d'abord **contrainte** (assujettie par divers liens), jusqu'à être forcée, quand elle voudrait se refuser. Mais ces actes ne sont que les étapes d'un dressage (d'une initiation) dont la fin est de l'**obliger** – pour qu'elle soit dans la nécessité psychique d'accepter les *contraintes* physiques, jusqu'à les demander. Soumission acceptée à une *loi,* plus qu'à des actes : servitude volontaire.

La fiction conduit à retrouver le sens originel d'**obliger** (du latin *ligare*), c'est-à-dire l'idée du lien. *Histoire d'O* se lit en effet comme le développement de l'expression coutumière qui fait dire – quand on a une relation affective forte à un être – qu'on lui est très *attaché...*

« Le respect me force à me taire, la reconnaissance m'y oblige, l'autorité m'y contraint. » D'ALEMBERT

« Les sauvages obligent leurs femmes à travailler continuellement ; ce sont elles qui cultivent la terre, qui font l'ouvrage pénible, tandis que le mari reste nonchalamment couché dans son hamac, dont il ne sort que pour aller à la chasse ou à la pêche. »

BUFFON

« Tant qu'un homme est contraint d'obéir et qu'il obéit, il fait bien ; sitôt qu'il peut secouer le joug, et qu'il le secoue, il fait encore mieux. »

ROUSSEAU

« Elle savait aussi, ce qui faisait que de toute façon elle était vaincue, qu'il était content de la contraindre à crier. »

RÉAGE

« Mais si vous connaissez l'amour et ses ardeurs,
Souvent je ne sais quoi, qu'on ne peut exprimer,
Nous surprend, nous emporte, et nous force d'aimer. »

CORNEILLE

« Nous attendons toujours, pour nous exécuter, l'instant où nous sommes forcés par les circonstances. »

MIRABEAU

« Elle était n'importe qui, elle était n'importe laquelle des autres filles, ouvertes et forcées comme elle, et qu'elle voyait ouvrir et forcer, car elle le voyait, quand même elle ne devait pas y aider. »

RÉAGE

obstiné • opiniâtre

*Obstiné est, étymologiquement, celui qui se fixe, s'attache avec ténacité. Opiniâtre vient d'*opinion*, avec la finale péjorative* âtre. *Ces deux mots, à moins de quelque modificatif, marquent un excès. Mais, comme obstiné est en même temps le participe du verbe* obstiner, *il marque plus particulièrement un acte, tandis que opiniâtre marque plutôt un état habituel : obstiné dans cette résolution ; opiniâtre dans ses résolutions.*

Opiniâtre, signalé comme « vieilli » par les dictionnaires actuels, était un néologisme pour Montaigne ou Amyot. Littré précise d'ailleurs à l'égard de ces auteurs : *Il faut les remercier de n'avoir pas repoussé d'une plume dédaigneuse le nouveau venu ; car il est de bonne signification, et figure bien à côté d'*obstination, obstinément, obstiner *; ce sont là des termes anciens. Il est heureux qu'opiniâtre ne les ait pas fait tomber en désuétude ; cela arrive maintes fois.*

Il mérite ainsi d'être conservé, au moins pour deux raisons. D'abord, en suivant Littré, parce qu'il enchérit sur **obstiné** : un caractère **opiniâtre** s'avère intraitable, alors qu'on peut être **obstiné** dans une situation déterminée, simplement passagère. Ensuite, en se conformant à l'étymologie, nous pourrions réserver l'usage d'**opiniâtre** à toutes les formes d'entêtement idéologique (les opinions), et d'**obstiné** à la persévérance ou à l'acharnement dans les actes.

« Elle fut ce qu'on est si aisément quand on aime, elle fut importune, obstinée, maladroite souvent ; elle obséda. Mortifiée sans cesse, elle revint à la charge, ne se rebutant jamais. » SAINTE-BEUVE

« Ceux qui s'étonnent qu'un artiste de piano ou de violon puisse jouer de mémoire, font voir simplement qu'ils ignorent l'obstiné travail par lequel on est artiste. » ALAIN

« Je n'ai vu autre effet aux verges, sinon de rendre les âmes plus lâches ou plus malicieusement opiniâtres. » MONTAIGNE

« Il serait aisé de convertir les hérétiques, s'ils n'étaient point opiniâtres. » FURETIÈRE

« Le génie de la Bretagne, c'est un génie d'indomptable résistance et d'opposition intrépide, opiniâtre, aveugle. » MICHELET

occasion • occurrence

Occasion vient du latin cadere, *et indique ce qui échoit ; occurrence vient du latin* currere, *et indique ce qui se présente comme en accourant. Ces deux mots seraient donc extrêmement voisins, si l'usage n'avait attaché à occasion le sens d'occurrence favorable, bonne à saisir.*

À l'idée de « circonstance fortuite » (l'**occurrence**), **occasion** ajoute celle de « situation favorable » qui survient dans un temps limité, et qu'il convient donc de saisir ; d'où son utilisation très fréquente dans le commerce, quand on parle d'« occasion à saisir ». Mais une confusion nouvelle s'installe avec cette acception : « une marchandise d'occasion » n'est pas nécessairement de bonne qualité...

Occurrence est moins employé qu'**occasion**. On le rencontre surtout dans l'expression « en l'occurrence ». Peut-être sous l'influence du verbe anglais *to occur* (« arriver, se produire »), **occurrence** se rencontre parfois dans un langage technique comme celui de la critique littéraire universitaire « on relève dans ce sonnet trois occurrences du mot "fleur" ».

Depuis peu, le mot **occasion** se trouve abandonné au profit d'*opportunité* (simple décalque de l'anglais *opportunity*), que Baudelaire, dit-on, aurait employé dans ce sens dans ses traductions d'Edgar Poe. L'inflation du mot dans notre langue économique ou commerciale nous irrite passablement. (« Profitez vous aussi de cette opportunité » : langage appris d'employé de banque...) Pourtant s'il convient, en suivant Roger Caillois, de préférer le plus souvent possible des mots qui ne fassent pas plus de quatre syllabes, **occasion** faisait très bien l'affaire, se distinguant du sens utile d'*opportunité :* « caractère de ce qui est opportun » (« l'opportunité de cette mesure est discutable » : elle est peut-être intempestive).

« L'occasion qui plaît semble toujours propice. » CORNEILLE

« Dans les grandes affaires, on doit moins s'appliquer à faire naître des occasions, qu'à profiter de celles qui se présentent. »

LA ROCHEFOUCAULD

« Une amnésie romancée prend la place des occasions perdues. »

HÉNEIN

« L'incertitude de mon jugement est si également balancée en la plupart des occurrences que je compromettrais volontiers à la décision du sort et des dés. »

MONTAIGNE

« Car le sage lui-même a, selon l'occurrence,
Son jour d'entêtement et son jour d'ignorance. »

HUGO

odieux • haïssable

Odieux est beaucoup plus fort que haïssable. En effet, haïr a souvent un sens atténué qui s'est étendu à haïssable ; et lorsqu'on dit : je hais la fatuité, on n'exprime pas une haine très violente. Cette atténuation ne s'est pas opérée pour odieux, qui garde toute l'intensité de la haine.

À n'en pas douter, l'usage contemporain inverse le rapport des deux mots. Certes un « crime odieux » laisse à l'adjectif un sens très fort, mais relevant surtout du cliché journalistique. **Odieux** n'est que la marque de l'indignation, souvent circonstancielle : « Je trouve que Benoît est odieux en ce moment. »

Dire d'un être qu'il est **odieux** manifeste la réprobation, mais signale aussi une sorte de fascination pour l'excès qui confine à l'admiration non avouée. Thème proustien : l'être **odieux** suscite à l'envi (par sa capacité à faire souffrir) des sentiments amoureux. Regardez autour de vous : les exemples abondent...

Rien de tel avec **haïssable** (opposé strict de *aimable,* beaucoup plus employé, mais dans un sens édulcoré). **Haïssable** manifeste une condamnation morale du sujet dans son être même ; il exprime un degré supérieur de mépris, proche en ce sens d'adjectifs comme *abject* ou *détestable.*

Dire « je hais », c'est tracer une frontière infranchissable (poser un acte de séparation) entre soi et l'objet de sa haine. Les mots du reste ne manquent pas pour dénigrer les autres : *antipathique, désagréable, déplaisant, répugnant...* Que la condamnation soit juste ou non, une chose est sûre : dire du mal des autres fait plaisir !

« Les défauts qui rendent un homme ridicule ne le rendent guère odieux ; de sorte qu'on échappe à l'odieux par le ridicule. »

JOUBERT

« Il n'y a rien de plus odieux pour une femme que ces caresses qu'il est presque aussi ridicule de refuser que d'accepter. »

MÉRIMÉE

« Il est des crimes si odieux, qu'à discuter seulement la culpabilité de l'accusé l'on devient aussitôt suspect. » PAILLON

« Tout bonheur me paraît haïssable qui ne s'obtient qu'aux dépens d'autrui et par des possessions dont on le prive. » GIDE

« Je trouve la guerre haïssable, mais haïssables bien plus ceux qui la chantent sans la faire. » ROLLAND

œuvre • ouvrage

Si l'on remonte à l'étymologie latine, on voit que œuvre répond à opera, *et ouvrage à une forme fictive* operaticum ; *de sorte que ouvrage signifie proprement la mise en œuvre, le résultat de l'œuvre. Œuvre est donc abstrait, et ouvrage est concret ; œuvre signifie absolument, en soi, ce qui est fait ; ouvrage donne l'idée de tel produit ayant reçu telle forme ou telle façon. Les sciences et les lettres sont les œuvres de l'esprit humain ; on appellera ouvrages de l'esprit les traités, les poèmes, les discours, etc., ou bien les livres qui les contiennent.*

Traditionnellement, **œuvre** n'a pas exactement le même sens selon qu'on l'emploie au masculin ou au féminin. L'*œuvre peint* d'un artiste réfère à l'ensemble de sa production, ses **œuvres** (au féminin) étant ses créations particulières. **Œuvre** se rapproche en ce sens d'**ouvrage**.

D'ordinaire, parler d'**œuvre** – à propos d'un livre par exemple – emporte quelque chose de plus solennel (de plus « monumental ») que de parler d'**ouvrage**. A contrario, une ombre ironique se glisse aisément : « Quel est le titre de votre dernière œuvre ? »

Ouvrage pour sa part laisse entendre plus nettement le travail de l'artiste ou de l'écrivain. Il cousine avec le terme obsolète *ouvrer* (« les jours ouvrables », rappelons-le, sont les jours où l'on travaille), auquel Raymond Queneau fait référence dans l'acronyme donné autrefois pour désigner son club d'invention de formes littéraires : Oulipo, « ouvroir de littérature potentielle ».

Il est intéressant de rapporter la distinction **œuvre/ouvrage** à une dichotomie chère à la théorie littéraire des années 1970 entre le *produit* et la *production.* L'accent était mis sur le travail du texte, sur son engendrement (la production, l'**ouvrage**), plus que sur le résultat (le produit, l'**œuvre**). On employait alors volontiers des mots comme *productivité* (un essai de Julia Kristeva sur Raymond Roussel s'intitulait *la Productivité dite texte*) ou *signifiance* (le mouvement d'engendrement des signifiants).

« Les grands littérateurs n'ont jamais fait qu'une seule œuvre ou plutôt n'ont jamais que réfracté à travers des milieux divers une même

beauté qu'ils apportent au monde. »
PROUST

« L'auteur, dans son œuvre, doit être comme Dieu dans l'univers, présent partout, et visible nulle part. »
FLAUBERT

« C'est pour imaginer trop vite, que tant d'artistes d'aujourd'hui font des œuvres caduques et de composition détestable. » GIDE

« La Musique, la Beauté sont en nous et nulle part ailleurs dans le monde insensible qui nous entoure. Les grandes œuvres sont celles qui réveillent notre génie, les grands hommes ceux qui lui donnent une forme. » CÉLINE

« Les longs ouvrages me font peur. » LA FONTAINE

« La vie est bien courte, et tout ouvrage est bien long. » VOLTAIRE

« Un auteur, afin d'être tranquille, devrait faire de ses ouvrages ce que font certains peuples de leurs enfants, les abandonner à leur destinée, dès qu'ils ont la force de courir, et ne plus s'en embarrasser pour reporter ses sollicitudes paternelles sur ceux qui, faibles encore et informes, ont besoin d'une vigilance attentive pour croître et venir à bien. » MERCIER

« Les ouvrages qu'un auteur fait avec plaisir sont souvent les meilleurs ; comme les enfants de l'amour sont les plus beaux. » CHAMFORT

« Il faut que l'idée et la forme première d'un ouvrage soit un espace, un lieu simple où sa matière se placera, s'arrangera, et non une matière à placer et à arranger. » JOUBERT

« Travailler son ouvrage, c'est se familiariser avec lui, donc avec soi ; et il y a quelque chose d'étrange dans cette éducation échangée avec ce qui vient de venir. Ainsi on instruit son fils et il vous instruit. » VALÉRY

offusquer • obscurcir

Offusquer signifie empêcher de voir ou d'être vu, dans sa clarté naturelle, par l'interposition d'un corps, d'un obstacle. Obscurcir exprime l'action simple et vague de faire perdre à un objet sa lumière ou son éclat. La lumière s'éteint, tout devient obscur, non offusqué ; un nuage voile le soleil, tout devient offusqué, non obscur.

En quittant son sens propre (« empêcher de voir ou d'être vu » – au profit du seul sens figuré : « troubler », puis « choquer »), **offusquer** a rendu la distinction peu accessible à nos esprits.

De semblable façon, bien des mots se retrouvent comme amputés, lorsque l'une de leurs acceptions – essentielle – a déserté l'usage commun. Pourtant leur emploi (au moins discret) ne laisse pas d'attirer en raison de l'étrangeté poétique qu'ils apportent au discours. Ainsi, on n'entend plus guère dans *épaté* le fait d'être « tombé à quatre pattes », ou dans *étonné* celui d'être « frappé violemment, comme par le tonnerre »...

À côté d'**offusquer**, pensons encore à *obnubiler* (du latin *nubes* : nuées) : l'esprit *s'obnubile* quand il s'obscurcit, tel un ciel se chargeant de nuages.

Il faudrait de la sorte inventorier tous ces *mots-images* (métaphores précieuses échouées dans la langue) qui permettent de pointer, bien mieux que des concepts abstraits, les affects qui traversent nos vies.

« Ses cheveux blancs offusquaient son visage. » CHATEAUBRIAND

« Mon âme, offusquée, obstruée par mes organes, s'affaisse de jour en jour. » ROUSSEAU

« Je me délivrais peu à peu de beaucoup d'erreurs qui peuvent offusquer notre lumière naturelle. » DESCARTES

« Madame, ou je me trompe, ou durant vos adieux,
Quelques pleurs répandus ont obscurci vos yeux. » RACINE

« Jamais l'envie n'a obscurci dans mes écrits la justice et la vérité. » MARMONTEL

« Jetez quelques vives lumières dans un esprit naturellement ténébreux, et vous verrez à quel point il les obscurcira. » JOUBERT

oisif • oiseux

Oiseux désigne celui qui a l'habitude de ne rien faire ; oisif, celui qui ne fait rien actuellement ; quelquefois le sens de ces deux mots se rapproche beaucoup ; mais c'est là la nuance. En parlant des choses, oisif exprime qu'on n'en fait point usage ; oiseux, qu'elles ne servent à rien.

Oiseux ne se dit plus que des choses. À noter que, dans l'usage courant, **oiseux** (« des questions oiseuses », « des paroles oiseuses ») semble contaminé par un autre adjectif : *vaseux* (« je trouve cette histoire vaseuse »), qui le déporte vers un sens plus négatif que celui d'« inutile ».

Oiseux, face à **oisif**, serait pourtant commode pour désigner des individus que leur complexion porte sans cesse à ne rien faire.

Est **oisif**, finalement, l'être libre de tout son temps. Il est donc inexact de l'assimiler toujours à un « inactif ». Deux phrases aideront à s'en convaincre. Rousseau, dans *les Confessions : L'oisiveté que j'aime n'est pas celle d'un fainéant qui reste là les bras croisés dans une inaction totale, et ne pense pas plus qu'il n'agit ; c'est à la fois celle d'un enfant qui est sans cesse en mouvement pour ne rien faire, et celle d'un radoteur qui bat la campagne, tandis que ses bras sont en repos.*

Et Proust, stigmatisant avant l'heure l'activisme dans les loisirs : *Depuis la faveur dont jouissent les exercices physiques, l'oisiveté a pris une forme sportive, même en dehors des heures de sport, et qui se traduit non plus par de la nonchalance, mais par une vivacité fébrile qui croit ne pas laisser à l'ennui le temps ni la place de se développer (le Temps retrouvé).*

« Travailler est donc un devoir indispensable à l'homme social. Riche ou pauvre, puissant ou faible, tout citoyen oisif est un fripon. »
ROUSSEAU

« Vous vous êtes heureusement corrigé de l'habitude affreuse de m'écrire, deux fois par an, quatre mots indéchiffrables qui ne signifiaient rien. Cela est bon pour avertir un homme oisif qu'il est prié à souper chez une femme oisive, avec des gens qui n'ont rien à faire ni à dire. »
VOLTAIRE

« Les escarmouches amoureuses sont le passe-temps des belles oisives. »
MUSSET

« L'angoisse de la mort est un luxe qui touche beaucoup plus l'oisif que le travailleur, asphyxié par sa propre tâche. »
CAMUS

« Il y a trop de larrons et de vauriens, et trop de gens oiseux qui ne cherchent qu'à faire bonne chère et à être braves aux dépens d'autrui. »
GUI PATIN

« Pour les après-dînées, je les livrais totalement à mon humeur oiseuse et nonchalante, et à suivre sans règle l'impulsion du moment. »
ROUSSEAU

opter • choisir

On opte en se déterminant pour une chose, parce qu'on ne peut les avoir toutes. On choisit en comparant les choses, parce qu'on veut avoir la meilleure. Entre deux choses parfaitement égales, il y a à opter, mais il n'y a pas à choisir. Entre la députation de Lyon et celle de Paris, il opta pour celle de Paris. Nous n'optons que pour nous, mais nous choisissons quelquefois pour les autres.

Choisir indique l'exercice possible d'une liberté — jusqu'à celle de ne pas faire de *choix*. **Choisir** implique encore une appréciation subjective : à l'origine, il signifie « évaluer, goûter ». Quant à **opter**, il comporte l'idée d'une contrainte : celle de devoir se prononcer, de trancher, parmi un nombre restreint de solutions — jusqu'à être incapable d'obtenir ce que l'on désirait. Ce verbe marque l'expression d'un souhait qui reste, éventuellement, insatisfait.

Alors, selon sa philosophie, on pensera que la vie nous impose d'**opter** plutôt que de **choisir**, ou le contraire...

« Le peuple n'a guère d'esprit, et les grands n'ont point d'âme. Faut-il opter ? Je ne balance pas : je veux être peuple. »
LA BRUYÈRE

« En 1849, ayant vingt et un ans, j'étais électeur et fort embarrassé ; car j'avais à nommer quinze ou vingt députés, et de plus, selon l'usage français, je devais non seulement choisir des hommes, mais opter entre des théories. » TAINE

« Tout geste est une décision. Respirer, c'est opter. » DUHAMEL

« La nécessité de l'option me fut toujours intolérable ; choisir m'apparaissait non tant qu'élire, que repousser ce que je n'élisais pas. » GIDE

« Comme tout ce qui existe est beau par la seule force qu'il a d'exister ! Il ne faut pas trop choisir puisque nous ne sommes pas nous-mêmes choisis ; il ne faut pas désirer uniquement ceci ou cela, puisque nous ne sommes pas l'objet d'un désir unique. » J. GRENIER

« Il est utile à l'homme de connaître tous les lieux où l'on peut vivre, afin de choisir ensuite entre ceux où l'on peut vivre le plus commodément. » ROUSSEAU

« Il ne faut choisir pour épouse que la femme qu'on choisirait pour ami, si elle était homme. »
JOUBERT

ordinaire • commun

Dans ordinaire il y a, d'après l'étymologie, un retour régulier et conformément à l'ordre. Cette nuance n'est pas dans commun.

Si les deux mots se trouvent souvent confondus dans la même idée de trivialité et d'insignifiance, leur sens n'en diffère pas moins nettement. **Ordinaire** désigne d'abord « ce qui est conforme au cours normal des choses ». Il a bien sûr quelque rapport avec ordonné : « le cours normal des choses » suppose une mise en ordre (l'emploi du temps, par exemple, ou l'organisation particulière d'un lieu de vie). D'où le sens également qu'il possède, d'*habituel,* de *familier* – ou, d'un mot plutôt oublié dans cet emploi, *accoutumé : Il faisait sa promenade accoutumée par la ville* (Anatole France). **Ordinaire** se rapporte ainsi à un comportement personnel et indépendant. Montaigne : *Je vis du jour à la journée, et me contente d'avoir de quoi suffire aux besoins présents et ordinaires.*

La seconde notion, en revanche, renvoie à la quantité : le **commun** est partagé par le plus grand nombre. Il serait proche du *vulgaire,* dans son sens littéral (ce qui appartient à la foule, au vulgum pecus...). Plus fortement qu'**ordinaire, commun** relève d'une banalité confinant au médiocre : un repas **ordinaire,** même quotidien, peut être de qualité ; un repas **commun** est souvent sans intérêt, voire mauvais.

« Tout ce qui est fort extraordinaire ne paraît possible, à ceux qui ne sont capables que de l'ordinaire, qu'après qu'il est arrivé. » RETZ

« J'exigerai donc, voyez la cruauté ! que cette rare, cette étonnante Mme de Tourvel ne fût plus pour vous qu'une femme ordinaire, une femme telle qu'elle est seulement. » LACLOS

« La coquetterie des femmes ordinaires, qui se dépensent en œillades, en minauderies et en sourires, lui semblait une escarmouche puérile, vaine, presque méprisable. » MUSSET

« Oscar est un homme ordinaire, doux, sans prétention, modeste et se tenant toujours, comme son gouvernement, dans un juste milieu. Il n'excite ni l'envie ni le dédain. C'est enfin le bourgeois moderne. » BALZAC

« Prends donc l'habitude de considérer que les choses ordinaires arrivent aussi. » GIONO

« Les passions sobres font les hommes communs. Si j'attends l'ennemi, quand il s'agit du salut de ma patrie, je ne suis qu'un citoyen ordinaire. Mon amitié n'est que circonspecte, si le péril d'un ami me laisse les yeux ouverts sur le mien. La vie m'est-elle plus chère que ma maîtresse, je ne suis qu'un amant comme un autre. » DIDEROT

« Je hais l'esprit satirique comme étant l'esprit le plus petit, le plus commun et le plus facile de tous. » CHATEAUBRIAND

« Chaque année, en retrouvant mon jardin, même déconvenue : disparition des espèces et des variétés rares ; triomphe des communes et des médiocres. » GIDE

orgie • bacchanale

Il y a une nuance entre ces deux mots qui se prennent souvent l'un pour l'autre. Une bacchanale est une réunion de débauche où il y a beaucoup de bruit, tandis qu'une orgie peut n'être qu'un souper d'amis où l'on a trop bu.

Bacchanale a déserté notre vocabulaire comme ont disparu de nos mœurs les divertissements dédiés à Bacchus (largement évoqués par la peinture et la sculpture classiques : tableaux de Titien, de Rubens, de Poussin, de Fragonard).

Quant à **orgie** — outre son sens figuré : « une orgie de conversation » (Sainte-Beuve) —, il mêle un sens fort (la débauche physique) à une signification plus restreinte : le repas bruyant et « arrosé ». D'où l'agréable ambiguïté produite par la lecture de cette phrase de Balzac : *Le souper devint une orgie.*

Peu de mots finalement sont là pour exprimer les débordements du corps. *Fête* est charmant mais imprécis (« Faire la fête » restera une expression touchante de l'après 68). Avec le recul, **orgie** et **bacchanale** sentent la mise en scène (la pompe) et l'histoire. Mais il faut bien constater que les mots à notre disposition désormais ont moins de panache : *bringue* et *beuverie,* ou le pitoyable *partouze...*

Les plaisirs du corps partagés gardent tout leur intérêt ; mais il n'y a présentement aucun mot dans la langue pour nous en donner l'envie !

« Le siècle de Louis XV est une orgie de taverne, où la démence s'accouple au vice. » HUGO

« Depuis que Chrysis avait quitté la salle, l'orgie s'était développée comme une flamme. D'autres amis étaient entrés, pour qui les douze danseuses nues avaient été une proie facile. » LOUŸS

« Le libertin sadien aime à conduire son orgie au milieu des reflets, dans des niches revêtues de glaces ou dans des groupes chargés de multiplier une même image. » BARTHES

« Un bacchanal, c'est un grand bruit, un grand tapage. Une bacchanale ajoute au bruit le sens de fête désordonnée ou de débauche. » LITTRÉ

« Il résulta de ces bacchanales nocturnes que l'on fit très peu de choses ce jour-là. » SADE

« Pratiquées surtout en Étrurie et à Rome, les bacchanales devinrent rapidement un prétexte à débauches et à crimes. La base de ces mystères était que l'homme est maître de faire tout ce qu'il veut, et par conséquent peut commettre tous les actes que la loi ou la morale réprouvent ordinairement. » LAROUSSE

orgueil • vanité

L'orgueil fait que nous nous estimons nous-mêmes au-delà de ce qui est. La vanité fait que nous voulons être estimés d'autrui.

Orgueil et **vanité** aident à rejoindre cette brave époque des moralistes (XVIIe et XVIIIe siècles) où l'on savait étudier les passions humaines sans recourir au vocabulaire de la médecine ou de la psychologie.

Il est parfois reposant et rafraîchissant de dire *envie* plutôt que *désir, amour-propre* plutôt que *narcissisme.* La vie quotidienne devrait s'en contenter.

Un vieux « fond » de langue (comme on parle de « fond » en cuisine, pour les sauces, ou de « fonds » dans le vocabulaire de la librairie) offre toute la diversité souhaitable. Ainsi nos deux mots vedettes possèdent toute une myriade de satellites comme *gloire, superbe, suffisance, infatuation...*

Continuons les remarques de Littré. **Orgueil** et **vanité** figurent assurément des mouvements de l'âme fort banals : le besoin d'avoir une bonne image de soi et celui d'être aimé. Par suite, **orgueil** et **vanité** ne pourraient que révéler des excès pathétiques, quand le sujet (pour se rassurer) en fait un peu trop et indispose ainsi largement son entourage.

De fait l'*orgueilleux* et le *vaniteux* sont détestables. Et pourtant : la vraie force (la suffisance réelle) consiste pour un individu à accepter (voire, par jeu, à encourager ou à produire) de mauvaises images de soi.

Pris dans une sorte de tourniquet, l'**orgueil** et la **vanité** sont indissociables (comment les séparer ?). Et il n'est guère étonnant de les voir sans cesse employés l'un pour l'autre.

Dernière remarque : dans l'usage moderne, **orgueil** n'est pas toujours péjoratif (on parle ainsi de « légitime orgueil »). Le mot désigne alors le geste de l'homme qui connaît sa valeur et adopte une image favorable (mais non surfaite) de ce qu'il fait. Citons Jean Baechler (dans *le Pouvoir pur,* 1978) : *L'orgueil diffère grandement de la vanité. Il se nourrit d'une supériorité reconnue par des témoignages irrécusables dans un domaine valorisé par le sujet lui-même. Un créateur devient orgueilleux, lorsque son œuvre est reconnue par les experts qu'il reconnaît comme tels. Bien entendu, les experts peuvent se tromper ou l'on peut se tromper d'experts : le génie ne peut recevoir de considération définitive que posthume. Il n'empêche que l'orgueil a un fondement objectif au moins provisoire. C'est pourquoi il n'est jamais ridicule.*

« Il faut définir l'orgueil une passion qui fait que de tout ce qui est au monde l'on estime que soi. »
LA BRUYÈRE

« Si nous n'avions point d'orgueil, nous ne nous plaindrions pas de celui des autres. »
LA ROCHEFOUCAULD

« L'orgueil qui vient d'une confiance aveugle de nos forces, nous l'avons nommé présomption ; celui qui s'attache à de petites choses, vanité ; celui qui est courageux, fierté. »
VAUVENARGUES

« Ce qui m'indigne, ce sont ceux qui ont le bon Dieu dans leur poche et qui vous expliquent l'incompréhensible par l'absurde. Quel orgueil que celui d'un dogme quelconque ! »
FLAUBERT

« L'orgueil qu'elle mit à résister et à se taire ne dura pas longtemps ; ils l'entendirent même supplier qu'on la détachât, qu'on arrêtât un instant, un seul. »
RÉAGE

« Qui voudra connaître à plein la vanité de l'homme n'a qu'à considérer les causes et les effets de l'amour. »
PASCAL

« L'orgueil d'un Espagnol le portera à ne pas travailler ; la vanité d'un Français le portera à savoir travailler mieux que les autres. »
MONTESQUIEU

« Il y a toujours une chose qu'un Français respecte plus que sa maîtresse, c'est sa vanité. »
STENDHAL

« Il n'y a pas de vanité intelligente. »
CÉLINE

p
P

DAPHNIS ET ALCIMADURE

panégyrique • éloge

Panégyrique dit plus qu'éloge. L'éloge contient sans doute la louange du personnage, mais n'exclut pas une certaine critique, un certain blâme. Le panégyrique ne comporte ni blâme ni critique.

Le livre de Guy Debord, *Panégyrique* (Éditions Gérard Lebovici, Paris, 1989) présente comme épigraphe la distinction ci-dessus... Aucun doute, Guy Debord affirme par son titre sa marginalité provocante.

Entièrement dévoué à un individu, le **panégyrique** (proche du dithyrambe) éclate d'enthousiasme et de zèle. C'est une nappe de langage emportée, un discours amoureux. À moins que le genre, bien passé de mode, ne soit une accolade rhétorique intéressée. Voltaire : *Vous avez raison, monsieur, de vous défier des panégyriques ; ils sont presque tous composés par des sujets qui flattent un maître.* Comme si toute parole laudative était d'emblée suspecte de mauvaise foi !

Voisin de l'apologie, l'**éloge,** plus tempéré, prolifère davantage. Immédiatement, il fait penser aux traditionnels discours de réception compassés de l'Académie française. Mais un nombre impressionnant d'articles de magazines ou de livres présentent aujourd'hui des titres confectionnés de cette façon : *Éloge de l'herbe, de l'huître, du gaucher* (Jean-Claude Dubois), *de l'ombre* (Tanizaki), *de la belle-mère, de la cravate, de la paresse* (Paul Lafargue), *de la culotte, de la fessée* (Jacques Serguine), *de la fuite, de la gourmandise, de la folie* (Érasme), *de la magouille, de la philosophie* (Merleau-Ponty), *de la rose, de la retraite, de l'insomnie* (Michèle Manceaux), *de la sottise, de la trahison, des larmes, de l'imprudence* (Jouhandeau), *du désordre, du dogmatisme, du homard* (Vialatte), *du tutoiement, du rien* (Christian Bobin), *du vin, du visible,* etc.

Comme quoi il est plaisant d'écrire, si c'est pour rendre un hommage mesuré à quelque chose, ou célébrer ceux que l'on aime.

« Laissons aux orateurs du monde la pompe et la majesté du style panégyrique. »

BOSSUET

« Il est toujours à craindre que le panégyrique d'un monarque ne passe pour une flatterie intéressée. L'effet ordinaire de ces éloges est de faire rougir ceux à qui on les donne, d'attirer peu l'attention de la multitude, et de soulever la critique. On ne conçoit pas comment Trajan put avoir ou assez de patience ou assez d'amour-propre pour entendre prononcer le long panégyrique de Pline. »

VOLTAIRE

« Il ne s'agit pas de panégyrique, ô poète, mais de voir les choses telles qu'elles sont. »

FOLLAIN

« Celui qui est sûr, absolument sûr, d'avoir produit une œuvre viable et durable, celui-là n'a plus que faire de l'éloge, et se sent au-dessus de la gloire, parce qu'il est créateur, parce qu'il le sait, et parce que la joie qu'il en éprouve est une joie divine. »

MAUROIS

« Sans la liberté de blâmer, il n'est point d'éloge flatteur. »

BEAUMARCHAIS

« Les éloges indirects sont les seuls qui puissent faire quelque impression. »

Mme DE GENLIS

papelard • patelin • patelineur

Le patelin flatte et trompe. Le papelard trompe aussi, mais c'est en simulant la dévotion. Le patelin est, de sa nature, flatteur pour tromper. Le patelineur est celui qui pateline ; il peut n'être pas patelin de nature, et pateliner seulement par occasion et circonstance.

Rappel utile : **patelin** est, à l'origine, le nom d'un personnage d'une comédie du XIVe siècle qui trompe les gens avec ses paroles. Évidemment, les mots **papelard, patelin, patelineur** sont caducs. La *papelardise* n'a de sens que dans un contexte dominé par une religion, quelle qu'elle soit. Quant au couple **patelin, patelineur,** il représente une façon intéressante d'opposer le comportement occasionnel à l'attitude permanente.

Des langues comme l'anglais inscrivent dans leur morphologie verbale cette différence de point de vue. *He's drinking :* il boit (en ce moment). *He drinks :* il boit (c'est un alcoolique). Il est amusant de constater que cette pliure, cette double manière d'envisager la réalité affecte aussi d'autres catégories grammaticales comme le nom ou l'adjectif (voir par exemple dans ce livre *oisif, oiseux*).

Deuxième remarque : la langue française ancienne recelait un nombre incalculable de mots pour signifier la tromperie : l'*abuseur,* l'*attrape-minette,* la *chattemite,* le *jobardeur,* etc. Une telle abondance rend songeur : le monde classique appelait-il davantage ces comportements ? Ou bien la langue ancienne était-elle plus lucide, elle-même moins hypocrite ?

« Ô papelards, qu'on se trompe à vos mines ! »

LA FONTAINE

« Je suis plus pauvre que jamais, répondait-il en prenant un air humble et papelard ; rien de tout cela n'est à moi. »

GAUTIER

« Celui-ci était aussi droit, aussi franc, que l'autre était retors et papelard. »

GIDE

« Patelin, qui n'était qu'un nom fait à plaisir comme Tartuffe, est devenu un mot de la langue qui signifie flatteur et trompeur, de la même manière que Tartuffe signifie présentement un faux dévot. »

FONTENELLE

« Les usuriers ne se fient à personne, ils veulent des garanties ; auprès d'eux, l'occasion est tout ; de glace quand ils n'ont pas besoin d'un homme, ils sont patelins et disposés à la bienfaisance quand leur utilité s'y trouve. » BALZAC

« Toute ma famille vient vous offrir ses services. — Que de patelineurs ! » BRUEYS

parasite • écornifleur

Gens qu'on appelle trivialement piqueurs d'assiettes, chercheurs de franches lippées, parce qu'ils font métier d'aller manger à la table d'autrui. Le parasite paie en empressements, en complaisances, en bassesses, sa commensalité. L'écornifleur mange ; voilà tout. Il y a des parasites que l'on est bien aise de conserver ; il n'y a pas un écornifleur dont on ne tâche de se défaire.

Depuis Jules Renard, qui en avait fait le titre d'une de ses pièces, en 1892, il faut bien constater que le mot **écornifleur** a passé de mode, complètement grignoté par celui de **parasite.**

Tenus aujourd'hui comme de purs équivalents, il serait pourtant plus juste, dans bien des cas, de parler d'**écornifleur** (et d'*écorniflage*) que de **parasite** (et de *parasitisme*).

Littéralement, le **parasite** (de *parasitos,* nourriture) désignait en Grèce l'individu nourri aux frais de l'État (on parlerait maintenant d'« assisté » !), et à Rome celui qui, invité à la table des riches, se chargeait en contrepartie de les divertir. L'**écornifleur**, au contraire, se fait accueillir ou donner de l'argent, mais sans rendre le moindre service.

Michel Serres, dans son livre *le Parasite,* propose une analyse déliée de la célèbre fable « le Rat de ville et le Rat des champs » ; mais les figures mises en scène sont plutôt des **écornifleurs** que des **parasites** : les rats viennent manger les restes d'un riche repas (les « reliefs d'ortolans ») dans la maison d'un personnage opulent (un fermier général), lui-même « parasite » de la population.

En fait, le **parasite** mérite notre sympathie, car il reste dans le circuit de l'échange, de la réciprocité : il répond au service qu'on lui rend par sa convivialité, sa civilité, alors que l'**écornifleur** ne fait que prendre. C'est d'ailleurs le sens figuré du mot, lorsque Voltaire parle, à propos des plagiaires, de *tous les petits écornifleurs du Parnasse.*

Nous aimerions pourtant conserver un usage positif du verbe *écornifler,* en suivant Montaigne lorsqu'il évoque ses lectures et les citations qu'il en a tirées pour ses *Essais : Je m'en vais écorniflant, par-ci par-là, des livres les sentences qui me plaisent.* L'*écorniflage* définit ici — pour la lecture — un *grappillage* heureux.

« On nomma parasites les flatteurs et les complaisants, qui pour se procurer une subsistance agréable, y sacrifiaient sans honte la délicatesse et la probité. Les Romains, en les recevant à leurs tables, usaient du droit de les ridiculiser, de les bafouer, et même de les battre. » DIDEROT

« "Mme Peloux en a là pour de l'argent", redisaient dévotement les vieilles parasites qui venaient, en échange d'un dîner et d'un verre de fine, tenir en face d'elle les cartes du bézigue et du poker. » COLETTE

« L'homme riche a des commensaux ou des parasites, l'homme puissant des courtisans, l'homme d'action des camarades qui sont aussi des amis. » MAUROIS

« Nous sommes dans ces lieux à l'abri des visites,
Des sots écornifleurs et des froids parasites. » REGNARD

paresse • fainéantise
paresseux • fainéant

La fainéantise est plus que la paresse. Le fainéant ne fait rien ; le paresseux ne travaille qu'à regret, avec lenteur.

Une phrase de J.-J. Rousseau illustre bien cette nuance : *Ma paresse était moins celle d'un fainéant que celle d'un homme indépendant qui n'aime à travailler qu'à son heure.*

Nous retrouvons là, semble-t-il, le couple déjà présenté de l'*oisif* (le **paresseux**) et de l'*oiseux* (le **fainéant**). Celui-ci ne fait rien (il « fait néant ») — tandis que le **paresseux** ne refuse pas nécessairement le travail : il n'aime pas, simplement, qu'on lui impose une activité contraire à ses goûts.

La **fainéantise** se rapporte à un état d'inertie — mentale et physique — proche de l'apathie et quasi immuable. La **paresse** en revanche ne serait qu'un état passager, une « humeur paisible » qui comporterait, de fait, des charmes appréciables.

La **paresse**, tout occasionnelle, est chargée de sensualité.

Pour situer ces comportements de manière plus philosophique, la **fainéantise** renvoie à des états limites, souvent reçus comme violents, de rejet de la socialité ordinaire. On en trouverait aisément la trace chez les cyniques, ou les taoïstes : le *wou wei* (le « ne rien faire ») est envisagé comme une attitude adaptée à la résolution de tous les problèmes, ainsi que le suggère cette observation de Claude Roy (dans son délicieux petit livre *Temps variable avec éclaircies,* en 1984) : *On attribue à Henri Queuille, homme politique oublié et adepte sans le savoir du* wou wei *(le non-vouloir taoïste), cet admirable axiome : « Il n'y a aucun problème, si complexe soit-il, qu'une absence de décision ne puisse résoudre. »*

Au-delà, cette vacance fait songer aussi à la grève, ou à un monde dans lequel le travail échapperait aux valeurs claironnées. Paul Lafargue, ami de Marx, avait publié un petit livre appelé *le Droit à la paresse.* Et dans les années 1970 le groupe Adret s'était fait connaître par un livre attirant intitulé *Travailler deux heures par jour* (!).

D'ici à la fin du siècle, les mouvements révolutionnaires renoueront peut-être avec ces idéologies de la moindre agitation. Tous les magazines évoquent ces morts subites qui frappent les cadres occidentaux excédés de travail. Les Japonais ont inventé un mot pour désigner cette nouvelle calamité : le *karoshi.* Les Américains ont également une expression : *burn out.* La langue française n'offre rien de tel pour le moment. C'est bon signe...

« L'ennui est entré dans le monde par la paresse ; elle a beaucoup de part à la recherche que font les hommes des plaisirs, du jeu, de la société. » LA BRUYÈRE

« Par le travail on charmait l'ennui, on ménageait le temps, on guérissait la langueur de la paresse. »
BOSSUET

« Nous menons une vie de fainéantise et de rêvasserie ; toute la journée vautrés sur notre tapis, nous fumons des chibouks et des narguilehs, en absorbant de la limonade et en regardant les rives du fleuve. »
FLAUBERT

« Je suis paresseux par tempérament, et si paresseux, que, s'il me fallait travailler pour vivre, je crois que je me laisserais mourir de faim. »
LESAGE

« Les paresseux ont toujours envie de faire quelque chose. »
VAUVENARGUE

« L'industrie photographique était le refuge de tous les peintres manqués, trop mal doués ou trop paresseux pour achever leurs études. »
BAUDELAIRE

« Je suis un fainéant, bohème, journaliste, qui dîne d'un bon mot étalé sur son pain. » NERVAL

« Il y a l'autre fainéant, le fainéant bien malgré lui, qui est rongé intérieurement par un grand désir d'action, qui ne fait rien, parce qu'il est dans l'impossibilité de rien faire, puisqu'il est comme en prison dans quelque chose. » VAN GOGH

parfait • fini

Le parfait regarde proprement la beauté qui naît du dessin et de la construction de l'ouvrage ; et le fini, celle qui vient du travail et de la main de l'ouvrier. L'un exclut tout défaut ; et l'autre montre un soin particulier et une attention au plus petit travail. Ce qu'on peut mieux faire n'est pas parfait ; ce qu'on peut encore travailler n'est pas fini (GIRARD).

En radiographiant la distinction, on s'aperçoit que la perfection visée ne concerne pas dans les deux cas les mêmes acteurs.

Ainsi pour la construction d'un édifice, **parfait** qualifiera la réalisation du travail de l'architecte (créateur du projet et responsable de son exécution), tandis que **fini** ira à la qualité du travail des exécutants et au plus petit détail.

Évidemment il paraît vain (du moins aujourd'hui) d'employer **parfait** et **fini** de cette seule façon. Mais à notre époque où l'inachèvement constitue une catégorie esthétique à part entière, l'examen de ces notions se révèle passionnant.

Reprenons-les à partir d'une distinction faite ailleurs par Littré entre *achever, terminer* et *finir : Achever, c'est mener à terme, mais avec l'idée que la chose menée à terme est parfaite et accomplie. Terminer, c'est simplement y mettre un terme, parfaite ou non, complète ou non, finie ou non. Finir, c'est non seulement la terminer, mais la mener jusqu'au bout ; seulement elle peut n'être pas achevée, c'est-à-dire n'avoir pas reçu toute la perfection qu'elle comporterait.* Et Littré d'utiliser l'exemple du livre : *Mon livre est* terminé ; *des circonstances m'ont obligé de ne pas y donner tout le développement que j'avais conçu. Mon livre est* fini, *mais j'ai besoin de le corriger. Mon livre est* achevé, *je l'imprime.*

Remarques judicieuses, quoique la notion d'*achèvement* — présentée ici comme un état simple *(Mon livre est achevé, je l'imprime)* — fasse problème. Car il n'est pas sûr que l'on estime son livre *parfait* quand bien même il se trouve imprimé : l'achèvement d'un ouvrage se confond parfois avec le fait de le terminer ; on y met simplement un terme, par lassitude, ou parce que l'édition nous y contraint. Alors qu'on serait tenté par le repentir, à l'infini. Comme le remarquait Borges, il faut bien un jour abandonner un livre en le publiant, sinon on passerait le reste de sa vie à le corriger.

La véritable correction, en fait, a lieu avec le livre suivant. Victor Hugo, dans la préface à *Cromwell : L'auteur de ce livre répugne à revenir après coup sur une chose faite. C'est sa méthode de ne corriger un ouvrage que dans un autre ouvrage.*

L'*achèvement* d'une œuvre n'est en finale qu'une marque abstraite, une délimitation qui permet de passer d'un *opus* à l'autre (comme on utilise ce terme en musique, pour répertorier les morceaux d'un compositeur).

« Il n'est pas si aisé de se faire un nom par un ouvrage parfait, que d'en faire valoir un médiocre par le nom qu'on s'est déjà acquis. »
LA BRUYÈRE

« Un artiste, quelque parfait qu'il soit dans son genre, s'il n'a point d'invention, s'il n'est point original, n'est point réputé génie. » VOLTAIRE

« "Cette puissante érosion des contours" dont parle Nietzsche, et sans laquelle il n'y a pas de parfaite œuvre d'art. » GIDE

« Le *parfait,* dit M. l'abbé Girard, regarde proprement la beauté qui naît du dessein et de la construction de l'ouvrage, et le *fini* celle qui vient du travail et de la main de l'ouvrier. »
TRÉVOUX

« Un livre tel que je le conçois doit être composé, sculpté, posé, taillé, fini et limé, et poli comme une statue de marbre de Páros. » VIGNY

« Il y a une grande différence entre un morceau *fait* et un morceau *fini* — en général, ce qui est *fait* n'est pas *fini,* et une chose très *finie* peut n'être pas *faite* du tout. » BAUDELAIRE

« L'art égyptien de l'Ancien Empire, comme l'art assyrien, comme l'art roman, se refusait au fini autant que Corot, mais ce refus ne pouvait s'expliquer ni par la maladresse ni par l'inachèvement. » MALRAUX

penchant • inclination

L'inclination est plus faible que le penchant, c'est l'effet d'une simple impression qui fait plier ou courber la chose d'un côté. L'inclination fait tendre vers un objet ; le penchant y entraîne.

Étymologiquement, inclination exprime l'idée d'incliner, et penchant celle de pencher. Ce qui penche est plus près de tomber que ce qui est incliné. C'est pourquoi le penchant est une inclination forte ; ou bien l'inclination est un penchant faible.

Penchant et **inclination** laissent transparaître comme une physique des passions : le sujet se trouve — telle une bille sur un plan incliné — attiré par une force extérieure contre laquelle il ne peut rien.

Ces mots mériteraient aujourd'hui un emploi plus soutenu afin de faire contrepoids à *désir,* universellement employé. Ce dernier, grevé par une vulgate psychanalytique de mauvais aloi, brille de mille feux ambigus.

Étaler ses désirs affiche la vanité : on feint — coquetterie — d'en être le maître, voire l'origine. Ironie du sort : si l'on veut l'objet de son désir, on ne désire pas toujours ce qu'on veut...

Et puis, contrairement à **penchant** et **inclination** (qui laissent entendre que je suis irrésistiblement attiré), *désir* ne précise rien sur l'amplitude de la poussée qui m'agite.

« Qu'aisément l'amitié jusqu'à l'amour nous mène !
C'est un penchant si doux qu'on y tombe sans peine. » CORNEILLE

« C'est aux époux à s'assortir. Le penchant mutuel doit être leur premier lien. » ROUSSEAU

« Cette sorte d'inclination que nous avons pour les personnes dont nous croyons les dispositions pareilles aux nôtres. » Mme DE LAFAYETTE

« Deux obstacles presque invincibles nous empêchent d'être les maîtres de nos volontés, l'inclination et l'habitude ; l'inclination rend le vice aimable, l'habitude le rend nécessaire. » BOSSUET

« Les inclinations naissantes, après tout, ont des charmes inexplicables, et tout le plaisir de l'amour est dans le changement. » MOLIÈRE

« Comme les deux sexes sont nés l'un pour l'autre, ils ont une grande inclination à s'approcher, et il en est comme d'un ressort qu'on a mis en un état violent, qui se rejoint avec un plus grand effort, quand il a été lâché. » FURETIÈRE

« De tous temps, la femme a dû inspirer à l'homme une inclination distincte du désir, qui y restait cependant contiguë et comme soudée, participant à la fois du sentiment et de la sensation. » BERGSON

persister • persévérer

L'action de persister suppose de la fermeté ou de l'énergie ; celle de persévérer, de la constance : on persiste opiniâtrement, on persévère jusqu'à la fin. Qui persiste ne faiblit ni ne cède ; qui persévère ne se lasse pas. On persiste dans les choses où il y a lieu de montrer de la fermeté, dans une résolution ou une affirmation ; on persévère dans celles où patience et longueur de temps font tout.

Voici deux attitudes bien différentes pour atteindre un but.

Persister met en jeu la tension suprême. Mot d'ordre : « Il faut tenir. » L'énergie ne se compte pas. Efforts, courage, obstination : toutes les valeurs sportives occidentales se trouvent au rendez-vous. Toile de fond : un stoïcisme chrétien, philosophie ordinaire de toute résistance.

En face s'éploie la *persévérance.* À la force massive vient tenir tête une énergie minimale, soutenue, il est vrai, par un allié inestimable : le *temps.* À l'encontre de tout souci de productivité, la perspective de finir ne compte pas. Philosophie tout orientale : *L'eau use la pierre.*

« Dans son aveuglement pensez-vous qu'il persiste ? » CORNEILLE

« Le Germain a l'esprit de suite, il peut persister dans des entreprises dont l'issue est à longue échéance. » TAINE

« Quand j'allais vivre à l'Hermitage, ils publièrent que je n'y tiendrais pas longtemps. Quand ils virent que je persévérais, ils dirent que c'était par obstination, par orgueil, par honte de m'en dédire, mais que je m'y ennuyais à périr, et que j'y vivais très malheureux. » ROUSSEAU

« Il n'est pas nécessaire d'espérer pour entreprendre, ni de réussir pour persévérer. » GUILLAUME D'ORANGE

« Les hommes souffrent beaucoup à être toujours les mêmes, à persévérer dans la règle ou dans le désordre. » LA BRUYÈRE

plausible • spécieux

Ce qui est plausible mérite en apparence d'être applaudi, approuvé ; ce qui est spécieux a une belle apparence, une apparence de vérité et de justice. On dit également un argument plausible et un argument spécieux ; la nuance est que, dans l'argument plausible, il reste à déterminer s'il contient plus que la plausibilité ; au contraire, dans l'argument spécieux, il est entendu qu'il n'y a que l'apparence.

Voilà typiquement une distinction que l'évolution sémantique des mots rend inutilisable.

Il n'y a en effet pas grand-chose de commun entre « digne d'être applaudi » et « crédible, vraisemblable » (sens actuel de **plausible**), de même qu'entre « d'une belle apparence » et « séduisant extérieurement, mais sans valeur » (sens actuel de **spécieux**).

À noter que **spécieux** vient de *speciosus :* beau — glissement de sens laissant imaginer que la beauté est suspecte, trompeuse, dangereuse.

« J'agis donc en honnête homme, je me retire. D'ailleurs, je désire être entièrement sacrifié...
— Si tels sont vos motifs, monsieur, dit le futur pair de France, quelque singuliers qu'ils soient, ils sont plausibles. » BALZAC

« Il en coûte aux esprits faibles d'abandonner leurs préventions lors même qu'elles ne sont pas soutenues par des apparences plausibles. » SENANCOUR

« Qui a vu la cour a vu du monde ce qui est le plus beau, le plus spécieux et le plus orné... » LA BRUYÈRE

« Cette musique de Chopin, j'aime qu'elle nous soit dite à demi-voix, presque à voix basse, sans aucun éclat, sans cette assurance insupportable du virtuose, qui la dépouillerait ainsi de son plus spécieux attrait. » GIDE

« La politique consiste dans la volonté de conquête et de conservation du pouvoir ; elle exige, par conséquent, une action de contrainte ou d'illusion sur les esprits, qui sont la matière de tout pouvoir. L'esprit politique finit toujours par être contraint de falsifier. Il introduit des notions historiques falsifiées ; il construit des raisonnements spécieux. » VALÉRY

posture • attitude

Attitude est, d'origine, un terme d'art ; posture est un terme du langage ordinaire. L'attitude est pittoresque et essentiellement relative au beau ; la posture est relative à la commodité. Toutes les fois qu'en écrivant on veut représenter à l'imagination et faire comme un portrait ou un tableau, attitude doit être préféré ; au contraire on se servira de posture quand il s'agira de déterminer si on est debout, assis, à genoux, couché de telle ou telle manière, etc. Attitude signifiant étymologiquement disposition, on dira l'attitude, et non la posture d'un lutteur, d'un homme qui a le bras levé pour frapper, les bras ouverts pour embrasser, etc. (LAFAYE)

Ces deux termes n'engagent pas la même idée du corps.

Avec **posture**, il est manifestement – « matérialistement », pourrait-on dire – considéré comme une machine, composée de différents segments, tous nommables.

L'**attitude**, au contraire, l'idéalise dans la totalité de son apparence. Il se trouve presque oublié (au service d'une cause qui le dépasse), ou « vaporisé » (comme dans les photographies de David Hamilton).

En fait cette divergence brutale vient alimenter la fameuse distinction « serpent de mer » entre *érotisme* et *pornographie.* L'**attitude** relève de l'érotisme, qui exhibe les corps pour leur vénusté : beauté oisive, non « spécieuse » (voir ce mot à la page précédente !).

La pornographie assujettit immanquablement le corps à un travail. La **posture** échappe toujours au narcissisme. Elle est la figure arrêtée d'une activité : celle qui rend possible la fabrication de la jouissance.

« Vulcain, prévenu par Mercure de son infortune, surveilla sa femme de plus près et, l'ayant surprise avec Mars dans une posture sans équivoque, il jeta sur eux un filet qui les emprisonna sur leur lit. » HENRIOT

« Lorsque Salvien déclame contre les spectacles, les peintures qu'il fait des imitations honteuses, des discours et des postures obscènes, montrent assez quel était le goût des spectateurs. » DUCLOS

« O l'écouta attentivement, songeant à ce qu'il y avait d'absurde, dans ce salon civilisé et discret, à demeurer dans la posture où elle était. » RÉAGE

« Un comique outre sur la scène ses personnages ; un poète charge ses descriptions ; un peintre qui fait d'après nature force et exagère une passion, un contraste, des attitudes. » LA BRUYÈRE

« J'ai trouvé une certaine distribution pour le tableau de M. de Chantelou et certaines attitudes naturelles, qui font voir dans le peuple juif la misère et la faim où il était réduit. » POUSSIN

prédiction • prophétie

Annonce des choses futures. « La prédiction peut porter sur des événements soumis aux calculs de la prévoyance ; la prophétie, toujours indépendante des calculs de la raison, ne peut être que l'effet de l'inspiration ; ainsi on prédit une éclipse, ou l'événement d'un procès ; mais Daniel avait prophétisé la venue de Jésus-Christ » (GUIZOT).

Cette distinction s'est fortement déplacée : **prédiction** (remplacé par *prévision*) n'a plus du tout ce sens, puisqu'il concerne au contraire tous les discours non rationnels tenus sur l'avenir (astrologie, voyance, numérologie, etc.). Leur succès est d'autant plus important que battent aujourd'hui de l'aile les langages à prétentions scientifiques : *prévision, prospective, futurologie,* jusqu'à la *projecture,* en vogue à l'Éducation nationale (ce mot, à l'allure de néologisme technocratique, est à l'origine un terme d'architecture).

Les choses pourtant se compliquent du fait que ces énoncés apparemment rationnels s'apparentent à des idéologies, voire à de simples conjectures ou vaticinations personnelles prenant l'aspect de considérations objectives. Et cela particulièrement dans le discours politique, ainsi que l'observait Albert Camus à propos de Marx : *On peut dire de Marx que la plupart de ses prévisions se sont heurtées aux faits dans le même temps où sa prophétie a été l'objet d'une foi accrue. Quand les prédictions s'effondraient, la prophétie restait le seul espoir.* (Aujourd'hui cependant — après les défaites du marxisme comme système, et alors que le capitalisme semble jouir, jusqu'à l'obscène, de sa quasi-hégémonie — l'*analyse* marxiste, complètement décalée, retrouve une indéniable fraîcheur critique...)

Les représentations de l'avenir étant malgré tout nécessaires, où se situer, entre les fictions souriantes mais vaines de la **prédiction,** la froideur souvent erronée de la *prévision,* et l'enthousiasme dangereux des **prophéties** ?

« De toutes les prédictions du temps passé, les plus anciennes et les plus certaines étaient celles qui se tiraient du vol des oiseaux. »
MONTAIGNE

« Ce n'est pas parce qu'une foule d'expériences a démenti les prédictions que les hommes se sont aperçus que l'art de l'astrologie est illusoire. »
VOLTAIRE

« Ce qui me fâche le plus, c'est que je vois s'accomplir cette prédiction que me fit autrefois mon père : tu ne seras jamais rien. » COURIER

« On peut dire de Marx que la plupart de ses prédictions se sont heurtées aux faits dans le même temps où sa prophétie a été l'objet d'une foi accrue. La raison en est simple : les prédictions étaient à court terme et ont pu être contrôlées. Quand les prédictions s'effondraient, la prophétie restait le seul espoir. » CAMUS

« Vous souvient-il de tous les raisonnements qu'on faisait sur la guerre, et comme il devait y avoir bien des gens tués ? C'est une prophétie qu'on peut toujours faire sûrement. » Mme DE SÉVIGNÉ

« À Delphes, ce fut à une fille qu'on accorda le privilège exclusif de monter sur le trépied ; et on fit ce choix parce qu'il semble, dit Diodore de Sicile, que le don de prophétie ait été de tous temps un attribut des vierges. » CONDILLAC

préséminence • supériorité

La prééminence est l'attribut d'un homme plus élevé en dignité que les autres ; la supériorité est celui d'un homme plus grand que les autres par ses qualités personnelles.

Dans son acception la plus classique, **prééminence** procède d'une échelle, d'un rangement : d'une hiérarchie (la **prééminence** d'un archevêque sur un évêque, d'un directeur sur ses employés, etc.). Il est bon d'ajouter que le mot a fini par se confondre, non seulement avec *prédominance* (le fait d'être « au-dessus » signifie également qu'on dispose d'un pouvoir sur des subalternes), mais aussi avec **supériorité** (on reconnaît volontiers qu'un individu occupe une haute fonction grâce à ses qualités personnelles — ce que laisse entendre aussi le mot *éminence*).

Notre mythologie sociale fabrique à l'envi des vedettes un jour pour les défaire le lendemain. La manie des sondages et leur multiplication, comme celle de ces rubriques consacrées aux personnalités (« En hausse, en baisse ») dans les magazines et à la télévision, répandent l'idée d'un univers fragile où rien ne vaut très longtemps (métaphore financière : la Bourse), aggravant la confusion jusqu'à produire sans vergogne une inversion des valeurs. La « lutte des places » s'étale sous nos yeux en laissant entendre que le bon poste (la **prééminence**) induit une **supériorité** qui irait de soi. Or, rien n'est moins sûr, évidemment ! Le vedettariat (image dominante de la **prééminence**) naît et s'affirme grâce à la *médiocrité* (ce qui est reconnu par le plus grand nombre). À l'inverse, une excellence — la manifestation d'un talent — ne conduit pas nécessairement à la reconnaissance (et encore moins à la **prééminence**)...

« Les sculpteurs et les peintres ont eu souvent parmi eux de grandes disputes sur la prééminence de leur profession. » ROLLIN

« N'oublions pas que la concurrence la plus pressante est une des dures conditions du temps actuel. Jusque dans la science, jusque dans les sports, les nations se disputent chaque jour la prééminence. » VALÉRY

« Un homme de lettres, à qui un grand seigneur faisait sentir la supériorité de son rang, lui dit : Monsieur le duc, je n'ignore pas ce que je dois savoir ; mais je sais aussi qu'il est plus aisé d'être au-dessus de moi qu'à côté. » CHAMFORT

« Les Anglais ont toujours eu sur les Irlandais la supériorité du génie, des richesses et des armes. » VOLTAIRE

« Quelque distingué que soit un homme, peut-être ne jouit-il jamais sans mélange de la supériorité d'une femme. » Mme DE STAËL

« L'homme qui s'adjuge, en vertu de sa supériorité intellectuelle, une plus large part des biens terrestres, perd le droit de maudire l'homme fort qui, aux époques de barbarie, asservissait le faible en vertu de sa supériorité physique. » BLANC

se priver • s'abstenir

S'abstenir n'exprime qu'une action, se priver exprime aussi le sentiment qui l'accompagne. On peut s'abstenir d'une chose indifférente ; on ne se prive que d'une jouissance.

Deux attitudes bien distinctes se trouvent dessinées ici.

Se priver signale un abandon mal vécu (autant dire malheureux). La *privation* que l'on s'inflige prend la forme d'une autopunition dont on compte bien faire payer le désagrément à quelqu'un. « N'oublie pas que *je me* prive pour *toi !* » est un énoncé fréquent dans les familles. Le sujet qui se « prive » ne manque jamais de le dire, animé par le ressentiment.

L'*abstention,* en revanche, trace un simple retrait, souvent mat (l'interpréter comme une protestation revient à le « récupérer »). Celui qui **s'abstient** sort du cercle social pour garder sa sérénité. Ou parce qu'il ne veut pas participer au débat. Telle suspension tranquille rapproche d'attitudes taoïstes : la suspension est la voix du neutre. Autant dire qu'on la reçoit toujours mal (voir la façon dont on considère le problème quand il s'agit d'élections), car elle représente une sorte d'*arrêt de jeu.*

« Il ne faut ni vigueur, ni jeunesse, ni santé pour être avare ; il faut laisser seulement son bien dans ses coffres et se priver de tout. » LA BRUYÈRE

« C'est la grande erreur des pessimistes de n'être jamais certains que du pire, et de toujours mettre le meilleur en doute, quitte à se priver de bien des douceurs. » HENRIOT

« Quand elle approchait de mon visage son museau sec et noir barbouillé de tabac d'Espagne, j'avais peine à m'abstenir d'y cracher. » ROUSSEAU

« Il est vain d'agir ou de s'abstenir ; il est indifférent de vivre ou de mourir. J'ai en effet renoncé aux choses vaines qui font communément le souci des hommes. » FRANCE

probité • intégrité

La probité est uniquement relative aux devoirs envers autrui, et aux devoirs de la vie civile. À intégrité s'attache l'idée particulière d'une pureté qui ne se laisse entamer ni corrompre.

Vauvenargues proposait déjà le partage suivant, plus précis : *La probité est un attachement à toutes les vertus civiques. La droiture est une habitude des sentiers de la vertu. L'équité peut se définir par l'amour de l'égalité. L'intégrité paraît une équité sans tache et la justice une équité pratique.*

D'une certaine manière, on retrouve là notre distinction présentée ailleurs entre *équitable* et *juste. Intègre* n'enchérit pas seulement sur *probe,* il s'en sépare nettement. Lisons même, à travers ces deux notions, une différence essentielle entre les valeurs de l'ancienne société gréco-romaine et celles de la civilisation chrétienne. La **probité** désignerait l'attitude de « l'honnête homme » : elle renvoie à une sagesse sociale (les vertus civiques), alors que l'**intégrité** définit un tempérament et un comportement intraitables (comme l'indique le latin *integrus :* « entier, pur »). La **probité** dessine une éthique désirable de la réserve et de l'accommodement aux autres — tandis que l'**intégrité** cousine aisément avec l'*intégrisme.*

« L'on peut s'enrichir, dans quelque art ou dans quelque commerce que ce soit, par l'ostentation d'une certaine probité. » LA BRUYÈRE

« La fidélité aux lois, aux mœurs et à la conscience fait l'exacte probité. » DUCLOS

« La probité donne au style un caractère franc. La langue bégaye dans la colère, le style s'obscurcit dans les mauvaises passions. » MERCIER

« Voilà bien les hommes ! tous également scélérats dans leurs projets, ce qu'ils mettent de faiblesse dans l'exécution, ils l'appellent probité. » LACLOS

« Tout ce que nous avons soutenu, la propreté, la probité de langage, la probité de pensée, la justice et l'harmonie, recule de jour en jour devant une barbarie, devant une inculture croissantes. » PÉGUY

« L'impudicité, qui veut tout corrompre, commence son effet par sa propre source, parce que nul ne peut attenter à l'intégrité d'autrui que par la perte de la sienne. » BOSSUET

« La patience, la douceur, la résignation, l'intégrité, la justice impartiale, sont un bien qu'on emporte avec soi, et dont on peut s'enrichir sans cesse, sans craindre que la mort même nous en fasse perdre le prix. » ROUSSEAU

« La probité est un attachement à toutes les vertus civiques. La droiture est une habitude des sentiers de la vertu. L'équité peut se définir par l'amour de l'égalité. L'intégrité paraît une équité sans tache et la justice une équité pratique. » VAUVENARGUES

promptitude • diligence

La brièveté, le peu de temps mis à commencer ou à exécuter est ce qui prédomine dans promptitude. C'est la vigilance, la précaution, la prudence qui, vu l'étymologie, prédomine dans diligence.

Face à **promptitude, diligence** apporte une nuance appréciable. **Promptitude**, en effet, ne signale qu'un mouvement de rapidité, voulue ou non, proche de la précipitation (voire de l'excitation).

Diligence laisse entendre au contraire l'idée d'une vivacité réfléchie, fruit d'une vigilance précautionneuse (*diligentia,* c'était le soin, l'attention). L'usage de ce terme mériterait ainsi d'être réservé à des situations dans lesquelles la vitesse de décision ou d'exécution n'est pas une hâte : paradoxe d'une prestesse patiente... À l'image des peintres et calligraphes extrême-orientaux qui tracent adroitement quelques signes rapides sur la toile ou le papier après une longue préparation silencieuse.

« La promptitude de son action ne donnait pas le loisir de la traverser ; c'est là le caractère des conquérants. »
BOSSUET

« Il ne jugeait pas aussi défavorablement qu'on le croirait peut-être de la promptitude avec laquelle sa dame lui avait donné rendez-vous. »
MUSSET

« Ce qui caractérise l'homme d'action, c'est la promptitude avec laquelle il appelle au secours d'une situation donnée tous les souvenirs qui s'y rapportent. »
BERGSON

« Aux desseins importants la diligence importe. »
ROTROU

« Nous ne pouvons nous lasser d'admirer la diligence et la fidélité de la poste. »
Mme DE SÉVIGNÉ

pucelage • virginité

« *Virginité et pucelage ne sont pas une même chose ni une même vertu. Pucelage est une vertu que tous ceux et toutes celles ont, qui n'ont attouchement de charnelle compagnie ; mais virginité est trop plus haute chose et plus merveilleuse, car nul ne peut avoir, soit homme ou femme, qu'il ait volonté de charnel attouchement* » (Lancelot du lac).

« Perdre son pucelage » constitue un événement symbolique qui se prête bien au romanesque. Que de livres ou de films pour nous confier les mémoires d'un *puceau !* Dévoilement sans cesse écarté, gommé, différé : le roman comme strip-tease... De ce point de vue, Diderot, comme souvent, se montre exemplaire. Dans *Jacques le Fataliste,* l'avancée du récit se soutient de cette promesse du valet à son maître (et au lecteur) : raconter comment il a perdu son **pucelage.**

Pucelage : le mot laisse imaginer un bagage honteux (« puceau » est toujours une injure). Du côté des femmes, il en va tout autrement : c'est parfois un petit bien négociable. De nos jours des gynécologues s'emploient à fabriquer des hymens aux femmes originaires du tiers-monde et qui veulent rentrer au pays pour s'y installer...

La *virginité* tient moins au corps. C'est une donnée morale, renvoyant à une idée de pureté (de même qu'on parle de « se refaire une virginité »). Tel est le sens de la *virginité de Marie :* d'avoir conçu hors du péché, et non — comme on l'entend souvent dire — hors de toute relation charnelle.

Distinction encore lisible chez Rousseau : *J'en avais rapporté non ma virginité, mais mon pucelage* (ce qui revenait, pour lui, à être « déniaisé » sans être *dépucelé*).

La confusion fréquente entre les deux mots illustre une déflation certaine des valeurs religieuses, et même pire, une sorte de rejet violent (le célibat des prêtres apparaît à d'aucuns comme un archaïsme insupportable) — ou encore une banalisation de l'apprentissage de la sexualité, allant de pair avec l'édulcoration des anciens rituels (apprentissage de la lecture, examens scolaires). Mais rien ne dit que la sortie de l'enfance s'en trouvera facilitée.

« Je trouve plus aisé de porter une cuirasse toute sa vie qu'un pucelage. »
MONTAIGNE

« Denise avait-elle son pucelage ? — Je le crois. — Et toi ? — Le mien, il y avait beaux jours qu'il courait les champs. — Tu n'en étais donc pas à tes premières amours ? » DIDEROT

« Cybèle, Junon, Vénus, Thétis, Cérès et autres déesses du ciel ont toutes méprisé ce nom de vierge, sauf Pallas, qui prit du cerveau de Jupiter sa naissance, faisant voir par là que la virginité n'est qu'une opinion conçue en la cervelle. » BRANTÔME

« Suis-je donc le gardien, pour employer ce style,
De la virginité des filles de la ville ? »
MOLIÈRE

LES DEUX PIGEONS

questionner • interroger

Questionner se dit surtout quand on veut obtenir des renseignements : un espion questionne les gens ; un général questionne un prisonnier pour savoir ce que fait l'ennemi. Interroger se dit surtout quand les réponses qu'on peut obtenir sont un moyen d'apprécier celui qui les fait : un juge interroge un accusé ; un professeur interroge un élève.

Questionner est le geste princeps de la connaissance. Que l'on pense aux sublimes kôans zen : *Qu'est-ce que le Bouddha ? — Trois livres de lin.* Ou : *Pourquoi le Bouddha vient-il de l'ouest ? — Le cyprès dans le jardin.*

En ce sens, le questionnement manifeste un élan enfantin terriblement attirant qui, hélas, au fur et à mesure que l'enfant grandit, s'estompe peu à peu. Et la pulsion chez l'adulte, souvent, se retourne : on devient moins curieux du monde et l'on croit savoir. Chacun connaît cette boutade du philosophe qui demandait à qui mieux mieux : « J'ai une réponse. Qui a une question ? »

Le jeu de l'enseignement (l'enseignement comme jeu) met en évidence cette farce de fausses questions. Lecture expliquée : le professeur pose des dizaines de questions à des élèves tenus de découvrir — geste laborieusement inutile — les réponses prévues par leur aîné. Oublions cette scène : les questions importantes demeurent à jamais sans réponse ; toute réponse juste annule la force de la question et l'éteint. Ce qui n'empêche pas Claude Roy, maintenant âgé, d'écrire : *Je n'espère plus trouver beaucoup de réponses exactes mais j'aspire à poser bien les questions.*

Interroger témoigne d'un intérêt négatif à l'égard de l'autre. Épreuve décisive : on n'interroge pas ceux que l'on aime...

Interroger constitue un geste réflexe (professionnel) du juge ou de l'examinateur. Ces derniers ne sont plus curieux de rien (curiosité qui animait encore l'enquêteur ou le juge d'instruction). Poser des questions ne leur sert plus qu'à arrêter une image : Un tel est-il coupable ? et à quel point ? Ce candidat mérite-t-il d'obtenir son diplôme ? C'est une opération d'évaluation. On fixe la réalité en l'interprétant, geste mortifère s'il en est.

Le roman classique s'apparente au roman policier : nécessaire suspense, incertitude du réel dévoilé peu à peu, enchaînement causal, variété des possibles. Mais rien ne l'oblige à conduire son histoire jusqu'à la Cour d'assises...

« Le bon ton du supérieur est de questionner souvent ; le bon ton de l'inférieur est de ne questionner jamais, ou le plus rarement possible. »

MARMONTEL

« Je ne me sentais plus aucun désir de la questionner davantage ; subitement incurieux de sa personne et de sa vie, je restais devant elle comme un enfant devant un jouet qu'il a brisé pour en découvrir le mystère. » GIDE

« Mon interrogatoire a commencé aussitôt. Le président m'a questionné avec calme et même, m'a-t-il semblé, avec une nuance de cordialité. » CAMUS

« Mais vous qui me parlez avec une voix menaçante,
Oubliez-vous ici qui vous interrogez ? » RACINE

« L'art d'interroger n'est pas si facile qu'on pense ; c'est bien plus l'art des maîtres que des disciples ; il faut avoir déjà beaucoup appris de choses pour savoir demander ce qu'on ne sait pas. » ROUSSEAU

« Ce regard oblique et fin par lequel les femmes interrogent si malicieusement l'homme qu'elles veulent tourmenter. » BALZAC

« Lorsque tu affirmes, tu interroges encore. » BLANCHOT

quitter • abandonner • renoncer

Idée commune, cesser de garder une chose, de s'en occuper ou de la demander. « Les thérapeutes abandonnent leurs biens à leurs parents ou à leurs amis ; ils quittent leurs pères, leurs mères ; ils renoncent à tous les attachements terrestres » (CONDILLAC).

On renonce toujours volontairement, avec quelque peine, avec regret, en se faisant violence ; on renonce au plaisir, au monde, à une profession qui convenait. Quitter et abandonner n'impliquent pas l'idée de renoncement, et signifient seulement qu'on se sépare d'une chose agréable ou pénible, utile ou nuisible. La différence entre quitter et abandonner est que l'on quitte de toutes les manières, ce mot en lui-même étant indifférent, au lieu que dans abandonner il y a toujours l'idée d'une sorte de délaissement, de désertion, comme dans ce vers de Racine : « Je quittai mon pays, j'abandonnai mon père » (LAFAYE).

Renoncer exhale un parfum très XVIIe siècle ; il renvoie à une éthique (et à une époque) où le renoncement pouvait marquer, de façon très symbolique, l'entrée dans le dernier âge de la vie ; on s'éloigne du *monde* (du « mondain », au sens du fameux poème de Voltaire) : de la frivolité, de l'insouciance, des plaisirs. Attitude et décision nettement *posées,* quand par exemple on se retire dans un couvent (modèle donné par Chateaubriand avec sa *Vie de Rancé*).

Qui **renonce** aujourd'hui ? Sans doute personne. Chacun s'accroche à son poste, à son pouvoir, à ses privilèges, à ses plaisirs... **Renoncer,** pense-t-on communément, c'est « jeter l'éponge ». **Renoncer** (ou *démissionner*) n'est plus senti comme un acte de courage mais comme une lâcheté (le refus d'« assumer ses responsabilités ») : condamnation compréhensible dans une société dont le mot d'ordre est l'activisme. Mais pourquoi ne pas voir dans le *renoncement* un geste raisonnable, une force douce, dans l'acceptation de ce qui est, et le refus, aussi, du pouvoir ?

Abandonner, de son côté, est jugé trop fort, et s'emploie peu (réminiscence biblique : « Mon Dieu, pourquoi m'as-tu abandonné ? »). **Abandonner,** quelque chose ou quelqu'un, est un acte violent, marqué du sceau de la réprobation ; cela revient à *déserter* — à rejeter l'autre (ou soi-même) dans le vide. On dit plus facilement d'un voisin « il a quitté sa femme » que « il l'a abandonnée ».

Ainsi, **quitter** marquerait un éloignement sans heurts (voire sans passion) — à l'image d'une société où la vogue du changement autorise toutes les palinodies dans les conduites, les affects et les opinions.

« J'aurais bientôt quitté les plaisirs, disent-ils, si j'avais la foi. Et moi je vous dis : vous auriez bientôt la foi, si vous aviez quitté les plaisirs. »
PASCAL

« Il a quitté sans peine ce qu'il avait acquis sans empressement. »
BOSSUET

« Saint-Évremond eut quelque temps les bonnes grâces de Ninon de Lenclos ; on la quittait rarement, mais elle quittait fort vite. » VOLTAIRE

« Elle me dédaignait, un autre l'abandonne. » RACINE

« Il n'est pas si facile qu'on pense de renoncer à la vertu ; elle tourmente longtemps ceux qui l'abandonnent. »
ROUSSEAU

« Je n'aime pas regarder en arrière, et j'abandonne au loin mon passé, comme l'oiseau, pour s'envoler, quitte son ombre. » GIDE

« La première chose qui arrive aux hommes après avoir renoncé aux plaisirs, c'est de les condamner dans les autres. » LA BRUYÈRE

« Il me fit naître, dès cette première visite, une forte envie de renoncer comme lui à tous les plaisirs du siècle pour entrer dans l'état ecclésiastique. » ABBÉ PRÉVOST

« Mon estomac, qui ne digère presque plus, m'a contraint de renoncer aux soupers ; je lis le soir, ou je fais conversation. » VOLTAIRE

« Il n'est point d'indépendant. Pour l'être, il faudrait renoncer à la vie de société, et aux amitiés mêmes. »
ROLLAND

R
R

L'AVARE QUI A PERDU

SON TRÉSOR

récréation • divertissement

Le divertissement fait diversion, arrache à des préoccupations ; il est vif, animé, bruyant ; on le prend par plaisir, non par besoin. Les récréations sont des intervalles pour des gens fatigués qui ont besoin de se refaire, et qui doivent bientôt se remettre à l'œuvre.

Récréation nous reconduit immanquablement à l'école de notre enfance. Et Littré de rappeler qu'elle n'a jamais été conçue autrement que comme l'arrêt, l'intervalle obligé, sans lequel le travail ne saurait se poursuivre longtemps.

Dans le labeur adulte (à l'usine ou au bureau), on parle plutôt de « pause ». Mais la portée reste la même.

Divertissement inquiète beaucoup plus, car il constitue une sorte de fourvoiement (à l'origine, *se divertir,* c'est se détourner) : le **divertissement** serait un dérivatif, une manière plus ou moins brutale de s'éloigner d'une existence pesante ou traversée par la morosité. Le sujet, attiré par des plaisirs forts, risque bien de renoncer à son occupation coutumière, à son négoce utile. On comprend alors que le **divertissement,** considéré comme délétère, ait fait l'objet de la critique la plus sourcilleuse. Pascal : *La seule chose qui nous console de nos misères est le divertissement, et cependant c'est la plus grande de nos misères ; car c'est cela qui nous empêche de songer à nous... Sans cela, nous serions dans l'ennui...*

« Il s'en alla visiter la Grèce, en se donnant une récréation honorable. » AMYOT

« Il y a des récréations et des divertissements dans la vie de plus d'une espèce. » BOURDALOUE

« Les intellectuels qui fréquentent et patronnent le cinéma lui demandent de lâches récréations, mais le regardent s'embourber dans la pire sottise avec une admirable désinvolture. » DUHAMEL

« Qu'on laisse un roi tout seul, sans compagnie, penser à lui tout à loisir ; et l'on verra qu'un roi sans divertissement est un homme plein de misères. » PASCAL

« Un lecteur sage fuit un vain amusement,
Et veut mettre à profit son divertissement. » BOILEAU

« Rendons l'étude agréable, cachons-la sous l'apparence de la liberté et du plaisir ; souffrons que les enfants interrompent quelquefois l'étude par de petites saillies de divertissement ; ils ont besoin de ces distractions pour délasser leur esprit. » FÉNELON

réglé • régulier

Ces deux mots ont le latin regula, *règle, pour racine. Réglé, participe du verbe régler, exprime un effet ; régulier, simple adjectif, marque une qualité. De là résulte ce qui les sépare. À la vérité, quand on dit le mouvement réglé ou régulier des astres, ces deux mots se confondent ; mais on voit que réglé a une acception moins déterminée. Tout ce qui est soumis à une règle, bonne ou mauvaise, est réglé ; mais cela seul est dit régulier, qui est soumis soit à une bonne règle, soit à une règle générale, par exemple, aux lois de la mécanique, aux règles du bien ou du beau, etc. La même nuance se note quand il s'agit de personnes. Un homme régulier est irrépréhensible ; un homme réglé est soumis à des règles ; ce qui est différent. Ainsi Bossuet, dans l'exemple cité plus haut, dit que le peuple romain fut réglé, c'est-à-dire assujetti à la discipline qui résultait de sa nature et de son histoire ; mais on ne pourrait pas dire qu'il fut régulier.*

réglé • rangé

« L'homme réglé se conduit sagement, en homme qui sait mettre un frein à ses passions. L'homme rangé conduit sagement ses affaires, et dispose avec ordre de ses moments et de ses revenus » (LAFAYE).

Nous retrouvons ici des mots et des distinctions précieux en ce qu'ils se rapportent à des problèmes quotidiens de conduite de vie : la nôtre, et celle des autres, telle que nous la percevons.

Une vie *réglée* n'est pas nécessairement attirante, puisque les règles auxquelles se conforme l'individu ne sont pas systématiquement bonnes à ses yeux. Cas extrême : la *règle* (comme on en parle pour les ordres monastiques) est austère, sévère, non désirable en elle-même et variable malgré tout : Pacôme, Augustin, Benoît, François d'Assise, etc., chaque fondateur a ses manies...

Dans la règle primitive de l'ordre de la « Bienheureuse Vierge Marie du mont Carmel » (donnée par le « bienheureux Albert », patriarche de Jérusalem, et confirmée par Innocent IV au XIIIe siècle), on peut lire : *Bien souvent et de bien des manières, les saints Pères ont réglé comment chacun, en quelque sorte qu'il se trouve ou quel que soit le genre de vie religieuse choisi par lui, doit vivre dans la dépendance de Jésus-Christ et le servir fidèlement, d'un cœur pur et d'une bonne conscience.* Notons avec amusement, un peu plus loin, ce détail : *Dans la mesure où la nécessité l'exigera, vous pourrez cependant avoir des ânes ou des mulets pour votre nourriture.*

Ce qui fait frémir, en revanche, c'est cette compulsion à vouloir amoindrir le corps par la mortification ou le châtiment. Dans la *Règle de saint-Benoît,* au chapitre 30 (« Comment il faut corriger les enfants ») : *Chaque âge et chaque degré d'intelligence demande une règle de conduite particulière. Lors donc que les enfants ou les plus jeunes frères ou ceux qui sont incapables de comprendre la peine de l'excommunication, tomberont dans une faute, on les châtiera par des jeûnes prolongés, ou on les réprimandera par de rudes flagellations afin qu'ils se corrigent.*

L'individu *régulier,* au contraire, détermine son comportement à partir d'habitudes, de manières de faire adaptées à sa complexion.

Cette distinction, finalement, rejoint celle que Roland Barthes faisait lors d'un cours (au Collège de France) entre le *règlement,* collectif et imposé de l'extérieur, et la *règle,* personnelle et choisie par chaque individu pour arranger au mieux sa journée.

Différemment, la personne **rangée** fait montre d'une sagesse excessive dans sa retenue sans atteindre pour autant la sévérité d'une vie **réglée.** Et même, elle se met à l'écart, dans une sorte de retraite conformiste ; ce que disent aussi bien l'expression populaire « rangé des voitures » que le célèbre titre de Simone de Beauvoir, *Mémoires d'une jeune fille rangée.*

« Les gens immodérés changent tous les jours d'affections, de goûts, de sentiments et n'ont pour toute constance que l'habitude au changement ; mais l'homme réglé revient toujours à ses anciennes pratiques, et ne perd pas même dans sa vieillesse le goût des plaisirs qu'il aimait enfant. » ROUSSEAU

« Autant le père Pierre de Saint-Louis était fantasque, inégal, d'humeur inquiète et vagabonde, autant le père Groslier était tranquille, sage et réglé. » GAUTIER

« L'état le plus naturel à l'homme qui étudie comme à celui qui compose avec suite, même dans l'ordre de l'imagination, et qui, par conséquent, a besoin de longues heures de travail, est encore la vie domestique, régulière, intime. » SAINTE-BEUVE

« Le Genevois est rangé et se plaît à vivre avec sa famille. » ROUSSEAU

« Pour tenir le roi, elle avait l'attrait de sa chair et de son esprit. Non seulement elle le grisait de luxure, mais elle affolait sa sensualité par d'ignobles maléfices. Tout le temps qu'elle fut auprès de lui, elle faisait mêler des aphrodisiaques à ses aliments : d'où, chez cet homme, pourtant si réglé, si rangé, ces crises sensuelles qui, sous le règne de la Montespan, le jetaient d'une maîtresse à l'autre. »
BERTRAND (à propos de Louis XIV)

« Au cœur du vice, la vertu, la vie rangée, ont une odeur de nostalgie. » CAMUS

réminiscence • ressouvenir

Ces mots annoncent, par la particule initiale re, *quelque chose d'éloigné, qui revient de loin, qui a été oublié depuis longtemps, et dont il n'y a que de légères traces dans l'esprit. Mais réminiscence reproduit le latin* reminiscentia, *et ressouvenir a été formé du français* souvenir. *C'est pourquoi réminiscence appartient au langage de la philosophie et des arts libéraux, tandis que ressouvenir est du langage ordinaire. Quand réminiscence est employé dans la langue commune, il indique le plus*

faible, le plus imparfait des souvenirs, celui qu'on ne reconnaît pas même pour une idée qu'on a déjà eue. Le ressouvenir est plus net et plus distinct, on sait au moins, on a la conviction que ce n'est pas une idée nouvelle (LAFAYE).

À la différence du souvenir, qui témoigne de la permanence de la mémoire, ces deux mots pointent en nous le retour inopiné et souvent brutal d'images, d'affects ou de pensées.

Ressouvenir, qui n'a plus rien de populaire, est donc parfait pour indiquer le surgissement de la mémoire involontaire. Rien d'étonnant à ce qu'on le rencontre chez Proust : *À ce moment le maître d'hôtel vint me dire que le premier morceau était terminé, je pouvais quitter la bibliothèque et entrer dans les salons. Cela me fit ressouvenir où j'étais* (dans *le Temps retrouvé*).

La réminiscence est comme l'ombre du souvenir, note Joubert. Autrement dit, elle ressortit au flou et convient aux images incertaines. Ce que confirme Sainte-Beuve : *Qui dit réminiscences, dit ressouvenirs confus, vagues, incertains, involontaires. (...) La réminiscence est, en un mot, un réveil fortuit de traces anciennes dont l'esprit n'a pas la conscience nette et distincte.*

« Il semblait qu'il n'agît que par réminiscence,
Et qu'il eût autrefois fait le métier d'amant,
Tant il le fit parfaitement ! »

LA FONTAINE

« La réminiscence est comme l'ombre du souvenir. » JOUBERT

« Qui dit réminiscences, en effet, dit ressouvenirs confus, vagues, flottants, incertains, involontaires. Un poète qui, en faisant des vers, imite un autre poète sans bien s'en rendre compte, et qui refait des hémistiches déjà faits, est dit avoir des réminiscences ; on dirait très bien de quelqu'un dont la tête faiblit et qui ne gouverne plus bien sa mémoire : il n'a que des réminiscences, il n'a plus de souvenirs ; la réminiscence est, en un mot, un réveil fortuit de traces anciennes dont l'esprit n'a pas la conscience nette et distincte. »

SAINTE-BEUVE

« Une imagination vive, sensible et tendre, peut se fixer à quelque objet, à quelque ressouvenir douloureux, et se le représenter avec des couleurs si dominantes qu'elles lui arrachent des larmes. » VOLTAIRE

« Les longs ressouvenirs conviennent aux longs malheurs. »

Mme DE STAËL

« La vieille Marie-Jeanne remémore encore avec un ressouvenir affectueux et tendre les coups de canne distribués aux uns et aux autres. »

GONCOURT

renommée • réputation

La renommée a pour point de départ la célébrité ; la réputation, une opinion plus circonscrite. La renommée est dans le grand public ; la réputation, dans un petit public. Aussi Duclos a-t-il dit : « La réputation et la renommée peuvent être fort différentes, et subsister ensemble. »

Ce commentaire réclame d'être complété. La *célébrité* (le fait d'être connu d'un grand nombre de personnes) ne va pas nécessairement de pair avec la bonne opinion que supposent **réputation** ou **renommée.** Cela n'est pas évident ? Votre hésitation montre ainsi qu'aujourd'hui, où les médias ont décuplé leurs forces, la célébrité importe seule, et plus que le reste. Toute société a ses histrions, qui ont l'insigne mérite (comme le fou du roi jadis) de laisser émerger quelque vérité. Tel est le cas de Jean-Edern Hallier, qui ne cesse depuis toujours de répéter aux journalistes : « Dites du mal de moi si vous voulez, mais parlez de moi ! ».

Car aujourd'hui ne pas être célèbre (autrement dit ne pas passer « à la télé ») équivaut à une sorte de mort sociale. La célébrité est plus que jamais un pouvoir, et le pouvoir suscite le désir. Donc l'homme célèbre (bienfaiteur de l'humanité ou gangster) est désirable, c'est-à-dire *réputé* ou *renommé*...

Pourtant, le summum de la **renommée** suppose l'effacement. Casse-tête pour hommes politiques. Comment avoir une cote au plus haut niveau sans apparaître ? Demander à Dieu des conseils... L'expérience enseigne qu'un homme politique désirant redorer son blason se retire momentanément des affaires ; selon l'expression consacrée, il « se met en réserve de la République ». Rien ne vaut finalement la disparition quasi totale (voir de Gaulle et Pinay), à condition de ne pas sombrer dans l'oubli — toujours menaçant. Comme dit un proverbe arabe : *Si tu veux être aimé, meurs ou voyage...*

« Mes malheurs font encore toute ma renommée. » RACINE

« J'ai toujours préféré trois heures de bonne société à dix ans de renommée. » MERCIER

« De quoi est faite très souvent la renommée d'un homme politique ? De grandes fautes sur un grand théâtre ! » GONCOURT

« Pour jouir de ce bonheur qu'on cherche tant et qu'on trouve si peu, la sagesse vaut mieux que le génie, l'estime que l'admiration, et les douceurs du sentiment que le bruit de la renommée. » D'ALEMBERT

« Croyez-vous qu'une femme craigne jamais de sacrifier son honneur à sa réputation ? » CRÉBILLON fils

« Les réputations ne m'en imposent guère ; j'examine et je juge. » COLLIN D'HARLEVILLE

« C'est une chose digne de remarque, que ce qui fait les réputations, est l'intérêt que d'autres trouvent à vous louer ou à vous blâmer. » BERNARDIN DE SAINT-PIERRE

« Nous savons que M. Debauve fournit à Paris et aux provinces un chocolat dont la réputation croît sans cesse. » BRILLAT-SAVARIN

respect • vénération • révérence

Le respect est le terme général. La vénération est un grand respect joint à l'affection. La révérence est un grand respect mêlé de crainte.

L'époque classique, soucieuse d'étiquette, n'a jamais manqué de précision pour caractériser et hiérarchiser les relations entre individus.

Le **respect** marque un degré plus soutenu que l'*égard :* on a du **respect** pour un homme âgé, de l'égard (le mot s'emploie plutôt désormais au pluriel) pour des amis, nous confie un dictionnaire de synonymes. La **vénération** signale une forme d'admiration plus forte que la *considération.* Enfin, la **révérence** se rapprocherait plutôt de la *déférence.*

De telles nuances ont peu ou prou disparu, notre société disposant de codes de politesse plus lâches. La fabrication orchestrée de stars passagères appelle une admiration fanatique qui laisse peu de place à la **vénération** : l'agitation des groupies s'accorde mal à la réserve respectueuse.

« Je n'ai jamais vu une personne qui ait conservé dans le vice si peu de respect pour la vertu. » RETZ

« Il nous donnait à cet égard des règles excellentes, que j'avais du reste toujours pratiquées, comme de ne jamais tutoyer ma mère et de ne jamais finir une lettre à elle adressée sans y mettre le mot *respect.* » RENAN

« Si vous consultez le dictionnaire Larousse, vous y verrez que Rimbaud est un poète fantaisiste, et il y a en quelque sorte pléonasme dans l'intention du coupable de cette notice. Pour le plus grand nombre, un poète est nécessairement fantaisiste, à moins que le lyrisme le plus suspect ou la fausse gravité ne lui valent un respect correspondant à la platitude. » COCTEAU

« Cet homme adore sa femme ; il en parle avec tendresse, avec vénération. » MAUPASSANT

« Ta mère est une femme exceptionnelle. Elle mérite d'être traitée non seulement avec respect, mais avec vénération. » DUHAMEL

« Ayez pour la grammaire un peu de révérence. » REGNARD

« Les os et les reliques des personnes d'honneur, nous avons coutume de les tenir en respect et révérence. » MONTAIGNE

richesse • opulence

La richesse et l'opulence ont l'une et l'autre de grands biens, mais la richesse peut les avoir sans les montrer ; l'opulence les montre toujours.

Si l'on appelle **richesse** ces biens, tangibles ou non, que l'on convoite précisément parce que d'autres aussi les désirent, leur possesseur sera tenté, selon son tempérament, ou de les cacher (par modestie et pour ne pas blesser, diront les optimistes ; de peur qu'on ne les lui vole, sussureront les malveillants), ou de les exhiber, de les étaler. C'est cette ostentation que pointe Littré dans le mot **opulence**.

Peu sûr de lui et de son plaisir, l'être humain a sans cesse besoin d'être complimenté, rassuré. En somme, rien ne lui plaît tant que d'être envié...

« Il ne faut pas s'étonner si la passion des richesses est si violente, puisqu'elle ramasse en elle toutes les autres. » BOSSUET

« Son orgueil est sans borne ainsi que sa richesse. » RACINE

« Devant la richesse le sentiment le plus ordinaire n'est pas le respect, c'est l'envie. » FUSTEL DE COULANGES

« Parcourez les maisons et les familles distinguées par les richesses et par l'abondance des biens, je dis celles qui se piquent le plus d'être honorablement établies, celles où il paraît de la probité et même de la religion ; si vous remontez jusqu'à la source d'où cette opulence est venue, à peine en trouverez-vous où l'on ne découvre dans l'origine et dans le principe des choses qui font trembler. » BOURDALOUE

« Jamais dans une monarchie l'opulence d'un particulier ne peut le mettre au-dessus du prince ; mais dans une république elle peut aisément le mettre au-dessus des lois. » ROUSSEAU

« La pauvreté ne sera plus séditieuse, lorsque l'opulence ne sera plus oppressive. » NAPOLÉON III

s
S

LE JUGE ARBITRE,

L'HOSPITALIER ET LE SOLITAIRE

sauvage • barbare

Le nom de barbares a été donné par les anciens soit à des races qui, comme les Perses, avaient une civilisation différente de la civilisation gréco-romaine, soit à des populations qui, comme les Gaulois, les Germains, les Scythes, n'avaient qu'une société peu avancée, sans lettres et sans sciences. Les modernes donnent le nom de sauvages, par comparaison aux animaux, à des populations qui vivent dans les forêts en une condition inférieure à celle des barbares.

Le retour triomphant dans la mode de dame Nature a déplacé largement les repérages de Littré. Bien sûr, il conviendrait de tracer l'histoire de ce parcours imaginaire, au moins depuis le mythe du « bon sauvage » (au XVIIIe siècle) jusqu'à Lévi-Strauss avec *la Pensée sauvage.*

En auscultant les énoncés qui nous entourent, on mesure que **sauvage**, mot magique, permet de quitter instantanément les polluants de la civilisation pour retrouver une authenticité « saine » et proche du paradis perdu.

Parfois, le **sauvage**, peu traitable (autre sens du mot), attire en affirmant une autonomie désirable, sorte de coquetterie. Dans le film de Jean-Pierre Rappeneau *le Sauvage* (avec Catherine Deneuve), Yves Montand s'acharne vainement à vouloir rester seul sur une île déserte : image d'autarcie terriblement attirante (en partant du principe proustien que l'on n'aime que ce qui nous échappe). On le voit bien, l'épithète **sauvage** s'est répandue ces derniers temps comme une traînée de poudre — pouvant (comme l'adjectif *naturel :* « Europe 1 c'est naturel ») s'associer à n'importe quoi : *le Sauvage* est un magazine, « Eau sauvage » une eau de toilette, sans parler du « camping sauvage », du « riz sauvage », etc.

Barbare marque un pas de plus vers l'animalité virile ! (Dans **barbare,** comme dans *barbouze,* il y a *barbe...*) C'est donc un mot ambigu, qui attire et fait peur à la fois. Les titres (énoncés significatifs, s'il en est, d'une époque) ne le boudent pas : *le Barbare,* film de Gilles Bréhat, *les Noces barbares,* roman de Yann Queffelec (prix Goncourt en 1985)...

« Comparez sans préjugés l'état de l'homme civil avec celui de l'homme sauvage, et recherchez, si vous le pouvez, combien, outre sa méchanceté, ses besoins et ses misères, le premier a ouvert de nouvelles portes à la douleur et à la mort. » ROUSSEAU

« C'est une grande erreur que d'attribuer l'innocence à l'état sauvage ; tous les appétits de la nature se développent sans contrôle dans cet état : la civilisation seule enseigne les qualités morales. » CHATEAUBRIAND

« Cette "pensée sauvage" n'est pas, pour nous, la pensée des sauvages, ni celle d'une humanité primitive ou archaïque, mais la pensée à l'état sauvage, distincte de la pensée cultivée ou domestiquée en vue d'obtenir un rendement. »

LÉVI-STRAUSS

« Ce qui caractérise les *sauvages,* c'est l'isolement et l'amour de l'indépendance ; ce qui caractérise les *barbares,* c'est la grossièreté et la rudesse des mœurs. Les *sauvages* sont moins avancés en civilisation et plus voisins de l'état de nature que les *barbares.* » LAFAYE

« Nos aïeux ne lisaient point ; aussi étaient-ils féroces et barbares. » MERCIER

« L'amour est le miracle de la civilisation. On ne trouve qu'un amour physique et des plus grossiers chez les peuples sauvages ou trop barbares. » STENDHAL

science • art

Au point de vue philosophique, ce qui distingue l'art de la science, c'est que la science ne s'occupe que de ce qui est vrai, sans aucun souci de ce qui peut être utile ; et que l'art s'occupe seulement de ce qui peut être utile et appliqué. L'agriculture est un art qui s'appuie sur diverses sciences : l'histoire naturelle, la géologie, la chimie. À un autre point de vue, la science consiste surtout dans la théorie, l'abstraction ; et l'art, dans l'application, la pratique. La rhétorique est la science qui traite de l'art qu'on appelle l'éloquence.

De nos jours le partage entre l'**art** et la **science** ne se fait plus du tout dans ces termes. Pourtant, le développement précédent a le mérite de rendre intelligibles des expressions devenues obscures comme « Arts et Métiers », ou « Bulletin de la société d'agriculture, sciences et arts de la Sarthe », et de rappeler le lien étroit qu'entretiennent toujours l'**art** et la technique.

Amusons-nous à considérer l'agriculture comme un **art** (sens actuel). Et puis plaisons-nous à brouiller les cartes pour multiplier les questions. La philosophie classique tout entière tournée vers la recherche du vrai serait-elle une **science** ? La psychanalyse accepte-t-elle toujours qu'on la tienne simplement pour un **art** ? etc. Il est difficile d'apporter ici les éclaircissements nécessaires. Sur les spécificités de l'**art**, de la **science** et de la philosophie, invitons à lire le très stimulant petit livre de Deleuze et Guattari : *Qu'est-ce que la philosophie ?* (Éditions de Minuit, 1991).

« Je vous trouve tous trois bien impertinents de parler devant moi avec cette arrogance, et de donner impudemment le nom de science à des choses que l'on ne doit même pas honorer du nom d'art. » MOLIÈRE

« C'était un homme du dix-neuvième siècle, de ce siècle qui n'a pas voulu douter du savoir souverain, de ce siècle qui a fait la sourde oreille aux avertissements de Schopenhauer et s'est plu tenacement à confondre science et sagesse. » DUHAMEL

« À partir du moment où l'homme pense que la grande horloge de la nature tourne toute seule, et continue de marquer l'heure même quand il n'est pas là, naît l'ordre de la science. » LACAN

« L'art est à l'opposé des idées générales. Il ne classe pas ; il déclasse. » SCHWOB

« Par l'art seulement, nous pouvons sortir de nous, savoir ce que voit un autre de cet univers qui n'est pas le même que le nôtre et dont les paysages nous seraient restés aussi inconnus que ceux qu'il peut y avoir dans la lune. » PROUST

« L'art est un jeu. Tant pis pour celui qui s'en fait un devoir. » JACOB

« L'art est un mensonge qui nous permet d'approcher la vérité. » PICASSO

scrupuleux • consciencieux

L'homme consciencieux est celui qui obéit aux inspirations de sa conscience. L'homme scrupuleux est celui dont la conscience s'embarrasse, s'inquiète, soit à tort, soit à raison, soit pour de graves motifs, soit pour des motifs futiles.

Le **consciencieux** se montre calme : il suit pas à pas le chemin qu'il s'est fixé, conformément à ses valeurs, qui ne sont pas forcément celles du vulgum pecus. Il n'œuvre pas nécessairement pour le bien commun : la figure du tueur **consciencieux** et taciturne hante les westerns et les films policiers.

À l'inverse, le **scrupuleux** se trouve partagé (divisé), donc malheureux. Il néglige son action et se retourne — arrêt fatal — vers le langage, la rumination en tous sens. C'est un sujet « psychologique » et non tragique (à l'image du héros dostoïevskien).

« Les âmes scrupuleuses ne sont pas bien conséquentes, ni dans ce qui les agite, ni dans ce qui les calme. » DUCLOS

« Elle m'aurait rendu scrupuleux à l'excès, si je ne m'étais pas fait de bonne heure, pour mon usage, une morale indulgente. » FRANCE

« Le vieux clerc se défiait un peu de ces âmes tourmentées, scrupuleuses, qui ont, de la pénitence, un besoin maladif. » DUHAMEL

« Charles Quint disait qu'étant courageux, ambitieux et grand guerrier, il ne pouvait être très bon religieux et consciencieux. » BRANTÔME

« Saint Louis était par-dessus tout un homme consciencieux. » GUIZOT

sévérité • rigueur • austérité

La sévérité se trouve principalement dans la manière de penser et de juger : elle condamne facilement, et n'excuse pas. La rigueur se trouve particulièrement dans la manière de punir ; elle n'adoucit pas la peine et ne pardonne rien. L'usage a consacré les mots rigueur et sévérité à de certaines choses particulières. On dit la sévérité des mœurs, la rigueur de la saison. La sévérité des femmes selon l'auteur des Maximes est un ajustement et un fard qu'elles ajoutent à leur beauté. Dans ce cas le mot de rigueurs au pluriel, répond à celui de sévérité (ENCYCLOPÉDIE).

Austérité a un sens plus restreint que sévérité. L'austérité est la sévérité de mœurs, et on est surtout austère pour soi ; la sévérité concerne aussi autre chose que les mœurs, et est surtout tournée vers les autres.

Voilà encore une occasion de réfléchir sur nos manières de faire.

La **sévérité** enveloppe l'idée qu'on se fait des choses (le plus souvent, elle concerne les agissements de nos contemporains). Le mot laisse fuser le mécontentement et notre illusion première : les autres nous déçoivent... Pourtant, chacun voit clairement que le réel, ne sachant être autre chose que lui-même, ne mérite jamais aucune **sévérité**. Rien de différent quand il s'agit de soi. *Je suis ce que je suis,* confiait Brigitte Bardot à Jacques Chancel dans une *Radioscopie* de 1974... Ne nous moquons pas trop des tautologies, qui seront toujours ce que l'on pourra dire de plus juste sur tout !

La **rigueur**, en revanche, touche au seul comportement et illustre une réaction sans appel pour éliminer les causes de notre gêne. *Qui devient enragé par la morsure d'un chien, doit être excusé à la vérité et cependant on a le droit de l'étrangler,* écrit de façon décisive Spinoza dans une lettre à Henri Oldenburg (7 février 1676). Pour choisir un cas plus anodin, disons qu'il serait stupide d'en vouloir à un moustique qui vous pique (**sévérité**). Personne cependant ne vous en voudra de le tuer (**rigueur**)...

« La profonde joie a plus de sévérité que de gaieté ; l'extrême et plein contentement, plus de rassis que d'enjoué. » MONTAIGNE

« La sévérité des femmes est un ajustement et un fard qu'elles ajoutent à leur beauté. » LA ROCHEFOUCAULD

« Quand on a trop de sévérité ou trop d'indulgence, on s'expose à traiter les faiblesses comme des crimes et les crimes comme des faiblesses. » TALLEYRAND

« On se met en état d'être craint, sans user souvent de rigueur. » FÉNELON

« Catholique de naissance et par l'éducation maternelle, il avait respiré dans sa montagne un reste de rigueur protestante. » ROLLAND

« Il serait plus plaisant aujourd'hui d'écrire sur les mathématiques : c'est que dans une société sans mœurs, seule l'austérité est aimable. » VAILLAND

« Elle aimait tout dans la vie religieuse, jusqu'à ses austérités et à ses humiliations. » BOSSUET

« Très sobre et de peu de besoins, prenant son austérité un peu chagrine pour la seule forme de vertu révolutionnaire, Roland était plutôt l'homme des restrictions et des censures moroses que l'homme des impulsions audacieuses. » JAURÈS

silencieux • taciturne

Le silencieux garde le silence soit par nature, soit accidentellement. Le taciturne le garde par nature.

Plus que jamais le silence effraie. Aussi bien s'emploie-t-on à la télévision à supprimer tout « temps mort » (les arrêts de jeu dans les retransmissions sportives sont aussitôt comblés par une envolée de « Pom Pom girls », un commentaire oiseux de journaliste ou un spot publicitaire).

Depuis déjà quelque temps, il n'est pas bien porté d'être **silencieux.** Petit problème pratique évoqué par Kafka : *Combien de fois faut-il s'obliger à prendre la parole dans un dîner pour ne pas paraître silencieux ?* Mais on peut être **silencieux** occasionnellement, précise Littré, laissant imaginer que le pire pour tout commerce humain nous arrive avec le *taciturne.*

Le **taciturne**, précise l'étymologie (latin *tacere*), se tait irrémédiablement. Ce mot, comme bien d'autres adjectifs, ne se contente pas de décrire ; il constitue d'emblée un reproche. Passer pour **taciturne** n'est guère un compliment. Comme d'être réputé *lunatique* ou *fantasque.*

Au vrai, peu d'adjectifs se contentent simplement de dire les choses. Dans la langue, prononcer un mot revient le plus souvent à *se prononcer* (à juger : louer ou blâmer). Cette raison — et quelques autres — rend souvent le silence bien désirable...

« Le silencieux Pythagore voulait qu'on éloignât les canards de l'habitation où ce sage devait s'absorber dans la méditation. » BUFFON

« Bien qu'il fût silencieux naturellement, il était inépuisable en sujets de conversation. » Mme DE STAËL

« Je ne comprends pas comment un mari qui est brusque dans ses réponses, incivil, froid et taciturne, peut espérer de défendre le cœur d'une femme contre les entreprises de son galant. » LA BRUYÈRE

« Il vaut mieux passer pour sérieuse que pour ridicule, et pour taciturne que pour imbécile. » Mme DE MAINTENON

« Comme les vrais hommes d'action, il est le plus souvent taciturne. Il sait parler quand il le faut ; mais, vertu beaucoup plus rare, il sait fort bien écouter. » DUHAMEL

simuler • feindre • dissimuler

Feindre est un peu moins précis que simuler. Celui qui feint une maladie peut simplement se mettre au lit, et faire croire qu'il est malade. Celui qui simule une maladie, en détermine en soi quelques symptômes.

Dissimuler, c'est feindre de ne pas avoir ce qu'on a réellement. Simuler, c'est feindre d'avoir ce qu'on n'a pas réellement. Simuler une maladie, c'est feindre de l'avoir ; dissimuler une maladie, c'est feindre de ne l'avoir pas.

Étymologiquement, feindre, c'est donner une forme comme l'artiste fait à la terre qu'il moule ; dissimuler, c'est rendre dissemblable. De là la distinction entre ces deux verbes : celui qui feint forme, présente, produit ce qui n'est pas ; celui qui dissimule cache ce qui est : on dissimule sa joie, sa haine ; on feint de la joie, de l'amitié.

Larvatus prodeo (« J'avance masqué »), déclarait déjà Descartes.

La réussite de tout projet réclame ainsi, le plus souvent, de joindre à son exécution la diversité des moyens de la tromperie. Cette dernière présente deux versants opposés : dire ce qui n'est pas (**simuler**) et cacher ce qui est (**dissimuler**). La différence entre **feindre** et **dissimuler** ne serait, selon Littré, que de degré (la *simulation* ne se contente pas d'un détail ; elle vise à rendre complètement ce qu'elle invente).

La société classique a particulièrement fait montre de tous ces mécanismes de la tromperie. De nombreux ouvrages dans la lignée du *Prince* de Machiavel, ou de *l'Homme de cour* de Baltasar Gracián, ont été diffusés de façon plus ou moins occulte au XVIIe siècle — pleins de conseils pour l'espionnage moderne. Citons par exemple le *Bréviaire des politiciens* (attribué à tort à Mazarin) ou *De l'honnête dissimulation* de Torquato Accetto (réédité chez Verdier en 1990).

« Elles simuleront l'ivresse de la passion, si elles ont un grand intérêt à vous tromper ; elles l'éprouveront, sans s'oublier. » DIDEROT

« Toute sa vie elle avait simulé d'être malade. » DRIEU LA ROCHELLE

« Nous sommes des créatures tellement mobiles, que les sentiments que nous feignons, nous finissons par les éprouver. » CONSTANT

« Un proverbe italien dit : "Qui ne sait pas feindre, ne sait pas vivre." » Mme DE STAËL

« Il avait tellement pris le pli de feindre, pendant ces repas de famille, qu'il n'avait presque plus à se contraindre. » MARTIN DU GARD

« Il est plus difficile de dissimuler les sentiments que l'on a que de feindre ceux que l'on n'a pas. » LA ROCHEFOUCAULD

« Qui ne sait pas dissimuler ne sait pas régner. » LOUIS XI

« Dissimuler, vertu de roi et de femme de chambre. » VOLTAIRE

sinueux • tortueux

Dans la chose sinueuse, on considère surtout les enfoncements ; dans la chose tortueuse, on considère surtout les plis et replis.

L'étrangeté du propos convainc de se retourner vers les définitions. **Sinueux** : qui suit, qui décrit une ligne ondulée (en latin *sinuosus,* de *sinus,* sein). **Tortueux** : courbé plusieurs fois en différents sens.

Qu'est-ce qui est **tortueux** ? Une ruelle, un serpent, un propos. Dans tous les cas, l'adjectif s'oppose à *droiture, netteté, franchise.* **Tortueux,** il est vrai, vient de *tordre,* comme *tortue,* l'animal aux pieds tortus, tordus.

Enfoncements, plis, replis : tout un vocabulaire de la courbe, relevant au départ au moins de la géométrie et s'appliquant à une description précise des lieux (topologie) pour les amateurs de paysages en tous genres : *Les lignes sinueuses, serpentines de son beau corps, ondulent avec une élégance souveraine et raffinée* (Taine).

Au-delà du bénéfice que saurait en tirer l'érotisme littéraire, Gilles Deleuze a publié en 1988 un ouvrage sur le baroque, *le Pli,* dans lequel cette configuration vient représenter une forme de pensée particulière, illustrée aussi bien par les mathématiques ou la philosophie de Leibniz que par la statuaire du Bernin — livre auquel nous ajouterons volontiers celui de Gilbert Lascault, *Boucles et nœuds* (publié en 1981).

« Les lignes sinueuses, serpentines de son beau corps, ondulent avec une élégance souveraine et raffinée. »
TAINE

« Il n'avait nulle envie d'expliquer ses démarches sinueuses à cet ami naturellement franc. » FRANCE

« Dans les plis sinueux de son corps emprunté,
Vers la jeune beauté doucement il s'avance. » DELILLE

« Esprit humain, abîme infini, tu as des conduites si enveloppées, des retraites si profondes et si tortueuses... » BOSSUET

« Sa vie, jusque-là si droite, si pure, devenait tortueuse ; et il lui fallait maintenant ruser, mentir. » BALZAC

situation • assiette • position

Situation est plus général qu'assiette, qui ne se dit que de ce qui peut être considéré comme assis. On dira l'assiette ou la situation d'une ville ; mais on ne dira pas l'assiette d'un domaine.

Situation est plutôt relatif à la manière dont un objet est placé ; position plutôt relatif au lieu où il est : La position d'un lieu ; la situation d'un domaine.

On rencontre souvent et avec agrément le mot **assiette** chez Montaigne : *Des philosophes stoïciens et épicuriens, dis-je, il y en a plusieurs qui ont jugé que ce n'était pas assez d'avoir l'âme en bonne assiette, bien réglée et bien disposée à la vertu ; ce n'était pas assez d'avoir nos résolutions et nos discours au-dessus de tous les efforts de fortune, mais qu'il fallait encore rechercher les occasions d'en venir à la preuve* (Essais, II, 11). *Je ne démonte pas volontiers quand je suis à cheval, car c'est l'assiette en laquelle je me trouve le mieux, et sain et malade* (I, 48). *Cependant mon assiette était à la vérité très douce et paisible ; je n'avais d'affliction ni pour autrui ni pour moi ; c'était une langueur et une extrême faiblesse, sans aucune douleur* (II, 6).

Regrettons tout d'abord que dans ce sens (« la position, l'équilibre ») **assiette** ait quasi disparu — excepté dans des expressions comme « l'assiette de l'impôt », « l'assiette d'un cavalier » ou encore « être dans son assiette », c'est-à-dire bien assis...

Pourtant, ce mot avait le mérite de faire image, face aux termes abstraits de **situation** ou de **position** — le premier se rapportant à une appréciation qualitative (ainsi dit-on « une bonne situation », « une situation difficile »), le second à une mesure quantitative (« donner sa position » revient toujours à caractériser sa place par rapport à un repère ou à celle des autres).

Ces derniers néanmoins l'ont emporté depuis longtemps, puisqu'au XVIIe siècle Bouhours observait déjà : *Situation autrefois ne se disait que dans le propre : la situation de la ville. On se servait toujours du mot d'assiette dans le figuré. Depuis quelques années, situation se dit dans le figuré plus élégamment qu'assiette.*

Nous aimerions cependant contredire ce cher Bouhours, pour revaloriser le mot **assiette**, face à celui de **situation** : plus élégant, et plus sensuel, il permet d'indiquer éventuellement une *aise*, un *confort.*

« Situation autrefois ne se disait que dans le propre : la situation de la ville. On se servait toujours du mot d'assiette dans le figuré. Depuis quelques années, situation se dit dans le figuré plus élégamment qu'assiette. » BOUHOURS

« Je ne suis pas surprise que Savigny vous ait paru beau ; c'est une situation admirable. » Mme DE SÉVIGNÉ

« La ville de Venise était, par sa situation, incapable d'être domptée, et, par sa faiblesse, incapable de faire des conquêtes. » VOLTAIRE

« L'assiette en est heureuse et l'accès difficile. » CORNEILLE

« De grandes plaines où il y a peu de lieux forts d'assiette. » MONTESQUIEU

« La terre de Mme de Beauséant était située dans une petite ville, dans une des plus jolies positions de la vallée d'Auge. » BALZAC

sobre • frugal

L'homme sobre évite l'excès ; mais il peut user de mets recherchés. L'homme frugal évite aussi l'excès, mais il se contente des mets les plus simples. L'homme frugal se nourrit de mets simples ; l'homme sobre ne mange que ce qui est nécessaire à ses besoins ; on peut être sobre à une table somptueuse. Frugal a rapport à la qualité des mets, sobre à la quantité.

La *frugalité* donne l'avant-goût du jeûne... Ascétique, elle participe d'une attitude mystique : il s'agit à la fois d'appliquer un principe auquel on donne foi et de punir le corps.

En ce sens, Roland Barthes avait bien raison dans un de ses derniers articles (publié dans *Playboy* en mars 1980) de voir dans tous les régimes amaigrissants (dont l'antienne réapparaît en force chaque année avec les numéros de printemps des magazines féminins) comme un avatar de la religion.

À l'inverse, la *sobriété* relève d'un hédonisme : l'épicurien n'est jamais un « bâfreur ». L'homme qui cultive les plaisirs ne renonce à rien : il goûte en général la diversité et ne refuse ni le luxe ni la simplicité. Mais il sait aussi, par expérience, ou par calcul, composer avec la tempérance.

De nos jours, cette différence entre les deux mots est difficile à percevoir. En raison des slogans assénés naguère dans les campagnes antialcooliques (« Santé, sobriété »), le mot **sobre** évoque plutôt à l'esprit la modération en matière de boisson. Se profilerait ainsi une nouvelle distribution : le **frugal** limiterait la consommation des aliments solides et le **sobre** celle des liquides. Déplacement bien peu intéressant.

« J'ai toujours remarqué que les gens faux sont sobres, et la grande réserve de la table annonce assez souvent des mœurs feintes et des âmes doubles. » ROUSSEAU

« On peut être sobre sans être délicat, mais on ne peut jamais être délicat sans être sobre. »
SAINT-ÉVREMOND

« L'homme sobre est souvent cruel, et d'ordinaire,
L'économe de vin est prodigue de sang. » HUGO

« Sénèque était frugal ; riche, il vivait comme s'il eût été pauvre. »
DIDEROT

« M. Goriot était un homme frugal, chez qui la parcimonie nécessaire aux gens qui font eux-mêmes leur fortune était dégénérée en habitude. La soupe, le bouilli, un plat de légumes, avaient été, devaient toujours être son dîner de prédilection. »
BALZAC

« Quel ancêtre me légua, à travers des parents si frugaux, cette sorte de religion du lapin sauté, du gigot à l'ail, de l'œuf mollet au vin rouge ? »
COLETTE

songe • rêve

Le langage physiologique distingue le songe du rêve, que confond le langage vulgaire. Quand, durant le sommeil, les sensations et la perception, la locomotion et la voix sont seules suspendues, tandis que les facultés morales et intellectuelles restent en exercice, il y a songe. Quand, les sensations étant suspendues, la voix et la locomotion ensemble ou une seule de ces fonctions continue à s'exercer en même temps qu'une ou plusieurs facultés cérébrales, il y a rêve.

Voilà qui fait sourire lorsqu'on songe aux avancées récentes de la psychanalyse ou de la neurobiologie sur le rêve.

Tentons une mise au point. **Songe** ne s'emploie plus guère. Traditionnellement, on lui prêtait une sorte de cohérence propre à accueillir un sens précieux. Depuis l'époque la plus reculée, il possède une valeur prémonitoire, magique ou religieuse (le « Songe de Jacob », dans la Bible, le « Songe d'Athalie », chez Racine, jusqu'aux *Clefs des songes* en vogue à la fin du siècle dernier).

Parallèlement, il revêt une dimension très littéraire — de Shakespeare *(le Songe d'une nuit d'été)* à Roger Caillois (*la Clé des songes,* 1984). Son autre sens de pensée vague, incertaine, contribue sans doute à lui donner sa coloration un peu sombre et sévère : « À quoi songes-tu ? » diffère bien de « À quoi penses-tu ? » ou de « À quoi rêves-tu ? »

Le **rêve** n'a pas le sérieux du **songe** ; il aurait plutôt le débraillé insoucieux de la songerie. Et de fait, à l'époque classique, on le réputait pour *un songe incohérent* (Furetière). Le **rêve** — mot magique — pourvoyeur d'images hétéroclites, est en somme le fantaisiste de nos nuits.

« Que quitte-t-on en quittant le monde ? ce que quitte celui qui, à son réveil, sort d'un songe plein d'inquiétude. » BOSSUET

« Je sais bien qu'un songe n'amène pas un événement ; mais j'ai toujours peur que l'événement n'arrive à sa suite. » ROUSSEAU

« J'appellerai beaucoup de songes à mon secours, pour me défendre contre cette horde de vérités qui s'engendrent dans les vieux jours. » CHATEAUBRIAND

« Je tiens que, pour l'ordinaire, c'est notre nature sincère qui s'exprime dans les songes ; et songe n'est point mensonge, sinon en ce sens qu'il représente ce qu'on voudrait, non ce qui est. » ALAIN

« Non seulement les rossignols dorment, mais ils rêvent, et d'un rêve de rossignol, car on les entend gazouiller à demi-voix et chanter tout bas. » BUFFON

« Elle croit aux songes ; quand elle a fait un mauvais rêve, la voilà de mauvaise humeur pour toute la journée. » Mme DE GENLIS

« C'est un état bien singulier que celui du rêve, aucun philosophe que je connaisse n'a encore assigné la vraie différence de la veille et du rêve. »

DIDEROT

« Tels que les excréments chauds d'un vieux colombier,
Mille rêves en moi font de douces brûlures. »

RIMBAUD

« Si je m'étais toujours tant intéressé aux rêves que l'on a pendant le sommeil, n'est-ce pas parce que, compensant la durée par la puissance, ils vous aident à mieux comprendre ce qu'a de subjectif, par exemple, l'amour. »

PROUST

soumettre • subjuguer

Il y a dans subjuguer le mot joug qui donne à subjuguer une idée plus dure qu'à soumettre.

Apprécions notre langue quand elle laisse entendre, au travers des mots, les échos assourdis de nos mœurs lointaines.

Le *joug* n'existe plus que chez les brocanteurs et dans les écomusées... Au sens étroit, être **subjugué** équivaut à se retrouver « sous le joug ». Autant dire esclave...

Aujourd'hui, nous assistons à un renversement des intensités propres à ces deux verbes ; **soumettre** semble plus fort que **subjuguer**, réduit à signifier une vive fascination (Rousseau : *À peine l'eus-je vue que je fus subjugué. Je la trouvais charmante, de ce charme à l'épreuve du temps, le plus fait pour agir sur mon cœur*).

Gardons en tête ces sens primitifs, brutaux et utiles surtout lorsqu'on traverse le champ sémantique de l'affectivité. L'étymologie (comme sens archaïque rugueux) redonne du nerf au tableau de nos relations. Ainsi, « faire une conquête » (séduire une femme) dit bien la proximité de l'amour et de la guerre. Citons encore cet emploi de **subjuguer** par Senancour dans son livre aussi méconnu que précieux, *De l'amour : Le penchant des femmes ordinaires les porte bien moins à commander directement qu'à se donner un maître, et à le subjuguer. Cette apparente résignation les délivre de toute responsabilité extérieure, sans les priver de l'empire, et c'est pour régner sur les choses qu'elles dépendent de l'homme.*

Voilà bien qui préfigure avant la lettre la définition de l'hystérique par Lacan : *Elle recherche un maître sur qui régner.*

« L'humilité n'est souvent qu'une feinte soumission, dont on se sert pour soumettre les autres. »

LA ROCHEFOUCAULD

« Les désirs, même les plus innocents, ont cela de mauvais qu'ils nous soumettent à autrui et nous rendent dépendants. »

FRANCE

« Quand la France aura fait entendre sa voix souveraine, croyez-le bien, messieurs, il faudra se soumettre ou se démettre. » GAMBETTA

« Clovis n'avait probablement pas plus de vingt mille hommes quand il subjugua environ huit ou dix millions de Welches ou Gaulois. » VOLTAIRE

« Ce n'est point parce que nous sommes faibles, mais parce que nous sommes lâches, que nos sens nous subjuguent toujours. » ROUSSEAU

« Rivarol exerçait un empire absolu sur mon imagination. Il avait subjugué, enchaîné toutes mes facultés. Il a porté mon imagination et ma pensée jusqu'au dernier degré d'éréthisme. » CHÊNEDOLLÉ

soupçon • suspicion

Soupçon est le terme vulgaire ; suspicion est un terme de palais. Le soupçon roule sur toutes sortes d'objets ; la suspicion tombe proprement sur les délits. Le soupçon fait qu'on est soupçonné ; la suspicion suppose qu'on est suspect.

Retrouvons ici la dichotomie traditionnelle entre l'essence et la circonstance. Le **soupçon** serait ainsi une manifestation circonstanciée et la **suspicion** la caractéristique permanente d'un tempérament porté à douter — souvent jusqu'à l'aigreur — de ses fréquentations : une forme de paranoïa, en somme.

Voyons ensuite entre ces deux mots une différence d'intensité, que l'on retrouve dans les verbes *soupçonner* et *suspecter.* La **suspicion** constituerait une forme aiguë de méfiance, **soupçon** référant à une attitude plus légère, moins préoccupée (comme on parle d'un « soupçon » de quelque chose). Ou encore, en reprenant un autre couple examiné par Littré : du côté de la *méfiance,* le **soupçon,** la prudence nécessaire ; non loin de la *défiance,* la **suspicion,** propre au tempérament ombrageux.

« Le remède de la jalousie est la certitude de ce qu'on a craint, parce qu'elle accuse la fin de la vie, ou la fin de l'amour ; c'est un cruel remède, mais il est plus doux que le doute et les soupçons. » LA ROCHEFOUCAULD

« Les soupçons, dans le monde, valent des certitudes. » MARMONTEL

« La sombre Jalousie, au teint pâle et livide,
Suit d'un pied chancelant le Soupçon qui la guide. » VOLTAIRE

« C'est un grand malheur que d'avoir découvert en soi les ressorts de l'âme ; on craint toujours d'être dupe de soi-même ; on est en suspicion de ses sentiments, de ses joies, de ses instincts. » RENAN

« Nous ne pouvons nous débarrasser de deux suspicions auprès du public : la suspicion de la richesse et de la noblesse. » GONCOURT

stoïcien • stoïque

Stoïcien signifie appartenant à la secte philosophique de Zénon ; et stoïque veut dire conforme aux maximes de cette secte. Stoïcien va proprement à l'esprit et à la doctrine ; stoïque, à l'humeur et à la conduite. Une vertu stoïque est une vertu courageuse et inébranlable ; une vertu stoïcienne pourrait bien n'être qu'un masque de pure représentation. « Panétius, l'un des disciples de Zénon, plus attaché à la pratique qu'aux dogmes de sa philosophie, était plus stoïque que stoïcien » (BOUHOURS).

Amusons-nous à retourner le propos.

Stoïque est communément positif : tout geste **stoïque** suscite l'admiration. **Stoïcien,** au contraire, ne constituerait qu'un attachement rigide ou trompeur (le « masque de pure représentation » évoqué par Littré).

Malgré cela, nous voyons dans le comportement **stoïque** une sorte d'arrogance marmoréenne ; et dans l'attitude **stoïcienne** une référence moins assurée à une philosophie admirée, véritable repère pour vivre, même si l'on ne se trouve pas toujours capable de l'appliquer. Autrement dit, l'inverse de la stricte observance (du fanatisme).

Examinons de façon semblable d'autres couples. Le *sadien* est un lecteur attentif de Sade ; le *sadique,* l'être dangereux dont parlent les quotidiens. Le *marxien* trouve précieuse la pensée de Marx (Raymond Aron était marxien) ; le *marxiste* est un militant qui n'a pas toujours lu trois lignes du *Capital.* En résumé : d'un côté le langage, lieu d'élection du désir et seul rempart contre la démesure. De l'autre, la violence aveugle et son nécessaire complément, la résistance muette.

« Ô fortune ! voilà comment tu dispenses tes faveurs le plus souvent. Le stoïcien Épictète n'a pas tort de te comparer à une fille de condition qui s'abandonne à des valets. » LESAGE

« Julien était stoïcien, de cette secte, ensemble philosophique et religieuse, qui produisit tant de grands hommes, et qui n'en eut jamais un méchant. » VOLTAIRE

« Cette dépendance où est l'âme, à l'égard de certains sentiments qu'elle ne se donne pas, et qui pourtant font sa perfection et sa vie, les stoïciens ne l'ont pas reconnue, et c'est aussi ce qui rend leur morale si incomplète, si inférieure à celle des premiers platoniciens, et surtout à celle du christianisme. » MAINE DE BIRAN

« Les préceptes stoïques nous ordonnent de corriger les imperfections et vices que nous reconnaissons en nous. » MONTAIGNE

« Le stoïque est une belle et noble chimère. » SAINT-SIMON

« À certaines natures d'écoliers, les châtiments inspirent une sorte de rébellion stoïque, et ils opposent aux professeurs exaspérés la même impassibilité dédaigneuse que les guerriers sauvages captifs aux ennemis qui les torturent. » GAUTIER

suffisant • présomptueux • vain

Vain est le terme le plus général. L'homme vain tire avantage de tout, aussi bien des choses intérieures que des choses extérieures. Le présomptueux est celui qui présume trop de ce qu'il peut ou de ce qui lui est permis. Le suffisant est celui qui, ayant une trop bonne idée de son mérite, le laisse voir en toute sa personne. Le dernier exemple de La Bruyère montre le sens premier du mot en cet emploi, et la transition qui l'a produit. Le suffisant est proprement celui qui, ayant passé par certains emplois, y a montré sa suffisance, sa capacité, et en a conservé un air de satisfaction impertinente.

L'époque classique — moralistes et théologiens au premier plan — fut particulièrement sensible à l'examen des diverses passions humaines : la colère, la méchanceté, la fourberie, la vanité. Les mots sont d'ailleurs nombreux pour qualifier les manifestations d'orgueil et d'amour-propre : *fatuité, prétention, suffisance, fierté, morgue, ostentation, gloire...*

Mais si, pour les théologiens, il s'agit d'opposer les vérités de la religion à la « vaine gloire », le propos des moralistes est quelque peu différent : ils s'attachent avant tout à décrire, en les critiquant, les jeux de l'apparence et du faux-semblant dans le théâtre de la société.

Propos presque inverse, finalement : pour les théologiens, derrière la vanité gît une bonté qui demande à être révélée ; pour les moralistes, en revanche, il faut « baisser les masques » en montrant comment la malignité revêt les atours trompeurs de la bonté, de l'honneur, etc.

Retour savoureux de ce sens oublié de **suffisance** (compétence, capacité), que l'on rencontre à tout bout de champ chez Montaigne : *C'est folie de rapporter le vrai et le faux à notre suffisance.*

Autrement dit, le **suffisant** (pour nous, aujourd'hui) ne se méprend pas sur sa valeur. Simplement, il nous en rebat les oreilles.

Vain n'est plus guère employé dans ce sens. Mais il est toujours utile de rappeler le lien originel entre le *vide* et la *vanité* (que figure aussi le genre pictural qui porte ce nom). Convient-il de le distinguer de *vaniteux ?* Toujours est-il que le vaniteux fait flèche de tout bois pour assurer sa promotion. Le **présomptueux** exerce son défaut en utilisant l'avenir. Il ne doute pas un instant de réussir, et le fait savoir haut et fort.

« Le suffisant est celui en qui la pratique de certains détails que l'on honore du nom d'affaires, se trouve jointe à une très grande médiocrité d'esprit. » LA BRUYÈRE

« Talleyrand le jugea vite fort rempli de lui — ce qui était vrai — et — ce qui était faux — de médiocre talent. "Aussi suffisant qu'insuffisant", dira-t-il plus tard. » MADELIN

« Nous sommes si présomptueux que nous croyons pouvoir séparer notre intérêt personnel de celui de l'humanité, et médire du genre humain sans nous commettre. » VAUVENARGUES

« Nous sommes si présomptueux que nous voudrions être connus de toute la terre, et même des gens qui viendront quand nous ne serons plus. »
PASCAL

« Il est deux choses que les hommes vains ne trouvent jamais trop fortes, la flatterie pour eux-mêmes, la médisance contre les autres. »
MARMONTEL

« Cette femme ambitieuse et vaine croit valoir beaucoup quand elle s'est chargée d'or et de pierreries. »
BOSSUET

suggestion • instigation

Ces deux mots ont de commun qu'ils attachent un sens mauvais à l'impulsion que l'on communique à autrui. Mais suggestion exprime quelque chose qui s'insinue ; et instigation, quelque chose qui aiguillonne.

En somme, la **suggestion** constitue une sorte d'intrusion : le sujet est comme dépossédé de lui-même et soudainement ouvert à l'autre, aliéné.

L'**instigation** ne donne lieu qu'à une stimulation. Aiguillonné, le sujet se trouve amené à faire une chose précise, mais le stimulus (l'influence) reste tout extérieur.

De nos jours, les deux mots ont perdu leur sens péjoratif pour devenir neutres, voire positifs : on accueille volontiers les **suggestions** d'un proche, on accomplit quelque chose à l'**instigation** d'un ami, etc.

Seul le mot *insinuation* conserve un cerne défavorable. L'insinuation, c'est une sorte d'inoculation malsaine. On diffuse dans l'autre une idée, comme un poison... Le plus souvent, *insinuer* a simplement le sens de sous-entendre malignement : « Qu'insinuez-vous, Benoît ? »

« Allez avec le démon, qui vous connaît, et dont vous avez suivi les suggestions. »
BOSSUET

« Il était habile à cet art qu'on appelle la suggestion, et qui consiste à faire dans l'esprit des autres une petite incision où l'on met une idée à soi. »
HUGO

« Ce qu'il y avait de grisant, c'était moins de faire à Marie une suggestion pratique qui ne pressait pas, que de lui verser, à cette minute, dans l'oreille, tout le sens moite et caressant d'un mot. »
ROMAINS

« L'âme a péché par le ministère et même en quelque sorte par l'instigation du corps ; et c'est pourquoi il est juste qu'elle soit punie avec son complice. »
BOSSUET

« Le "siècle des lumières" est aussi celui des illuminés. Il a ses rêveurs, ses égarés, ses charlatans. La secte proprement dite des Illuminés se fonde seulement en 1776 en Allemagne, à l'instigation d'Adam Weisshaupt. »
JASINSKI

esprit de **système** • esprit systématique

L'esprit de système est la disposition à prendre des idées imaginées pour des notions prouvées. L'esprit systématique est la disposition à concevoir des vues d'ensemble. L'un est un défaut, l'autre peut être une qualité.

En somme, l'**esprit de système** manifeste une inclination forte pour la théorie : il préfère au réel capricieux son double rassurant dans le monde des idées (les concepts).

Par ailleurs, on considère ici que l'**esprit systématique** traduirait parfois la capacité appréciable de réunir des éléments séparés, de construire, de synthétiser ; sens peu utilisable pour nous, car, dans la plupart de ses emplois actuels, *systématique* (appliqué à une personne) emporte une nuance dépréciative. Un **esprit systématique** serait alors, dans ses conceptions, simplificateur, rigide, répétitif.

Dans les deux cas, il semble que l'on cherche à fuir la réalité extérieure, ressentie comme profuse et intraitable.

« Il faut se défendre de l'esprit de système. "Newton n'a jamais fait de système ; il a vu, il a fait voir, mais il n'a pas mis ses imaginations à la place de la vérité" (Voltaire). »
LITTRÉ

« Descartes avait l'esprit systématique. » VAUVENARGUES

« C'est, si l'on peut s'exprimer ainsi, une fureur systématique, telle qu'on en voit beaucoup en Italie. »
Mme DE STAËL

« Esprit essentiellement systématique, Pierre Duhem est attiré par les méthodes axiomatiques qui posent des postulats précis pour en tirer, par des raisonnements rigoureux, des conclusions inattaquables : il en apprécie la solidité et la rigueur, il n'est point rebuté par leur sécheresse et leur abstraction. » L. DE BROGLIE

« Le *système* est un corps de doctrine à l'intérieur duquel les éléments se développent logiquement, c'est-à-dire, du point de vue du discours, rhétoriquement. Le système étant fermé (monosémique) est toujours théologique, dogmatique. (...) Le *systématique* est le jeu du système ; c'est le langage ouvert, infini, dégagé de toute illusion (prétention) référentielle ; son mode d'apparition, de constitution, n'est pas le "développement" mais la pulvérisation, la dissémination (la poussière d'or du signifiant). » BARTHES

T
t

L'OURS ET L'AMATEUR

DES JARDINS

taverne • cabaret

Quand taverne est pris seulement au sens de lieu où l'on va boire, il s'y attache une idée de mépris qui n'est pas dans cabaret ; et, quand il est pris au sens de lieu où l'on donne à boire et à manger, il indique un établissement plus relevé que le cabaret.

Bar, buvette, bistrot, café, brasserie... Les mots ne manqueront jamais pour nommer les lieux où l'on va boire et se restaurer.

Taverne évoque une époque reculée : on pense à Scarron, aux *Trois Mousquetaires* ou à *Astérix !* Le **cabaret** (ou le *caboulot*) réfère davantage à Zola et à l'alcoolisme ouvrier du XIXe siècle. Dans les deux cas, on imagine quelque lieu malfamé où l'on sert de mauvais vins, destinés surtout à s'enivrer...

Ces valeurs péjoratives (les deux mots « font peuple ») se sont évaporées. Et alors que fleurissent les fast-foods (*néfastes-foods,* selon un mot de La Reynière) et autres officines de restauration rapide et insapide, jamais n'ont été aussi à la mode diverses appellations « à l'ancienne » : *relais, auberge, hostellerie* (avec un *s* !), *taverne, bistrot, bouchon...*

Aujourd'hui, le mot **taverne** (dont le climat se ressent, nous semble-t-il, de son homophonie avec *caverne*) s'applique éventuellement à une « brasserie » (la « taverne de maître Kanter »). Quant à **cabaret,** il fait plus penser aux nuits parisiennes (le Moulin-Rouge), voire aux clubs de vacances (où l'on donne des « soirées cabaret ») – souvenir pâlot du célèbre film de Bob Fosse, avec Liza Minnelli) –, qu'à une sordide gargote.

Autres temps, autres mœurs, autres sens pour les mêmes mots !

« La Haine est un ivrogne au fond d'une taverne,
Qui sent toujours la soif naître de la liqueur. » BAUDELAIRE

« Quoique de fort noble naissance, il avait contracté sous le harnois plus qu'une habitude de soudard. La taverne lui plaisait, et ce qui s'ensuit. » HUGO

« L'école hollandaise se borne à reproduire la quiétude de l'appartement bourgeois, le confortable de l'échoppe ou de la ferme, les gaietés de la promenade et de la taverne, toutes les petites satisfactions de la vie paisible et réglée. » TAINE

« Il avait contracté l'habitude de s'enivrer ; dans ces moments-là, quand il revenait à la maison, après avoir couru les comptoirs des cabarets, sa fureur devenait presque incommensurable, et il frappait indistinctement les objets qui se présentaient à sa vue. » LAUTRÉAMONT

« Tous deux étaient des hommes très sages, n'allant jamais dans les cabarets et ne faisant point noce de tous les jours fériés. » SAND

« Les cabarets de nuit s'éveillaient tard, avec leurs lumières voilées et les odeurs d'eau-de-vie, dans l'estuaire même de la mort. » DUHAMEL

têtu • entêté

Le têtu et l'entêté sont tellement livrés à leurs idées qu'ils n'écoutent rien ; mais le têtu l'est par nature, par caractère ; l'entêté l'est par accident, par suite d'une impression reçue, parce qu'il lui est arrivé de se laisser prévenir : aussi le défaut du têtu est irrémédiable, tandis qu'on désabuse quelquefois l'entêté.

Nous retrouvons présentement le partage entre l'essence et la circonstance, entre le permanent et l'occasionnel.

On serait ainsi **têtu** par nature, mais **entêté** dans une situation particulière. Cette opposition montre à quel point notre dire s'arrime à des paradigmes infranchissables. (Et ne serait-ce pas justement le rôle du penseur et de l'écrivain que de les transgresser ?)

La langue contraint non par ce qu'elle interdit mais par ce qu'elle oblige à dire (position avancée par Roland Barthes dans sa *Leçon,* et si mal reçue à l'époque [1975]). Par surcroît, choisir un mot plutôt qu'un autre revient non seulement à dire telle chose plutôt que telle autre, mais encore, en raison de la connotation, à prendre position.

Ainsi le couple **têtu, entêté** se superpose-t-il à celui d'*obstiné, opiniâtre.* D'un côté, une énergie positive : l'*entêtement,* l'obstination, la ténacité, la persévérance... De l'autre, un sombre et sot acharnement : le caractère entier et systématique du **têtu,** de l'opiniâtre. Montaigne : *La meilleure de mes complexions corporelles, c'est d'être flexible et peu opiniâtre.*

« Ceux qui ont à négocier avec des femmes têtues peuvent avoir éprouvé à quelle rage on les jette, quand on oppose à leur agitation le silence et la froideur. » MONTAIGNE ▒

« On est ferme par principe, et têtu par tempérament. Le têtu est celui dont les organes, quand ils ont une fois pris un pli, n'en peuvent plus ou n'en peuvent de longtemps prendre un autre. » JOUBERT ▒

« Les esprits entêtés regimbent contre l'insistance ; auprès d'eux on gâte tout en voulant tout emporter de haute lutte. » CHATEAUBRIAND ▒

« L'erreur est plus entêtée que la foi et n'examine pas ses croyances. » PROUST ▒

toucher • tact • attouchement

Le toucher est le sens ; le tact est le toucher en exercice. L'attouchement est l'action de toucher.

De telles observations apparaissent désormais comme nébuleuses ou impraticables. **Tact** référait autrefois, lui aussi, au registre sensoriel : *Le tact peut devenir plus délicat que la vue, lorsqu'il est perfectionné par l'exercice* (Diderot).

De nos jours, il ne reste employé que pour désigner une justesse délicate dans les relations sociales : « Il ne manque pas de tact en toutes circonstances ».

Attouchement rejoint directement la sphère sexuelle, dans laquelle *caresse* forme le pôle positif et **attouchement** — couramment employé aux assises pour caractériser d'ignobles délits (« L'homme s'est alors livré à des attouchements sur la personne de sa concierge ») — le pôle négatif.

Toucher a remplacé **tact** dans l'emploi mentionné par Littré. On utilise couramment le mot en sport (« le toucher de balle de McEnroe »), ou dans la critique musicale (« le toucher magique d'Arrau ») : le **toucher** (disposition subjective) ne doit pas être confondu, au piano, avec le *doigté* (geste purement technique : mettre tels doigts sur telles touches).

« Le toucher n'est qu'un contact en superficie. » BUFFON

« Sans le toucher, sans le mouvement progressif, les yeux du monde les plus perçants ne sauraient nous donner aucune idée de l'étendue. » ROUSSEAU

« Je n'ai jamais vu un enfant jouir, comme lui, du parfum d'une fleur, de la vue d'une jolie femme bien habillée, du confort d'un bon fauteuil, du toucher d'une chose agréable. » GONCOURT

« Comme les hommes ont reçu le don de perfectionner tout ce que la nature leur accorde, ils ont perfectionné l'amour. La propreté, le soin de soi-même, en rendant la peau plus délicate, augmentent le plaisir du tact. » VOLTAIRE

« Le tact est le plus virginal de nos sens. » JOUBERT

« Le tact est le premier sens qui se développe ; c'est le dernier qui s'éteint. » CABANIS

« Le toucher ou attouchement est fait en toutes parties ayant nerfs. » PARÉ

« Elle s'imaginait que l'amitié et la volonté d'une personne en bonne santé, et l'attouchement d'une main pure et bien vivante peuvent écarter le mal. » SAND

travestissement • déguisement

Il me semble que déguisement suppose une difficulté d'être reconnu, et que travestissement suppose seulement l'intention de ne pas l'être, ou même seulement l'intention de s'habiller autrement qu'on n'a coutume (D'ALEMBERT).

Cette distinction éclaire deux fantasmes très complémentaires.

D'un côté, varier en restant le même : désir de pluralité. De l'autre, sortir de soi et devenir un autre : installation de vies parallèles. Les exemples ne manquent pas. La compulsion des femmes à changer sans cesse de toilette ou de coiffure illustre le premier cas. Publicité d'un magazine féminin (en 1992) pour une fibre textile (le Lycra) : « Je change souvent, je reste la même. » (La phrase, en écriture manuscrite, se déroule en haut d'une double page composée de photographies de la même jeune femme dans des tenues diverses.)

L'utilisation de pseudonymes par de nombreux écrivains (Balzac, Kierkegaard, Pessoa, etc.), ou l'adoption dans la vie privée de registres nettement séparés (ainsi l'emploi du temps affectif de Sartre, minutieusement cloisonné), laisserait penser que c'est un comportement plutôt masculin.

Les jeux du masque et de la transformation vestimentaire étaient très codifiés dans la vie mondaine à l'époque classique, jusqu'au XIXe siècle. Goût du théâtre : la société est une scène où l'on tient des rôles ; on se montre tout en se cachant, on se dissimule tout en s'exhibant (qu'on se souvienne des belles pages de Balzac qui ouvrent *Splendeurs et misères des courtisanes*).

Mais, avec la psychiatrie (puis la psychanalyse), le **travestissement** a pris un sens beaucoup plus lourd. Le *travesti* (homme déguisé en femme, souvent homosexuel) symbolise sans doute la frontière indécise du **travestissement** et du **déguisement**. Endroit trouble où se profile une question sans réponse : « Qui suis-je ? »

« Se mettre du rouge ou se farder est, je l'avoue, un moindre crime que parler contre sa pensée ; c'est quelque chose aussi de moins innocent que le travestissement et la mascarade, où l'on ne se donne point pour ce que l'on paraît être, mais où l'on pense seulement à se cacher et à se faire ignorer. » LA BRUYÈRE

« M. d'Ocagne nous peint le côté amoureux de travestissement chez Loti, dont la vie est un perpétuel carnaval, avec sa chambre bretonne, où il s'habille en Breton, avec sa chambre turque, où il s'habille en Turc, avec sa chambre japonaise, où il s'habille en Japonais. » GONCOURT

« Ne vois-tu pas à mon déguisement, que je veux être inconnu ? » BEAUMARCHAIS

« Il ne reconnaissait jamais les femmes ; il disait que chaque robe nouvelle est un autre déguisement et qu'elles n'ont jamais fini de se travestir. » MAURIAC

troc • échange

En droit, l'échange est un contrat, le troc un simple fait où l'on livre une chose pour une autre équivalente. En économie politique, échange est le terme général. J'échange mes produits contre ceux dont j'ai besoin, par l'intermédiaire de deux ventes : je vends mon produit, et de l'argent que j'en tire j'achète le produit d'autrui ; l'échange est complet pour moi. Au contraire troc se dit de l'échange brut de produits qu'on fait avec les sauvages qui ne se servent pas de la monnaie.

Il ne s'agit pas d'entrer ici dans le vaste continent de l'économie politique. Remarquons simplement que le **troc** apparaît toujours comme une forme primitive du commerce humain. Sont concernés les enfants ou les sauvages : pervers polymorphes... Bien sûr notre époque boursière et informatique sophistiquée a, par contrecoup, pourvu le **troc** de vertus adamiques, quasi écologiques ! (Quelques magasins de « frusques » ou fêtes de village s'emploient à le faire revivre épisodiquement.)

Remarquons encore que même lorsqu'il s'agit de **troc**, c'est le verbe *échanger* que l'on emploie toujours et rarement celui de *troquer :* échanges de menus objets (billes, images, pin's) dans les cours de récréation, petits offices entre voisins, etc. — sans oublier l'*échangisme,* troc sexuel...

En ce qu'il écarte la monnaie, le **troc** revendique le concret contre l'abstraction. Aujourd'hui, la monnaie elle-même — papier et pièces — s'est évaporée. Une banque n'est même plus un réseau d'écritures palpables, mais un filet de signes informatiques évanescents : autant dire presque rien... Le **troc** est à la carte bleue ce que l'étreinte, en amour, est au « Minitel rose » : le réel, pulpeux, n'est pas absenté ; la sensation prime, dans le contact immédiat, sur tout le reste.

« Si rudimentaire que soit une société, on y pratique le troc ; et l'on ne peut le pratiquer sans s'être demandé si les deux objets échangés sont bien de même valeur, c'est-à-dire échangeables contre un même troisième. » BERGSON

« Notre économie hésite à chaque instant entre un développement illimité de *la symbolique des échanges,* et un retour tout à fait inattendu au système primitif, au système des sauvages, au troc. » VALÉRY

« L'échange est une transaction amiable dans laquelle les deux contractants gagnent toujours tous deux. La société est purement et uniquement une série continuelle d'échanges. » DE TRACY

« La place que tient l'échange dans la vie moderne est incalculable. Pour s'en faire quelque idée il suffit de remarquer que la presque totalité des richesses n'ont été produites que pour être échangées. Demandez-vous quelle est la part de ces richesses que le producteur destine à sa propre consommation ! Elle est nulle ou insignifiante. Ce ne sont que des *marchandises,* c'est-à-dire, comme le nom l'indique assez, des objets destinés à être vendus. » CH. GIDE

tromper • décevoir

Décevoir, c'est abuser par quelque chose d'apparent, de spécieux, d'engageant. Tromper, c'est abuser par la ruse, par le mensonge, par l'artifice.

Tromper relève de la manigance, de la légère machination. *Déception,* dont le sens incriminé par Littré n'est plus employé, ne suppose pas préméditation ou malveillance.

Mesurons l'écart d'interprétation en examinant cette phrase de Molière : *Le plus souvent l'apparence déçoit.* Cela signifie, en gros, que l'on est trompé sur la marchandise. Or avec son sens actuel, l'énoncé prendrait une tournure tout autre, difficilement acceptable.

Si **décevoir** fait perdre ses illusions, au vrai, l'apparence seule n'est pas en cause : on n'est déçu que par la découverte de ce qu'elle masquait.

D'un sens à l'autre se joue un petit drame humain. Toute notre vie se passe à perdre nos illusions. Ces petits deuils successifs ne se font pas sans peine. L'apparence y est-elle pour quelque chose ? Oui, sans doute. Les images que nous nous étions formées des choses et des êtres s'écaillent avec le temps. Il est pourtant vulgaire et inutile d'être déçu par les autres. On ne se fait jamais d'illusions que sur soi-même...

« Quand même vos espérances auraient été trompées non seulement sept fois, mais septante fois sept fois, ne perdez jamais l'espérance. »
LAMENNAIS

« Françoise rouvrit les yeux, sans une parole, sans un mouvement, hébétée. Quoi ? c'était déjà fini, elle n'avait pas eu de plaisir ! il ne lui en restait qu'une souffrance. Et l'idée de l'autre lui revint, dans le regret inconscient de son désir trompé. »
ZOLA

« Mon Dieu, le plus souvent l'apparence déçoit ;
Il ne faut pas toujours juger sur ce que l'on voit. »
MOLIÈRE

« Les objets ne déçoivent pas ; ils donnent toujours exactement le plaisir que l'on attend d'eux. Les objets ne trahissent pas. »
MAUROIS

troupe • bande

La troupe est un rassemblement, fortuit ou non, de personnes. Le rassemblement constitué par la bande n'est pas fortuit ; il indique association. Une troupe de paysans. Une bande de voleurs.

Troupe dit le rassemblement hétérogène, égalisé par un règlement extérieur (éventuellement un recrutement) : « une troupe de théâtre », « un enfant de troupe ». Tout cela sent la grégarité : comme mot, **troupe** est bien le commencement de *troupeau*...

La **bande**, inversement, évoque une complicité secrète, voire illlicite. Dans les cas favorables, elle se compose d'un tissu d'amitiés qui ne cherche pas à amoindrir les individus mais plutôt à exhausser leurs talents respectifs. Les formations musicales réduites de la musique de chambre (trios, quatuors, etc.) en constituent à nos yeux les meilleurs exemples. Il n'y a aucun hasard si Sigiswald Kuijken a appelé son orchestre de musique baroque « la Petite Bande ».

Bande résonne ainsi pour nous comme un mot fouriériste : même lorsqu'il s'agit de gangsters, il laisse imaginer une unité, une harmonie heureuse. Vu de l'extérieur, tout groupe soudé fait envie et suscite d'autant mieux la critique. **Bande** devient alors péjoratif, comme le sont par ailleurs des mots comme *chapelle* ou *coterie.*

« Je cours, et je ne vois que des troupes craintives
D'esclaves effrayés, de femmes fugitives. » RACINE

« Trois jours avant le mariage, le jour du dernier bain, on loue le hammam du quartier s'il n'y en a pas dans la maison, et la fiancée s'y rend, escortée par toute la troupe des jeunes filles de sa parenté. Elles se déshabillent ensemble. » THARAUD

« Il demanda si l'on n'avait pas entendu parler de cette bande de jeunes gens qui avait tant fait de fracas dans les environs. » VOLTAIRE

« À la cour de Louis XIV, la *Grande Bande des violons du roy* réunissait non seulement des violons, mais des altos, des violoncelles et des violones. » VIGNAL

U
U

LE LION AMOUREUX

usage • coutume

Suivant l'étymologie propre à chacun de ces mots, usage exprime la manière d'user, de se servir des choses de la vie ; et coutume, les habitudes que l'on a de faire telle ou telle chose. Mais on dit indistinctement : c'est la coutume, ou c'est l'usage.

À côté d'**usage**, on trouve aussi *us,* surtout présent avec l'expression toute faite « les us et coutumes » et dans les grilles de mots croisés ! La lecture de Montaigne apporte par ailleurs *usance ;* ainsi écrit-il à propos des indigènes des Antilles et de l'Amérique du Nord : *Or je trouve, pour revenir à mon propos, qu'il n'y a rien de barbare et de sauvage en cette nation, à ce qu'on m'en a rapporté, sinon que chacun appelle barbarie ce qui n'est pas de son usage ; comme de vrai, il semble que nous n'avons autre mire de la vérité et de la raison que l'exemple et l'idée des opinions et usances du pays où nous sommes* (*Essais,* I, 31).

L'**usage**, c'est ce qui se fait : les pratiques en tous genres, plus ou moins ordonnées. La **coutume** suppose la répétition de l'**usage** et, éventuellement, sa conscience. Enfin, plus explicite est la *règle* (émanation de la loi) : ce qui, au-delà de la conscience, s'inscrit dans le langage. Le droit tient compte de ces différences en parlant de *loi,* de *droit coutumier* ou de *jurisprudence.*

Tout acte amené à se reproduire régulièrement sécrète une sorte de loi tacite dont l'efficacité est bien réelle, même dans la sphère des relations privées, comme le confirme l'anecdote suivante : un garçon a son premier rendez-vous avec une fille qui arrive vingt minutes en retard. Négligeons la possibilité (très vraisemblable) qu'il ait déjà en tête une règle concernant la ponctualité — par exemple qu'on doit être exact, ou que les femmes ne sont jamais à l'heure, ou n'importe quel autre postulat. Imaginons plutôt que la nouveauté de cette expérience, doublée de la conviction que les filles sont des êtres angéliques, lui laisse voir une loi de l'univers dans tout ce qu'elles font : alors il se gardera bien de faire quelque allusion à ces vingt minutes. *En ne commentant pas ce retard,* analyse Paul Watzlavick, *il a laissé s'établir la première règle de leur relation (bien entendu, une autre règle se serait aussi établie s'il avait fait allusion à son retard) : elle a maintenant le « droit » d'être en retard, tandis que lui n'a « aucun droit » de s'en plaindre. En fait, s'il devait plus tard lui reprocher de toujours le faire attendre, elle serait fondée à lui demander : « Comment se fait-il que tu ne t'en sois pas plaint plus tôt ? »* (dans *la Réalité de la réalité*).

« Dans l'usage ordinaire, la première question qu'on fait sur une femme c'est : Est-elle belle ? »

FONTENELLE

« On n'offense jamais plus les hommes que lorsqu'on choque leurs cérémonies et leurs usages. »

MONTESQUIEU

« Quoi ? mes frères, ce serait un délassement pour nous de voir la religion anéantie, les maximes de Jésus-Christ effacées, Dieu inconnu, les désordres devenus des usages ? »
MASSILLON

« "Les Tartares, dit *l'Esprit des lois,* qui peuvent épouser leurs filles, n'épousent jamais leurs mères." On ne sait de quels Tartares l'auteur veut parler. Il cite trop souvent au hasard. Nous ne connaissons aujourd'hui aucun peuple où l'on soit dans l'usage d'épouser sa fille. » VOLTAIRE

« La coutume a sur les hommes une force qui n'a nullement besoin d'être appuyée par la raison. »
FONTENELLE

« La coutume ne doit être suivie que parce qu'elle est coutume, et non parce qu'elle est raisonnable. »
PASCAL

« Quand une fois les coutumes sont établies et les préjugés enracinés, c'est une entreprise dangereuse et vaine de vouloir les réformer ; le peuple ne peut pas même souffrir qu'on touche à ses maux pour les détruire, semblable à ces malades stupides et sans courage qui frémissent à l'aspect du médecin. »
ROUSSEAU

« J'en suis venue à adopter pour un temps le langage et les coutumes de la Turquie. » LOTI

V
v

L'AMOUR ET LA FOLIE

vaillance • valeur

Ces deux mots ont pour racine valoir, et ne diffèrent que par la finale. Ils sont tout à fait synonymes, sauf la légère nuance qui se trouve entre la finale **eur** *qui indique une qualité abstraite, et la finale* ance *qui est participiale et indique l'action.*

Il est surprenant de mettre ces deux mots au même niveau. Cela permet pourtant de mesurer que *vaillant* est celui qui *vaut*...

Valeur indiquerait les bonnes dispositions intellectuelles ou morales (« C'est un homme de valeur »), et **vaillance** les qualités physiques. À côté de **vaillance,** il y a bien sûr *vaillant :* celui qui se comporte avec courage – surtout à la guerre, dans les textes anciens ; il convient donc d'élargir cette acception.

Le mot a un petit côté obsolète. Aucun magazine pour enfants ne s'appellerait aujourd'hui *Cœurs vaillants* (les journaux catholiques ont désormais pour noms *Okapi, Astrapi,* etc.), et aucun héros de B.D. ne s'appellerait « Michel Vaillant » (le célèbre pilote automobile dont Jean Graton racontait les aventures dans *le Journal de Tintin*).

Valeureux est bien proche phoniquement de *malheureux,* ce qui lui donne une teinte un peu triste. C'est pourtant un joli mot (repris comme titre par Vinaver pour l'une de ses pièces) et il est bien dommage que le sort ne l'ait pas fait glisser jusqu'à nous pour contrer l'affreux *valable,* qui nous empoisonne depuis trop longtemps (« C'était un film valable, un auteur valable, une fille pas valable », etc.).

« La plus forte, généreuse et superbe de toutes les vertus est la vaillance. » MONTAIGNE

« M. le Comte avait toute la hardiesse du cœur que l'on appelle la vaillance, et il n'avait pas la hardiesse de l'esprit, qui est ce que l'on nomme la résolution. La première est ordinaire et même vulgaire ; la seconde est même plus rare que l'on se peut imaginer : elle est toutefois encore plus nécessaire que l'autre pour les grandes actions, et y a-t-il une action plus grande au monde que la conduite d'un parti ? » RETZ

« Ce général, ayant aperçu le régiment de Diesbach et un autre, qui faisaient ferme contre une armée victorieuse, loua leur valeur, leur courage, leur fermeté, leur intrépidité, leur vaillance, leur patience, leur audace, leur animosité, leur bravoure, leur héroïsme, etc. Voyez, monsieur, que de termes pour un ! » VOLTAIRE

« Je me suis juré mille fois d'accueillir avec sérénité, peut-être même avec allégresse, en tout cas avec une vaillance lucide, ce qu'on nomme les "avertissements de l'âge". » DUHAMEL

« Je suis jeune, il est vrai ; mais aux âmes biens nées
La valeur n'attend pas le nombre des années. » CORNEILLE

« Le nom d'Ulysse fut célèbre dans toute la Grèce et dans toute l'Asie par sa valeur dans les combats et plus encore par sa sagesse dans les conseils. » FÉNELON

valétudinaire • maladif

Une personne valétudinaire est une personne dont la santé est ou chancelante, ou délicate, ou souvent altérée par différentes maladies qui lui arrivent par intervalles ; elle est d'une santé chancelante.

Une personne maladive est sujette à être souvent malade, non par la délicatesse de sa constitution, mais par quelque affection particulière, par un principe morbifique dont elle est affectée.

Quoique peu employé, **valétudinaire**, dans son opposition à **maladif**, permet d'éclairer une distribution que l'on rencontre partout aujourd'hui dans la vulgate médicale diffusée par les magazines de tous ordres. Il ne nous appartient pas de la fonder ou non en vérité, de dire si elle est vraie ou fausse : ne nous intéresse ici que sa formulation répétée, qui l'inscrit dans nos discours comme mythologie (au sens de Barthes).

Il y aurait du côté de l'être **maladif** les maladies dues à des agents extérieurs (affections microbiennes par exemple), et pour le **valétudinaire** les désordres imputables à une déficience du corps, de ce que les « médecines douces » (homéopathie, oligothérapie, etc.) appellent le « terrain »...

La distinction de Littré ne manque pas de finesse et il est dommage que **valétudinaire** ait quasi disparu du paysage linguistique alors que le discours sur la médecine ne s'est jamais si bien porté ! (« Dis-moi de *quoi* tu parles, je te dirai qui tu es... »)

Valétudinaire est donc le sujet qui tombe souvent malade, et **maladif** l'être qui vit presque en permanence avec une maladie, celle-ci devenant sa véritable maîtresse...

« Les valétudinaires n'ont pas, comme les autres hommes, une vieillesse qui accable leur esprit par la ruine subite de toutes leurs forces. Ils gardent jusqu'à la fin les mêmes langueurs ; mais ils gardent aussi le même feu et la même vivacité. Accoutumés à se passer de corps, ils conservent, pour la plupart, un esprit sain dans un corps malade. Le temps les change peu ; il ne nuit qu'à leur durée. » JOUBERT

« À vingt-trois ans, il se croyait valétudinaire et passait sa vie à regarder sa langue dans un miroir. » HUGO

« J'aperçus couché dans un grand fauteuil un jeune homme d'une physionomie régulière et fine, avec des yeux étincelants, les joues empourprées de ce ton maladif qui donne aux poitrinaires je ne sais quelle perfide apparence de santé. » GAUTIER

variation • changement • mutation

La variation consiste à être tantôt d'une façon, tantôt d'une autre ; le changement consiste seulement à cesser d'être le même. Le changement peut être du tout au tout ; la variation laisse subsister beaucoup de semblable.

Termes qui s'appliquent à tout ce qui altère et modifie. Changement et mutation marquent le passage d'un état à un autre, et il ne faut qu'un de ces passages pour avoir changé ; variation marque le passage rapide par plusieurs états, et c'est cette succession d'états différents qui fait la variation. Quant à changement et mutation, ils ne diffèrent que parce qu'ils ne sont pas du même style ; changement est du langage général ; mutation est d'un langage plus didactique. L'histoire nous fait assister aux changements des empires ; elle nous enseigne les lois des mutations que subissent progressivement les sociétés.

Le **changement** est une valeur moderne, réclamée par la société marchande, fondée sur le renouvellement de tout : il faut changer d'accessoires (« Changez-vous, changez de Kelton »), de lieux (la mode des voyages), de conjoint (la multiplication des divorces), de tenue (Groucho Marx : *Changer de costar, c'est déjà voyager !*). Et puis, quel parti politique ne fait pas régulièrement appel au « changement » ?

Pour sa part, la **mutation**, qui suppose une modification brutale, a pris récemment une valeur absolument positive. Et rien ne se comprend mieux dans une société avide de nouveauté radicale. Le mot s'intègre donc à la langue de bois politique (« les mutations nécessaires à notre économie ») et fait également penser à la science-fiction (les histoires de « mutants »).

Le processus évoqué ne serait pas loin parfois du **changement** irréversible, et le terme fonctionne alors comme euphémisme (« la mutation du monde agricole » signifie en fait la disparition des campagnes que nous connaissons). Proche de la fameuse « table rase », le capitalisme comme idéologie montre avec cette **mutation** son visage autoritaire.

La **variation** en serait le contraire : elle aime la gradation et les petits pas. Animée par aucun dogme, elle modifie faiblement une situation pour apprécier empiriquement et sans idée préconçue les résultats. La **variation** est contraire à la purge (il ne s'agit pas d'abolir quoi que ce soit) et constitue plutôt un trait d'union. Elle s'inscrit dans une durée longue et le respect d'un passé.

La *variation musicale* représente selon nous une bonne image du mot, et montre sa dimension créative. L'écrivain, le musicien, le peintre ne créent pas à partir de rien. Toute œuvre nouvelle n'est qu'une modification légère d'un tissu (texte) déjà existant. École d'imagination, de sensualité, de modération, la **variation** affiche le pluriel et la diversité du monde. En ce sens, elle recèle une dimension éthique.

« Toujours, la variation soulage, dissout et dissipe. » MONTAIGNE

« J'ai arrangé comme cela plusieurs petits proverbes avec des variations. »

BEAUMARCHAIS

« Les grands maîtres n'ont pas dédaigné le genre aimable des variations, dont plus tard on a étrangement abusé. » LAROUSSE

« J'ai connu que notre nature n'était qu'un continuel changement, et je n'ai plus changé depuis ; et si je changeais, je confirmerais mon opinion. » PASCAL

« Il y a dans tout changement quelque chose d'infâme et d'agréable à la fois, quelque chose qui tient de l'infidélité et du déménagement. Cela suffit à expliquer la Révolution française. » BAUDELAIRE

« Je peux me vanter d'avoir toujours persévéré dans le changement. C'est quand même une des formes de la persévérance. » DUHAMEL

« Quelque haut qu'on puisse remonter pour rechercher dans les histoires les exemples des grandes mutations, on trouve que jusqu'ici elles sont causées ou par la mollesse ou par la violence des princes. »

BOSSUET

« Le style du XVIIe siècle, celui qui a été consacré par nos classiques, n'a pas pour cela été à l'abri des mutations, et la main du temps s'y est déjà tellement fait sentir qu'à bien des égards il nous semble appartenir à une langue étrangère. » LITTRÉ

vénal • mercenaire

L'homme vénal vend sa moralité pour de l'argent. Le mercenaire est, il est vrai, au salaire et à la disposition de celui qui le paye, mais le mot exprime plus l'infériorité de position que l'immoralité.

Conservons **vénal** pour signifier le mépris : *Rien de vigoureux, rien de grand ne peut partir d'une plume vénale* (Rousseau).

Dans l'usage courant, **mercenaire** existe presque uniquement comme nom, pour désigner des hommes d'armes prêts à n'importe quel type de combat pourvu qu'on les paie. Quand il s'agit des *Sept Mercenaires* (film mythique de John Sturges), c'est pour la bonne cause. Mais dans bien d'autres cas le mot sera dépréciatif, car l'idéologie commune réclame que l'on se fasse tuer pour une idée (une conviction) ou pour l'honneur, c'est-à-dire « à l'œil ».

Notre société est fascinée par l'argent : séduction et dégoût mêlés. D'où le nombre de mots négatifs, comme *avare, cupide, intéressé,* figurant l'argent comme une souillure.

Face à **vénal**, nous aimerions réserver **mercenaire** pour indiquer simplement (de façon neutre) un paiement pour un travail. On parlerait ainsi, comme Émile Ajar, d'« écriture mercenaire » (pour désigner le travail de nègre chez un éditeur), et, comme Gabriel Matzneff, d'« amour mercenaire » pour évoquer la prostitution.

« Je vous ai dit la vérité sur les temps passés ; mais les choses sont bien changées à présent : tout est devenu vénal en France ; tout y est aujourd'hui le patrimoine d'un petit nombre de familles. »

BERNARDIN DE SAINT-PIERRE

« Le véritable amour n'est jamais mercenaire,
Il n'est jamais souillé de l'espoir du salaire. »

CORNEILLE

« Depuis que les mères, méprisant leur premier devoir, n'ont plus voulu nourrir leurs enfants, il a fallu les confier à des femmes mercenaires, qui, se trouvant ainsi mères d'enfants étrangers, pour qui la nature ne leur disait rien, n'ont cherché qu'à s'épargner de la peine. »

ROUSSEAU

« On s'était procuré, à bas prix, des critiques d'art, de peinture, de musique, de théâtre, un rédacteur criminaliste et un rédacteur hippique, parmi la grande tribu des écrivains mercenaires à tout faire. »

MAUPASSANT

vice • défaut

Le vice est une imperfection morale grave ; le défaut est une imperfection légère, mais soit morale, soit intellectuelle. On a dit de César qu'il avait tous les vices, et pas un seul défaut.

Interprétons la remarque sur César. Le **vice** désigne un penchant frappé par la réprobation morale. Opposé à la vertu, il incarne ce que la société tente de décourager dans l'éducation de ses enfants.

Défaut serait alors l'incapacité à réussir certaines choses ou le résultat du « ratage » lui-même (« un objet défectueux »).

Vice : mot terriblement troublant ; dans la langue française, un de ceux qui font le mieux sentir l'empire du mal... On pense au Diable et au « divin marquis ». Certes, il pèse bien plus que **défaut**, qui, lui-même, dit plus que *travers* (« petit défaut un peu ridicule », oublié avec raison dans cette distribution car il avait à l'époque classique le sens de « bizarrerie d'esprit et d'humeur » : *C'est me renouveler les douleurs de l'éloignement que de me faire apercevoir les travers de mes inquiétudes* (Mme de Sévigné).

Hypothèses ou partis pris : **vice** toucherait le corps dans ce qu'il a de plus obscur (notre corps intraitable, que l'on cache à tous). **Défaut** concernerait le reste : les manquements du sujet aux devoirs ou agréments que l'on attend d'un honnête homme ; ou encore une inclination marginale bénigne et, comme telle, défendable. Robespierre, à propos de son goût pour les jabots de dentelle : *Je n'ai point de vice, qu'on me laisse mes goûts.*

Rappelons ce sens originel : le **défaut** (du verbe *défaillir*), c'est ce qui manque. Le « défaut de la cuirasse » désigne avant tout l'intervalle entre deux pièces d'une cuirasse, espace particulièrement vulnérable. Voilà qui éclaire cette phrase de Pierre Reverdy : *Je suis armé d'une cuirasse qui n'est faite que de défauts.*

« Il est peut-être moins difficile de déraciner les vices du cœur que les travers de l'esprit. » Mme de Genlis

« Il n'avait pas précisément de vice ; mais il était rongé d'une vermine de petits défauts dont on ne pouvait l'épurer. » Chateaubriand

« Si nous n'avions point de défauts, nous ne prendrions pas tant de plaisir à en remarquer dans les autres. » La Rochefoucauld

« Celui qui t'entretient des défauts d'autrui entretient les autres des tiens.» Diderot

« Il arrive qu'on nous aime plus pour nos défauts que pour nos qualités. » Joubert

« Le goût d'enseigner ne doit point se considérer chez elle comme un travers, c'était le fond même et la direction de sa nature. » Sainte-Beuve (à propos de Mme de Genlis)

VIVRE EN *RÉ* MINEUR

POSTFACE

« Pas la couleur, rien que la Nuance ! » VERLAINE

La diversité des langues humaines est traditionnellement présentée comme un châtiment divin (l'épisode de Babel punit les hommes de leur orgueil) ou — version laïque — comme un inconfort extrême, une gêne pour la compréhension mutuelle. Contre cette dispersion jugée néfaste sont nés tous les projets de langue universelle ; à commencer par l'*espéranto :* rêve de paix et de transparence.

Ces conceptions se retrouvent, à peine déplacées, dans la vulgate de notre siècle (le *mythe de la communication*), selon laquelle toute langue serait réductible à un *code,* outil commode d'échange et d'information. Image simpliste que dément n'importe quelle scène discursive : les signes ne s'utilisent pas hors de tout désir. La langue est imprégnée par l'histoire et les affects, d'où l'échec, toujours répété, des promotions d'une langue unique, fonctionnelle, universelle.

Il faut bien, dès lors, accepter cet émiettement confus de la parole humaine, même si un nouveau vertige saisit quand on observe que cette pluralité se retrouve, comme en abyme, dans chaque langue...

Le nombre imposant des mots du lexique participe à la diversité d'une langue comme la nôtre. Abondance un brin paradoxale : l'usage quotidien ne requiert pas de très nombreux mots, et le discours télévisuel — comme référence dominante — ne donne guère le bon exemple.

Tout cela n'empêche pas les lexicographes, dans leur travail patient et attentionné, d'établir que le trésor de la langue française avoisinerait le million de mots. Le français millionnaire !

Bien sûr, nombre d'entre eux — rares ou caducs — sont inutilisables. Que peut-on faire, sauf par jeu ou atticisme, de mots obsolètes tels que *blêche, farrago, lendore, patarafe ?* Huysmans prisait ces raffinements : *Il insuffla une légère pluie d'essences humaines et quasi félines, sentant la jupe, annonçant la femme poudrée et fardée, le stéphanotis, l'ayapana, l'opoponax, le chypre, le champaka, le sarcanthus.*

Et puis notre lexique recèle des éléments techniques, seulement employables de manière restreinte : qui, en dehors d'un spécialiste de l'ancienne marine à voile, a quelque chance d'utiliser *baris, pentécontore, chélande, saëtte, fuste, caraque, lougre, ramberge ?* (Tous ces termes désignant des navires !) Voyons là, en tout cas, un rappel évident que l'homme est un *homo faber* et notre civilisation une énorme pourvoyeuse d'objets et de marchandises.

Alors, richesse ou appauvrissement ? Où se situe la vérité ? En fait les deux points de vue ne sont pas contradictoires. La vastité d'une langue ne dit rien de son usage, tout comme la multiplication actuelle des objets techniques ne rend pas compte de leur utilisation. À l'inverse, la prétendue misère linguistique d'un groupe social donné dépend souvent du jugement péremptoire d'un déclaré nanti, convaincu de posséder le bon usage. Pourtant puriste, Malherbe lui-même signalait la richesse du langage des portefaix parisiens : *Quand on lui demandait son avis de quelque mot français, il renvoyait ordinairement aux crocheteurs du Port-au-Foin, et disait que c'étaient ses maîtres pour le langage* (Racan, dans sa *Vie de Monsieur Malherbe*).

L'abondance, même trompeuse, de la langue est-elle un bonheur ?

Dans bien des cas, on se tient à côté de ses richesses, alors qu'elles sont des plus accessibles : chacun peut, a priori, en disposer *gracieusement.* Il n'y a pas d'impôts sur la langue ! A contrario, imaginons la fiction d'un monde où les mots seraient payants : non seulement le style laconique se verrait remis à l'honneur, mais tout le monde serait plus attentif à son vocabulaire ; par souci d'économie on tenterait de limiter l'emploi des mots passe-partout, des épithètes galvaudées, des exclamations désobligeantes...

On répondra, pour s'opposer, que l'usage élargi de sa propre langue ne ressemble en rien à la respiration : l'air, lui, est disponible et répond à un besoin inscrit dans chaque être humain. Alors que la pratique de la langue est affaire sociale et dépend des manières du milieu où l'on vit. Les facilités matérielles favorisent ce luxe, même si la façon de parler de quelques personnages haut placés n'est pas toujours dépourvue de vulgarité...

À nos yeux importe surtout le désir, dans le lien qui unit le sujet à sa langue, où qu'il se trouve sur l'échiquier du monde. Chacun peut faire cet apprentissage, long, patient, passionné, et sans but. *Mushotoku,* disent les Japonais pour caractériser l'aspect désintéressé de la quête zen : *Le chemin est l'extrémité du chemin.*

On apprend la langue pas à pas, au coup par coup, en profitant de chaque rencontre — en essayant aussi d'éviter les « mauvaises fréquentations » (Jorge Luis Borges s'interdisait de lire les journaux parce qu'il les jugeait mal écrits). Baigner dans des discours insipides, comme lire des livres médiocres, représente une forme de *pollution.* Bien sûr, « médiocre » doit s'entendre ici dans un sens absolument littéraire, et non moralisateur : à cet égard, Sade ou l'*Histoire d'O* sont nettement plus recommandables que nombre de romans actuels « bien écrits », dans lesquels la faiblesse de l'écriture répond à la vacuité du récit.

Rappelons la leçon d'Antoine Albalat : *Le vrai littérateur doit lire en artiste. Le grand principe est celui-ci :* Il faut lire pour découvrir, admirer et s'assimiler le talent. *Pour l'assimilation même du métier d'écrire, c'est-à-dire pour la création de son propre talent, il est préférable de s'en tenir à quelques écrivains supérieurs* (*la Formation du style par l'assimilation des auteurs,* 1934).

Ce sera là toujours le point de vue de l'*écrivain ;* Marcel Jouhandeau par exemple, à propos de Barrès : *Moi qui ai tant prisé* le Culte du Moi, *j'ouvre avec curiosité la porte du* Jardin de Bérénice. *Le texte de la petite préface sur laquelle s'ouvre le livre me paraît mal écrit, insignifiant, presque vulgaire et la première page qui suit un peu ridicule. « Ces puissances qui ne se changent pas en actes », fait pédant de collège.*

Attitude *écologique,* loin de tout rigorisme : manifester des *attentions* à l'égard de sa langue est une lutte contre tous les discours de pouvoir — quand domine la simplification, forme extrême de la vulgarité.

En se plongeant dans sa propre langue, on découvre la vie, et l'on se découvre soi-même à travers les phrases des autres : Montaigne, La Rochefoucauld, Joubert, Balzac, Proust, etc. Toute la littérature...

Cette langue que nous voulons mieux connaître et mieux aimer, quelle est-elle ?

Abondante, variée, douce comme la Voie lactée dans un ciel clair. L'image de la voûte céleste rappelle (c'est une des leçons saussuriennes) que la langue n'est pas un « sac de mots ». Dans un ciel étoilé, chaque point lumineux ne doit sa brillance particulière qu'aux autres qui l'entourent : mouvements, attractions diverses et figures (les constellations). Semblablement, les mots se laissent regrouper en familles ou en champs divers (sémantiques, lexicaux), car ils offrent des ressemblances de sons (homophones), de lettres (homographes) ou de sens (synonymes).

Il convient donc, pour penser cela, d'avoir le goût du nombre et des rapprochements. La langue, disent depuis longtemps les linguistes, est un *système de différences.*

Problème humain essentiel : comment la vie peut-elle avoir un sens si l'on n'accepte pas les menus écarts ? On sait, avec Freud, que *la plus petite différence* est insupportable : elle donne l'idée de la comparaison, crée des hiérarchies, provoque le ressentiment, puis l'antagonisme. Le conflit n'est pas loin, entre voisins, dans les familles ou entre nations...

Les mots, direz-vous, ne se détestent pas. Allez savoir... Présentant un jour sa bibliothèque personnelle pour une émission télévisée, Bernard Pivot avait imaginé que la nuit venue, quand tout le monde dormait, les volumes se livraient sur les étagères à un chahut infernal, certains auteurs ne supportant pas la proximité d'autres imposée par l'ordre alphabétique.

Sans doute les mots ne bataillent pas dans les dictionnaires, mais toutes leurs associations ne sont pas heureuses, voire même possibles. Qui plus est, n'étant pas nés hors des passions humaines, ils témoignent de sentiments et manifestent (par la connotation) des positions à l'égard de tout. Comme le remarquait Denis Slakta dans sa chronique du *Monde* (le 29 janvier 1988), ce n'est pas tout à fait la même chose de dire « De nos jours, les gens pensent trop à l'*argent* » que d'affirmer « Ils ne s'intéressent qu'au *fric* » !

Deux raisons conduisent à courtiser *la nuance.* Mais elles ne se ressemblent pas. L'une, *référentielle,* tente d'ajuster ses énoncés à la réalité visée ; l'autre, disons *modale,* veut exprimer la relation que l'on entretient avec cette réalité.

La première attitude est celle que réclame la philosophie. La recherche de la vérité exige de ne pas se tromper de mots et, au besoin, oblige à affiner ses outils, par l'invention terminologique : les mots, tels qu'ils sont à même la langue, ne suffisent pas toujours. Dans un recueil d'entretiens (*Vivre et philosopher,* 1992), Marcel Conche relève à ce propos des différences notables entre les Français et les Allemands : *Kant et Hegel peinent (pas toujours) ! Comme ils ahanent (pas toujours) ! Sur ce point, au contraire, du côté des Français, quelle retenue ! Ainsi,* ajoute-t-il, *ces derniers éprouvent une retenue devant les innovations du vocabulaire. Plutôt que de créer des mots nouveaux, ils préfèrent enrichir les mots du langage commun de significations nouvelles... Pourquoi cela ? C'est que le lecteur idéal, que leurs écrits présupposent, n'est pas le spécialiste, ou le professeur, ou l'éminent collègue, ou même l'étudiant avancé, mais l'honnête homme.* [...] *Ainsi la* particularité, *la spécificité proprement française, est une vocation à l'*universel, *et c'est aussi la mienne.*

Quoi qu'il en soit, le philosophe travaille aussi dans la langue : le développement de sa pensée est indissociable des distinctions qu'il pratique. Sans cesse il avance tel mot et le redéfinit, le replace par rapport aux autres (Lalande : *Un concept ne se pose qu'en s'opposant*).

Philosopher oblige donc à se déplacer sur une sorte d'échiquier couvert de pièces qu'il convient de tailler ou retailler soi-même. Toute avancée oblige à resserrer les mots, à les redéfinir. Marcel Conche, dans le même livre : *Les catégories de l'éthique sont le* bon *et le* mauvais. *Les catégories de la morale sont le* bien *et le* mal.

Toutefois le cheminement inverse est également vrai. S'immerger dans le langage ouvre sur la philosophie. Une langue se révélera ajustée ou non, féconde sur quelques points, pauvre sur d'autres. Imaginons un livre qui tracerait le portrait de diverses langues de ce point de vue : pour rendre la tissure de la réalité, telle langue excelle par la souplesse de son lexique, telle autre par ses subtilités syntaxiques. Ainsi Roland Barthes appréciait dans le grec ancien la possibilité de marquer morphologiquement le *neutre,* et dans le japonais le fait de pouvoir référer à des procès sans sujet (*Aishite iru,* « Amour il y a » ; en français : « Je t'aime »).

Il reste que dans chaque langue on peut tout dire, mais plus ou moins facilement, directement, élégamment. Les langues diffèrent aussi par leurs raccourcis et leurs détours.

Dans tous les cas la contemplation de sa propre langue donne à réfléchir. On observe notamment — à la suivre dans son histoire — que des *compagnonnages de mots* (appelons ainsi les groupes formés par des termes de sens voisins) ont peu à peu disparu ; et leur absence n'est pas sans dommage, car ils permettaient de *penser* notre vie d'une façon plus déliée et de mieux nous situer en fonction de nos goûts. Il est donc des couples de mots qui importent d'un point de vue éthique, tels ces distinguos faits par Littré : *taire* et *cacher, convenance* et *décence, décrédit* et *discrédit, sobre* et *frugal,* etc.

Pour autant, la philosophie n'a pas le privilège de cette activité, et chacun est à même, pour peu qu'il le veuille, de se livrer à ce petit jeu. Jacques Julliard par exemple, s'intéressant aux grincements de la démocratie française, a distingué adroitement *passe-droit* et *privilège : Pour le reste il me paraît clair, une fois de plus, que les Français, qui raffolent des passe-droits, exècrent les privilèges. Le passe-droit est une levée provisoire de la loi en considération de la personne,* intuitu personae. *Le privilège, comme son nom l'indique, est une loi privée qui divise la société en catégories séparées* (*le Nouvel Observateur,* 19 avril 1990).

En fait, ce geste se retrouve chez tous les *penseurs* dignes de ce nom, qu'ils soient professeurs, critiques ou intellectuels. Le regretté Serge Daney ne se privait pas de ces finesses qui lui permettaient, dans ses chroniques sur le cinéma ou la télévision, de faire sans cesse rebondir sa pensée sur des nuances qui étaient autant d'ouvertures subtiles : *La* nostalgie *valorise l'objet perdu, la* mélancolie *sait que cette perte est l'ombre du présent, son arrière-goût immédiat. — Le cinéma est un art réaliste qui a peu à voir avec l'*imagination *mais avec l'*imaginaire. — *Godard est* trivial, *pas* vulgaire. — *Écrire sur la guerre (du Golfe) m'a obligé à faire une différence entre l'*image *et le* visuel (dans le recueil intitulé *Devant la recrudescence des vols de sacs à main,* 1991).

Ces utilisations avantageuses de la nuance ne doivent pas en masquer d'autres, nettement moins avenantes.

Sur la scène politique, notamment, la promotion de *distinctions* alimente le combat des hommes dans la recherche du pouvoir. *Il faut se battre pour des nuances,* déclarait Lénine. Dans cette perspective, la *différence* établie devient *préférence* et ne vise d'emblée que son propre sabordement : elle s'ouvre sur des opérations de choix, de tri, puis d'annulation (« suppression des classes » ou « purification ethnique », selon les cas).

À même le lexique, les prises de parti existent déjà, et chaque réalité se retrouve affublée d'un signe positif ou négatif : pour les uns, l'épargnant est un *économe,* pour les autres, un *avare ;* l'homme sérieux, *raisonnable* ou *ennuyeux.*

L'idéologie, comme langage de pouvoir, ne fait qu'accentuer monstrueusement ces gestes pour *valoriser* ou *discréditer* (la colonisation deviendra, selon le point de vue, « œuvre de *civilisation* » ou « menée *impérialiste* »).

Sans doute faudrait-il, comme le suggérait Jean Baechler dans *Qu'est-ce que l'idéologie ?,* disposer à chaque fois dans la langue d'un troisième terme qui, hors des passions, serait la marque du *neutre* et garantirait la possibilité de la connaissance. À sa manière, Littré propose souvent des termes médians ou qui échappent aux paradigmes habituels. À côté du *bizarre* et de l'*extravagant,* il place le *fantasque ;* entre la *désapprobation* et la *réprobation,* il situe la possibilité d'*improuver ;* face à la *réserve* et à la *modestie,* il évoque la *retenue,* etc.

La nuance permet en conséquence de se justifier, même lorsqu'on appartient aux plus hautes sphères du pouvoir. Ainsi, au début de l'année 1993, François Mitterrand devait-il asseoir sa position, à propos du conflit dans l'ex-Yougoslavie, à partir d'une distinction (marquée et remarquée) entre les *tribus* et les *nations...*

La guerre amène à *différencier.* Mais l'amour aussi ! Tout individu ne désire-t-il pas entendre, à un moment ou à un autre, cette énorme trivialité : « Toi, tu es différent » ? La déclaration d'amour ressemble à un partage de territoire : l'amoureux, en disant « Je t'aime », fait de l'autre un être insigne et l'isole (comme une « principauté ») du reste du monde que, par contrecoup, il n'aime pas d'amour.

Un autre usage déplaisant de la *nuance* consiste à l'employer comme rideau de fumée, pour nous éloigner du réel ou carrément l'évacuer.

Plus que jamais, sans doute, nous vivons dans un monde *sous Cellophane,* dans une transparence trompeuse où nous pensons voir et comprendre par ce qu'on nous *montre* et qu'on nous *dit.* La réalité importe moins désormais que son apparence. Seul compte ce qu'on est disposé à croire. Règne du *simulacre organisé,* accentué par le considérable développement technique et idéologique des médias. Triomphe aussi des périphrases technocratiques : les sourds sont des « malentendants », les vieux, le « troisième âge », les chômeurs, des « demandeurs d'emploi », et les licenciements, des « restructurations »...

Un degré plus avancé dans le rigorisme mensonger existe aujourd'hui avec le développement, aux États-Unis, du mouvement *Politically Correct.* Né d'idéologies fortes (le féminisme, l'écologie, les revendications raciales), il consiste à remplacer les expressions « incorrectes » par d'autres jugées plus « convenables ». D'ailleurs on ne dit pas *politically correct,* mais *culturally sensitive...* Nuance ! Un Blanc devient *a melanin impoverished* (« personne accusant une insuffisance de mélanine », le pigment brun de la peau), un Noir, un *African American,* les bombardements pendant la guerre du Golfe, des *visiting a site,* et la mort, un état *metabolically different !*

Ici, l'appellation se veut plus douce, moins orwellienne. Il n'empêche... Si les précieux restaient surtout plus risibles qu'inquiétants, en revanche ces injonctions puritaines actuelles ne laissent pas d'alarmer — précisément à notre époque où le fameux « droit à la différence » devient le prétexte de toutes les censures, voire de tous les crimes possibles.

Le vrai terrain d'élection de la nuance, le seul où elle nous paraisse heureuse, c'est lorsqu'elle devient presque une fin en soi : avec le *mot d'esprit* (que nous avons nommé ailleurs la *pointe*) et, plus largement, dans la *littérature.*

Le mot d'esprit, indissociable d'une relation au langage qui suppose finesse et légèreté, doit être distingué du jeu de mots, généralement trivial. Si le XVIIIe siècle français représente un domaine de choix, force est d'observer que les scintillations ne manquent pas au siècle précédent, et souvent là où on ne les attend guère : dans les textes religieux. Plutôt que Bossuet, encore connu, si ce n'est lu, citons Bourdaloue : *Il faut distinguer trois choses, le nécessaire, le commode, le superflu : le nécessaire que la raison demande ; le commode que la sensualité recherche ; le superflu dont l'orgueil se pare et qui entretient le faste.*

Dans cet exercice il importe de faire jouer la pensée (et de former des *pensées,* au sens classique) avec les mots de tous les jours. Attitude d'apparence contradictoire : à la fois aristocratique (tendre au meilleur) et démocratique (puisqu'on ne vise à aucune confiscation), à l'opposé d'une posture cléricale (quand le texte est accaparé par des spécialistes qui se prétendent les seuls compétents à son égard). Jeu fait de glissements et de petits sauts d'un mot à l'autre, rapides et précis — à la manière aussi dont Montaigne décrivait son penchant : *J'ai un esprit primesautier. J'aime l'allure poétique, à sauts et à gambades. Il est des ouvrages en Plutarque où il oublie son thème, où le propos de son argument ne se trouve que par incident. Ô Dieu, que ces gaillardes escapades, que cette variation a de beauté !*

Ajoutons encore cet extrait d'une lettre de Bussy-Rabutin à Corbinelli (en 1678) : *Nous ne sommes pas de votre opinion, Mme de Coligny et moi, sur la critique que vous faites de la maxime qui dit que* la bonne grâce est au corps ce que le bon sens est à l'esprit ; *nous croyons que M. de La Rochefoucauld veut dire que le corps sans la bonne grâce est aussi désagréable que l'esprit sans le bon sens ; et nous trouvons cela vrai ; nous croyons encore qu'il y a de la différence entre la bonne grâce et le bon air, que la bonne grâce est naturelle et le bon air acquis ; que la bonne grâce est jolie, et le bon air beau ; que la bonne grâce attire l'amitié, et le bon air l'estime.*

De telles lignes mettent justement en évidence quelques traits essentiels du discours classique. Ces « honnêtes gens » n'utilisaient qu'*un langage* pour parler, écrire à leurs amis ou rédiger des traités de philosophie. Il n'existait pas, dans leur langue, de dénivellations véritables. Voltaire ou Diderot parlaient, sans doute, *comme ils écrivaient.* Ce qui donne aussi à leurs textes une vivacité, un élan, une impression de joie communicative : le feu et l'emportement sont traversés sans cesse de saveur et de malice. Dans le texte qui précède, on s'ingénie à séparer la « bonne grâce » du « bon air », à distinguer le « beau » et le « joli », etc. Comme il serait plaisant aujourd'hui de lire des devoirs de philosophie écrits de cette façon !

Il semble que nous assistons en cette fin de siècle à une sorte de « balkanisation » de la langue française, cette dernière se trouvant transformée en une multitude de dialectes qu'un même sujet doit affronter tous les jours : le « basique » de la vie quotidienne, les métalangages de pouvoir (administratifs, scientifiques et politiques), le langage scolaire, la prose journalistique, le sabir publicitaire et commercial, la parole télévisuelle (rudimentaire et économique)...

Ce morcellement, qui favorise les tics, les insignes et les crispations, laisse peu de place à l'humour. Certes on dira que les auteurs d'aphorismes chers au XVIIe siècle ne se moquaient pas toujours d'eux-mêmes. Mais, si La Rochefoucauld, l'abbé d'Ailly, Mme de Sablé ou Saint-Cyran font encore dans le sérieux en éprouvant le besoin de donner des leçons, d'autres, plus tard, renoncent à enfermer leur propos dans un quelconque corset. Le trait se fera plus cinglant et plus singulier avec Chamfort et Vauvenargues, pour désorienter complètement avec Lichtenberg : *Se métamorphoser en bœuf, ce n'est pas encore se suicider.*

Aucun doute, l'esprit ne saurait se passer de la nuance. Tout est affaire d'intervalles et de degrés — comme en musique. La littérature, non plus, n'existerait pas autrement. Elle réclame tout à la fois aise, distance et mobilité, sérieux et désinvolture : savoir être ici et ailleurs, en même temps. Un *art de la fugue* mettant en scène un sujet pluriel et *insituable :* juste où il faut, quand il le faut, dans une logique refusant le tiers exclu.

Ce qui laisse poindre à nouveau la question du désir. La nuance se tient à la croisée du réel et du langage, du continu et du discontinu. Cette rencontre porte un nom : la *gradation,* soit le fait de passer, en mineur, d'un état à un autre, d'installer des degrés intermédiaires, repérables et respectables, parce que nommés et désirés.

La nuance est désirable, même par celui qui ne vit pas sa langue comme un appareil de précision. Mais rien à voir ici avec les inclinations d'un horloger maniaque et amateur d'ordre. Ce dernier considère d'ordinaire que chaque élément doit être à sa place, qu'il est souhaitable d'éviter les promiscuités malsaines, comme lorsque deux mots en viennent à camper sur un sens identique. Lisons en ce sens cette observation sévère de Talleyrand : *La langue française est embarrassée de mots louches et synonymiques* [...] *; il faut l'en affranchir.*

Regardée autrement, la nuance a partie liée avec la richesse nécessaire — même traversée de désordre et d'*altération* — pour que le jeu s'installe dans la langue, et, au-delà, un effet de vérité, dans le réel. Durant tout le XVIIIe siècle, on saute avec plaisir, comme à cloche-pied, d'un mot à l'autre, dans un mouvement de danse qui n'exclut pas (loin s'en faut !) la lucidité. Ainsi chez le prince de Ligne, personnage tout à fait remarquable de cette époque : *J'aime les gens d'esprit qui sont bêtes ; leur bêtise est toujours aimable et bonne : mais craignons les sots.* Ou encore : *J'ai mauvaise opinion d'un pays où il y a des fripons et où il n'y a pas de voleurs. Il est clair que c'est faute de courage.*

Ces phrases d'apparence paradoxale surgissent tels de petits problèmes et nous invitent à penser, comme en face d'un puzzle : quelle position dois-je donner à cette pièce pour que la figure se forme, pour que l'énoncé soit révélateur de nos comportements ? Aucun doute quand on la relit dans cette perspective : toute la pensée classique s'appuie régulièrement sur des distinctions, respectées ou inventées. Chez Montaigne, Pascal ou La Rochefoucauld, c'est évident ; chez les petits-maîtres du XVIIIe siècle aussi : *Je ne regarde pas tout. Mais ce que je regarde, je le vois* (Pinot-Duclos).

Passades : le sujet a besoin aussi du *caprice* pour exister, pour trouver son aise et son *particulier.* Règne heureux du marivaudage, du *flirt,* des caresses avec les mots. Car le langage nous offre sans doute l'un des seuls espaces où la répétition peut être pensée, esquivée, détournée.

Au-delà de l'amour, la seule manière d'éviter les croyances fortes revient à faire vagabonder son langage, à s'obstiner dans le mouvement (qui n'est pas l'agitation). Ne pas répéter sans cesse les mêmes mots, ce qui suppose en avoir beaucoup sous la main, comme de nombreux désirs. Ne pas donner dans les illusions consensuelles. Jouer, sans états d'âme, le paradoxe...

La littérature est l'adresse de ce supplément. L'écrivain invente sans cesse des distinctions sans trop y croire — ce pourquoi il est éloigné de tout dogme, de toute religion. La précision, dans le langage, n'a de charme et d'intérêt que si elle ne cherche pas à nuire, que si elle dessine un véritable *art de vivre :* plaisir de savoir et savoir du plaisir, espace de saveur et de subtilité, comme le décrivait Brillat-Savarin : *Les gourmands de Rome distinguaient, au goût, le poisson pris entre les ponts de celui qui avait été pêché plus bas. N'en voyons-nous pas, de nos jours, qui ont découvert la saveur particulière de la cuisse sur laquelle la perdrix s'appuie en dormant ? Et ne sommes-nous pas environnés de gourmets qui peuvent indiquer la latitude sous laquelle un vin a mûri tout aussi sûrement qu'un élève de Biot ou d'Arago sait prédire une éclipse ?*

Quelques distinctions roulent dans le langage de tous les jours, connues de tous. Mais elles ne sont là qu'au titre de condiment, pour rehausser l'échange ordinaire, ce que Lacan appelait le *discours courant.* « Courageux, mais pas téméraire », entend-on parfois. Cette formule montre, s'il en était besoin, à quel point la nuance se laisse facilement figer en proverbe et même en poncif.

Le langage — comme monnaie d'échange — est voué à la répétition : nous sommes contraints de réutiliser sans cesse les mêmes mots, de faire circuler les mêmes pièces. Images tristes de la répétition : le stéréotype et l'antienne idéologique.

L'insistance d'un mot (son emploi démesuré) laisse, au-delà de l'intimidation, imaginer une pensée sous-jacente alors qu'il ne s'agit le plus souvent que d'un mot d'ordre, un signal, un cri de ralliement. Répétition arrogante qui a une odeur de mort : chasser les mots prétendument inutiles, rétrécir l'aire de la langue, tuer tout ce qui dans le langage ne sert pas la « Bonne Cause »...

Le synonyme est alors une bonne manière de fausser compagnie à tout le monde : il permet d'être à contre-courant ou intempestif ; c'est un point de fuite. Ainsi, quand la majorité s'emploie à utiliser en toutes circonstances le mot *gérer* (on « gère » son temps, sa vie, ses loisirs, ses amours...), employons plutôt le mot *régir* — pour réagir, justement, contre cette grisaille économique qui finit par tout envahir. Ou lorsque le prestige de l'informatique fait employer le terme d'*interface* (pour dire simplement « intermédiaire »), amusons-nous à employer le vieux mot *truchement.*

En matière d'art, le synonyme serait l'un des outils permettant d'échapper à la répétition, dès lors qu'elle est ressentie comme une aliénation.

Situation troublante... La « fonction poétique » (analysée par Jakobson) se définit par le retour d'éléments identiques à tous niveaux (phoniques, prosodiques, syntaxiques, lexicaux, etc.) — comme quoi la répétition participe de l'esthétique ; et personne en effet ne voit rien à redire à ce très beau vers de Rimbaud : *Les tilleuls sentent bon dans les bons soirs de juin.* Ou à celui-ci, de Mallarmé : *L'azur, l'azur, l'azur, je suis hanté !*

Mais par ailleurs la tradition scolaire nous a habitués à faire la chasse aux répétitions, jugées lourdes ou trop révélatrices d'un langage limité.

Voici une bonne question à poser à tout écrivain : celle de sa relation à la répétition. Racine, on le sait, utilisait peu de mots dans ses pièces. Pour d'autres raisons, Kafka n'évitait pas les répétitions. Peut-être même les voulait-il (pour décrire une certaine banalité), et c'est pourquoi Milan Kundera dénonce avec raison ces traductions qui corrigent, plus ou moins consciemment, le texte initial, en lui prêtant une richesse lexicale qui n'est pas la sienne.

Sans doute la répétition, dans le souci de varier les mots, n'a-t-elle pas le même statut d'un auteur à l'autre ; et pour un même écrivain, d'un texte à l'autre. Voici, presque au hasard, quelques échantillons : *Prenez garde à la tristesse. C'est un vice, on prend plaisir à être chagrin et, quand le chagrin est passé, comme on y a usé des forces précieuses, on en reste abruti.* Ici, Flaubert remplace *tristesse* par *chagrin* afin de ne pas employer à la suite le même mot. Souci esthétique. Mais en même temps il ne s'embarrasse guère de distinguer, comme le fait Littré, ces deux mots. Même attitude chez Baudelaire, avec *bonheur* et *félicité : Ceux qui mériteraient peut-être le bonheur sont justement ceux-là à qui la félicité, telle que la conçoivent les mortels, a toujours fait l'effet d'un vomitif.* Répétition désirée, ou du moins tolérée, dans un cas (syntaxique : « ceux qui... ceux-là à qui », et phonétique : « fait l'effet »), rejetée dans un autre.

Ces deux exemples laissent entrevoir que la *nuance* (le recours à des mots voisins) n'aurait pas la même fonction dans les textes du XIXe siècle et dans ceux des siècles précédents : dans un cas elle répondrait au désir d'affiner une pensée, dans l'autre elle serait au service d'une recherche d'élégance dans la phrase (à l'époque où le travail du style est devenu une valeur constitutive de la littérature).

Ce qui importe, finalement, c'est la modalité, la relation aux mots que l'on emploie. Savoir éviter les usages figés, le resserrement du langage — jusqu'à son étranglement (dans le slogan, le cliché, la pensée-marchandise). L'écrivain, plus que le philosophe sans doute, se plaît à ce dépassement. Il a plaisir souvent à changer de mots comme de chemises, pour satisfaire ses humeurs et montrer le chatoiement du monde, la diversité de ses apparences. Tout cela dans l'alacrité — comme Monet peignait à Venise : avec emportement, générosité, dans une sensualité comblée.

Le goût de la nuance n'est cependant pas sans faille. Imaginons cette asymptote vertigineuse : la suprématie d'une langue tellement précise qu'on ne pourrait employer certains mots qu'une seule fois, comme des produits périssables. Ou encore cette variante insensée : une langue envahie de termes si clairement définis que chacun ne correspondrait qu'à un seul objet (les noms communs devenant tous des noms propres).

La distinction, si elle était obligatoire à chaque instant, nous rendrait la vie impossible ; il nous faudrait sans cesse découvrir « le mot juste », à supposer qu'on le connaisse, et qu'on soit suffisamment dispos pour le dénicher.

En réalité les choses se passent bien autrement. Car l'aise dans la parole, le confort pour écrire coïncident avec la possibilité de varier ses énoncés sans grand dommage. Le mot recherché ne vient pas au moment voulu ? Eh bien, on lui trouve aussitôt un substitut, sans même s'aider d'un dictionnaire !

Seul l'écrivain prend au sérieux cette manipulation, et sa capacité à produire des dizaines de phrases presque équivalentes est à la fois le signe de son savoir-faire et bien souvent de son tourment. Comment choisir ? Quel mot retenir ? Quelle phrase adopter ? Cette hésitation (« entre le sens et le son », pour Valéry) fonde l'écriture et sa lenteur.

La vie quotidienne ne s'embarrasse pas de telles vétilles, et il est sûr, notamment, qu'en pratiquant la nuance à l'excès on se couperait des autres — comme en employant des mots perdus ou des sens oubliés. Socialement, la nuance oblige à une petite mise en scène : elle ne passe que si on l'exprime sur un mode emphatique (en la soulignant, en l'encadrant).

Autrement dit, vivre réclame, pour ne pas verser dans l'irrespirable, qu'on aménage des occasions de tolérance et d'abandon momentané ; que l'on puisse parfois, comme les enfants, dire « Pouce ! »

Dans ces moments d'insouciance on retrouvera les synonymes, c'est-à-dire le paradis des équivalences approximatives. Refrain connu des élèves : « Les synonymes sont des mots qui signifient la même chose. » Semblablement les tout-petits assimilent toutes les races canines au mot « chien », ou tous les lieux d'habitation au mot « maison »...

En fait, la production des synonymes provient de l'usage imprécis que l'on fait d'ordinaire de chaque mot : « Parce que certains mots me sont immédiatement donnés, parce que je ne cherche pas une expression et une pensée nouvelles, je vais préférer tenir, à un moment donné, plein de mots comme équivalents. » Fantasme, peut-être, de gémellité, de la possibilité du semblable — en bref : de l'harmonie plutôt que du conflit.

Voltaire, fin praticien de la nuance, fit un jour allusion à ce léger laisser-aller, avec l'humour qu'on lui connaît : *Ce général, ayant aperçu le régiment de Diesbach et un autre, qui faisaient ferme contre une armée victorieuse, loua leur valeur, leur courage, leur fermeté, leur intrépidité, leur vaillance, leur patience, leur audace, leur animosité, leur bravoure, leur héroïsme, etc. Voyez, monsieur, que de termes pour un !*

Autant dire qu'il est des moments où il faut s'autoriser l'*à-peu-près,* la vision myope (qui a ses beautés...) : se permettre, en somme, d'être fatigué, un peu las, relâché — pour quitter un moment le devant de la scène, l'éréthisme et la rigueur.

Alors on aimera mettre côte à côte plusieurs mots ayant à peu près le même sens, et disposer à la suite des formulations quasi équivalentes. Rousseau : *Comme on ne veut pas faire d'un enfant un enfant, mais un docteur, les pères et les maîtres n'ont jamais assez tôt tancé, corrigé, réprimandé, flatté, menacé, promis, instruit, parlé raison.* Ou Queneau, de manière moins crispée : *Oui, Ernestine, je vous sors de la dèche, de la mouise, de la débine ! Je vous sors de la pauvreté, de la misère, de l'indigence !*

Plusieurs raisons à ce geste précis : prolonger le sentiment qui s'exprime (comme lorsqu'on fait durer sa colère) par la jubilation à dire (on continue à se parler, pour ne pas se quitter)... Et puis, au-delà d'un souci didactique, le respect de la diversité des lecteurs, pour s'ajuster à leur complexion et trouver le chemin de leur compréhension : « J'essaie de m'adresser à tous, c'est-à-dire à chacun. »

En somme, renoncer à la nuance repose un instant. Désir de récréation, afin de vivre avec les autres sans trop de problèmes. Leurre tranquillisant de la communication... Sans oublier que, de toute façon, les mots varient à l'infini, et les phrases aussi, parce que nos désirs ne sont jamais les mêmes. Sans mots vagues la vie serait impossible : les amours ne tiennent qu'aussi longtemps que dure le malentendu...

Nous avions un commerce intime, sans vivre dans l'intimité. Cette phrase de Rousseau, simple mais fine (elle laisse adroitement jouer deux mots de la même famille), nous invite, après autant de palinodies, à retrouver malgré tout le chemin de la nuance, comme expression heureuse du singulier, de l'intime, face à la sphère astreignante du privé (la famille, les proches) et, au-delà, du public (la grégarité du travail, de l'idéologie).

Chacun, *dans son particulier* (belle expression du XVIIe siècle), c'est-à-dire en lui-même, peut souhaiter, plus ou moins radicalement, retrouver ses marques, et donc se distinguer, sans pour cela s'opposer frontalement. Par exemple dans l'envie de créer (composer, peindre, écrire) pour ne plus être seulement spectateur ou consommateur.

Plus que jamais aujourd'hui la littérature constitue un lieu de forces décalé pour lutter contre les discours et les images dominantes, à la fois cyniques et fades (en particulier contre les « bibelots d'inanités sonores » de l'audiovisuel, dans sa promotion du n'importe quoi : auto-intoxication des individus consommant le spectacle de leur « vaine gloire », dans ces émissions où — pour démarquer à nouveau Mallarmé — « rien n'a lieu que le lieu » : la fallacieuse présence de l'image et de l'argent...).

Cette guérilla discrète (quelle forme pourrait-elle avoir autrement ?) suppose une mobilité permanente, une légèreté de tous les instants, et beaucoup d'*attention*. Elle réclame de conserver *l'énergie* du passé. Le danger, réel, ne doit pas être mésestimé : la littérature classique (ce qui va de Montaigne à Proust) risque, telle l'Atlantide, de sombrer dans l'oubli — non parce que les textes auront disparu, mais simplement qu'ils seront devenus illisibles pour la quasi-totalité des lecteurs. Le conservatisme linguistique n'a de sens que pour cela : ne pas perdre ce qui est précieux (cela nous aide à vivre), en refusant qu'il devienne un objet de musée.

Faire revenir les textes du passé est chose possible ; ou, plus exactement, les mettre à la portée du public. Le travail passionné de quelques éditeurs (souvent de petite taille) nous permet de lire des œuvres naguère introuvables (sauf chez quelques libraires spécialisés). Mais pendant ce temps-là d'autres livres disparaissent en silence des rayons ; à commencer par notre cher Littré, dont aucune édition intégrale n'est actuellement disponible en librairie !

Redonner vie aux tournures anciennes de notre langue est en revanche une entreprise oiseuse (ou du moins bien difficile). Ce qui ne doit pas nous laisser sans regret ; car chaque mot est comme l'emblème et la possibilité d'un *mode de vie* particulier. Lors d'un entretien, Georges Steiner rappelait ainsi qu'à ses yeux le mot anglais *freedom,* face à sa traduction courante, « liberté », ne trouvait en fait d'équivalent en français qu'avec le terme obsolète de *privauté :* la liberté que l'on a chez soi.

Voilà qui en dit long... Nous sommes là, comme toujours, du côté de l'éthique et de l'esthétique ; goût du jeu et de l'accord, jouissance du tact et du doigté...

Mozart (pour se reposer ?) aimait jouer de l'*alto,* cet instrument intermédiaire entre le violon et le violoncelle ; par ailleurs il affectionnait les petites formes autant que l'opéra.

Plaisons-nous aussi à saisir les plus petites différences, à pratiquer les camaïeux, à honorer les menus intervalles. Et tentons, parfois, de vivre en *ré* mineur...

INDEX

Les mots placés en tête d'article apparaissent en gras.

D

E

DES MÊMES AUTEURS

Petite Fabrique de littérature
Magnard, 1984

L'Obsolète
Larousse, 1988

Lettres en folie
Magnard, 1989

Dégustations littéraires
Le Temps qu'il fait, 1989

La Surprise
Larousse, 1990

Les Petits papiers
Magnard, 1991

PHOTOCOMPOSITION S.C.P.
MAME Imprimeurs, 37000 Tours
Dépôt légal Mars 1994 - N° Série éditeur 17933
Imprimé en France. (Printed in France) 330033 Mars 1994